鳥 取 県

〈収録内容〉

2023 年度 ………………………………… 数・英・理・社・国

※国語の大問三は、問題に使用された作品の著作権者が二次使用の許可を出していないため、問題の一部を掲載しておりません。

2022 年度 ………………………………… 数・英・理・社・国

※国語の大問三は、問題に使用された作品の著作権者が二次使用の許可を出していないため、問題の一部を掲載しておりません。

2021 年度 ………………………………… 数・英・理・社・国

2020 年度 ………………………………… 数・英・理・社・国

JN007772

解答用紙・音声データ配信ページへスマホでアクセス! ⇒

※データのダウンロードは 2024 年 3 月末日まで。
※データへのアクセスには、右記のパスワードの入力が必要となります。 ⇒ 839267
※リスニング問題については最終ページをご覧ください。

〈 各教科の受検者平均点 〉

	数 学	英 語	理 科	社 会	国 語	総得点
2023年度	26.9	28.2	26.0	31.8	30.9	143.8
2022年度	26.7	25.8	28.2	24.7	31.8	137.1
2021年度	24.4	28.7	27.0	35.3	29.0	144.4
2020年度	25.7	28.4	27.0	28.5	27.7	137.3

※各50点満点。

本書の特長

POINT 1　解答は全問を掲載、解説は全問に対応！

POINT 2　英語の長文は全訳を掲載！

POINT 3　リスニング音声の台本、英文の和訳を完全掲載！

POINT 4　出題傾向が一目でわかる「年度別出題分類表」は、約 10 年分を掲載！

実戦力がつく入試過去問題集

- 問題 ……………　実際の入試問題を見やすく再編集。
- 解答用紙 ……　実戦対応仕様で収録。
- 解答解説 ……　重要事項が太字で示された、詳しくわかりやすい解説。
  ※採点に便利な配点も掲載。

合格への対策、実力錬成のための内容が充実

- 各科目の出題傾向の分析、最新年度の出題状況の確認で、入試対策を強化！
- その他、志願状況、公立高校難易度一覧など、学習意欲を高める要素が満載！

解答用紙ダウンロード	解答用紙はプリントアウトしてご利用いただけます。弊社ＨＰの商品詳細ページよりダウンロードしてください。トビラのＱＲコードからアクセス可。
リスニング音声ダウンロード	英語のリスニング問題については、弊社オリジナル作成により音声を再現。弊社ＨＰの商品詳細ページで全収録年度分を配信対応しております。トビラのＱＲコードからアクセス可。
famima PRINT	原本とほぼ同じサイズの解答用紙は、全国のファミリーマートに設置しているマルチコピー機のファミマプリントで購入いただけます。※一部の店舗で取り扱いがない場合がございます。詳細はファミマプリント（http://fp.famima.com/）をご確認ください。
UD FONT	見やすく読みまちがえにくいユニバーサルデザインフォントを採用しています。

～2024年度鳥取県公立高校入試の日程（予定）～

☆特色入学者選抜

出願期間	1／24・1／25
↓	
実施期日	2／1
↓	
合格発表	2／8

☆一般選抜

出願期間	2／15～2／19
↓	
実施期日	3／5・3／6
↓	
合格発表	3／14

※募集および選抜に関する最新の情報は滋賀県教育委員会のホームページなどで必ずご確認ください。

2023年度/鳥取県公立高校一般入学者選抜受検状況(全日制)

学校名・学科(コース)	募集定員	実質募集定員	受検者数	競争率
鳥取東 普通	280	280	281	1.00
理数				
鳥取西 普通	280	275	281	1.02
鳥取商業 商業	152	102	120	1.18
鳥取工業 機械	38	30	14	0.47
電気	38	23	7	0.30
制御・情報	38	25	16	0.64
建設工学	38	22	9	0.41
鳥取湖陵 食品システム	38	19	22	1.16
緑地デザイン	38	30	14	0.47
電子機械	38	30	12	0.40
人間環境	38	19	16	0.84
情報科学	38	19	17	0.89
青谷 総合	76	60	32	0.53
岩美 普通	76	38	34	0.89
八頭 普通	240	208	204	0.98
智頭農林 ふるさと創造	68	54	5	0.28
森林科学			10	
生活環境			0	
倉吉東 普通	200	195	187	0.96
倉吉西 普通	120	96	76	0.79
倉吉農業 生物	34	24	10	0.42
食品	34	29	17	0.59
環境	34	32	15	0.47
倉吉総合産業 機械	38	24	20	0.83
電気	38	23	20	0.87
ビジネス	38	23	30	1.30
生活デザイン	38	23	23	1.00
鳥取中央育英 (普通)	120	91	39	0.43

学校名・学科(コース)	募集定員	実質募集定員	受検者数	競争率
米子東 (生命科学)	40	40	57	1.43
(普通)	240	240	279	1.16
米子西 普通	280	245	266	1.09
米子 総合	152	114	112	0.98
米子南 ビジネス情報	114	76	66	0.87
(環境文化)	18	11	12	1.09
(調理)	20	12	14	1.17
米子工業 機械	38	22	12	0.55
電気	38	29	10	0.34
情報電子	38	21	23	1.10
環境エネルギー	38	30	17	0.57
(土木)	19	15	12	0.80
(建築)	19	10	17	1.70
境 普通	200	150	151	1.01
境港総合技術 海洋	38	29	20	0.69
食品・ビジネス	38	34	15	0.44
機械	38	34	10	0.29
電気電子	38	36	13	0.36
福祉	38	30	15	0.50
日野 総合	76	68	11	0.16

※実質募集定員は、募集定員から推薦入試の入学確約者数を除いた数値。

※競争率は、受検者数を実質募集定員で割った数値。

鳥取県公立高校難易度一覧

目安となる偏差値	公立高校名
75 ～ 73	
72 ～ 70	
69 ～ 67	米子東(生命科学)
66 ～ 64	米子東
63 ～ 61	鳥取西
60 ～ 58	鳥取東(理数) 倉吉東，鳥取東
57 ～ 55	米子西
54 ～ 51	倉吉西 八頭 鳥取商業(商業)
50 ～ 47	境 米子工業(機械／電気／情報電子／環境エネルギー／土木／建築) 米子南(環境文化)
46 ～ 43	鳥取湖陵(緑地デザイン／人間環境)，鳥取中央育英，米子南(調理) 鳥取湖陵(食品システム／電子機械／情報科学)，米子南(ビジネス情報) 倉吉総合産業(ビジネス)，鳥取工業(機械／電気／制御・情報／建設工学) 倉吉総合産業(機械／電気／生活デザイン)
42 ～ 38	米子(総合) 境港総合技術(海洋／食品・ビジネス／機械／電気電子／福祉) 青谷(総合) 岩美，智頭農林(ふるさと創造／森林科学／生活環境)，日野(総合)
37 ～	倉吉農業(食品) 倉吉農業(生物／環境)

＊(　)内は学科・コースを示します。特に示していないものは普通科(普通・一般コース)，または全学科(全コース)を表します。

＊データが不足している高校，または学科・コースなどにつきましては掲載していない場合があります。

＊公立高校の入学者は，「学力検査の得点」のほかに，「調査書点」や「面接点」などが大きく加味されて選抜されます。上記の内容は想定した目安ですので，ご注意ください。

＊公立高校入学者の選抜方法や制度は変更される場合があります。また，統廃合による閉校や学校名の変更，学科の変更などが行われる場合もあります。教育委員会などの関係機関が発表する最新の情報を確認してください。

数学　出題傾向の分析と合格への対策

出題傾向とその内容

〈最新年度の出題状況〉

今年度の出題数は，大問が5題，小問数にして39問と昨年より小問数が5題増えた。ここ数年，大問数は5題か6題と不安定であるが，全体のボリューム感は安定しているように思える。問題のレベルは標準的なものが中心ではあるが，なかには思考力や応用力を試す問題も適度に散りばめられており，基本問題と応用問題をうまく配分した出題となっている。

出題内容は，大問1が数・式，平方根の基本的計算問題を含め，因数分解，二次方程式，変化の割合，円周角の定理，確率，根号の性質，文字式の証明，作図，合同の証明，大問2は資料の活用，大問3はダイヤグラム，大問4は空間図形，大問5は動点と関数の応用であった。

〈出題傾向〉

問題の出題数は，ここ数年，大問数で5～6題，小問数で35問前後が定着している。解答時間の割に問題量が多いと感じるかもしれない。試験の際には，時間内で得点できる問題とそうでない問題を見極め，時間配分にも充分注意したい。

出題内容は，ここ数年，大問1で4～5問の数・式，平方根の計算問題を含め，中学数学の全領域からまんべんなく基本的な数学能力を問う小問群が10～15問出題されている。大問2以降では，確率，方程式の応用問題，図形と関数・グラフの融合問題，関数・グラフと確率の融合問題，動点問題，記述式の証明問題を含む，長さ・面積・体積を計量させる平面図形・空間図形の統合問題などから大問単位で4～5題が出題されている。近年は，資料の解釈についての大問も多い。

難問，奇問はなく，標準～やや応用の問題が並び，思考力が必要なものが多いが，高得点が狙える構成ともいえる。大学入試改革に伴い，少し傾向の変化が感じられる。来年以降も思考力を問う問題には注意しておこう。

来年度の予想と対策

来年度も，作図，証明問題を含む記述式の問題，規則性や数の性質に関する新傾向の問題などを含めて，出題内容には大きな変化はないと考えられるが，会話文設定のものなど，大学入試改革に伴う変化はあるかもしれない。

大問1では計算問題，基本問題が数多く出題されるので，ここで確実に得点できるよう，基礎力を固めておくことが必要である。数の性質や関数とグラフの融合問題，平面図形・空間図形の統合問題などは，日頃あまり見慣れないような問題が出題されることもあるが，問題を解くときに使う性質や定理，公式は教科書レベルのものなので，まずは標準的問題で練習を十分重ねて，グラフの式・座標の求め方，基本的な図形の性質，合同・相似，円の性質，三平方の定理などをしっかりおさえておこう。資料の活用の分野については，グラフの読み取りをはじめ，基本事項は確実にマスターしておきたい。基礎が固まったら，次に標準レベルのものでよいから，入試用の問題集で演習を重ね，解法のパターンを確実につかもう。また，解法の根拠や途中の過程をノートにまとめて書き，論理的な思考力，洞察力を鍛えよう。あまり難しすぎる問題にチャレンジする必要はないので，基礎力を徹底的に強化し，そこから応用できる力を身につけることを目標に頑張ろう！！

⇨学習のポイント

- 過去問や問題集を使って図形の計量問題や図形と関数・グラフの融合問題への対策を立てよう。
- 授業や学校の教材を中心に全分野の基礎力をしっかり身につけ，基本問題を確実に得点できるようにしよう。

年度別出題内容の分析表　数学

出題内容			26年	27年	28年	29年	30年	2019年	2020年	2021年	2022年	2023年
数と式		数の性質			○			○				○
		数・式の計算	○	○	○	○	○	○	○	○	○	○
		因数分解	○	○	○	○	○	○	○	○	○	○
		平方根	○	○	○	○	○	○	○	○	○	○
方程式・不等式		一次方程式	○							○	○	
		二次方程式	○	○	○	○	○	○	○	○	○	○
		不等式					○		○		○	
		方程式の応用	○	○	○	○	○	○	○	○	○	○
関数		一次関数	○	○	○	○	○	○		○	○	○
		関数 $y = ax^2$	○	○	○	○	○	○		○	○	○
		比例関数			○	○	○	○	○			
		関数とグラフ	○	○	○	○	○	○	○	○	○	
		グラフの作成		○	○			○		○		
図形	平面図形	角度	○	○	○	○	○	○	○		○	○
		合同・相似	○	○	○	○	○	○	○	○	○	○
		三平方の定理				○	○	○	○	○	○	○
		円の性質	○	○		○	○	○	○	○	○	○
	空間図形	合同・相似	○	○		○	○					○
		三平方の定理	○	○	○	○	○					○
		切断	○		○	○				○		○
	計量	長さ	○	○	○	○	○	○	○	○	○	○
		面積		○		○			○	○	○	○
		体積	○	○	○	○	○	○	○	○	○	
		証明	○	○	○	○	○	○	○	○	○	○
		作図	○	○	○	○	○	○	○	○	○	○
		動点						○				
データの活用		場合の数			○							
		確率	○	○	○	○	○	○	○	○	○	○
		資料の散らばり・代表値(箱ひげ図を含む)	○	○		○	○	○	○	○	○	○
		標本調査			○				○		○	
融合問題		図形と関数・グラフ	○	○	○	○	○	○			○	○
		図形と確率										
		関数・グラフと確率							○			
		その他								○		○
その他			○		○				○	○	○	

―鳥取県公立高校―

英語　出題傾向の分析と合格への対策

出題傾向とその内容

〈最新年度の出題状況〉

本年度の大問構成は，リスニングテスト1題，短い会話文などによる語句・文法問題1題，英作文問題1題，長文(資料)読解問題1題，長文(物語)読解問題1題の計5題であった。

大問1のリスニングテストは，英文の内容を表す地図や表を選ぶ問題，聞いた会話文に関する英語の質問の答えを選ぶ問題，会話文を聞いて写真を並べかえる問題・会話文の最後の発言に続く発言を選ぶ問題，英文を聞いて空所に英単語や英文を補充する問題の計4題となっていた。

大問2では，語句・文法の知識を問う語句補充問題，語形変化問題が出題された。

大問3の英作文は，4語以上の英文を書くものが2題，20語程度の英文を書くものが1題であった。

大問4の長文(資料)読解問題は，資料を読み解く問題が計3題であった。昨年度の大問4の会話文読解問題で出題されていた日本語で答える問題は出題されなかったが，今年度の問題は，資料の内容をすばやく把握し，各選択肢を検討する必要があった。

大問5の長文(物語)読解問題は，昨年度から大きな変更はなく，登場人物の様子や気持ちを読み取る問題，日本語で答える問題，内容をふまえて10語程度の英語を書く問題などが出題された。

〈出題傾向〉

リスニングテストは，おおむね標準的な形式・分量である。ただし，問3の会話文と問4の英文は文章量がやや多いので，注意が必要である。

語句・文法問題では，基本的な英文法・英単語・熟語・会話表現を問われることが多い。語句を記述する問題も多く出題されているので，英語を正確に書けるように日頃から練習しておきたい。

英作文の語数は，年によって多少変わるが，まとまりのある内容の英文を書く必要があるため，しっかりとした準備が必要である。

読解問題は，資料と英文の内容を問うものがほとんどを占める。単なる英語の理解にとどまらず，心情や状況を推察するもの，グラフなどの資料の細部の読み取りが求められるものもある。

来年度の予想と対策

来年度も大筋では，同じ傾向の出題が予想されるが，今年度の大問4の長文(資料)読解問題形式は，来年度も同様の形式での出題が予想されるため，問題集などで類題を解き，形式に慣れておきたい。

英文や選択肢に用いられている語(句)には，やや難しいものが見られる。一方で，読解問題の文章量は，他の都道府県と比較するとやや短めになっている。

問題形式の特徴としては，英単語や語句，英文を記述させる問題が多いので，スペルミスなく書けるように練習をしておくこと。

読解問題においても，英単語や語句，英文法の知識は大切なので，これらに関する，中学3年間の内容をよく整理しておきたい。

英作文は，要求されている語数の多さから，事前の練習は必須である。難解な表現を用いる必要はないが，教科書で学習する基本例文や重要文法を習得し，簡単な単語を用いて表現する練習を積み重ねよう。

⇨学習のポイント

- 教科書レベルの英語表現を正確に。英語を理解する力，英語で表現する力，ともに必要である。
- 長いものでなくてよいから，入試と同じ形式の英文(資料形式の英文・物語文)を中心に，英文をできるだけ多く読み，グラフなどの資料の内容や，登場人物の状況や心情などの流れを読み取る訓練をしておこう。

年度別出題内容の分析表　英語

出題内容			26年	27年	28年	29年	30年	2019年	2020年	2021年	2022年	2023年
設問形式	リスニング	絵・図・表・グラフなどを用いた問題	○	○	○	○	○	○	○	○	○	○
		適文の挿入										○
		英語の質問に答える問題	○	○	○	○	○	○	○	○	○	○
		英語によるメモ・要約文の完成				○	○	○	○	○	○	○
		日本語で答える問題	○	○	○							
		書き取り										
	語い	単語の発音										
		文の区切り・強勢										
		語句の問題	○	○	○	○	○	○	○	○	○	○
	読解	語句補充・選択（読解）	○	○	○	○	○	○	○	○	○	○
		文の挿入・文の並べ換え			○	○	○		○	○	○	○
		語句の解釈・指示語	○	○	○	○	○	○	○	○	○	○
		英問英答（選択・記述）									○	
		日本語で答える問題	○	○	○	○	○	○	○	○	○	○
		内容真偽	○	○	○	○	○	○	○	○	○	○
		絵・図・表・グラフなどを用いた問題	○	○	○		○	○	○	○	○	○
		広告・メール・メモ・手紙・要約文などを用いた問題			○	○	○	○	○	○	○	○
	文法	語句補充・選択（文法）	○	○	○	○	○	○	○	○	○	○
		語形変化									○	○
		語句の並べ換え	○	○	○	○	○	○	○	○		
		言い換え・書き換え										
		英文和訳										
		和文英訳										
		自由・条件英作文	○	○	○	○	○	○	○	○	○	○
文法事項		現在・過去・未来と進行形	○	○	○		○	○	○	○	○	○
		助動詞		○				○	○	○	○	○
		名詞・冠詞・代名詞		○		○	○		○	○	○	○
		形容詞・副詞	○	○		○		○	○	○		○
		不定詞	○	○	○	○	○	○	○	○		○
		動名詞	○	○	○			○		○		○
		文の構造（目的語と補語）		○	○				○		○	
		比較	○	○	○		○	○	○	○	○	○
		受け身	○	○	○	○			○	○		○
		現在完了	○	○	○	○	○	○				○
		付加疑問文										
		間接疑問文								○		
		前置詞	○	○	○		○		○	○	○	○
		接続詞	○	○	○	○	○	○	○	○		○
		分詞の形容詞的用法				○	○	○	○	○		
		関係代名詞	○	○	○	○	○	○	○	○		○
		感嘆文										
		仮定法										

一鳥取県公立高校一

理科 出題傾向の分析と合格への対策

出題傾向とその内容

〈最新年度の出題状況〉

今年度は大問が8題，小問が40問程度であり，出題数は前年とほぼ同じである。出題内容は物理，化学，生物，地学の各分野から大問2題ずつで，偏りのないように出題されている。選択肢から選ぶ形式の出題のほかに作図，化学反応式，名称・用語記入，計算結果の直接記入，記述解答など，いろいろな形式の問いがバランスよく出題された。

〈出題傾向〉

基礎的な知識を確認する問題や，実験・観察の結果をもとに考察する問題を中心に構成されており，その中にやや高度な理解力を必要とする問いも見受けられる。また，表やグラフの読みとりでは，結果から考えられることを幅広く思考する力が求められた。

物理的領域　法則をそのまま使って解答するだけでなく，問題で設定された事象に合わせて活用できないと，正しい解答にたどり着くのは難しい。基本内容を理解した上で，応用する力があるかどうかを判断しようとした設問である。

化学的領域　教科書に取り上げられている代表的な実験に関しての出題を応用した問いが目立つ。計算問題では，実験結果などの数値の読み取りに注意する必要がある。化学式および化学反応式が正しく書けることも求められている。

生物的領域　基本的な実験・観察からの出題が中心である。名称の暗記だけでなく，それぞれの関わり合いを考えながら，自分の言葉で簡潔に説明できるようにしておくことが大切である。

地学的領域　スタンダードな内容ではあるが，思考力を必要とする問いも見られた。問題文や図を正しく読み取る力も必要である。入試対策の勉強の中で，類題を解いた経験のある人も多かったはずだ。数多くの練習問題にあたることが重要であることがわかる。

来年度の予想と対策

来年度も，各分野がまんべんなく出題されることが予想される。偏った学習は禁物である。不得意分野はくり返し練習問題にあたり，早目に克服しておきたい。実験結果について，その理由を文章で答える問題も出題されているので，簡潔な文章で表現できるようにしておこう。実験操作については，図でも説明できるようにしておくこと。基本的な用語については，教科書で太字になっているものを中心に完全に暗記し，場合によっては図でも説明できるようにしておきたい。日ごろの授業では，実験・観察のねらいを頭において参加し，手順や注意事項，結果の分析・考察，結論付けという流れを重視して取り組んでいこう。また，地震や天体などの科学的なニュースからの出題も可能性があるので，新聞記事なども興味をもって目を通しておこう。

⇨学習のポイント

・教科書に載っているような重要語句は，間違いなく覚えておこう。
・問題文を素早く読んで，スピード感をもって解答に取り組めるよう，長文に慣れておこう。

年度別出題内容の分析表 理科

※★印は大問の中心となった単元

分野	学年	出題内容	26年	27年	28年	29年	30年	2019年	2020年	2021年	2022年	2023年
第一分野	第1学年	身のまわりの物質とその性質				○	★		★		○	
第一分野	第1学年	気体の発生とその性質	○			○	○	○		○		○
第一分野	第1学年	水溶液					○	○			○	○
第一分野	第1学年	状態変化				○						
第一分野	第1学年	力のはたらき(2力のつり合いを含む)	○		○			○				
第一分野	第1学年	光と音	○			★	★			★		★
第一分野	第2学年	物質の成り立ち	○	○	○	○				○		○
第一分野	第2学年	化学変化，酸化と還元，発熱・吸熱反応	○		○	○		★	★		○	
第一分野	第2学年	化学変化と物質の質量	○	★	★	○		○	○	○		
第一分野	第2学年	電流(電力，熱量，静電気，放電，放射線を含む)		★	★		○	★		★	★	
第一分野	第2学年	電流と磁界	○				○		★		○	
第一分野	第3学年	水溶液とイオン，原子の成り立ちとイオン					★	○		★	○	○
第一分野	第3学年	酸・アルカリとイオン，中和と塩	○		★							★
第一分野	第3学年	化学変化と電池，金属イオン		★				★			★	
第一分野	第3学年	力のつり合いと合成・分解(水圧，浮力を含む)	○		○	○		○	○			
第一分野	第3学年	力と物体の運動(慣性の法則を含む)			○	★			★		○	★
第一分野	第3学年	力学的エネルギー，仕事とエネルギー		★		○					★	○
第一分野	第3学年	エネルギーとその変換，エネルギー資源		○			○	○				
第二分野	第1学年	生物の観察と分類のしかた								○		
第二分野	第1学年	植物の特徴と分類	○	○	○				○	○	★	
第二分野	第1学年	動物の特徴と分類	○					★				
第二分野	第1学年	身近な地形や地層，岩石の観察		○		○						○
第二分野	第1学年	火山活動と火成岩	○	○				★				
第二分野	第1学年	地震と地球内部のはたらき			★				★			
第二分野	第1学年	地層の重なりと過去の様子	○	★		★						★
第二分野	第2学年	生物と細胞	○	○			○					○
第二分野	第2学年	植物の体のつくりとはたらき	★	○	★		★		★	★	○	○
第二分野	第2学年	動物の体のつくりとはたらき			★	★			★	★	★	
第二分野	第2学年	気象要素の観測，大気圧と圧力	○	○		★				★		★
第二分野	第2学年	天気の変化		○			○				★	
第二分野	第2学年	日本の気象	○	★			★	○			○	
第二分野	第3学年	生物の成長と生殖	○	★			○				○	
第二分野	第3学年	遺伝の規則性と遺伝子	○				○	★				★
第二分野	第3学年	生物の種類の多様性と進化						○				
第二分野	第3学年	天体の動きと地球の自転・公転			★			★		★		
第二分野	第3学年	太陽系と恒星，月や金星の運動と見え方	★				★	○	★		★	
第二分野	第3学年	自然界のつり合い				★			○			
自然の環境調査と環境保全，自然災害						○						
科学技術の発展，様々な物質とその利用									○			
探究の過程を重視した出題			○	○	○	○	○	○	○	○	○	○

―鳥取県公立高校―

社会 ●●●● 出題傾向の分析と合格への対策 ●●●●

出題傾向とその内容

〈最新年度の出題状況〉

本年度の出題数は，大問3題，小問40題である。解答形式は記号選択中心の出題となっており，25題，語句記入は10題，短文の記述問題が5題出題されている。大問数は，日本・世界地理1題，歴史1題，公民1題となっている。小問数は各分野のバランスがとれていると言える。

基礎的事項を中心に出題されているが，資料を読み取る力や，総合的な理解力を試す問題が，各分野とも多くなっている。

地理的分野では，略地図・地形図・写真・雨温図等のグラフ・表などを読み取り，諸地域の特色・産業・気候などを考えさせる出題となっている。

歴史的分野では，略年表や資料を読み取った上で，日本の歴史を総合的に問う内容となっている。世界史は，教科書の基礎を押さえておけば，対応できる内容であった。

公民的分野では，グラフ・表・写真・模式図などを読み取って，憲法・基本的人権・民主主義・社会保障・日本の政治・経済一般・国際社会に関する基礎的な知識が問われている。

〈出題傾向〉

地理的分野では，地図や統計資料・写真・グラフなどを読み取って解答する問題が数多く出題されている。

歴史的分野では，生徒の調べ学習を題材とし，略年表や史料・グラフ・模式図等からの読み取りが数多く出題されている。事件の前後関係を問う問題も出題されている。

公民的分野では，グラフや模式図・資料などが用いられ，日本の政治・経済・国際社会などに関して幅広く問われている。

来年度の予想と対策

来年度も，出題数や問題構成などに大きな変動はないであろう。内容では，過去数年間の傾向を引き継ぎ，基本的な内容の理解を求める出題と，統計・地図・写真など各種の資料を読み取る問題が中心になるであろう。また，記述式の出題もあるので，時間内に文章をまとめる練習をしておく必要があるだろう。比較的難易度の低い問題が多いので，問題集に繰り返し取り組んでおけば，高得点も可能である。

地理的分野では，教科書の内容を確実に習得するとともに，統計資料や地図帳をよく見る習慣をつけることが必要である。地形図上の距離や時差の計算に慣れておきたい。

歴史的分野では，歴史の流れを確実に把握し，各時代の重要語句を覚えて，内容をしっかり理解するとともに，特に資料集や年表・図版をよく見て，各時代の特色と結びつくようにしておこう。

公民的分野では，基本的な用語を確実に覚えると同時に，教科書や資料集などに出ている図や資料もよく見ておこう。普段から新聞やニュースなどにも目を向けておき，新しい事柄にも，社会的関心を養うことも重要である。

⇨学習のポイント

・地理的分野では，各種の地図の見方に慣れ，統計資料の読み取り力をつけよう！
・歴史的分野では，テーマ別略年表の問題に慣れ，歴史的できごとの前後関係を押さえよう！
・公民的分野では，政治・経済の基礎を整理し，時事的課題にも関心を持とう！

年度別出題内容の分析表　社会

		出題内容	26年	27年	28年	29年	30年	2019年	2020年	2021年	2022年	2023年
地理的分野	日本	地形図の見方	○	○	○			○	○		○	○
		日本の国土・地形・気候	○	○	○	○	○		○	○	○	○
		人口・都市		○	○	○	○		○	○		○
		農林水産業	○	○	○	○	○	○	○	○		○
		工業	○	○	○			○	○	○	○	
		交通・通信				○			○			
		資源・エネルギー			○	○	○	○	○			
		貿易		○			○				○	
	世界	人々のくらし・宗教		○	○	○	○	○	○	○	○	○
		地形・気候	○	○	○	○	○	○	○	○	○	○
		人口・都市	○							○	○	
		産業	○	○		○	○	○	○	○	○	○
		交通・貿易		○					○	○	○	○
		資源・エネルギー								○	○	
	地理総合											
歴史的分野	日本史―時代別	旧石器時代から弥生時代		○	○	○	○					
		古墳時代から平安時代	○	○	○	○	○	○	○	○	○	○
		鎌倉・室町時代	○	○	○	○	○	○	○	○	○	○
		安土桃山・江戸時代	○	○	○	○	○	○	○	○	○	○
		明治時代から現代	○	○	○	○	○	○	○	○	○	○
	日本史―テーマ別	政治・法律	○	○	○	○	○	○	○	○	○	○
		経済・社会・技術	○	○	○	○	○	○	○	○	○	○
		文化・宗教・教育	○		○	○	○	○	○	○	○	○
		外交	○	○	○	○	○	○	○	○	○	○
	世界史	政治・社会・経済史		○				○	○	○	○	○
		文化史									○	
		世界史総合								○		
	歴史総合											
公民的分野		憲法・基本的人権	○	○	○				○	○	○	○
		国の政治の仕組み・裁判	○	○	○	○	○	○	○	○	○	○
		民主主義										○
		地方自治	○		○			○		○	○	
		国民生活・社会保障			○	○	○			○		○
		経済一般	○	○	○	○	○	○	○	○	○	○
		財政・消費生活	○	○	○	○	○	○	○	○	○	
		公害・環境問題	○			○		○	○		○	
		国際社会との関わり		○	○	○	○	○	○		○	○
時事問題									○			
その他						○		○		○		

―鳥取県公立高校―

国語 ●●●● 出題傾向の分析と合格への対策 ●●●●

出題傾向とその内容

〈最新年度の出題状況〉

本年度の出題数は，大問が5題であった。

【問題一】は知識。漢字の読み書き，画数，熟語，文法，漢文の返り点が出題された。

【問題二】は小説の読解。登場人物の心情や表現などについて問われた。

【問題三】は論説文の読解。日本人の時間感覚について述べた文章から出題された。

【問題四】は古文。古語の読みや意味，本文の内容について出題された。

【問題五】は話し合いで，発言者の役割や発言の特徴について問われた。作文は，「地域の活性化」について，自分の体験や希望を含めて200字以内でまとめるものであった。

〈出題傾向〉

国語の知識，読解力，そして書く力が試される。限られた時間内に，さまざまなジャンルの問題に手際よく答えることが求められている。

知識問題は，漢字の読み書きが必出。それ以外にも，語句や文法について幅広く出題され，漢文の返り点は知識問題として扱われている。

現代文の読解問題は，内容理解中心。文学的文章は，登場人物の心情やその変化，行動の理由などが問われる。説明的文章は，内容や筆者の意見，論理の展開などが問われる。古文は，内容理解の前提となる基礎知識についても出題される。解答形式は，記号選択，本文からの抜き出し，記述，作文などさまざまである。

会話・議論・発表も，毎年いろいろな形で出題されている。本年度は，ここで「地域の活性化」について2段落構成200字以内で書く課題作文が出題された。

来年度の予想と対策

複数の記述問題や作文を含む多くの問題を解くためには，適切な時間配分をしなければならない。

知識については，幅広く出題されるであろう。漢字の読みと書き取りはもちろん，語句や文法の基本も，しっかりと身につけておこう。書写や筆順・画数の違いについてもよく出題されるので学んでおきたい。また，語句の意味など読解問題で扱われる知識もある。

読解問題は，複数の文章の融合問題が出題される可能性もあるが，基本はそれぞれの文章の読解である。いろいろな文章を読み，問題を解く練習を重ねれば，恐れる必要はない。

現代文は，筆者の意見や登場人物の心情に注意して読むこと。記述問題については，設問をよく読んで，必要な内容を過不足なくまとめることができるようにしよう。

古文は，基本的知識が必須。部分訳や注を手がかりに，人物の関係や大まかな内容を読み取れるようにしたい。

作文は，とにかく自分で書いてみる。ポイントは，条件を満たすこと，筋の通ったわかりやすい文章を書くこと，原稿用紙の正しい使い方に従うことである。

⇨学習のポイント

・さまざまな文章の読解問題にふれよう。

・漢字，語句，文法，書写など，幅広く国語の知識を身につけよう。

・200字程度の作文の練習をしよう。

年度別出題内容の分析表　国語

		出題内容	26年	27年	28年	29年	30年	2019年	2020年	2021年	2022年	2023年
内容の分類	読解	主題・表題						○				
		大意・要旨			○							
		情景・心情	○	○	○	○	○	○	○	○	○	○
		内容吟味	○	○	○	○	○	○	○	○	○	○
		文脈把握	○	○	○	○	○	○	○	○	○	○
		段落・文章構成	○	○		○	○	○				
		指示語の問題				○				○	○	
		接続語の問題		○			○	○	○	○		
		脱文・脱語補充	○	○	○	○	○	○	○	○	○	○
	漢字・語句	漢字の読み書き	○	○	○	○	○	○	○	○	○	○
		筆順・画数・部首	○			○	○		○		○	○
		語句の意味			○	○	○		○			○
		同義語・対義語										
		熟語	○			○			○	○		○
		ことわざ・慣用句		○	○	○	○	○			○	○
		仮名遣い	○	○	○	○	○	○	○	○	○	
	表現	短文作成			○				○			
		作文(自由・課題)	○	○	○	○	○	○	○	○	○	○
		その他										
	文法	文と文節			○				○		○	
		品詞・用法	○	○	○	○	○	○	○	○	○	○
		敬語・その他	○		○	○	○	○	○	○	○	○
	古文の口語訳				○	○	○		○			○
	表現技法・形式		○	○		○				○		
	文学史											
	書写		○	○	○	○	○	○		○		
問題文の種類	散文	論説文・説明文	○	○	○	○	○	○	○	○	○	○
		記録文・報告文										
		小説・物語・伝記	○	○	○	○	○	○	○	○	○	○
		随筆・紀行・日記										
	韻文	詩										
		和歌(短歌)										
		俳句・川柳										
	古文		○	○		○	○	○	○	○	○	○
	漢文・漢詩		○	○	○		○			○	○	○
	会話・議論・発表		○	○	○	○	○	○	○	○	○	○
	聞き取り											

—鳥取県公立高校—

不安という人なつっこい怪物。

曽我部恵一｜ミュージシャン

曽我部恵一
'90年代初頭よりサニーデイ・サービスのヴォーカリスト／ギタリストとして活動を始める。2004年，自主レーベルROSE RECORDSを設立し，インディペンデント／DIYを基軸とした活動を開始する。以後，サニーデイ・サービス／ソロと並行し，プロデュース・楽曲提供・映画音楽・CM音楽・執筆・俳優など，形態にとらわれない表現を続ける。

受験を前に不安を抱えている人も多いのではないでしょうか。今回はミュージシャンであり，3人の子どもたちを育てるシングルファーザーでもある曽我部恵一さんにご自身のお子さんに対して思うことをまじえながら，“不安”について思うことを聞いた。

── 子どもの人生を途中まで一緒に生きてやろうっていうのが，何だかおこがましいような気がしてしまう。

子どもが志望校に受かったらそれは喜ばしいことだし，落ちたら落ちたで仕方がない。基本的に僕は子どもにこの学校に行ってほしいとか調べたことがない。長女が高校や大学を受験した時は，彼女自身が行きたい学校を選んで，自分で申し込んで，受かったからそこに通った。子どもに「こういう生き方が幸せなんだよ」っていうのを教えようとは全く思わないし，勝手につかむっていうか，勝手に探すだろうなと思っているかな。

僕は子どもより自分の方が大事。子どもに興味が無いんじゃないかと言われたら，本当に無いのかもしれない。子どもと仲良いし，好きだけど，やっぱり自分の幸せの方が大事。自分の方が大事っていうのは，あなたの人生の面倒は見られないですよって意味でね。あなたの人生はあなたにしか生きられない。自分の人生って，設計して実際動かせるのは自分しかいないから，自分のことを責任持ってやるのがみんなにとっての幸せなんだと思う。

うちの子にはこの学校に入ってもらわないと困るんですって言っても，だいたい親は途中で死ぬから子どもの将来って最後まで見られないでしょう。顔を合わせている時，あのご飯がうまかったとか，風呂入るねとか，こんなテレビやってたよ，とかっていう表面的な会話はしても，子どもの性格とか一緒にいない時の子どもの表情とか本当はちゃんとは知らないんじゃないかな。子どもの人生を途中まで一緒に生きてやろうっていうのが，何だかおこがましいような気がしてしまう。

── 不安も自分の能力の一部だって思う。

一生懸命何かをやってる人，僕らみたいな芸能をやっている人もそうだけど，みんな常に不安を抱えて生きていると思う。僕も自分のコンサートの前はすごく不安だし，それが解消されることはない。もっと自分に自信を持てるように練習して不安を軽減させようとするけど，無くなるということは絶対にない。アマチュアの時はなんとなくライブをやって，なんとなく人前で歌っていたから，不安はなかったけど，今はすごく不安。それは，お金をもらっているからというプロフェッショナルな気持ちや，お客さんを満足させないとというエンターテイナーとしての意地なのだろうけど，本質的な部分は“このステージに立つほど自分の能力があるのだろうか”っていう不安だから，そこは受験をする中学生と同じかもしれない。これは不安を抱えながらぶつかるしかない。それで，ぶつかってみた結果，ライブがイマイチだった時は，僕は今でも人生終わったなって気持ちになる。だから，不安を抱えている人に対して不安を解消するための言葉を僕はかけることができない。受験生の中には高校受験に失敗したら人生終わると思ってる人もいるだろうし，僕は一つのステージを失敗したら人生終わると思ってる。物理的に終わらなくても，その人の中では終わる。それに対して「人生終わらないよ」っていうのは勝手すぎる意見。僕たちの中では一回の失敗でそれは終わっちゃうんだ。でも，失敗しても相変わらずまた明日はあるし，明後日もある。生きていかなきゃいけない。失敗を繰り返していくことで，人生は続くってことがわかってくる。子どもたちの中には，そこで人生を本当に終わらそうっていう人が出てくるかもしれないけど，それは大間違い。同じような失敗は生きてるうちに何度もあって，大人になっている人は失敗を忘れたり，見ないようにしたりするのをただ単に繰り返して生きてるだけなんだと思う。失敗したからこそできるものがあるから，僕は失敗するっていうことは良いことだと思う。挫折が多い方が絶対良い。若い頃に挫折とか苦い経験っていうのはもう財産だから。

例えば，「雨が降ってきたから，カフェに入った。そしたら偶然友達と会って嬉しかった」。これって，雨が降る，晴れるとか，天気みたいなもうどうしようもないことに身を委ねて，自然に乗っかっていったら，結局はいい出来事があったということ。僕は，無理せずにそういう風に生きていきたいなと思う。失敗しても，それが何かにつながっていくから，失敗したことをねじ曲げて成功に持っていく必要はないんじゃないかな。

不安を感じてそれに打ち勝つ自信がないのなら，逃げたらいい。無理して努力することが一番すごいとも思わない。人間，普通に生きると70年とか80年とか生きるわけで，逃げてもどこかで絶対勝負しなきゃいけない瞬間っていうのがあるから，その時にちゃんと勝負すればいいんじゃないかな。受験がどうなるか，受かるだろうか，落ちるだろうか，その不安を抱えている人は，少なからず，勝負に立ち向かっていってるから不安を抱えているわけで。それは素晴らしいこと。不安っていうのは自分の中の形のない何かで自分の中の一つの要素だから，不安も自分の能力の一部だって思う。不安を抱えたまま勝負に挑むのもいいし，努力して不安を軽減させて挑むのもいい。または，不安が大きいから勝負をやめてもいいし，あくまでも全部自分の中のものだから。そう思えば，わけのわからない不安に押しつぶされるってことはないんじゃないかな。

MEMO

大切なことはメモしておこうネ！

ダウンロードコンテンツのご利用方法

※弊社 HP 内の各書籍ページより，解答用紙などのデータダウンロードが可能です。

※巻頭「収録内容」ページの下部 QR コードを読み取ると，書籍ページにアクセスが出来ます。（ Step 4 からスタート）

Step 1 東京学参 HP（https://www.gakusan.co.jp/）にアクセス

Step 2 下へスクロール『フリーワード検索』に書籍名を入力

Step 3 検索結果から購入された書籍の表紙画像をクリックし，書籍ページにアクセス

Step 4 書籍ページ内の表紙画像下にある『ダウンロードページ』を
クリックし，ダウンロードページにアクセス

Step 5 巻頭「収録内容」ページの下部に記載されている
パスワードを入力し，『送信』をクリック

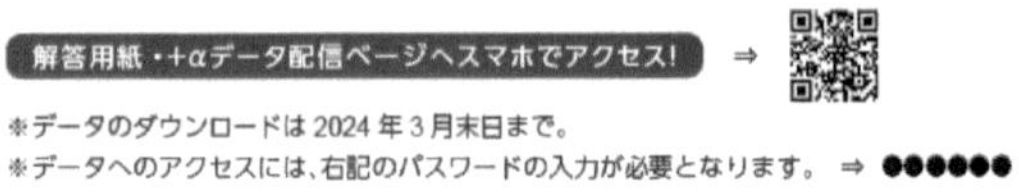

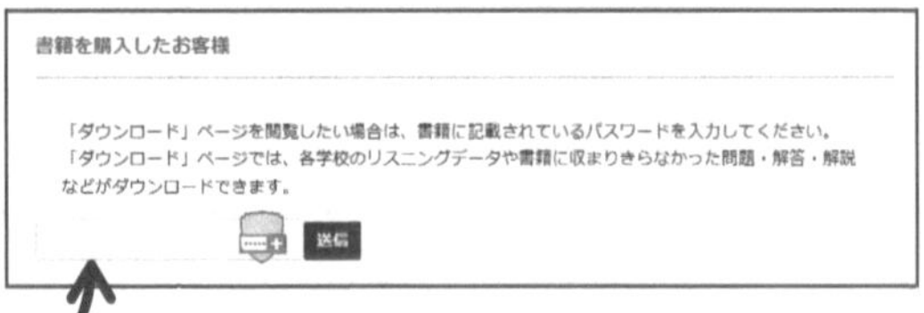

Step 6 使用したいコンテンツをクリック
※ PC ではマウス操作で保存が可能です。

鳥取県公立高等学校

2023年度

★★★★★★★★★★★★★★★★★★★★★★★★

入　試　問　題

●くわしい解説……65ページ

＜数学＞

時間　50分　　満点　50点

【問題１】 次の各問いに答えなさい。

問１　次の計算をしなさい。

⑴　$-6-(-2)$

⑵　$-\frac{2}{3}\div\frac{8}{9}$

⑶　$6\sqrt{2}-\sqrt{18}+\sqrt{8}$

⑷　$4(2x+1)-3(2x+1)$

⑸　$3xy\times 2x^3y^2\div(-x^3y)$

問２　x^2-3x+2 を因数分解しなさい。

問３　二次方程式 $3x^2-x-1=0$ を解きなさい。

問４　関数 $y=2x^2$ について，x の値が１から４まで増加するときの変化の割合を求めなさい。

問５　右の図Ⅰにおいて，$\angle x$ の大きさを求めなさい。

ただし，４点A，B，C，Dは円Oの周上の点であり，線分ACは円Oの直径である。

図Ⅰ

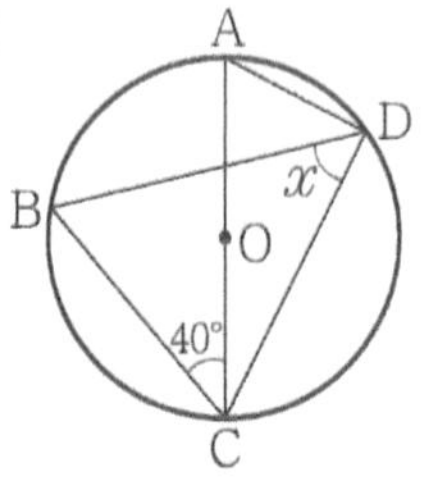

問６　右の図Ⅱのように，1，2，3，4の数が，それぞれ書かれている玉が１個ずつ箱の中に入っている。この箱から玉を１個取り出し，その玉を箱の中に戻して箱の中をよくかき混ぜた後，もう一度箱から玉を１個取り出す。１回目に取り出した玉に書かれている数を a，２回目に取り出した玉に書かれている数を b とする。

このとき，$a+b$ が24の約数である確率を求めなさい。

ただし，どの玉が取り出されることも同様に確からしいものとする。

図Ⅱ

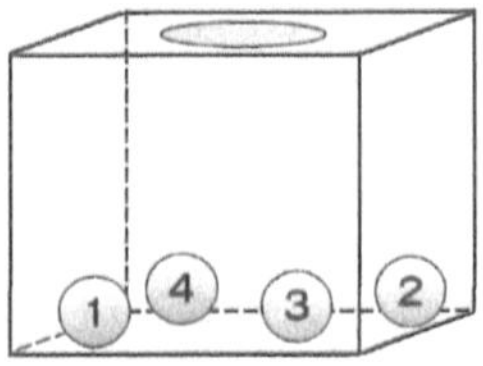

問７　面積が$168n$ m^2の正方形の土地がある。この正方形の土地の１辺の長さ（m）が整数となるような最も小さい自然数nの値を求めなさい。

問８　連続する２つの偶数の積は，８の倍数である。**さよさん**は，このことを，次のように文字式を使って証明した。

このとき，あとの(1)，(2)に答えなさい。

> （証明）
> nを整数とし，連続する２つの偶数のうち，小さい方を$2n$とすると，
> もう一方の偶数は［ア］と表される。
> このとき，連続する２つの偶数の積は
> 　$2n\times($［ア］$)=$［イ］$n(n+1)$ …①
> n，$n+1$は連続する２つの整数だから，①の右辺の$n(n+1)$は２の倍数である。
> よって，mを整数とすると，$n(n+1)$は$2m$と表される。
> このとき，連続する２つの偶数の積は
> 　$2n\times($［ア］$)=8m$
> mは整数だから，$2n\times($［ア］$)$は８の倍数である。
> したがって，連続する２つの偶数の積は，８の倍数である。　（証明終）

(1)　証明の［ア］，［イ］にあてはまる適切な数または文字式を入れて，証明を完成させなさい。ただし，［ア］には，同じ数または同じ文字式があてはまるものとする。

(2)　次の**説明**は，証明の下線部において，n，$n+1$が連続する２つの整数だと，$n(n+1)$は２の倍数となる理由を説明したものである。**説明**中の［ウ］に適切な文を入れなさい。

説明

> 連続する２つの整数n，$n+1$は，［ウ］。
> 整数と偶数の積は２の倍数となるので，$n(n+1)$は２の倍数である。

問９　右の**図Ⅲ**において，△ABCの頂点Cを通り，△ABCの面積を二等分する線分と辺ABとの交点Dを，定規とコンパスを用いて作図しなさい。

ただし，作図に用いた線は明確にして，消さずに残しておき，作図した点Dには記号Dを書き入れなさい。

図Ⅲ

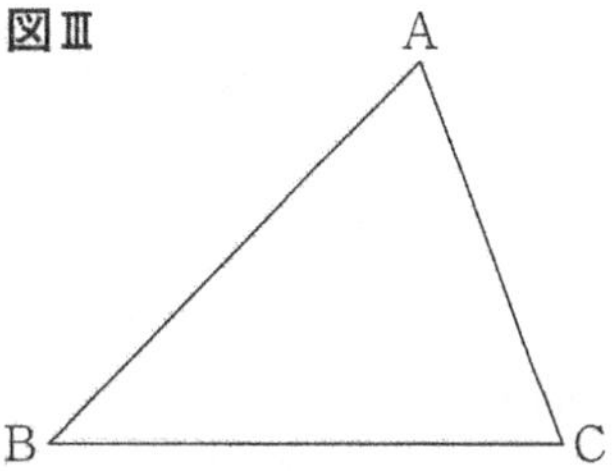

問10　次のページの**図Ⅳ**のように，平行四辺形ABCDの対角線の交点Oを通る直線をひき，２辺AB，DCとの交点をそれぞれP，Qとする。

このとき，OP＝OQであることを，次のページのように証明した。あとの(1)〜(3)に答えなさい。

（証明）
△ＯＡＰと△ＯＣＱで，
対頂角は等しいので，
∠AOP＝∠COQ　…①
[a] は等しいので，AB // DCから，
[b]　…②
平行四辺形の [c] ので，
[d]　…③
①，②，③より
[e] がそれぞれ等しいので，
△OAP≡△OCQ
合同な図形では，対応する辺は，それぞれ等しいので，
OP＝OQ　（証明終）

図Ⅳ

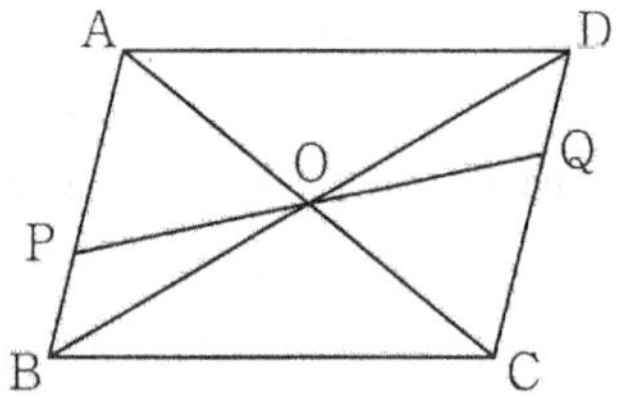

⑴　証明の [a]，[b] にあてはまるものとして最も適切なものを，次の**ア**～**キ**からそれぞれひとつ選び，記号で答えなさい。

ア　平行線の同位角　**イ**　平行線の錯角　**ウ**　平行線の向かい合う辺
エ　∠OAP＝∠OCQ　**オ**　∠OPA＝∠OQC　**カ**　∠OBA＝∠ODC
キ　AP＝CQ

⑵　証明の [c]，[d] にあてはまるものとして最も適切なものを，次の**ア**～**キ**からそれぞれひとつ選び，記号で答えなさい。

ア　２組の向かい合う辺は，それぞれ等しい
イ　２組の向かい合う角は，それぞれ等しい
ウ　対角線は，それぞれの中点で交わる
エ　∠ABC＝∠CDA　**オ**　∠OAP＝∠OCQ　**カ**　OA＝OC　**キ**　AP＝CQ

⑶　証明の [e] にあてはまる最も適切な語句を入れて，証明を完成させなさい。

【問題２】　右の**表**は，ある中学校の３年生１組から４組の生徒各30人が，１か月に読んだ本の冊数について調べ，その結果をまとめたものである。
このとき，次の各問いに答えなさい。

表

クラス	１組	２組	３組	４組
最小値	2	1	2	1
第１四分位数	4	3	4	4
中央値	6	5.5	6	6
第３四分位数	8	7	9	8
最大値	12	10	12	11

問１　四分位範囲が最も大きいクラスは，１組から４組のうちどのクラスか，答えなさい。また，その四分位範囲を求めなさい。

問２　次のページの**図Ⅰ**は，各クラスの結果を箱ひげ図に表したものである。１組の箱ひげ図を，**図Ⅰ**中の**ア**～**エ**からひとつ選び，記号で答えなさい。

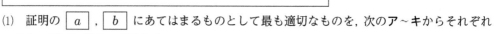

図Ⅰ

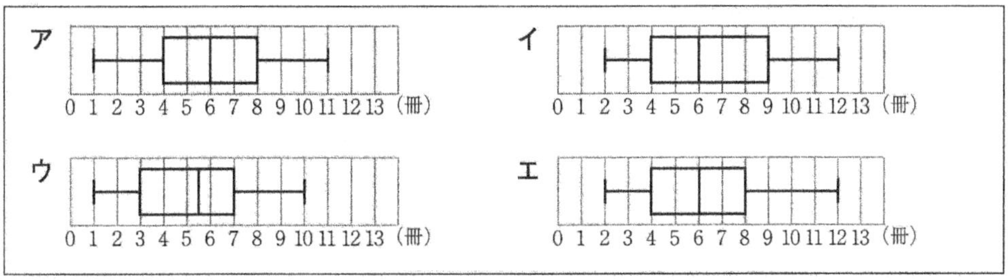

問３　あとの**図Ⅱ**は，各クラスの結果をヒストグラムに表したものである。

このとき，次の⑴～⑶に答えなさい。

⑴　１組のヒストグラムを，**図Ⅱ**中の**ア**～**エ**からひとつ選び，記号で答えなさい。

図Ⅱ

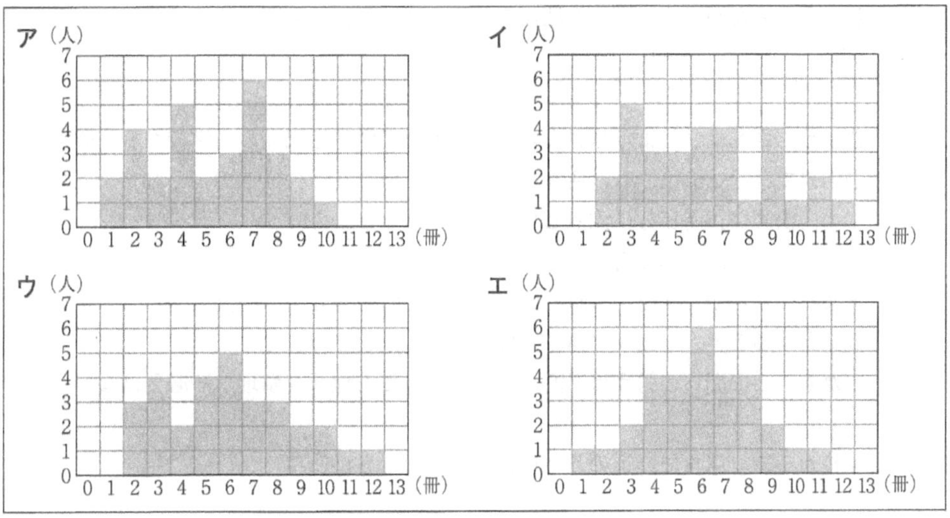

⑵　７冊の階級の相対度数が0.2であるクラスは，１組から４組のうちどのクラスか，答えなさい。

⑶　４組の平均値を求めなさい。

【問題３】　高校生の**じょうじさん**は陸上競技部に所属しており，学校から公園までの片道900mの道を走って往復するトレーニングをしている。ある日**じょうじさん**は，16時に学校を出発し，この道を分速300mの速さで立ち止まることなく走り２往復した。同じ日に，**きょうこさん**は，公園での清掃活動に参加するため，学校を出発し，**じょうじさん**と同じ道を通って公園に向かった。

次のページの**図**は，**じょうじさん**が学校を出発してからの時間（分）と，学校から**じょうじさん**がいる地点までの道のり（m）の関係を，グラフに表したものである。ただし，グラフは**じょ**

うじさんが学校を出発してからこの道を1往復したところまでしかかかれていない。
このとき，あとの各問いに答えなさい。

図

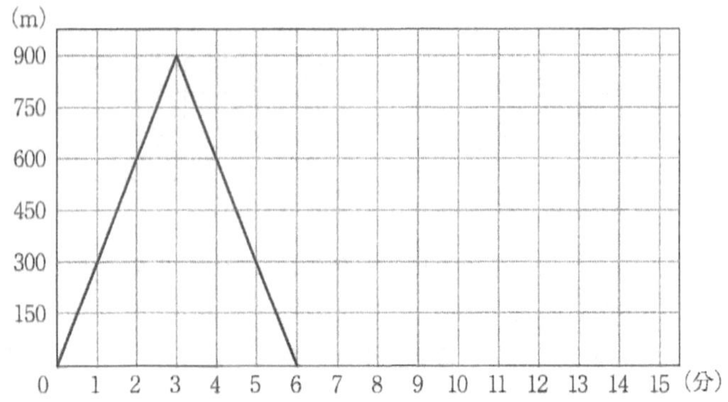

問1　**じょうじさん**が，この道を2往復走り終えて，学校に到着するのは何時何分か，求めなさい。

問2　**きょうこさん**は，**じょうじさん**より2分遅れて学校を出発し，学校から公園までの間にある時計店までは分速50m，時計店から公園までは分速75mの速さで，それぞれ立ち止まることなく歩き，公園に16時15分に到着した。

このとき，次の(1)～(4)に答えなさい。

(1)　**きょうこさん**が，学校から時計店まで歩いた時間を a 分，時計店から公園まで歩いた時間を b 分とするとき，a と b の連立方程式をつくりなさい。

ただし，この問いの答えは，必ずしもつくった方程式を整理する必要はない。

(2)　学校から時計店までの道のりは何mか，求めなさい。

(3)　**きょうこさん**が，学校を出発してから公園に到着するまでに，**じょうじさん**とすれ違う，または追いこされるのはあわせて何回か，求めなさい。

(4)　**きょうこさん**が，学校を出発して，**じょうじさん**と最初にすれ違ってから，その後追いこされるまでにかかった時間は何分か，求めなさい。

【問題4】　次のページの図Ⅰのように，底面の半径が2㎝，母線の長さが8㎝の円錐Pと，円錐Pの内部で側面にぴったりと接している球Oがある。点Oは，円錐Pの頂点Aと底面の中心Cを結ぶ線分AC上にあり，球Oは，円錐Pと母線ABの中点Mで接している。

このとき，後の各問いに答えなさい。

問1　円錐Pの高さを求めなさい。

問2　球Oの半径を求めなさい。

図Ⅰ　　円錐P

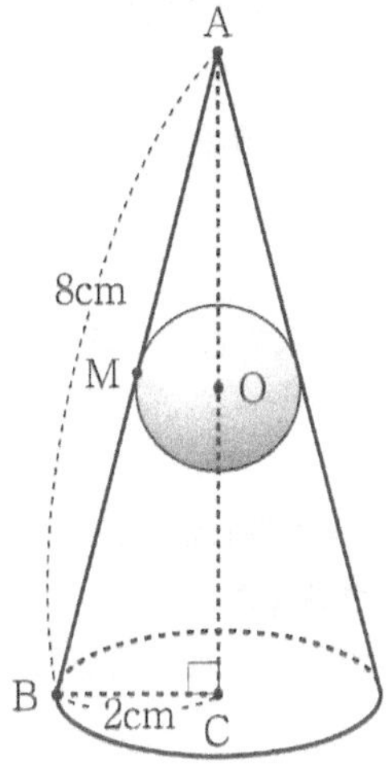

問3　右の図Ⅱのように，図Ⅰの円錐Pを，点Mを通り底面と平行な平面で２つに分けて，頂点Aを含まない立体を立体Qとする。

このとき，次の⑴，⑵に答えなさい。

⑴　立体Qの側面積を求めなさい。

⑵　図Ⅲは立体Qを線分MBで切ったときの側面の展開図で，点D，Eは，展開図を組み立てたときに，点M，Bとそれぞれ重なる点である。線分MEの長さを求めなさい。

図Ⅱ　　立体Q

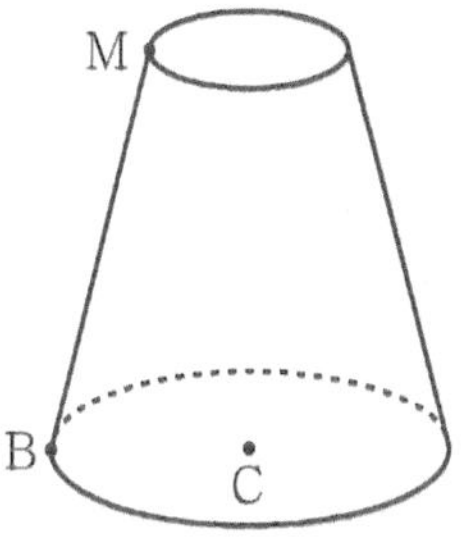

図Ⅲ

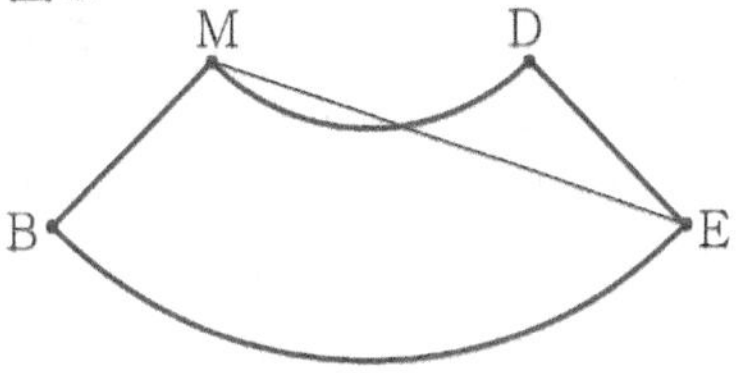

【問題５】　１辺の長さが４cmの正方形がいくつかあり，正方形の辺と辺がぴったりと合わさるように並べてさまざまな図形をつくる。２点P，Qはこの図形の頂点Oを同時に出発し，点Pは時計回りに，点Qは反時計回りにそれぞれ毎秒１cmの速さでこの図形の周上を移動し，２点P，Qが同じ位置に重なったときに止まる。右の図は，正方形を４個並べてつくった図形の例のひとつである。

また，２点P，Qが頂点Oを出発してからx秒後の△OPQの面積をy cm²とする。ただし，２点P，Qが同じ位置に重なったときは，$y=0$とする。

図

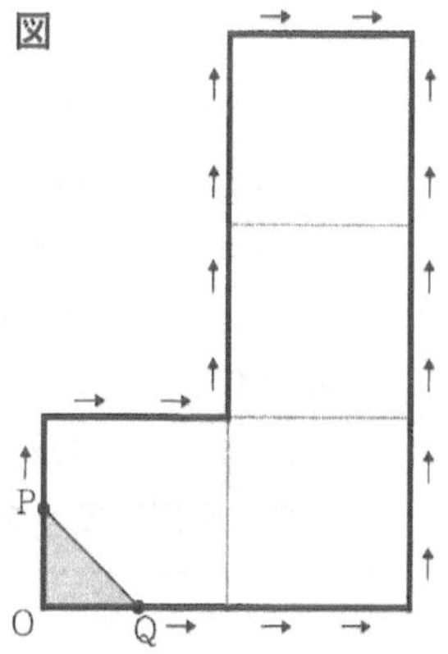

このとき，次の各問いに答えなさい。

問1 正方形を3個並べてつくった右の**図形Ⅰ**において，次の(1)〜(3)に答えなさい。

図形Ⅰ

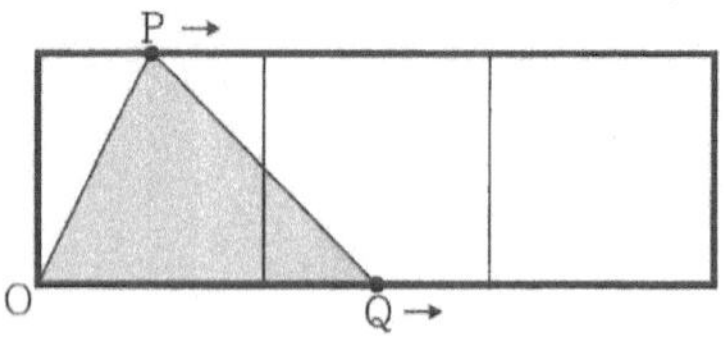

(1) $x=2$のときと，$x=6$のときのyの値を，それぞれ求めなさい。

(2) $0 \leqq x \leqq 4$におけるxとyの関係を式で表しなさい。

(3) $0 \leqq x \leqq 12$におけるxとyの関係を表したグラフ（実線部分）として最も適切なものを，次の**ア**〜**エ**からひとつ選び，記号で答えなさい。

ただし，**ア**〜**エ**のグラフ中の点線で表された直線①は，傾き1の直線を表している。

ア

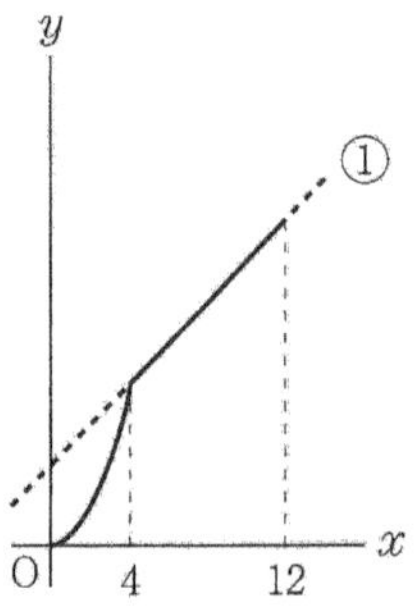

イ

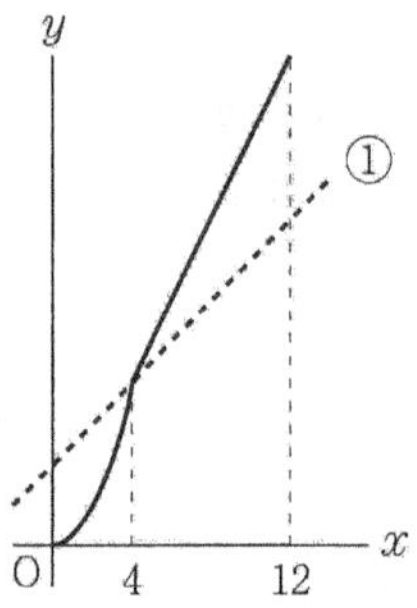

ウ

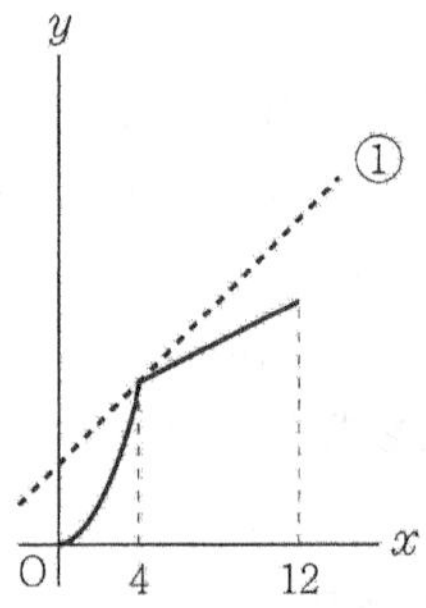

エ

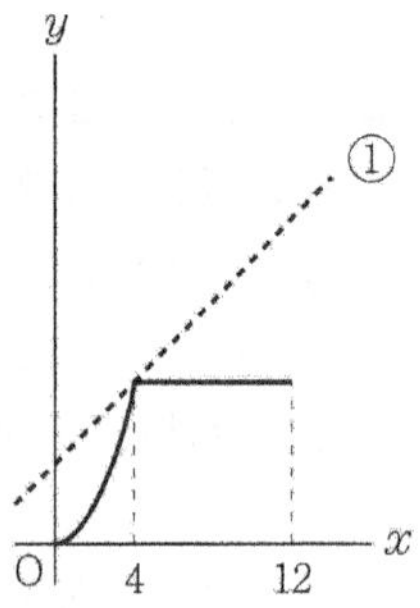

問2 正方形を3個並べてつくった右の**図形Ⅱ**において，次の**ノート**は，**きよしさん**が，$8 \leqq x \leqq 12$におけるxとyの関係を式で表そうと考えたものである。**ノート**中の［ア］〜［ウ］にあてはまる式を，それぞれxを用いて表しなさい。

ただし，点A，B，C，D，E，F，Gはそれぞれ正方形の頂点である。

図形Ⅱ

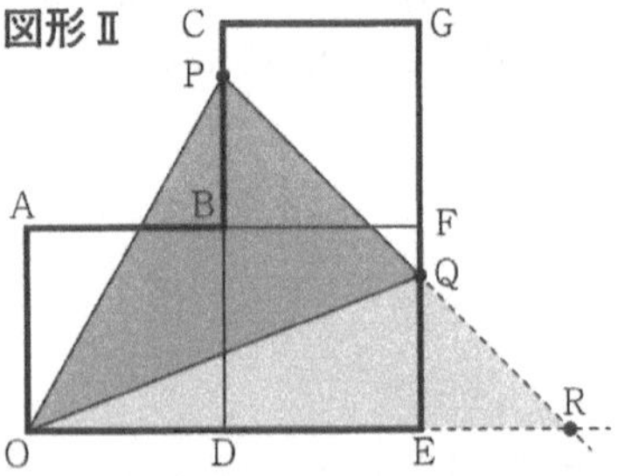

ノート

△OPQの面積y cm²を次のように考える。
PQを延長した直線とOEを延長した直線の交点をRとするとき，
（△OPQの面積y）＝（△OPRの面積）−（△OQRの面積）（cm²）
と考えることができる。このとき，線分EQ，DP，ORの長さ（cm）をそれぞれxを用いて表すと，
EQ＝$x-8$，DP＝［ア］，OR＝［イ］と表せる。
これらを用いてyをxで表すと，y＝［ウ］と表すことができる。

問３　正方形を８個並べてつくった，次の**図形Ⅲ**および**図形Ⅳ**において，$24 < x < 28$のとき，**図形Ⅲ**における△OPQの面積を$S_1\,\text{cm}^2$，**図形Ⅳ**における△OPQの面積を$S_2\,\text{cm}^2$とする。$S_1 : S_2$を最も簡単な整数の比で答えなさい。

図形Ⅲ

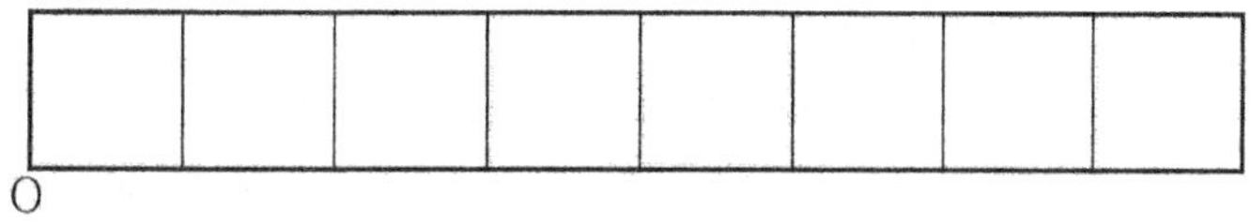

図形Ⅳ

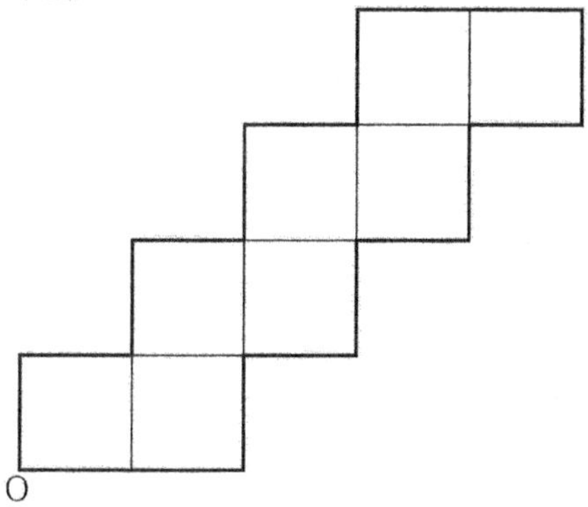

＜英語＞

時間 60分　満点 50点

【問題1】 放送を聞いて，次の各問いに答えなさい。

問1　No. 1 ～No. 3 の英文を聞き，それぞれの英文の内容を最もよく表しているものを，次のア～エからひとつずつ選び，記号で答えなさい。英文は1回のみ放送します。

No. 1　ア　イ　ウ　エ

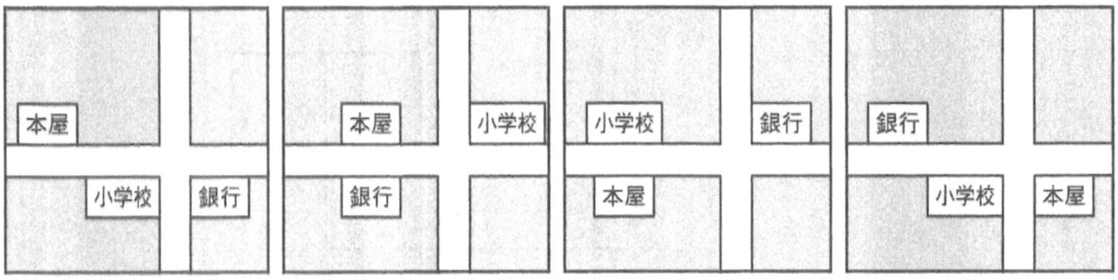

No. 2　ア　イ　ウ　エ

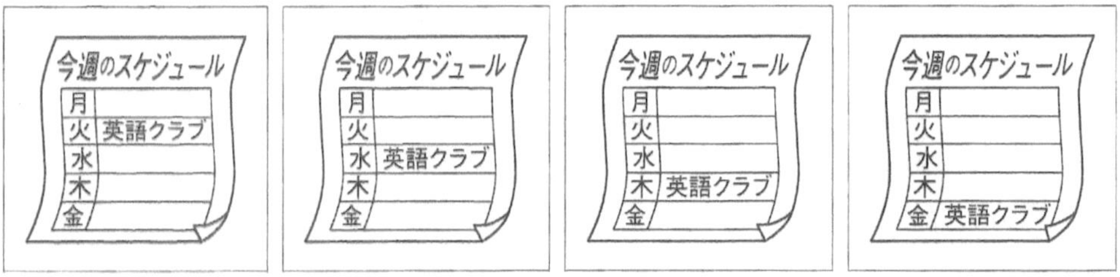

No. 3　ア　イ　ウ　エ

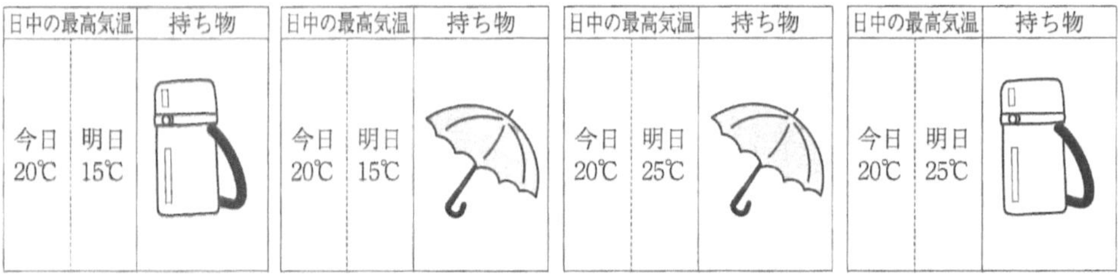

問2　No. 1，No. 2 の会話を聞き，それぞれの英語の質問に対する答えとして，最も適切なものを，あとのア～エからひとつずつ選び，記号で答えなさい。会話は1回のみ放送します。

No. 1　〈メグ（Meg）先生と男子生徒（Takashi）との会話〉

【質問】 What did Meg ask Takashi to do?

ア　To find Meg's notebook.　イ　To read Japanese.

ウ　To look for Mayumi's notebook.　エ　To write a name in Japanese.

No. 2　〈留学中の女子生徒（Amelia）と男子中学生（Shunya）との会話〉

【質問】 Amelia will not go to the zoo on Sunday.　Why?

ア　Amelia doesn't like animals.

イ　Amelia will watch an anime movie.

ウ　Amelia will ask her friends to come to her house.

エ　Amelia will go to her friend's birthday party.

問３　カナダからの留学生ソフィア（Sophia）さんと，中学生のなおと（Naoto）さんとの会話を聞き，次の⑴，⑵の各問いに答えなさい。会話は２回放送します。

⑴　次の**ア**～**エ**の写真が撮影された時を考えて，古いものから新しいものになるように並べかえ，記号で答えなさい。

ア

イ

ウ

エ

⑵　会話の最後のなおとさんの発言に続く，ソフィアさんの発言として，最も適切なものを，次の**ア**～**エ**からひとつ選び，記号で答えなさい。

ア　Really?　If I were you, I would go to other countries.

イ　You're welcome.　I like your pictures too.

ウ　I'm glad to hear that.　Please come to Canada someday.

エ　I don't think so.　You should take pictures of places in Japan.

問４　中学生のみどり（Midori）さんは，夏休みに，英語によるオンラインイベント（online event）に参加しました。イベントの初日には，**スライド**を使って自己紹介（Self-Introduction）を行いました。その自己紹介の一部を聞いて，**スライド**の（①），（②）にあてはまる適切な英語を，それぞれ１語で答えなさい。

また，イベント後に，イベントに参加していたマーク（Mark）さんからみどりさんにメールが届きました。あとの**マークさんからのメール**の（③）にあてはまる英文を，**４語以上の一文**で書きなさい。英文は２回放送します。

（**スライド**，**マークさんからのメール**は次のページにあります。）

スライド

Self - Introduction
Name : Midori Yamada Age : 15 I want to ... →（　①　）my English → introduce Tottori ↑ I have visited the U. S.（　②　） → find new friends

マークさんからのメール

> Dear Midori,
>
> I enjoyed the online event.
> Let me answer your question.（　③　）. I often watch many kinds of sports on TV.
> It is exciting.
> I want to make a Japanese friend.
> Please send me a reply* soon.
>
> Mark

（注） reply　返信

【問題２】 次の各問いに答えなさい。

問１　次のNo. 1 ～No. 3 の会話を読み，（　）にあてはまる最も適切な英語を，それぞれ１語で答えなさい。

No. 1

George : What（　　　）did you get up today?
Emi　　: At seven thirty. I was late for school this morning.

No. 2

Sachie : How long have you lived in Tottori?
Daniel : I have been here（　　　）five years.

No. 3

Henry　: Look! That mountain is beautiful.
Kimiko : Yes.（　　　）is also fun to climb it. Let's go together someday.

問２　次のNo. １，No. ２の英文を読み，（　）にあてはまる最も適切な英語を，次のア～エからひとつずつ選び，記号で答えなさい。

No. 1

I bought this computer yesterday, but it doesn't (　　　). What should I do?

ア　use

イ　break

ウ　work

エ　go

No. 2

I have decided (　　　) to go next summer. I will go to Okinawa to swim in the sea.

ア　where

イ　when

ウ　how

エ　which way

問３　次のマット（Matt）さんと，はるき（Haruki）さんの会話を読み，（　）内の語を必要に応じて適切な形に変えたり，不足している語を補ったりして，会話が成り立つように英語を完成させなさい。

〈はるきさんの家で〉

Matt　: You have very nice cups.

Haruki : Thank you.

I bought these cups last year.

(make) by a famous artist* in my town.

（注）artist　芸術家

【問題３】 中山先生（Ms. Nakayama）とマイケル（Michael）先生が，英語の授業のはじめに話をしています。絵１～４は，そのときの２人の会話の様子を上から順に示したものです。これらの会話を読み，あとの各問いに答えなさい。

絵１

Hi, Michael.
How was your weekend?
It was good!

絵2

絵3

絵4

(注) robot ロボット（の）

問1 絵2の（①），絵3の（②）にあてはまる英文を，**それぞれ4語以上の一文**で書きなさい。ただし，I'm のような短縮形は1語として数え，符号（，や ．など）は語数に含めないこととする。

問2 絵1～4の会話の後，マイケル先生が次のように生徒に問いかけました。**マイケル先生からの問いかけ**の下線部に対するあなたの考えを，あとの**条件**に従って書きなさい。

マイケル先生からの問いかけ

Robots can solve many problems around us.
What kind of robot do you want?
What problem do you want to solve with your robot?

条件

- ・**20語程度の英語**で書くこと。
- ・**主語・動詞を含む文**で書くこと。
- ・会話で述べられている例以外の内容とすること。
- ・I'm のような短縮形は１語として数え，符号（ , や . など）は（例）のように書き，語数に含めないこととする。

（例）符号をつける場合の書き方：～ a boy , Tom .

【問題４】 次の各問いに答えなさい。

問１ 中学生のかおるさんは，英語の授業で図書委員会の活動について紹介することになり，校内の読書に関するアンケート調査をもとに発表しました。次の**資料１**および**資料２**は，１年生 (first-year)，２年生 (second-year)，３年生 (third-year) の各学年 (each year) 100人ずつの生徒に行ったアンケート調査の結果をまとめたものです。**資料１**および**資料２**を見て，あとの(1)，(2)の各問いに答えなさい。

資料１

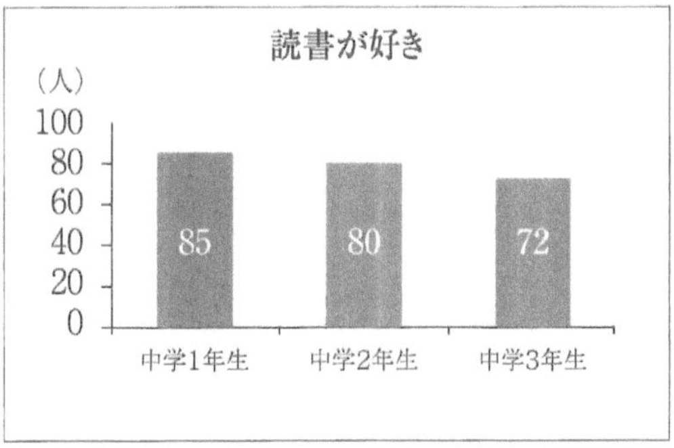

資料２

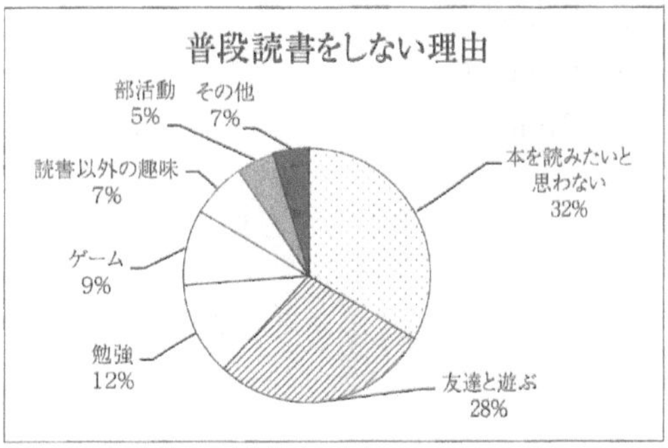

(1) **資料１**の結果からわかることとして，最も適切なものを，あとの**ア～エ**からひとつ選び，記号で答えなさい。

ア More than 80 percent of the students in each year like to read books.

イ The first-year students like to read books more than the third-year students.

ウ Older students are more interested in reading books than younger students.

エ The second-year students don’t like to read books as much as the third-year students.

⑵ かおるさんは，発表の中で，**資料2**をもとに校内の生徒が普段読書をしない理由について説明しました。次の**説明**中の（①）と（②）にあてはまる最も適切なものを，あとの**ア～エ**からそれぞれひとつ選び，記号で答えなさい。ただし，**説明**中の（①）には同じ語句が入ります。

説明

Among the students who don’t read books, more than 30% said that they do not want to read books. I thought many students would answer that they do not read books because of （ ① ）. However, only 5% of the students gave*（ ① ）as their reason*. Another reason that more than 20% of the students gave was （ ② ）.

（注） gave give「（理由を）述べる」の過去形　reason 理由

ア club activities
イ playing games
ウ playing with friends
エ studying

問2 ジョシュア（Joshua）先生は，サイクリング（cycling）に興味があり，英語の授業の中でホワイトボードアプリを使ってA～Dのどのサイクリングルートがよいかについて質問（Question）しました。グループ（Group）1～3の生徒たちは，各サイクリングルートについて調べ，ホワイトボードアプリ上の付箋に書き込みました。**生徒たちが書き込んだ付箋**を読んだジョシュア先生は，どのルートに決めたのかを生徒に伝えました。**先生の結論**中の（　）にあてはまる最も適切なものを，あとの**ア～エ**からひとつ選び，記号で答えなさい。

（**生徒たちが書き込んだ付箋**，**先生の結論**は次のページにあります。）

ア Route A
イ Route B
ウ Route C
エ Route D

生徒たちが書き込んだ付箋

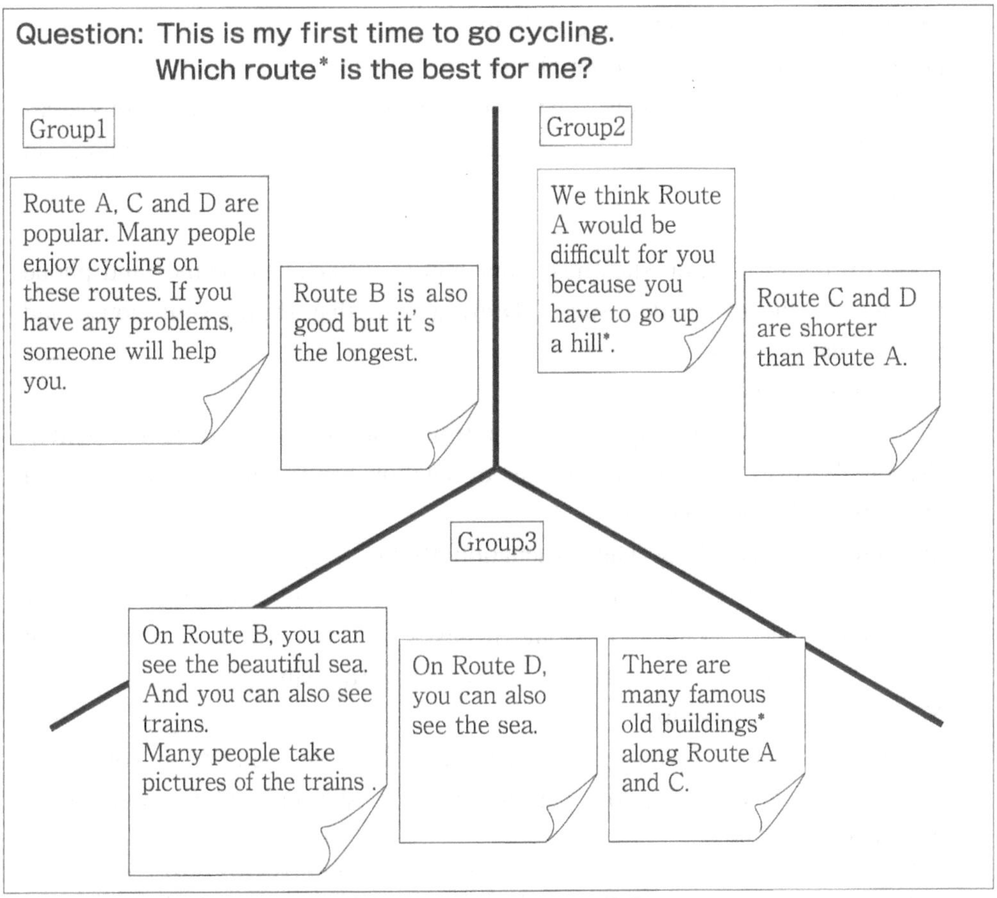
Question: This is my first time to go cycling.
Which route* is the best for me?
Group1
Route A, C and D are popular. Many people enjoy cycling on these routes. If you have any problems, someone will help you.
Route B is also good but it' s the longest.
Group2
We think Route A would be difficult for you because you have to go up a hill*.
Route C and D are shorter than Route A.
Group3
On Route B, you can see the beautiful sea. And you can also see trains. Many people take pictures of the trains .
On Route D, you can also see the sea.
There are many famous old buildings* along Route A and C.

（注）route(s)　ルート　　hill　坂道　　building(s)　建物

先生の結論

Thank you. I think a short and easy route is the best for me. I think I will need help if I have any problems. I also like taking pictures of nature, like the sea and mountains. So, I will choose (　　　).

Joshua

問3　中学生のあゆみさんとみきさんの学校に，新しくグリーン先生（Ms. Green）が着任することになりました。グリーン先生が安心して生活できるように，あゆみさんとみきさんのふたりは，**防災マップ**（hazard map）**の作り方（英語版）**をもとに，**グリーン先生のための防災マップ**を作り，英語の授業で発表することになりました。あとの⑴，⑵の各問いに答えなさい。

防災マップの作り方（英語版）

How To Make Your Own Hazard Map

1. Dangerous* Areas* Near Your House
   Look at the hazard map your town made and find where the dangerous areas are. Please be careful if there have been any landslides* or flooding* in the past.
2. Evacuation Sites*
   Look for the evacuation sites near your house. Check* the names and phone numbers of the evacuation sites. Draw a map that shows your house and the evacuation sites.
3. Evacuation Routes*
   Draw two or three evacuation routes from your house to each evacuation site on the map. There may be an evacuation route you can't use after a big earthquake or a landslide.
4. Dangerous Areas Along The Evacuation Routes
   Walk along the evacuation routes with your family and look for any dangerous areas. Find how long it takes to walk from your house to each evacuation site and write it on your hazard map.
5. Your Own Hazard Map
   Write phone numbers you may need to call in an emergency* on your map. For example, city hall*, police station*, and fire station*. Show your family the map you made.

（注） dangerous 危険な area(s) 区域 landslide(s) 土砂災害（の） flooding 洪水
evacuation site(s) 避難所 check ～を確かめる evacuation route(s) 避難ルート
in an emergency 緊急時に city hall 市役所 police station 警察署
fire station 消防署

グリーン先生のための防災マップ

Hazard Map For Ms. Green

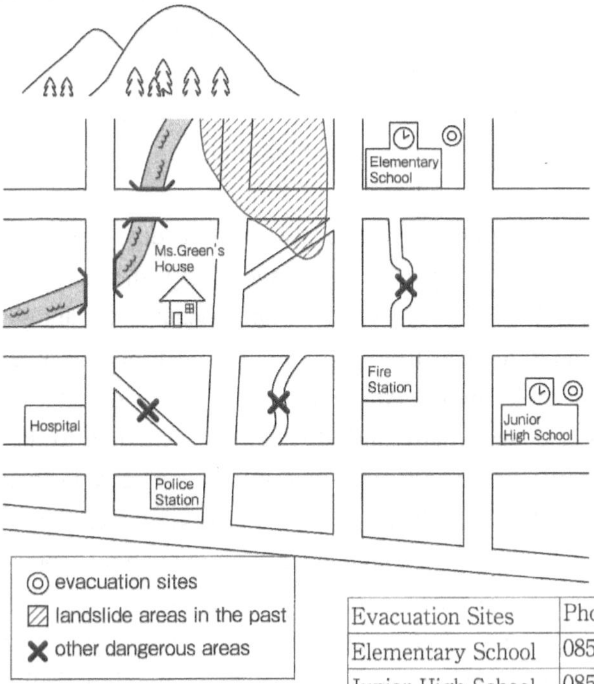

Emergency Phone Numbers*	
Ambulance*	119
Fire Station	
Police Station	110

Helpful Phone Numbers	
City Hall	0857-12-××××
Hospital	0857-12-××××

Evacuation Sites	Phone Numbers	Time From Your House
Elementary School	0857-12-××××	about 15 minutes
Junior High School	0857-12-××××	about 20 minutes

（注） emergency phone number(s) 緊急連絡先　ambulance 救急車

(1) **防災マップの作り方（英語版）**の内容に合うものとして，最も適切なものを，次の**ア**～**エ**からひとつ選び，記号で答えなさい。

ア You should draw the supermarkets near your house.
イ You should show your hazard map to your friends.
ウ You should look at your town's hazard map to check dangerous areas.
エ You should draw a map from your house to the nearest hospital.

(2) あゆみさんとみきさんは，**防災マップの作り方（英語版）**と，**グリーン先生のための防災マップ**について英語の授業で発表しました。授業担当の佐藤先生は，発表後にあゆみさんとみきさんにアドバイスしました。佐藤先生のアドバイスとして，最も適切なものを，次の**ア**～**エ**からひとつ選び，記号で答えなさい。

ア Write how long it takes from Ms. Green's house to the schools.
イ Draw evacuation routes from Ms. Green's house to each evacuation site.
ウ Draw the landslide areas in the past and other dangerous areas.
エ Write the phone numbers Ms. Green may need in an emergency.

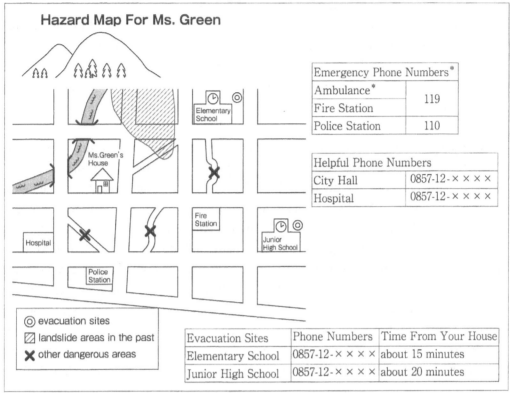

【問題５】 次の英文は，中学生のなおき (Naoki) さんと，梨農家で実習生として働くトム (Tom) さんの物語です。これを読み，あとの各問いに答えなさい。

Naoki was a junior high school student in Osaka. He was interested in agriculture* and wanted to grow fruit someday. His parents said, “If you want to be a farmer, you need to experience* agriculture.” He found an agriculture-experience program* in Tottori during summer vacation and decided to join it. Before the program started, he often imagined* he would work on a pear* farm under the blue sky. ①He thought, “I can’t wait!”

Summer vacation came. His first day in Tottori was a hot day. Tom, an intern* at the pear farm, asked Naoki to pick* pears and carry them. Naoki worked hard but couldn’t do the job well. He soon became very tired and had pain* in his arms. Naoki sat under a pear tree. ②Tom stopped his work and watched Naoki. Tom said, “You look tired. Are you OK? You worked really hard.” Naoki said, “The job I did was hard and difficult. I wanted to be a farmer before I came here, but now... . Do you really think I can be a farmer?”

Tom said, “I felt the same at first. When I started working here, I felt everything was hard.” Naoki asked, “Have you ever thought about running away?” Tom said, “Yes. A pear farmer has a difficult life. (③). When we didn’t have enough rain, the pears almost died. When there was a big typhoon*, most of the pears fell* from the trees. But when something difficult happened, I always remembered the story of Kitawaki Eiji* and it helped me.”

Mr. Kitawaki was born in Tottori in 1878. He brought ten young 20th century pear* trees to Tottori and tried to promote* growing 20th century pears among the farmers here. The farmers began to grow the pears. But they were weak against disease* and died. He thought, “Should I (④) growing the pears?” However, he didn’t give up*. After a few years, the farmers in Tottori were able to* grow pears. The 20th century pear has become an important local fruit in Tottori.

Tom said, “I have tried to be like Mr. Kitawaki. Everyone experiences difficult things. But things will get better if you keep trying. Don’t worry.” ⑤Naoki looked happy.

On the last day of the program, Naoki said good-bye to Tom. On his way home, he was very tired but felt great. He learned how hard it was to be a farmer. At the same time, he learned how much he liked to work on a pear farm.

(注) agriculture 農業　experience ～を経験する
an agriculture-experience program 農業体験実習
imagined imagine「～を想像する」の過去形　pear(s) 梨（の）　intern 実習生
pick ～をもぐ，収穫する　pain 痛み　typhoon 台風　fell fall「落ちる」の過去形
Kitawaki Eiji 北脇 永治（1878-1950）　20th century pear(s) 二十世紀梨（の）

promote　～を広める　disease　病気　give up　あきらめる
were able to ～　be able to ～「～することができる」の過去形

問1　本文の内容から判断して，下線部①のなおきさんの様子を表しているものとして，最も適切なものを，次の**ア～エ**からひとつ選び，記号で答えなさい。

ア　初めての農業体験実習で慣れない作業に失敗したらどうしようという不安な様子。
イ　夏休みの経験として親が申し込んだ農業体験実習なので戸惑っている様子。
ウ　農業体験実習をやってみたいと思っていたので楽しみにしている様子。
エ　今すぐに農業体験実習のために出発しなくてはいけないので緊張している様子。

問2　本文の内容から判断して，下線部②のトムさんの気持ちとして，最も適切なものを，次の**ア～エ**からひとつ選び，記号で答えなさい。

ア　He was worried because Naoki worked hard in hot weather.
イ　He felt angry because Naoki sat under a pear tree for a long time.
ウ　He was happy because Naoki chose a good place to rest.
エ　He felt sad because Naoki said that he did not want to work.

問3　本文の内容から判断して，（③）にあてはまる英文として，最も適切なものを，次の**ア～エ**からひとつ選び，記号で答えなさい。

ア　We have to run away if we can't solve problems.
イ　We have to grow pears with a small amount of water.
ウ　We have to change what fruit we grow according to the weather.
エ　We have to live together with nature all the time.

問4　本文の内容から判断して，（④）にあてはまる英語を，1語で答えなさい。

問5　下線部⑤について，なおきさんがこのような様子になったのはなぜですか。その理由を，なおきさんの気持ちの変化をふまえ，**45字以内の日本語**で答えなさい。ただし，句読点も1字に数えることとする。

問6　大阪に帰ったなおきさんは，トムさんにメールを送りました。本文の内容をふまえ，次の**なおきさんが送ったメールの一部**の（⑥）にあてはまる言葉を，**10語程度の英語**で書きなさい。ただし，I'm のような短縮形は1語として数え，符号（，や．など）は，**(例)**のように書き，語数に含めないこととする。

なおきさんが送ったメールの一部

Thank you for telling me the story of Mr. Kitawaki. I think Mr. Kitawaki was a very important person for Tottori because（ ⑥ ）.

(例) 符号をつける場合の書き方：～ a　boy ，Tom ．

＜理科＞

時間　50分　　満点　50点

【問題１】 植物と動物の体のつくりとはたらきについて調べるために，次の**観察１**，**観察２**，**実験**を行った。あとの各問いに答えなさい。

観察１　オオカナダモの若い葉をとり，酢酸オルセイン溶液で染色したものと，染色しないものと２種類のプレパラートを作成し，顕微鏡で細胞のつくりを観察した。

観察２　口をよくゆすいでから，ほおの内側を綿棒で軽くこすりとり，酢酸オルセイン溶液で染色したものと，染色しないものと２種類のプレパラートを作成し，顕微鏡で細胞のつくりを観察した。

問１　**図１**の顕微鏡を用いて，「よ」と印刷した紙をはりつけたスライドガラスを，**図２**のようにステージにのせた。顕微鏡をのぞいて観察したときの「よ」の見え方として，最も適切なものを，次の**ア**～**エ**からひとつ選び，記号で答えなさい。

図１

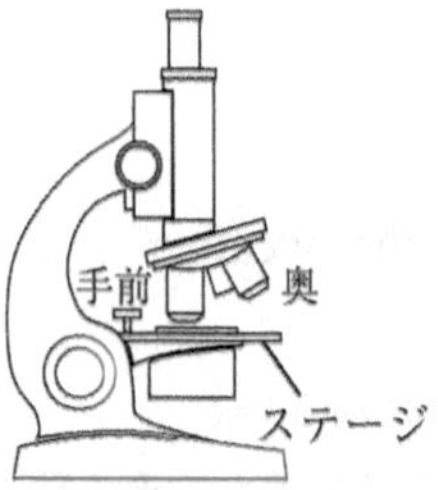

図２

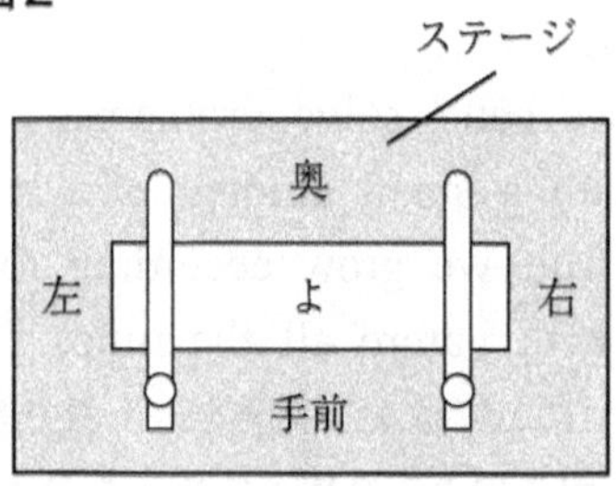

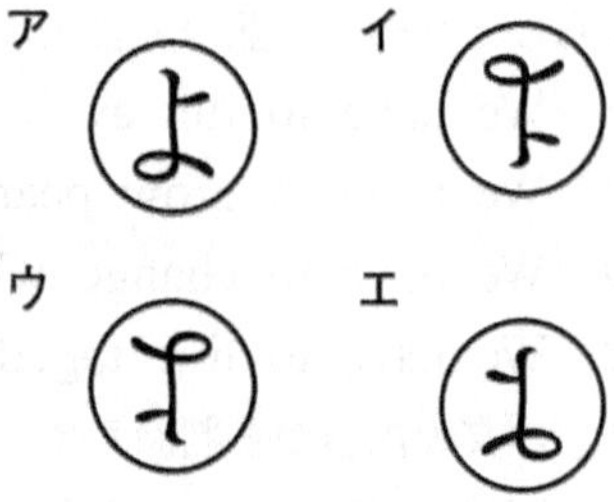

問２　次の**表１**の**ア**～**オ**は，**観察１**，**観察２**の結果と，図書館で調べてわかった細胞の特徴である。植物の細胞と動物の細胞の特徴について，**ベン図**を用いて整理するとき，**表１**の**ア**～**オ**を，解答用紙の**ベン図**に記入しなさい。なお，**ベン図**とは，円が重なる部分に共通点を，重ならない部分に相違点を記入するものである。

表１

	細胞の特徴
ア	細胞質のいちばん外側に，うすい膜がある。
イ	細胞の中に，緑色の粒状のつくりがある。
ウ	細胞のいちばん外側に，厚くしっかりした仕切りがある。
エ	細胞の中に，酢酸オルセイン溶液でよく染まる丸い粒が１個ある。
オ	成長した細胞には大きな袋状のつくりがある。

ベン図

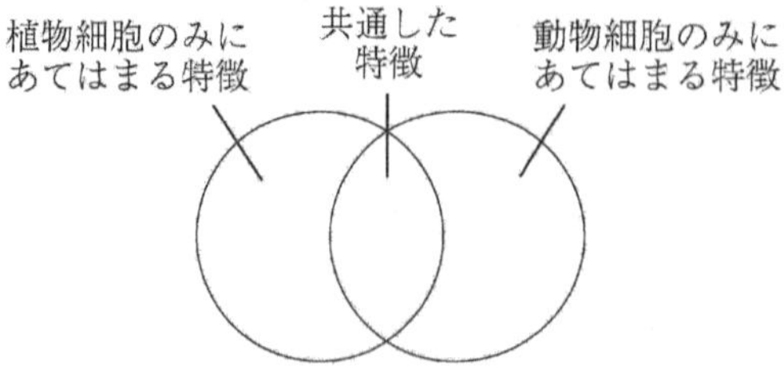

実験

操作1　葉の枚数と大きさ，茎の太さをそろえ，同じ長さに切りとったホウセンカを，４本準備する。

操作2　**表2**のように，ワセリンで処理を行わないホウセンカを**A**とし，**A**以外の３本について，それぞれ**B**～**D**のように，ワセリンで処理を行う。

操作3　同量の水を入れた４本のメスシリンダーに，**図3**のように**表2**の**A**～**D**のホウセンカをそれぞれさし，水面からの蒸発を防ぐために，油をそそいで水面をおおう。

図3

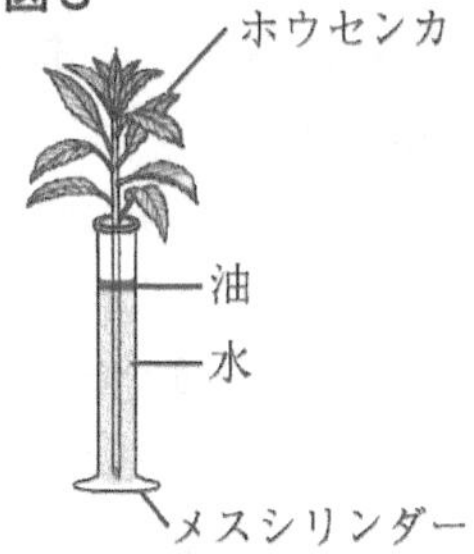

操作4　日のあたる風通しの良い場所に３時間放置したあと，メスシリンダーの水の減少量を測定する。

表2

	処　　理	メスシリンダーの水の減少量〔cm^3〕
A	ワセリンをぬらない	a
B	すべての葉の表側にワセリンをぬる	b
C	すべての葉の裏側にワセリンをぬる	c
D	すべての葉の両側にワセリンをぬる	d

問3　**図4**～**図6**は，ホウセンカの葉，茎，根の断面を模式的に表したものである。葉，茎，根の各器官において，根から吸収した水が通る管は，**図4**～**図6**の①～⑥のどれか。最も適切な組み合わせを，あとの**ア**～**オ**からひとつ選び，記号で答えなさい。

図4

〈葉〉

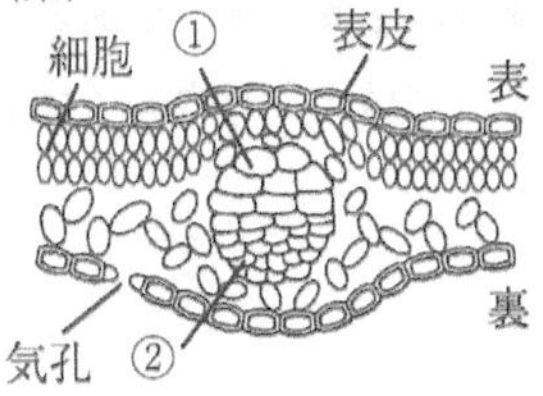

図5

〈茎〉

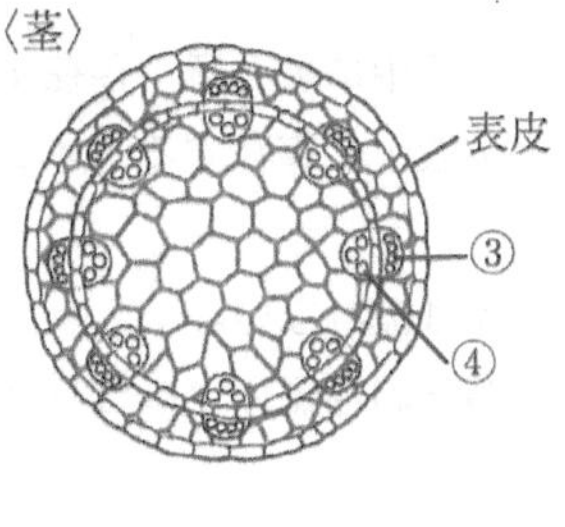

図6

〈根〉

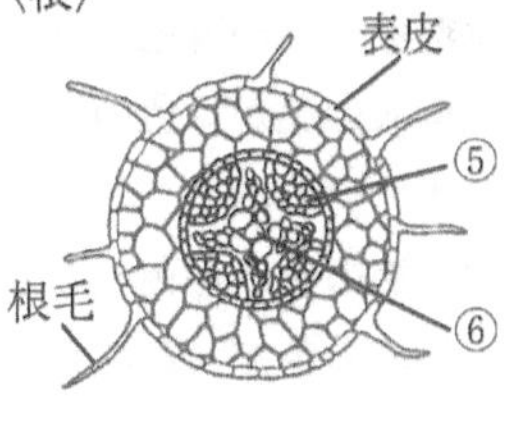

ア　①③⑥　　**イ**　①④⑤　　**ウ**　①④⑥　　**エ**　②③⑤　　**オ**　②④⑥

問4　メスシリンダーの水の減少量を**表2**のようにａ～ｄの文字で表すとき，葉の裏側から蒸散する水の量を表す文字式を，次の**ア**～**カ**から**2つ**選び，記号で答えなさい。ただし，水の減少量は，蒸散量と等しいものとし，ａ～ｄは0よりも大きい数値であるものとする。

ア　a－b　　**イ**　a－c

ウ　a－d　　**エ**　b－c

オ　b－d　　**カ**　c－d

問5　**実験**の結果，**表2**の**B**のホウセンカは**C**のホウセンカに比べて水の減少量が多く，葉の表側と比較して，裏側のほうが蒸散がさかんに行われた。その理由を答えなさい。

【問題２】 酸性の水溶液とアルカリ性の水溶液を混ぜたときの変化を調べるために，次の**実験１**，**実験２**を行った。あとの各問いに答えなさい。

実験１

操作１　うすい水酸化ナトリウム水溶液20cm^3をはかりとり，ビーカーに入れた後，BTB溶液を数滴加えた。

操作２　**図１**のように，**操作１**のビーカーに，うすい塩酸を４cm^3加え，ガラス棒でかき混ぜ，水溶液の色の変化を観察した。

操作３　加えるうすい塩酸の体積が20cm^3になるまで，**操作２**を繰り返した。

次の**表１**は，**実験１**の結果をまとめたものである。

図１

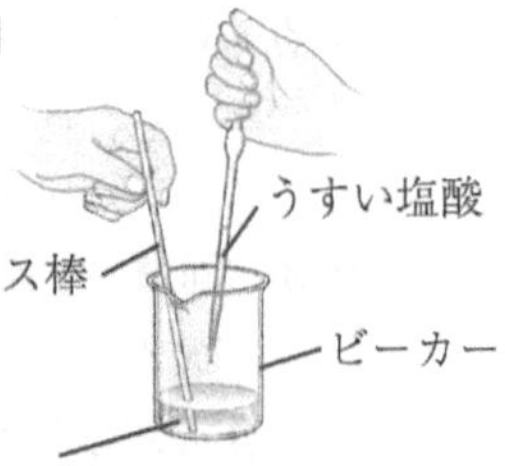

表１

加えたうすい塩酸の体積〔cm^3〕	4	8	12	16	20
水溶液の色	青色		緑色	黄色	

問１　**実験１**では，酸とアルカリがたがいの性質を打ち消し合う反応が起こった。この反応を何というか，答えなさい。

問２　**実験１**で使ったものと同じ濃度のうすい水酸化ナトリウム水溶液20cm^3とうすい塩酸12cm^3をよく混ぜた水溶液をスライドガラスにとり，水を蒸発させると結晶が現れた。この結晶となった物質の化学式を答えなさい。

問３　**実験１**の結果について述べたものとして，最も適切なものを，次の**ア**～**エ**からひとつ選び，記号で答えなさい。

ア　水溶液の色が青色のとき，水溶液中に最も多く存在するイオンは水素イオンである。

イ　水溶液の色が緑色のとき，水溶液中に存在するイオンのほとんどはナトリウムイオンと塩化物イオンである。

ウ　水溶液の色が緑色のとき，電流は流れない。

エ　水溶液の色が黄色のとき，水溶液の性質はアルカリ性である。

実験２

操作１　**図２**（次のページ）のように，**A**～**E**のビーカーに同じ濃度のうすい水酸化バリウム水溶液20cm^3を入れ，**A**～**E**のビーカーに同じ濃度のうすい硫酸をそれぞれ４cm^3，８cm^3，12cm^3，16cm^3，20cm^3加え，ガラス棒でかき混ぜたところ，すべてのビーカー内に白い沈殿が生じた。

操作２　**操作１**で生じた白い沈殿をろ過して乾燥させ，沈殿した物質の質量を測定する。また，ろ過したろ液にBTB溶液を２，３滴加え，水溶液の色の変化を観察する。

図２

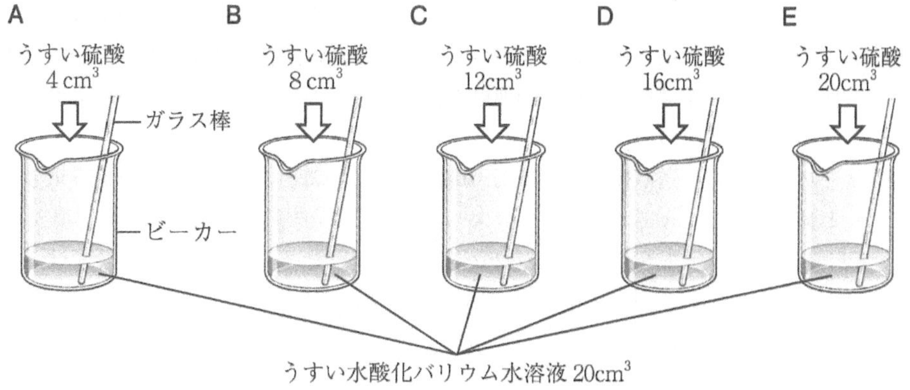

次の**表２**は，**実験２**の結果をまとめたものである。

表２

	A	B	C	D	E
加えたうすい硫酸の体積〔cm^3〕	4	8	12	16	20
沈殿した物質の質量〔g〕	0.2	0.4	0.6	0.7	0.7
BTB溶液を加えたときの水溶液の色	青　色			黄　色	

問４　**表２**をもとに，加えたうすい硫酸の体積と沈殿した物質の質量との関係を表すグラフをかきなさい。

問５　**操作１**で加えたうすい硫酸の体積と，沈殿が生じたあとのビーカー内の水溶液中の硫酸イオンの数との関係を，グラフに表したものとして，最も適切なものを，次の**ア**～**エ**からひとつ選び，記号で答えなさい。

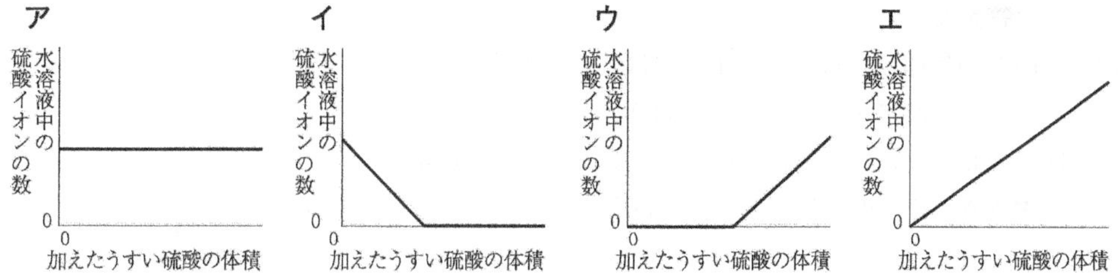

【問題３】　物体にはたらく力と運動の関係を調べるために，次の**実験１**，**実験２**を行った。あとの各問いに答えなさい。ただし，小球にはたらく摩擦や空気の抵抗はないものとする。

図１

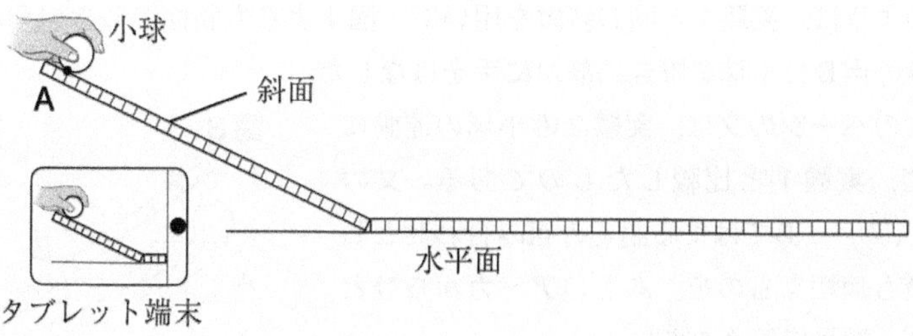

実験１

操作１　図１のように，長さの目盛りのついたレールを使って斜面と水平面をつくった。

操作２　小球を斜面の点**A**に置き，タブレット端末の動画撮影アプリを用いて撮影を開始してから静かに手をはなし，小球の運動を撮影した。小球は途中で斜面から水平面に達し，そのまま運動をつづけた。

操作３　アプリのコマ送り機能を使って，斜面上の0.1秒ごとの小球の位置を読み取り，**表**にまとめた。

表

時間〔秒〕	0	0.1	0.2	0.3	0.4	0.5
点**A**からの距離〔cm〕	0	1.2	4.8	10.8	19.2	30.0

問１　**実験１**において，0.2秒から0.3秒の間の小球の平均の速さは何cm/秒か，答えなさい。

問２　**実験１**で，小球が斜面上を運動しているときの，時間と速さとの関係をグラフに表したものとして，最も適切なものを，次の**ア**～**エ**からひとつ選び，記号で答えなさい。

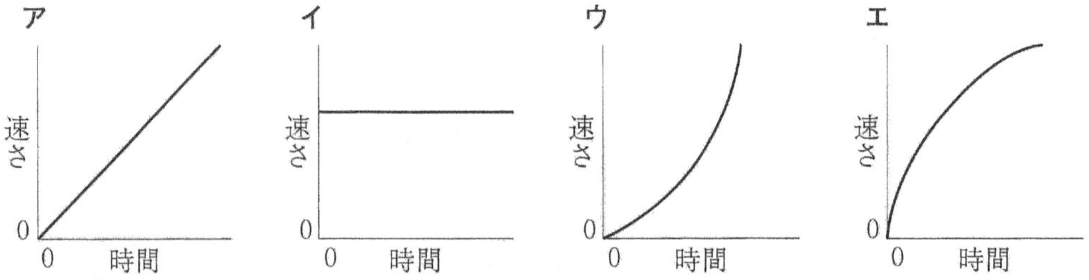

問３　**実験１**で，小球は水平面に達した後，一定の速さで一直線上を動いた。この運動を何というか，答えなさい。

問４　**図２**の矢印は，斜面上の小球にはたらく重力を示している。この時に小球にはたらく斜面からの垂直抗力を矢印で表しなさい。ただし，**図２**の重力のように，**力の向き，大きさ，作用点**がわかるように表すこと。

図２

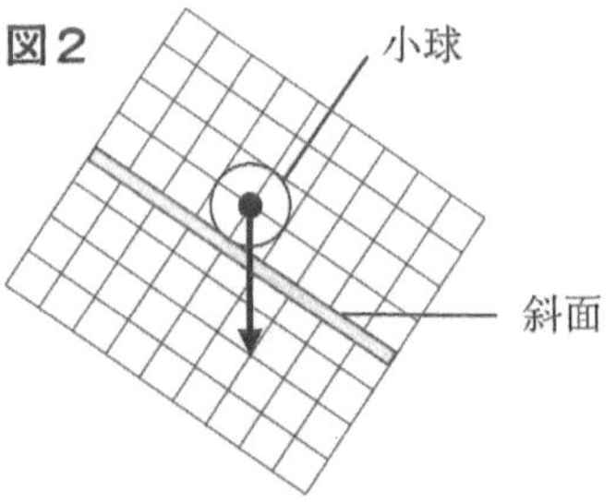

実験２

図３のように，**実験１**と同じ装置を用いて，**図１**よりも斜面の傾きの角度を大きくし，点**A**と同じ高さの点**B**に小球を置き，静かに手をはなした。

問５　次のページの**文**は，**実験２**の小球の運動について，**実験１**と比較したものである。**文**の（①），（②）にあてはまる語句の組み合わせとして，最も適切なものを，あとの**ア**～**カ**からひとつ選び，記号で答えなさい。

図３

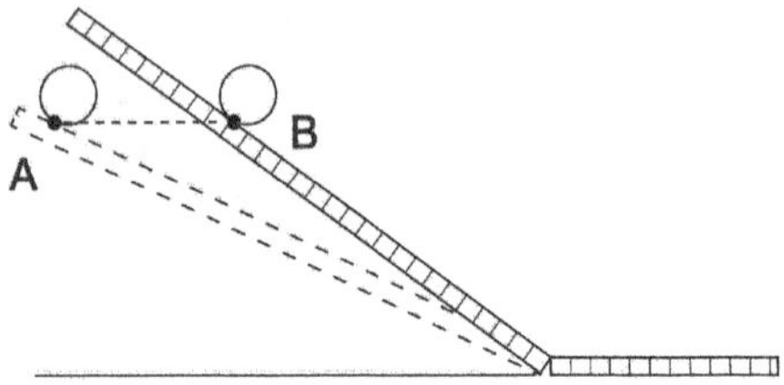

文

> **実験2**は，**実験1**と比べて，斜面を下る小球の速さのふえ方は（　①　），水平面に達した時の小球の速さは（　②　）。

	（　①　）	（　②　）
ア	大きくなり	大きくなる
イ	大きくなり	小さくなる
ウ	大きくなり	変わらない
エ	変わらず	大きくなる
オ	変わらず	小さくなる
カ	変わらず	変わらない

【問題４】　次の**図1**は，ある地域の地形を等高線で表したものである。地点**C**は地点**A**の真南に，地点**B**は地点**A**の真東にある。**図1**の**A**～**C**の各地点でボーリング調査を行ったところ，それぞれ**図2**のような柱状図を得ることができた。なお，凝灰岩の層は同一のものであり，この地域には断層やしゅう曲は存在せず，地層の上下の逆転は見られない。また，この地域の地層では，それぞれの層が互いに平行に重なっており，一定の方向に傾いていることがわかっている。あとの各問いに答えなさい。

図1

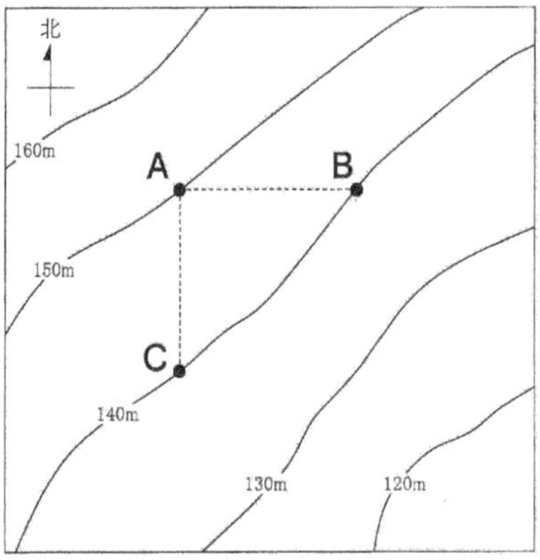

図2

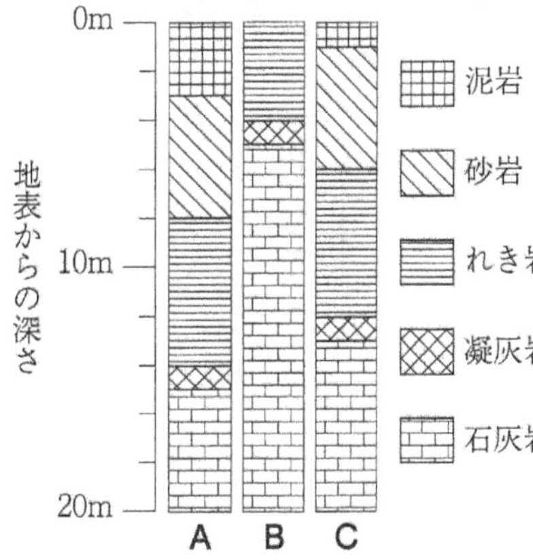

問1　**図2**において，凝灰岩の層があることから，この時代に起こった出来事が推定できる。起こった出来事として，最も適切なものを，次の**ア**～**エ**からひとつ選び，記号で答えなさい。

ア　巨大地震　　**イ**　火山の噴火　　**ウ**　洪水　　**エ**　ほ乳類の誕生

問2　**図1**の地域の地層は，一定の方向に傾いていることがわかっている。東・西・南・北のうち，どの方位に向かって低くなっていると考えられるか，最も適切なものを，次の**ア**～**エ**からひとつ選び，記号で答えなさい。

ア　東　　**イ**　西　　**ウ**　南　　**エ**　北

問3　**図1**（次のページ）の地域の石灰岩から**写真**のようなサンゴの化石が見つかった。このことを説明した次のページの**文**の（①），（②）にあてはまる語句の組み合わせとして，最も適切なものを，あとの**ア**～**エ**からひとつ選び，記号で答えなさい。

文

サンゴの化石のように，地層ができた当時の環境を推定することができる化石を（　①　）化石という。サンゴからは，地層ができた当時の環境が（　②　）くて浅い海であったと推定できる。

写真

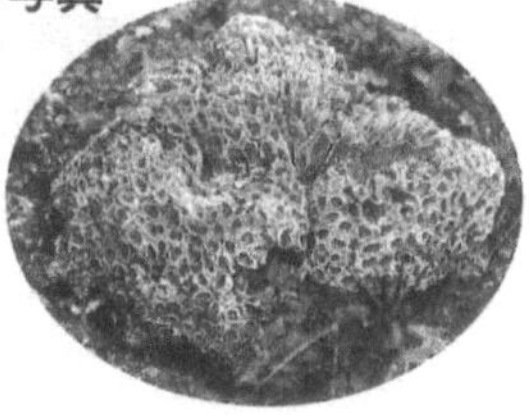

	（　①　）	（　②　）
ア	示　相	あたたか
イ	示　相	つめた
ウ	示　準	あたたか
エ	示　準	つめた

問4　**図1**の地点**A**では，海の中で凝灰岩より上の層が堆積する間，河口から地点**A**までの距離が次第に長く，水深が深くなっていったと考えられる。そのように考えられる理由を答えなさい。

問5　**図3**は，**図1**の**A**～**C**の各地点に加えて，地点**C**から真東の方角に，**ＡＢＣＤ**が正方形となるように地点**D**を決めたものである。地点**D**でボーリング調査を行ったところ，**A**～**C**地点でみられたものと同じ凝灰岩の層が発見された。この凝灰岩の層が見られる深さの範囲として，最も適切なものを，**図4**の**ア**～**オ**からひとつ選び，記号で答えなさい。

図3

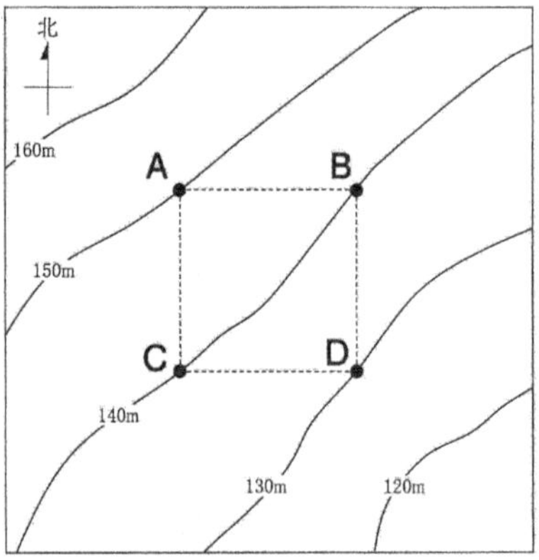

図4

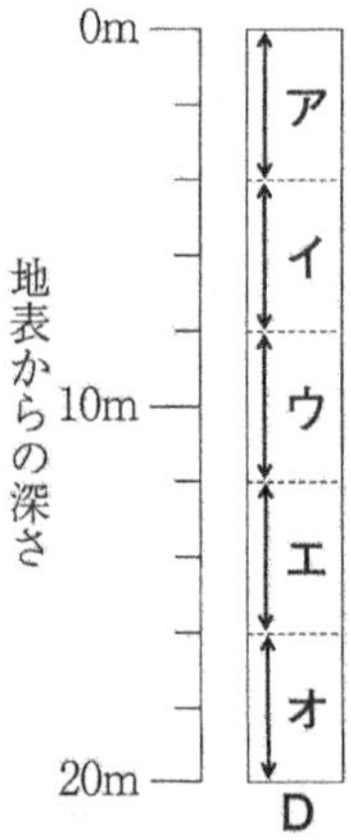

【問題５】　次の**会話１**，**会話２**は，**あきこさん**と**はるおさん**が，遺伝のしくみを考えるために，メンデルの実験について話し合ったものである。あとの各問いに答えなさい。

会話１

あきこさん：メンデルは，遺伝のしくみを調べるため，エンドウを用いて，**図１**（次のページ）のように，子葉の色が黄色になる純系と，子葉の色が緑色になる純系とをかけ合わせる実験を行ったね。

はるおさん：どうして子葉の色が黄色になる純系と子葉の色が緑色になる純系からできる子は，すべて子葉の色が黄色になるのかな。それから，どうして子葉の色が黄色の子を自家受粉させると，子葉の色が黄色と緑色の孫ができるのかな。

あきこさん：子葉の色を黄色にする遺伝子をA，緑色にする遺伝子をaとして，子や孫の個体の染色体と遺伝子の組み合わせを考えてみよう。

図1

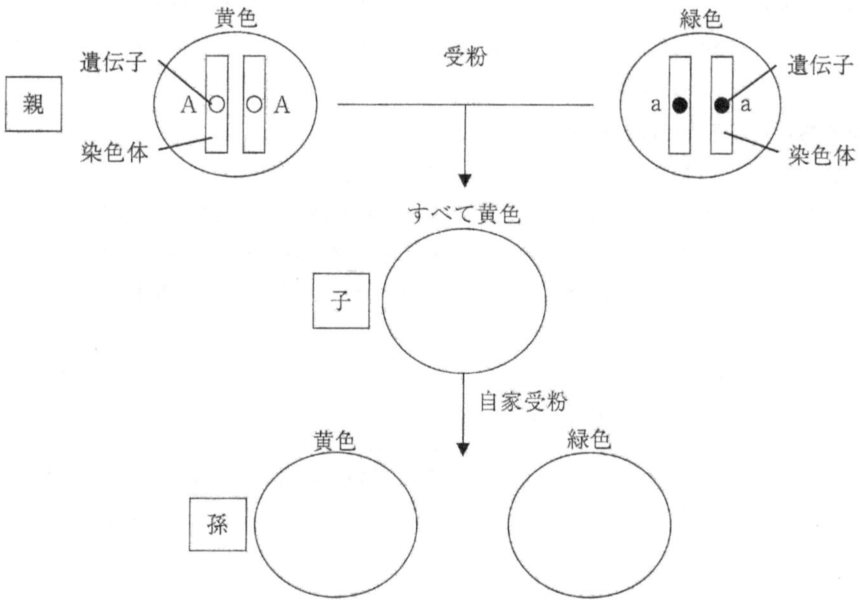

問1　メンデルが実験の材料にエンドウを選んだのは，**図2**のように花の構造が遺伝の実験に適していたからである。実験に適していた花の特徴として，最も適切なものを，次の**ア**～**エ**からひとつ選び，記号で答えなさい。

図2

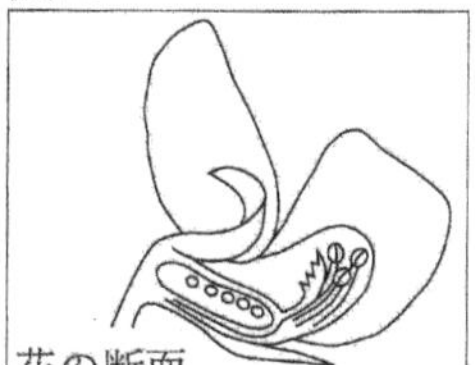

花の断面

ア　めしべとおしべが花弁に包まれていて，自然の状態では自家受粉を行う。

イ　めしべとおしべが花弁に包まれていて，自然の状態では他家受粉を行う。

ウ　めしべとおしべがむき出しになっていて，人工的に自家受粉させやすい。

エ　めしべとおしべがむき出しになっていて，人工的に他家受粉させやすい。

問2　**図1**の子の個体の染色体と遺伝子の組み合わせとして，最も適切なものを，次の**ア**～**エ**からひとつ選び，記号で答えなさい。

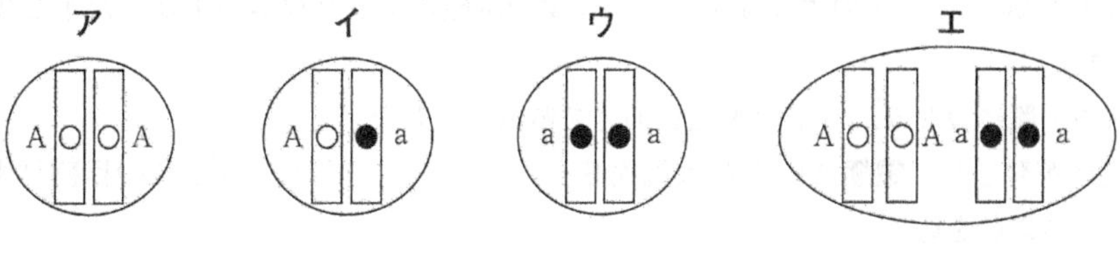

問3 対立形質をもつ純系どうしをかけ合わせたとき，子に現れる形質を何というか，答えなさい。

問4 図1において，子を自家受粉させると，孫として子葉の色が黄色の個体と子葉の色が緑色の個体ができた。できた孫のうち，子葉の色が緑色の個体が600個だったとすると，子葉の色が黄色の個体の数は約何個になるか，答えなさい。

会話2

あきこさん：	図1のように，孫としてできた子葉の色が黄色の個体から1つ選び，その個体が純系であるかどうか判別するためには，子葉の色が黄色の個体とかけ合わせるとわかるのかな。
はるおさん：	それでは判別できないと思うよ。
あきこさん：	では，子葉の色が緑色の個体とかけ合わせると，どうかな。
はるおさん：	それなら判別できると思うよ。選んだ個体が純系だったとき，子葉の色が緑色の個体とかけ合わせると，できる個体の遺伝子の組み合わせは（　①　）となり，子葉の色は，（　②　）になるね。一方，選んだ個体が純系ではないとき，子葉の色が緑色の個体とかけ合わせると，できる個体の遺伝子の組み合わせは（　③　）となり，子葉の色が（　④　）となるね。だから，選んだ個体が純系であるかどうか判別できそうだね。

問5 **会話2**の（①），（③）にあてはまる遺伝子の組み合わせを**語群Ⅰ**の**ア**～**カ**，（②），（④）にあてはまる語句を**語群Ⅱ**の**キ**～**ケ**から，最も適切なものを，それぞれひとつ選び，記号で答えなさい。

語群Ⅰ	
ア	すべてＡＡ
イ	すべてＡａ
ウ	すべてａａ
エ	ＡＡとＡａ
オ	Ａａとａａ
カ	ＡＡとａａ

語群Ⅱ	
キ	すべて黄色
ク	すべて緑色
ケ	黄色と緑色

【問題６】 電気分解によって発生する気体について調べるために，次の**実験1**，**実験2**を行った。あとの各問いに答えなさい。

実験1

操作1 図1（次のページ）のような装置に，少量の水酸化ナトリウムを溶かした水を100㎤入れた。

操作2 電源装置につなぎ，6Ｖの電圧を加えて電流を流した。

操作3 気体が発生し，**電極Ａ**側または**電極Ｂ**側のどちらか一方の気体が4の目盛りまでたまったら電源を切る。

操作4　**電極A**側，**電極B**側に発生した気体の性質を調べた。

図1

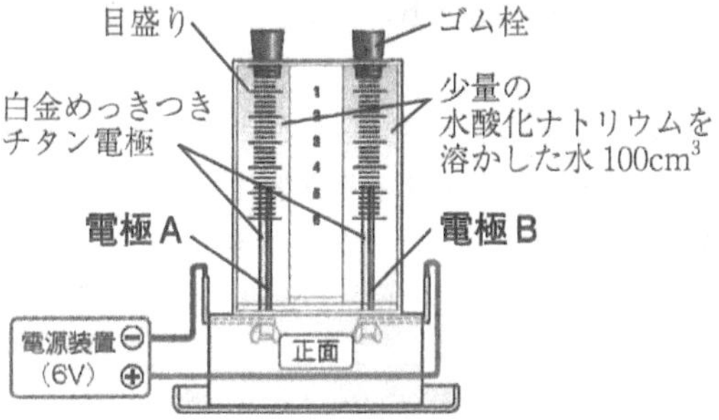

実験2

操作1　図2のような装置に，2.5%塩酸100cm³を入れた。

操作2　電源装置につなぎ，6Vの電圧を加えて電流を流した。

操作3　気体が発生し，**電極C**側または**電極D**側のどちらか一方の気体が4の目盛りまでたまったら電源を切る。

操作4　**電極C**側，**電極D**側に発生した気体の性質を調べた。

図2

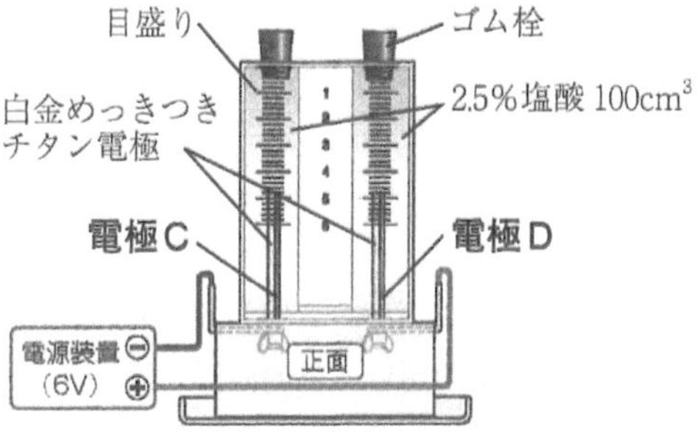

問1　**実験1**では質量パーセント濃度が2.5%の水酸化ナトリウム水溶液を用いた。この水酸化ナトリウム水溶液を300gつくるとき，必要となる水酸化ナトリウムは何gか，答えなさい。

問2　**実験1**で，**電極A**側に発生した気体の性質を調べる方法とその結果として，最も適切なものを，次の**ア**～**エ**からひとつ選び，記号で答えなさい。

ア　火のついた線香を入れると，線香が激しく燃える。

イ　赤インクで着色した水に管の上部の液を入れると，着色した水の色が消える。

ウ　マッチの火を近づけると，音を立てて燃える。

エ　水でぬらした赤色リトマス紙を近づけると，青色に変化する。

問3　**実験1**で**電極B**側に発生した気体と同じ気体を発生させる方法として，適切なものを，次の**ア**～**オ**から**すべて**選び，記号で答えなさい。

ア　石灰石にうすい塩酸を加える。

イ　炭酸水素ナトリウムを加熱する。

ウ　二酸化マンガンにうすい過酸化水素水を加える。

エ　酸化銀を加熱する。

オ　酸化銅と活性炭をまぜたものを加熱する。

問4　**実験2**で用いた塩酸は，塩化水素が水に溶けた水溶液である。塩化水素の電離のようすを，化学式を使って表しなさい。

問5　**実験1**，**実験2**の結果，**電極A**側，**電極B**側，**電極C**側，**電極D**側に発生し，管にたまった気体の体積をそれぞれ**a**cm³，**b**cm³，**c**cm³，**d**cm³とする。**実験1**における，**a**，**b**の関係，

実験2における，c，dの関係として，最も適切なものを，次の**ア**～**カ**からそれぞれひとつ選び，記号で答えなさい。

ア a＞b　**イ** a＝b　**ウ** a＜b　**エ** c＞d　**オ** c＝d　**カ** c＜d

【問題7】 たけしさんとともこさんは琴を演奏したときに弦の長さやはじき方によって出る音が違うことや，瓶に水を入れていくと瓶から出る音が変化していくことに興味を持ち，音の性質を調べるために，次の**実験1**，**実験2**を行った。あとの各問いに答えなさい。

図1

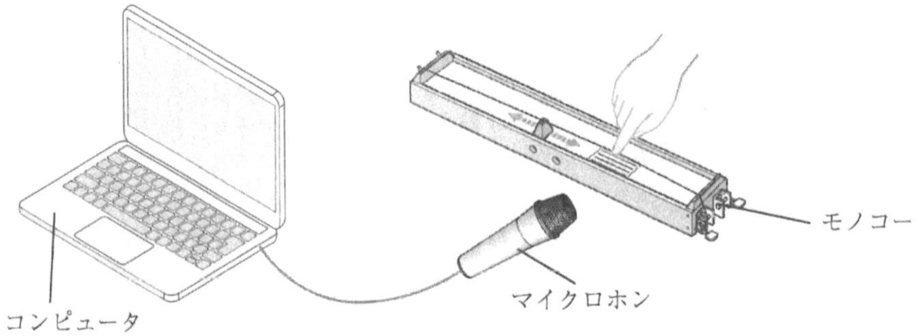

実験1

図1のように，モノコードの弦をはじき，出した音をマイクロホンで拾い，コンピュータの波形表示ソフトを用いて音の波形を表示させた。弦の長さ，弦のはりの強さ，弦をはじく強さを変えながら音を出し，音の大きさや高さを聞き比べたり，出した音の波形を調べたりした。

問1 音の伝わり方について述べたものとして，適切なものを，次の**ア**～**エ**から**すべて**選び，記号で答えなさい。

ア 容器に入れたブザーから音を出し，その容器内の空気をぬいていくと，聞こえるブザーの音が小さくなっていく。

イ 音は，空気中を約30万㎞/sの速さで進む。

ウ 音を出す物体は振動しており，振動を止めると音も止まる。

エ 音が伝わる速さは，固体中より空気中のほうが速い。

問2 **実験1**で，弦をはじいて音を出したところ，**図2**のような音の波形がコンピュータの画面に表示された。この音の振動数は何Hzか，求めなさい。ただし，**図2**の縦軸は振幅，横軸は時間を表し，横軸の1目盛りを$\frac{1}{2000}$秒とする。

図2

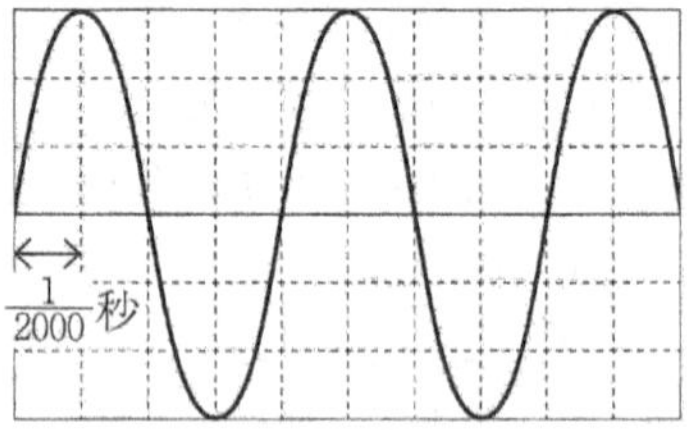

問3 **問2**で音を出した条件から，弦のはりの強さと弦をはじく強さは変えずに弦の長さを長くしたところ，音の大きさは変化せず，振動数が2分の1となった。このとき，コンピュータの画面に表示されるおよその音の波形をかきなさい。ただし，解答用紙の（・）を始点として，端まで作図すること。

実験２

図３のように，長さ20㎝の試験管の中の水の量を変えながら，同じ強さで試験管の口にゆっくりと息を吹きかけ，ド（低）・ミ・ソ・ド（高）の音階の音が出る時の振動数と試験管の底から水面までの長さを測定し，結果を**表**にまとめた。

あとの**会話**は，２人が結果について話し合ったものである。

図３

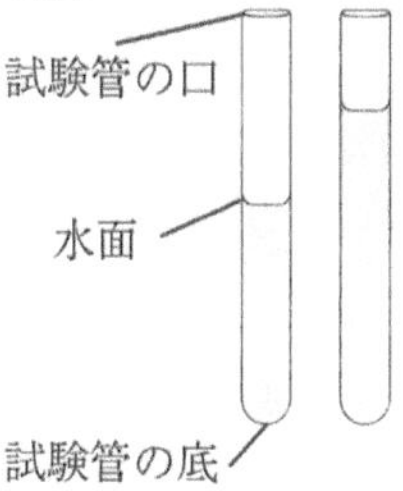

表

音　階	ド（低）	ミ	ソ	ド（高）
振動数〔Hz〕	523	659	784	1047
試験管の底から水面までの長さ〔cm〕	3.7	7.1	9.2	11.9

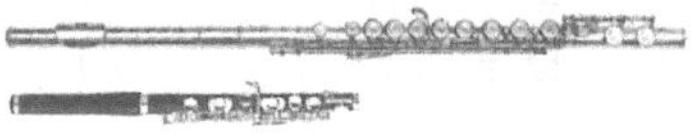
フルート（上）とピッコロ（下）

会話

たけしさん：**表**から，水面が高くなるほど音が高くなることがわかるね。
ともこさん：**実験２**でも**実験１**の振動する弦と同じ関係であると考えると，音の高さの変化が説明できそうだね。
たけしさん：同じ関係とはどのような関係だろう。
ともこさん：それは，（　①　）の関係だと思うよ。
たけしさん：なるほど。そのように考えると，このときに振動している物体は（　②　）だと考えられるね。
ともこさん：管楽器のフルートとピッコロを比べたときに，フルートの方が低い音が出ることからも同じ関係が説明できるね。他の楽器でも試してみよう。

問４　**会話**の（①）にあてはまるものとして，最も適切なものを，次の**ア**～**エ**からひとつ選び，記号で答えなさい。

ア　振動する弦の長さと音の高さ　　**イ**　振動する弦の太さと音の高さ
ウ　振動する弦の振れ幅と音の高さ　　**エ**　振動する弦のはりの強さと音の高さ

問５　**会話**の（②）にあてはまる語句として，最も適切なものを，次の**ア**～**エ**からひとつ選び，記号で答えなさい。

ア　試験管の中の水　　**イ**　試験管の中の空気
ウ　試験管を持つ手　　**エ**　試験管のガラス

【問題８】　雲のでき方について調べるために，次の**実験**を行った。あとの各問いに答えなさい。

実験

操作１　図１（次のページ）のような実験装置を組み立てた。フラスコ内部をぬるま湯でぬらし，少量の線香のけむりを入れた。

操作２　大型注射器のピストンを押しこんだ状態でフラスコにつなぎ，矢印の方向にすばやく引いて，フラスコ内のようすや温度の変化を記録した。

図1

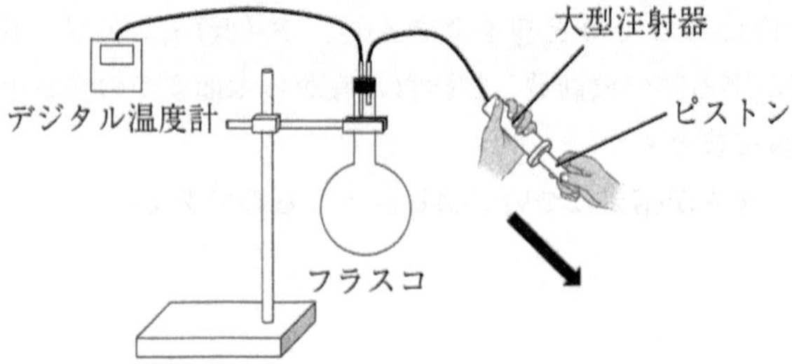

問1　操作1の下線部について，少量の線香のけむりは空気中のちりを再現している。フラスコに少量の線香のけむりを入れる理由を答えなさい。

問2　操作2のように，ピストンをすばやく引くと，フラスコ内が白くくもった。このとき，フラスコ内で起こったと考えられる状態変化として，最も適切なものを，次の**ア**～**エ**からひとつ選び，記号で答えなさい。

ア　気体から液体になった。　　**イ**　液体から気体になった。

ウ　気体から固体になった。　　**エ**　液体から固体になった。

問3　次の**文**は，フラスコ内が白くくもったことについて説明したものである。**文**の（①），（②）にあてはまる語句の組み合わせとして，最も適切なものを，あとの**ア**～**エ**からひとつ選び，記号で答えなさい。

文

> ピストンをすばやく引き，フラスコ内の空気の体積を大きくすることで，フラスコ内の空気の温度が（　①　）なり，（　②　）に達したためであると考えられる。

	（　①　）	（　②　）
ア	高　く	沸　点
イ	高　く	露　点
ウ	低　く	沸　点
エ	低　く	露　点

問4　**写真**のように，山に雲がかかっている姿をみることがある。このように山腹に雲ができる標高を，**図2**を用いて考えた。

写真

図2は，温度が20℃，湿度48％である空気のかたまりが標高0mの地点**P**から山の斜面に沿って上昇し，標高xmの地点**Q**で雲が発生した様子を表した模式図である。また，**表**は，空気の温度と飽和水蒸気量の関係を示したものである。次のページの(1)，(2)に答えなさい。

（**図2**，**表**は次のページにあります。）

図2

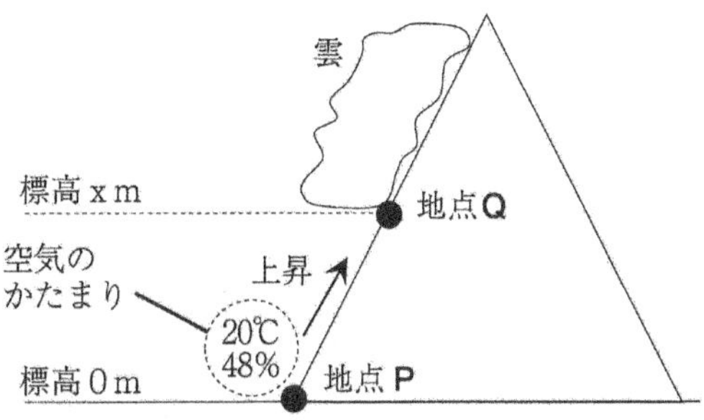

表

温度〔℃〕	飽和水蒸気量〔g/m^3〕	温度〔℃〕	飽和水蒸気量〔g/m^3〕
0	4.8	16	13.6
2	5.6	18	15.4
4	6.4	20	17.3
6	7.3	22	19.4
8	8.3	24	21.8
10	9.4	26	24.4
12	10.7	28	27.2
14	12.1	30	30.4

(1)　雲について説明したものとして，最も適切なものを，次のア～エからひとつ選び，記号で答えなさい。

ア　太陽の光によって空気が熱せられると，下降気流が生じ，雲が発生しやすい。

イ　あたたかい空気が冷たい空気にぶつかる前線面では，雲は発生しない。

ウ　雲には十種雲形とよばれるように様々な形があるが，すべての雲は同じ高度で見られる。

エ　積乱雲は垂直に発達し，雨や雪を降らせることが多い雲である。

(2)　図２において，雲が発生した地点Qの標高ｘｍはおよそ何ｍか，最も適切なものを，次のア～エからひとつ選び，記号で答えなさい。ただし，空気のかたまりの温度は雲が発生していない状況下では標高が100ｍ高くなるごとに１℃低下するものとする。また，空気のかたまりが山の斜面に沿って上昇しても下降しても，空気１m^{3}あたりに含まれる水蒸気量は変化しないものとする。

ア　約1200m　　**イ**　約1400m　　**ウ**　約1600m　　**エ**　約1800m

＜社会＞　時間　50分　　満点　50点

【問題１】

問１　次の地図をみて，あとの各問いに答えなさい。

地図

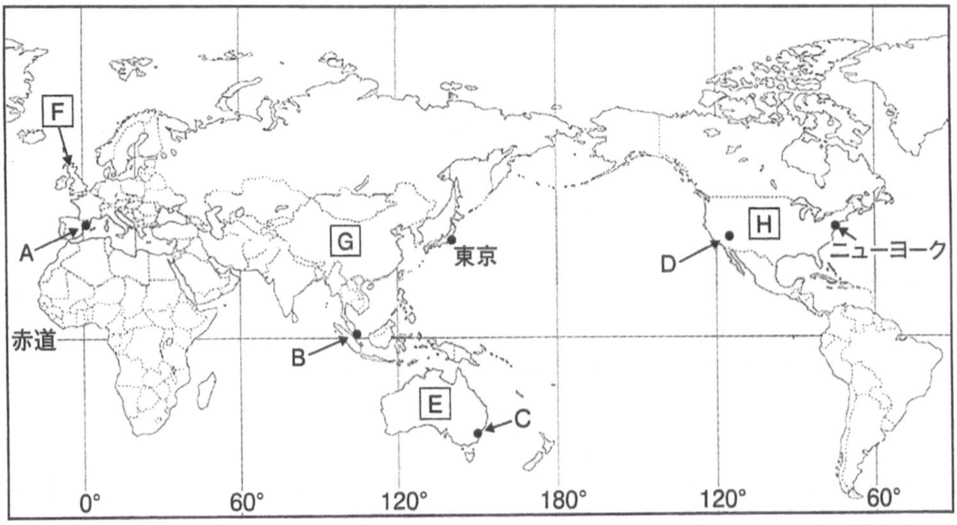

⑴　**東京**が３月７日正午であるとき，**ニューヨーク**の日付と時刻を，午前か午後かを明らかにして答えなさい。なお，**ニューヨーク**は，西経75度の経線を標準時としている。

⑵　**地図**中の**Ａ～Ｄ**の地点は，シドニー，シンガポール，バルセロナ，ラスベガスのいずれかであり，その４地点の雨温図は，次の①～④のいずれかである。温暖湿潤気候の雨温図と，その地点の組み合わせとして，最も適切なものを，次のページの**ア～エ**からひとつ選び，記号で答えなさい。

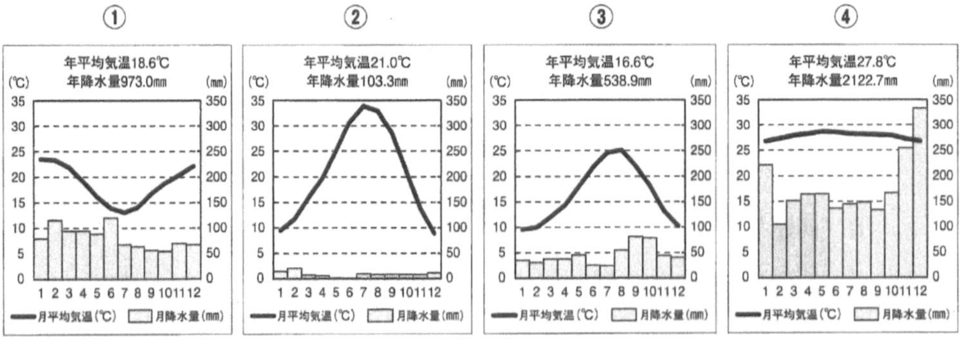

「理科年表　2022」より作成

	温暖湿潤気候の雨温図	地点
ア	①	C
イ	②	D
ウ	③	A
エ	④	B

(3)　次の**グラフ１～４**は，1965年，1985年，2005年，2016年における**地図**中のEの国の全貿易額に占める貿易相手国の割合を示したものである。また，**グラフ１～４**中の①～③には，**地図**中のF～Hの国のいずれかがあてはまる。**グラフ１～４**中の①～③にあてはまる国の組み合わせとして，最も適切なものを，あとの**ア～カ**からひとつ選び，記号で答えなさい。ただし，**グラフ１～４**中の①～③の同じ番号には，同じ国が入るものとする。

グラフ１

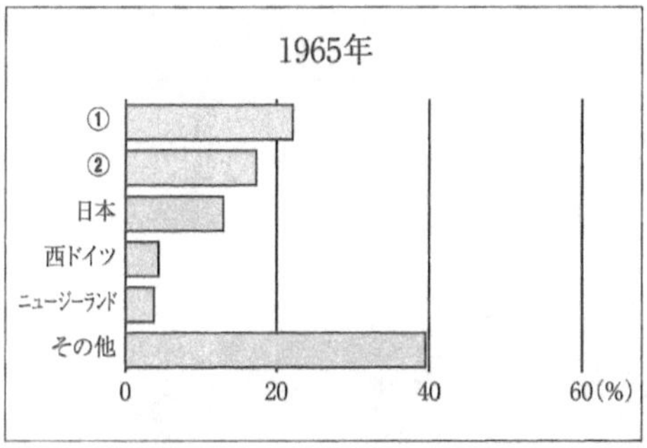

グラフ２

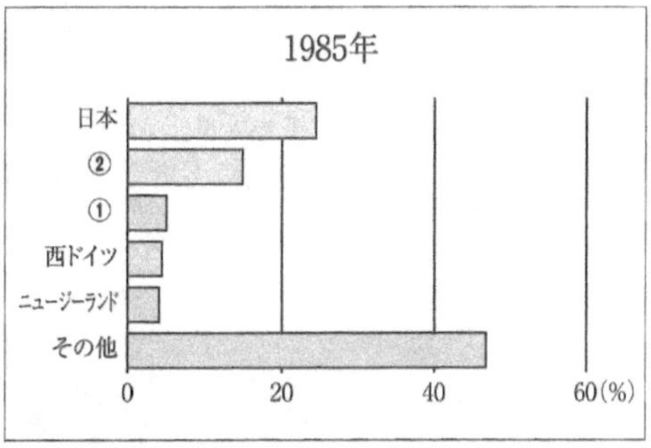

グラフ３

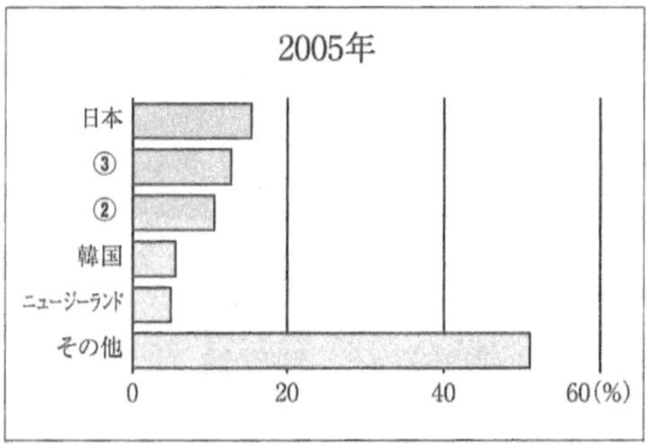

グラフ４

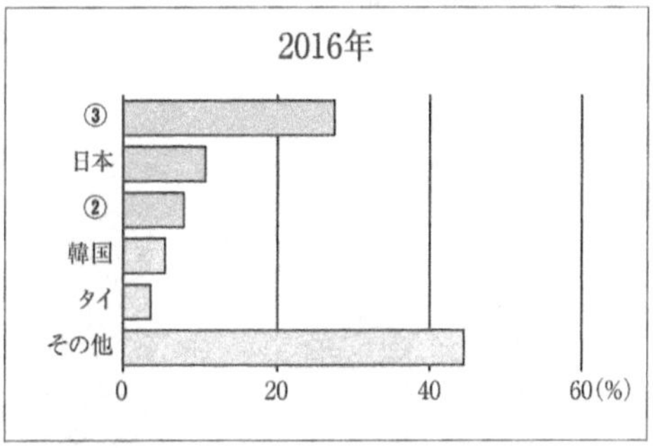

「新・世界の国々８　オセアニア州・南極」より作成

	①	②	③
ア	F	G	H
イ	F	H	G
ウ	G	F	H
エ	G	H	F
オ	H	F	G
カ	H	G	F

問２　2022年に開催されたサッカーの世界選手権大会「FIFAワールドカップカタール2022」のグループステージで，日本は，ドイツ，コスタリカ，スペインと対戦した。あとの各問いに答えなさい。

(1)　次の**写真１**は，買い物客でにぎわうドイツのクリスマスマーケットのようすを示したものである。また，あとの**グラフ**は，アメリカ合衆国，イラン，インド，タイの宗教別人口の割合を示しており，**グラフ**中の**ア**～**エ**には，イスラム教，キリスト教，ヒンドゥー教，仏教のいずれかの宗教があてはまる。**写真１**が開催される宗教として，最も適切なものを，**グラフ**中の**ア**～**エ**からひとつ選び，記号で答えなさい。

写真１

「新・世界の国々３　ヨーロッパ州①」より

グラフ

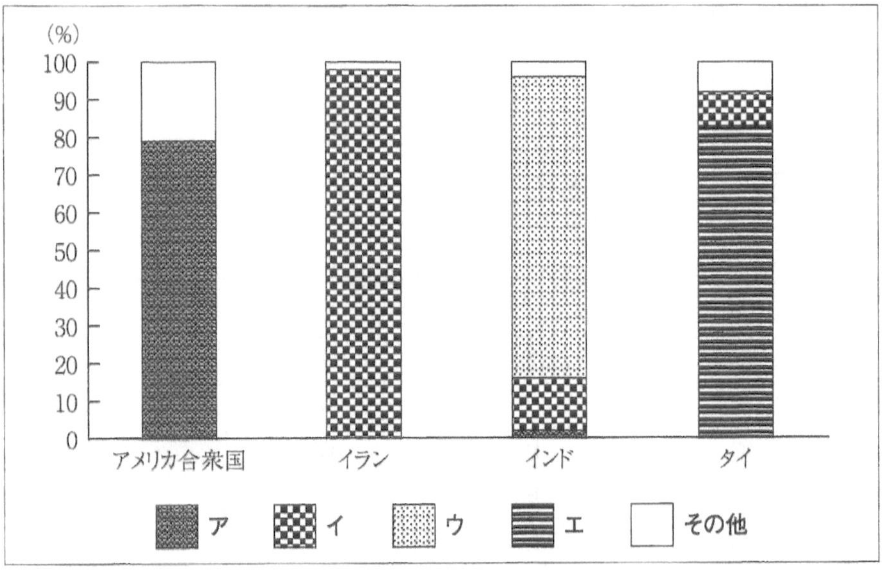

「データブック　オブ・ザ・ワールド　2022年版」より作成

(2) 次の**写真2**は，コスタリカにある国立公園で，観光客が入場料を支払う入場口のようすを示したものである。コスタリカは，自然林の多くを国立公園や生物保護区に制定するなど，環境保護に積極的に取り組んでおり，そのための資金の一部として，観光客からの入場料を利用している。このような環境保護と観光の両立を目指す取り組みを何というか，**カタカナ**で答えなさい。

写真2

「体験取材！世界の国ぐに－5　コスタリカ」より

(3) 次の**表**は，日本，オランダ，スペイン，ドイツ，フランスの主な食料の品目別自給率（2017年）を示したものであり，**表**中の**ア**～**エ**には，オランダ，スペイン，ドイツ，フランスのいずれかの国があてはまる。このうち，**スペイン**の品目別自給率として，最も適切なものを，**表**中の**ア**～**エ**からひとつ選び，記号で答えなさい。

表　（単位：%）

	小麦	いも類	野菜類	果実類	肉類	牛乳・乳製品
日本	14	74	79	40	52	60
ア	15	202	328	38	228	203
イ	131	121	46	27	112	118
ウ	187	136	72	62	100	118
エ	47	66	191	137	140	84

「令和元年度　食料需給表」より作成

問3　**さくらさん**と**ごろうさん**が通う中学校の研修旅行では，次の**行程**で鳥取県内を訪れることになり，**さくらさん**たちは訪問地に関連する内容について，事前に調べ学習を行った。あとの各問いに答えなさい。

行程

1日目　学校出発　⇒　(a)山陰海岸ジオパークで遊覧船に乗る　⇒　(b)鳥取市にある博物館を見学　⇒　倉吉市内の(c)果樹園で収穫体験　⇒　米子市内の(d)温泉宿に宿泊

2日目 宿舎出発 ⇒(e)境港市の水木しげるロードを散策 ⇒ 大山で自然体験 ⇒ 学校到着

(1) **さくらさん**は，**行程**中の下線部(a)の一部を示している**写真１**をみつけた。また，**地図１**中の〇で囲まれた地域ｆ，ｇのどちらかは，**写真１**と同様の特徴をもつ海岸線であることを知った。**写真１**でみられる地形の名称と，**写真１**と同じ海岸線の特徴をもつ**地図１**中の〇で囲まれた地域の組み合わせとして，最も適切なものを，あとの**ア**～**エ**からひとつ選び，記号で答えなさい。

写真１

「岩美町観光協会ホームページ」より

地図１

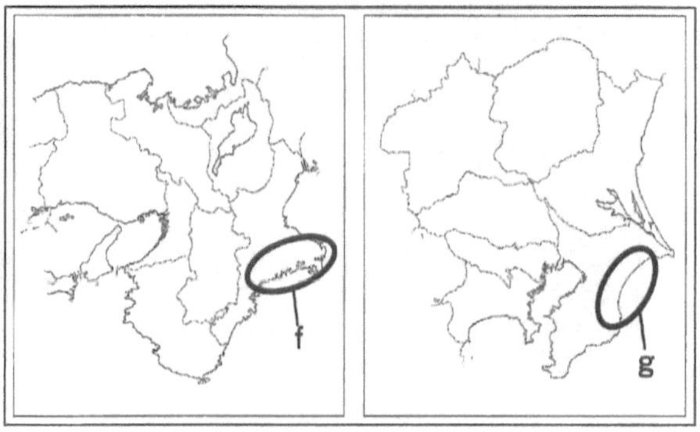

ア 名称－砂浜海岸，地域－**地図１**のｆ
イ 名称－砂浜海岸，地域－**地図１**のｇ
ウ 名称－リアス海岸，地域－**地図１**のｆ
エ 名称－リアス海岸，地域－**地図１**のｇ

(2) **行程**中の下線部(b)に関連して，**ごろうさん**は，ホームページから，鳥取市をはじめとするいくつかの市町村で積極的に移住や定住の支援を行っていることを知った。次の**文**は，移住について，**ごろうさん**の身近な人を例に説明したものである。**文**中の（Ａ）ターン，（Ｂ）ターンについて，（Ａ），（Ｂ）にあてはまる適切な**アルファベット１文字**を答えなさい。

文

ごろうさんの兄は，出身地の鳥取県から東京都にある大学に進学し，就職を機に鳥取県に戻ってきた。このことを（Ａ）ターンという。**ごろうさん**のいとこは，出身地の東京都から鳥取県に移り住んだ。このことを（Ｂ）ターンという。

(3) **行程**中の下線部(c)に関連して，**さくらさん**が見つけた次のページの**表**は，５つの県の果樹の収穫量（2020年）を示したものであり，**表**中のＡ～Ｄには，「日本なし」，「ぶどう」，「りんご」，「もも」のいずれかがあてはまる。「**日本なし**」と「**ぶどう**」にあてはまる組み合わせとして，最も適切なものを，あとの**ア**～**エ**からひとつ選び，記号で答えなさい。

ア 日本なし－Ｃ ぶどう－Ａ
イ 日本なし－Ｃ ぶどう－Ｂ
ウ 日本なし－Ｄ ぶどう－Ａ
エ 日本なし－Ｄ ぶどう－Ｂ

表　　（単位：t）

	A	B	C	D
鳥取県	84	508	339	10,500
青森県	1,530	4,810	463,000	1,250
島根県	58	2,180	57	902
千葉県	17	490	16	18,200
山梨県	30,400	35,000	666	594
全国	98,900	163,400	763,300	170,500

総務省統計局「作物統計調査　作況調査」より作成

⑷　**行程**中の下線部⒟について調べた**ごろうさん**は，火山の恵みによって温泉が存在する場合があることや，火山の形成にはプレートが影響していることを知った。さらに調べてみると，次の**地図２**中の◯で囲まれた部分にも，箱根などの有名な温泉があることがわかった。ラテン語で「大きなみぞ」を意味する**地図２**中の◯で囲まれた部分を何というか，**カタカナ**で答えなさい。

地図２

⑸　**行程**中の下線部⒠に関連して，次の**さくらさん**と**ごろうさん**の**会話**と43ページの**地形図**，**タブレットで拡大した地形図**をみて，あとの各問いに答えなさい。

会話

さくらさん：境港市と同じように，島根県浜田市も漁業が盛んらしいよ。どんなところなのか**地形図**を見てみよう。

ごろうさん：**地形図**を見ると，浜田駅から市役所までは**地形図**上では４㎝だったよ。

さくらさん：**地形図**上で４㎝ということは，実際の距離は（**A**）mだよね。

ごろうさん：**タブレットで拡大した地形図**を見ると，田町の南東に，見たことのない地図記号（次のページ）があるよ。授業で習った記念碑の地図記号と似ているね。

ごろうさんが見つけた地図記号

さくらさん：この地図記号は，自然災害伝承碑というらしいよ。国土地理院のホームページで調べてみたら，この地図記号の場所には，次の**写真２**の石碑と，石碑にきざまれた言葉の**説明**が出てきたよ。

写真２

説明

碑　　名	震災紀念之碑
災 害 名	浜田地震
災害種別	地震
建 立 年	1896
所 在 地	島根県浜田市牛市町
伝承内容	1872年３月14日，浜田市沖を震源とする大地震により，浜田市街では地は裂けて家屋は倒壊，火災があちこちで発生し，多くの死傷者が出た。牛市町では家屋83戸が倒壊・焼失し，人口300人余りのうち，死者42人，負傷者100人余りの被害を受けた。

ごろうさん：どうして自然災害伝承碑が必要なのかな。

さくらさん：それは（　B　）に役立つからだと思うよ。

ごろうさん：そういえば，おじいちゃんから，近所にある石碑には，昔の洪水のことが書かれていると聞いたことがあるよ。今度，その石碑を見に行ってみようよ。

地図記号，写真２，説明は「国土地理院ホームページ」より作成

地形図

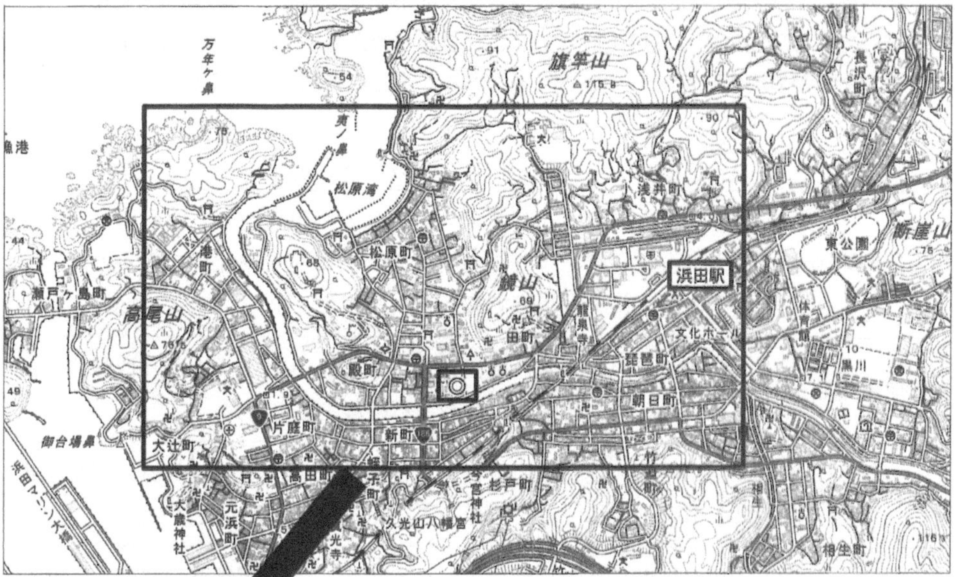

「国土地理院1：25,000地形図」令和２年発行「浜田」より作成

タブレットで拡大した地形図

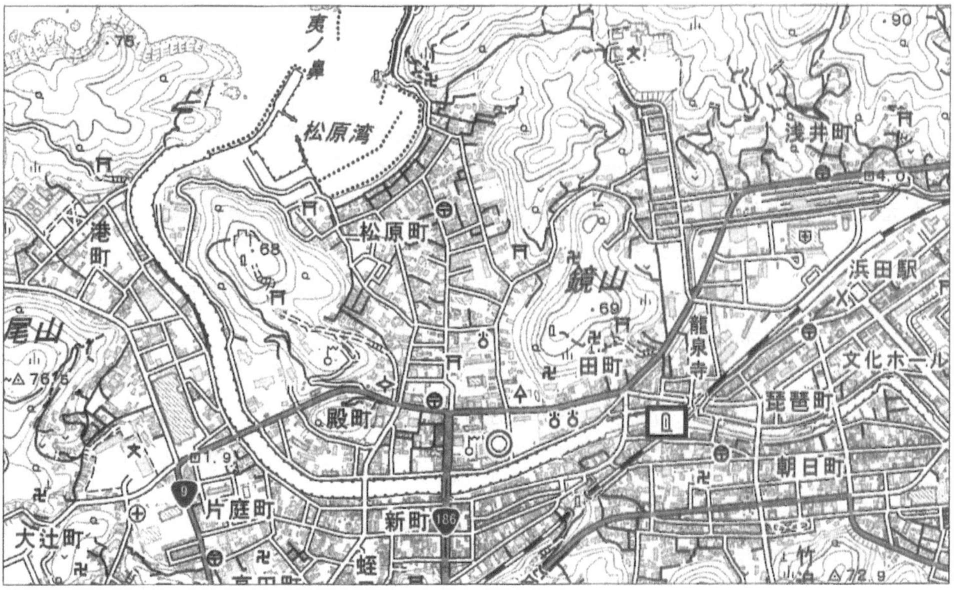

「地理院地図」より作成

①　会話中の（Ａ）に入る数字を答えなさい。

②　会話中の（Ｂ）にあてはまる適切な内容を答えなさい。

【問題２】

問１ 次の**表**は，**さとるさん**たちが，鳥取市と姉妹都市提携を結んでいる４つの都市について，提携を結んでいる理由にあたる歴史的なできごとをまとめたものである。また，あとの**会話**は，**さとるさん**たちが**表**をみて話をしているものである。あとの各問いに答えなさい。

表

都市	歴史的なできごと
山口県岩国《いわくに》市	1581年に鳥取城が羽柴秀吉《はしばひでよし》（のちの豊臣秀吉）に攻められた際，城主・吉川経家《きっかわつねいえ》は自分の命と引きかえに兵士や住民を救った。経家の子孫が，代々岩国藩で家老をつとめた。
兵庫県姫路《ひめじ》市	1600年に姫路城主・池田輝政《いけだてるまさ》の弟である池田長吉《いけだながよし》が鳥取城主に，1617年には池田光政《いけだみつまさ》が鳥取32万石の藩主となった。
福島県郡山《こおりやま》市	1880年から1887年にかけて，旧鳥取藩の士族が広谷原《こうやはら》（現郡山市喜久田《きくた》町）に移住し，苦労の末，開拓事業を成し遂げた。
北海道釧路《くしろ》市	1884年から翌年にかけて，旧鳥取藩の士族が釧路に移住し，鳥取村を形成した。1949年に鳥取村は釧路市に合併された。

会話

さとるさん：山口県岩国市と兵庫県姫路市は，どちらもお城に関連しているね。

くみこさん：**表**を見ると，吉川経家と関係が深い岩国市と交流を深めているよね。鳥取県庁の近くにある久松山《きゅうしょうざん》に，かつての鳥取城の城跡が残っているよ。今度，(a)岩国市のある山口県に遊びに行ってみたいな。

たえこさん：姫路城主と鳥取城主は同じ池田氏というつながりがあるよね。(b)池田長吉という人物について，もっと知りたいな。

さとるさん：福島県郡山市と北海道釧路市は，どちらも旧鳥取藩の士族が移住したことが，姉妹都市のきっかけになったようだね。

くみこさん：福島県といえば，（**X**）をおこなった松平定信が藩主をしていた白河《しらかわ》藩があったよね。知らない土地への移住は大変な苦労があっただろうね。

たえこさん：釧路市のある北海道は，明治時代になるまでは(c)蝦夷地とよばれ，1869年に，北海道と改称されたのだよね。

(1) **会話**中の下線部(a)に関連して，**くみこさん**は山口県への旅行の計画を立てることにした。次の**A**～**D**は，**くみこさん**が山口県に行って，訪れてみたいところである。次のページの各問いに答えなさい。

A	B	C	D
源氏と平氏の最後の合戦の戦場となった壇ノ浦	東大寺の大仏創建時の原料となった銅がとれた銅山跡	学問の神様とされる菅原道真をまつる防府天満宮	大内氏が雪舟に命じてつくらせたと伝わる庭

① B中の下線部に関係の深い天皇として，最も適切なものを，次のア～エからひとつ選び，記号で答えなさい。

ア 天武天皇　**イ** 推古天皇　**ウ** 聖武天皇　**エ** 天智天皇

② C中の下線部の菅原道真が活躍した時代に置かれていた都の名称を答えなさい。

③ A～D中の下線部のできごとや，人物が活躍した時代のうち，中世に関係の深いものをすべて選び，記号で答えなさい。

⑵ **会話**中の下線部ⓑに関連して，**たえこさん**は，池田長吉について調べて，その結果を次の**レポート**にまとめた。あとの**文**は，**レポート**中の下線部の疑問について，**たえこさん**がさらに調べた結果，わかったことである。どのようなことがわかったと考えられるか。**文**中の（　Y　）にあてはまる適切な内容を答えなさい。

レポート

<池田長吉についてわかったこと>

●池田恒興《いけだつねおき》の3男。羽柴秀吉の養子となる。

●関ケ原の戦いでの功績により因幡鳥取藩主池田家の初代となる。

●右の現在の京都市伏見区「桃山《ももやま》」の地図に「桃山羽柴長吉東町」「桃山羽柴長吉西町」「桃山羽柴長吉中町」という地名が残っている。

「マピオン　京都市伏見区」より作成

<調べてみて疑問に思ったこと>

京都市伏見区には，この他にも「桃山毛利長門西町《もうりながとにしまち》」「桃山井伊掃部東町《いいかもんひがしまち》」など，「桃山」と当時の武将に由来する「毛利」や「井伊」などの名前を入れた町名が多く見られた。なぜ　これらのような町名がつけられているのだろうか。

文

豊臣秀吉は，のちに桃山城とよばれた伏見城を築いた。現在の京都市伏見区に，「桃山」と当時の武将に由来する「毛利」や「井伊」などの名前を入れた町名が多く見られるのは，（　Y　）からである。

⑶ **会話**中の（X）にあてはまる**改革**として，最も適切なものを，次の**ア～ウ**からひとつ選び，記号で答えなさい。また，（X）の**内容**として，最も適切なものを，あとの**エ～カ**からひとつ選び，記号で答えなさい。

（X）にあてはまる**改革**

ア 享保の改革　**イ** 寛政の改革　**ウ** 天保の改革

（X）の**内容**

エ 参勤交代を軽減する代わりに，大名から米を献上させる上米の制を行った。

オ 物価の上昇を抑えるため，株仲間を解散させた。

カ　幕府の学校では，朱子学以外の儒学を禁止した。

⑷　**会話**中の下線部(c)に関連して，次の**ア**～**エ**のできごとを，古いものから順に並べ，記号で答えなさい。

ア　アイヌの人々はコシャマインを指導者として，本州の人々と衝突を起こした。

イ　間宮林蔵が蝦夷地を調査し，樺太が島であることを発見した。

ウ　アイヌの人々はシャクシャインを指導者として，松前藩と戦った。

エ　アメリカからクラークが来日し，札幌農学校ですぐれた人材を多く育てた。

問2　次の図1は，太平洋戦争中の空襲による都市別死者数を示している。あとの**会話**は，**まゆみ**さんたちが図1をみながら話しているものである。あとの各問いに答えなさい。

図1

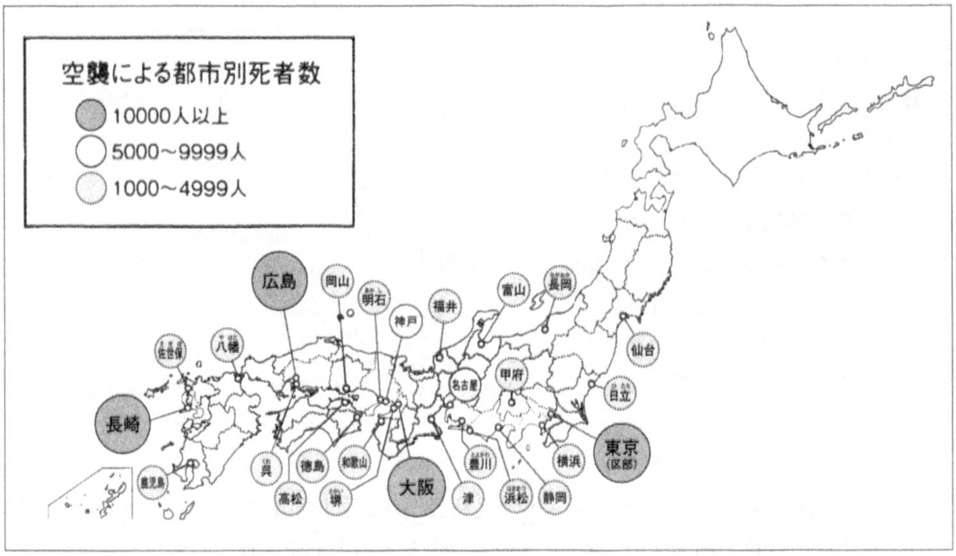

会話

まゆみさん：	全国各地で多くの方が空襲でなくなったのだね。空襲による都市別死者数を見ると，東京，大阪，広島，長崎が多いことが分かるね。
たかしさん：	東京や大阪は大都市だから多いのは分かるけど，広島や長崎はなぜ死者数が多いのかな。
まゆみさん：	どちらも1945年の８月に（　A　）からだと思うよ。
たかしさん：	なるほど。他にも死者数が1,000人以上の都市の多くは，東海や瀬戸内に集中しているね。人口が多い地域ということ以外に理由があるのかな。
てつおさん：	そういえば，おばあちゃんから，鳥取からも瀬戸内に勤労動員として，多くの学生が働きに行ったと聞いたことがあるな。
まゆみさん：	勤労動員として人が集められていたのは，その地域には（　B　）が集まっていたからだと思うよ。当時は勉強したくても，学校で学べるような状況ではなかったのかもしれないね。

てつおさん：	そうだね。これまで日本と外国との間で，どのような戦いがあったのかな。江戸時代末期以降の外国とのおもな戦いについて，年表にしてまとめてみよう。

⑴　**会話**中の（**A**），（**B**）にあてはまる適切な内容をそれぞれ答えなさい。

⑵　**会話**中の下線部について，**てつおさん**は次の**略年表**を作成した。あとの各問いに答えなさい。

略年表

時代	外国とのおもな戦い
江戸	⒜1863年　長州藩が下関で外国船を砲撃する 薩摩藩がイギリス艦隊から砲撃される
明治	1894年　日清戦争が始まる ↕ **ア** 1904年　日露戦争が始まる ↕ **イ**
⒝大正	1914年　第一次世界大戦に参戦する
昭和	↕ **ウ** 1931年　満州事変が起こる ↕ **エ** 1937年　日中戦争が始まる 1941年　太平洋戦争が始まる

①　次の**文**は，**略年表**中の下線部⒜の時期のアメリカのようすを示したものである。**文**中の（**C**），（**D**）にあてはまる語句の組み合わせとして，最も適切なものを，あとの**ア**～**エ**からひとつ選び，記号で答えなさい。

文

（**C**）が行われており，北部の指導者は，合衆国の統一と奴隷の解放をめざす（**D**）であった。

ア　（**C**）南北戦争　（**D**）リンカン　　**イ**　（**C**）南北戦争　（**D**）ワシントン
ウ　（**C**）独立戦争　（**D**）リンカン　　**エ**　（**C**）独立戦争　（**D**）ワシントン

②　**略年表**中の下線部⒝の時代には，大正デモクラシーといわれる風潮があった。この風潮と**直接関係がないもの**として，最も適切なものを，次の**ア**～**エ**からひとつ選び，記号で答えなさい。

ア　吉野作造が民本主義を唱えた。
イ　護憲運動が起こり，普通選挙を求める声が高まった。
ウ　原敬が本格的な政党内閣を組織した。
エ　高度経済成長により人々の生活水準が高まった。

③　アメリカの呼びかけにより開かれたワシントン会議や，パリで結ばれた不戦条約など，世界が軍縮や平和の方向に向かった時期を含む期間として，最も適切なものを，**略年表**中の**ア**

～エからひとつ選び，記号で答えなさい。

(3)　**略年表**に示した時代より後の日本の戦後復興について，**まゆみさん**たち３人は，学習したことを次の図２にまとめた。あとの各問いに答えなさい。

図２

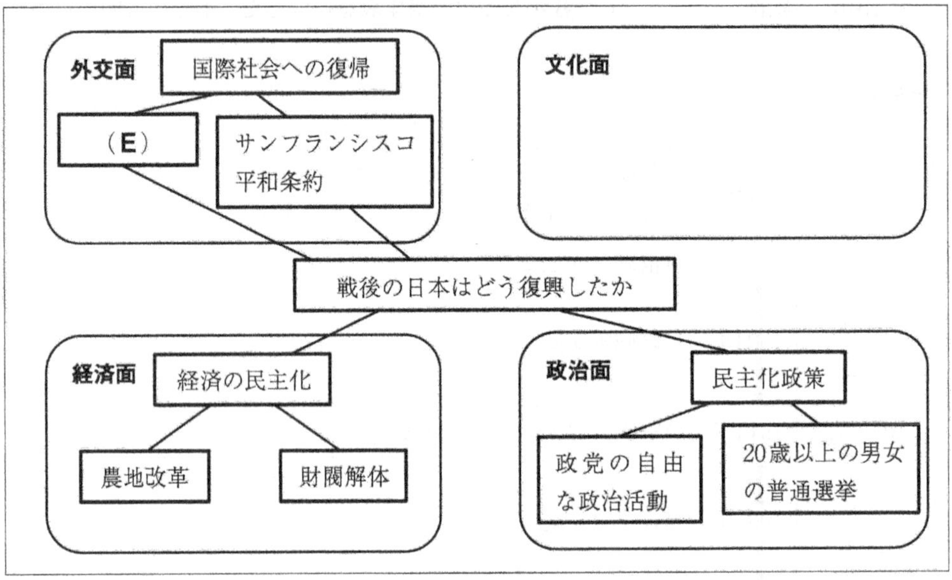

①　日本の国際連合への加盟のきっかけとなった，図２中の（Ｅ）にあてはまるものとして，最も適切なものを，次のア～エからひとつ選び，記号で答えなさい。

ア　南京条約　　イ　日中平和友好条約　　ウ　ポツダム宣言　　エ　日ソ共同宣言

②　図２中の**文化面**として，最も適切なものを，次のア～エからひとつ選び，記号で答えなさい。

ア

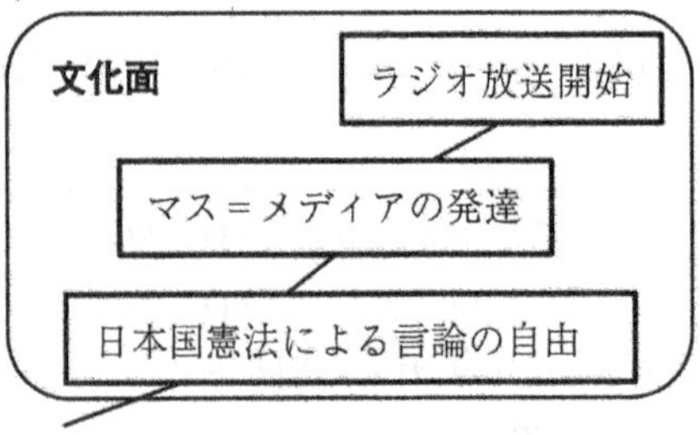

イ

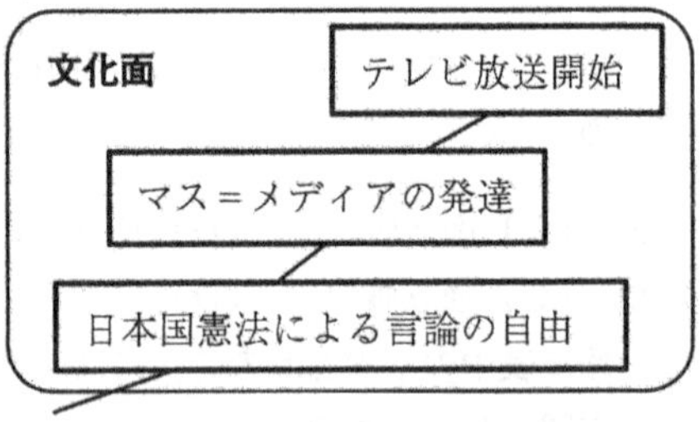

ウ

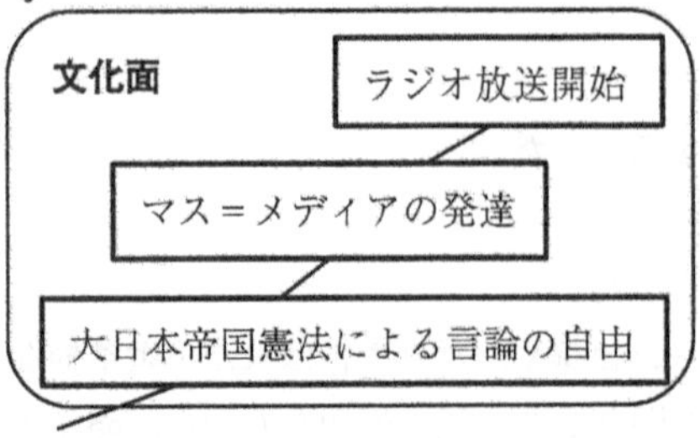

エ

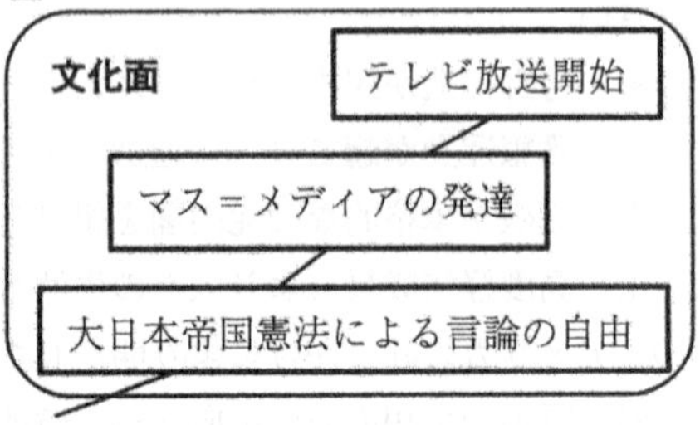

【問題３】

問１　次の**会話**は，**みちえさん**たちが2022年を振り返って話したものである。あとの各問いに答えなさい。

会話

みちえさん：2022年も，国内外でいろいろなことがあったね。
ゆうたさん：７月には国会議員を選ぶ選挙が行われたよ。国会は(a)日本国憲法によって，「国権の最高機関であって，国の唯一の立法機関である」と定められているよね。
たろうさん：日本の選挙制度には，一人の候補者に投票する小選挙区制や，政党に投票する(b)比例代表制があるよね。
ゆうたさん：７月の選挙では各政党が公約を公表して，(c)経済に関する政策や，(d)子育て支援のあり方など，さまざまな分野の意見を出していたね。
たろうさん：11月の(e)国際連合のCOP27（国連気候変動枠組条約第27回締約国会議）では，地球規模で気候変動対策を話し合っていたね。
みちえさん：わたしは，日本と外国との(f)貿易の問題が印象深かったよ。国内の政治や国際関係も，時代に合わせて大きく変化しているね。

(1)　**会話**中の下線部(a)に関連して，日本国憲法において保障されている自由権を，**「経済活動の自由」**，**「精神の自由」**，**「生命・身体の自由」**の３つに分類した場合，次の**A**～**C**は，３つの分類のどの自由のことをさしているか，その組み合わせとして，最も適切なものを，あとの**ア**～**カ**からひとつ選び，記号で答えなさい。

A　学問の自由　　**B**　職業選択の自由　　**C**　令状のない逮捕の禁止

	経済活動の自由	精神の自由	生命・身体の自由
ア	A	B	C
イ	A	C	B
ウ	B	A	C
エ	B	C	A
オ	C	A	B
カ	C	B	A

(2)　**会話**中の下線部(b)に関連して，右の**表**は，日本の比例代表制の選挙における，ある選挙区の投票結果を模式的に示したものである。日本の比例代表制の選挙では，当選者を決めるために，ドント式が用いられる。この選挙区から当選者を８人決めるものとした場合，**E**党に配分される議席数を答えなさい。ただし，**D**～**G**党のそれぞれの立候補者数は，等しく10人とし，立候補者数とは，各政党が提出した立候補者名簿に記載された人数を示すこととする。

表

政党名	得票数
D党	3800票
E党	2500票
F党	1800票
G党	3000票

⑶　**会話**中の下線部⒞に関連して，次の**図１**は，ものやサービスが自由に売買される市場における，ある商品の需要量，供給量，価格の関係を示したものであり，**図１**中の**X**，**Y**は，需要曲線か供給曲線のいずれかを示している。**図１**において，あとの**文１**のように需要の状況が変化したときの需要曲線の変化として，最も適切なものを，あとの**ア**～**エ**からひとつ選び，記号で答えなさい。ただし，供給の状況は変化しないものとする。

図１

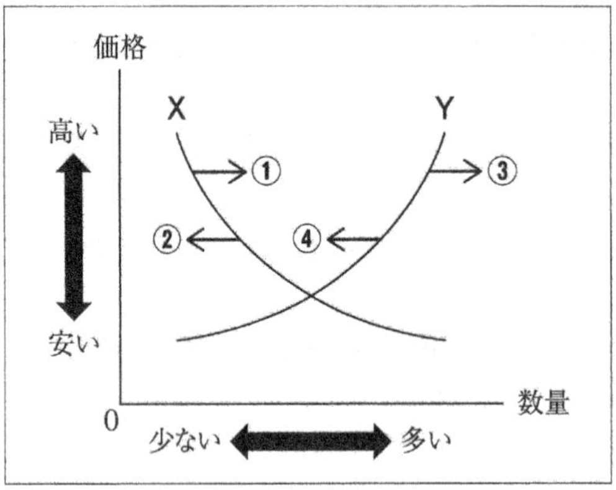

文１

ある商品について，おいしくて健康にも良いとテレビの情報番組で紹介された結果，購入する人が増えた。

ア　需要曲線である**X**は，**図１**中の①のように変化する。
イ　需要曲線である**X**は，**図１**中の②のように変化する。
ウ　需要曲線である**Y**は，**図１**中の③のように変化する。
エ　需要曲線である**Y**は，**図１**中の④のように変化する。

⑷　**会話**中の下線部⒟に関連して，次の**グラフ１**は，鳥取県における平成22年と平成27年の女性の年齢階級別の労働力率＊1を示したものである。また，あとの**グラフ２**と**グラフ３**は，鳥取県における平成22年と平成27年の放課後児童クラブ＊2の数と，病児・病後児保育施設＊3の数をそれぞれ示している。**グラフ１**中の □ 部分において，平成27年の女性の労働力率が平成22年に比べて高くなっている理由として考えられることを，あとの**グラフ２**および**グラフ３**から読み取って説明しなさい。

（**グラフ１**～**グラフ３**は次のページにあります。）

＊1　就業者と完全失業者を合わせた労働力人口が，15歳以上の人口に占める割合のこと。
＊2　保護者が放課後にいない家庭の児童などを預かるための場。
＊3　病気の子どもや，病気からの回復途中の子どもを預かる施設。

グラフ１

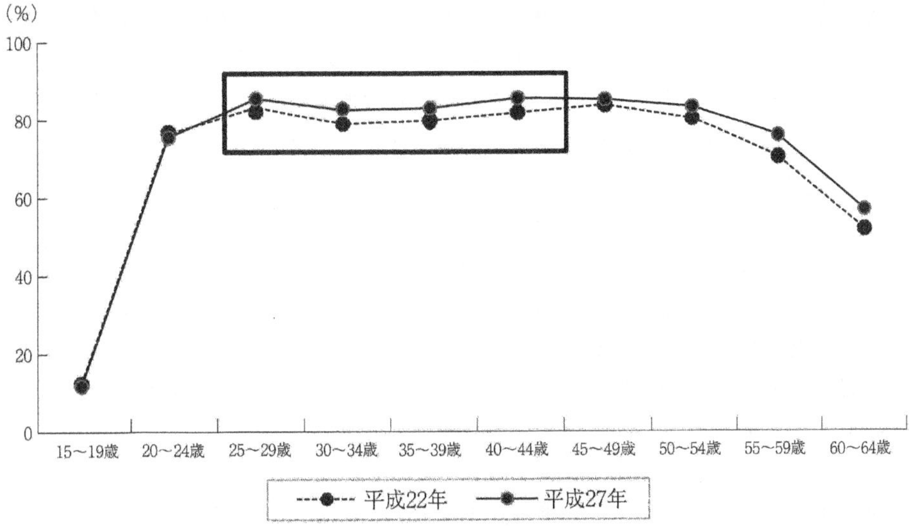

グラフ２

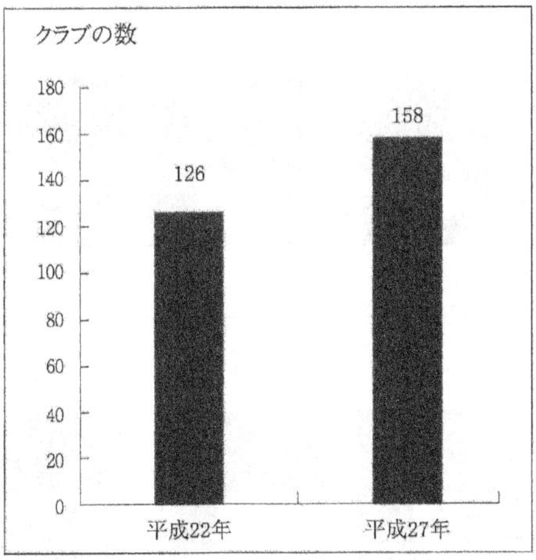

グラフ３

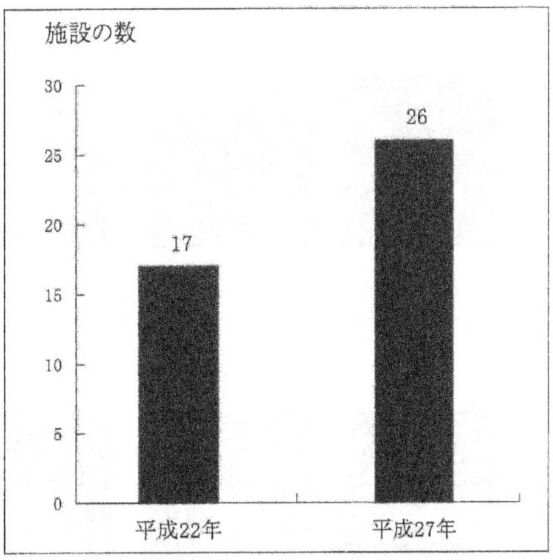

「鳥取県男女共同参画白書」,「鳥取県ホームページ」より作成

⑸　**会話**中の下線部(e)に関連して，国際連合はSDGsの目標を設定している。**たろうさん**たち３人は，令和４年に鳥取県が内閣府からSDGs未来都市に認定されたことに興味を持ち，SDGsについて，それぞれ次のページのように**レポート**にまとめた。**レポート**中の下線部に着目し，A～Cにあてはまるsdgsの目標として，最も適切なものを，あとの**ア～カ**からひとつ選び，それぞれ記号で答えなさい。

レポート

◆みちえさん

全国で「子ども食堂」という取り組みが広がっています。これは，経済的な理由で十分に食事をとれない子どもや，1人で食事をする子どもたちなどに，NPOやボランティア，地域の飲食店経営者などが，無料または格安で食事を提供する取り組みです。

◆関連するSDGsの目標

A

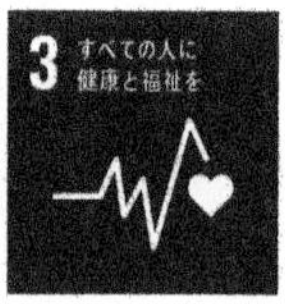

◆たろうさん

2021年6月に「プラスチックに係る資源循環の促進等に関する法律」が成立しました。これは，プラスチック製品の設計・製造から廃棄物の処理に至るまでのサイクル全体を通じたプラスチック資源循環の促進を図ることを目的としています。

◆関連するSDGsの目標

B

◆ゆうたさん

日本では，経営管理職，教授，専門職，国会議員の人数などにおいて，男女間の差が大きく，政治分野では世界最低水準となっています。私は，性別などによる差別や偏見をなくすためには，まず，他者を理解することが大切だと思います。

◆関連するSDGsの目標

C

ア

イ

ウ

エ

オ

カ

(6)　**会話**中の下線部(f)に関連して，次のページの**図2**と**図3**は，日本とアメリカが，商品Xと商品Yを貿易しているようすを模式的に示したものである。また，あとの**文2**は，外国為替相場が**図2**から**図3**に変化したことを説明したものである。**文2**中の（**H**）にあてはまる語句と，**図3**および**文2**中の（**I**）と（**J**）にあてはまる数字の組み合わせとして，最も適切なものを，あとの**ア**～**エ**からひとつ選び，記号で答えなさい。ただし，外国為替相場のみの変化であり，各国の所持金と商品の価格は変化しないものとする。また，**図3**および**文2**中の同じ記号には，同じ数字が入るものとする。

図2

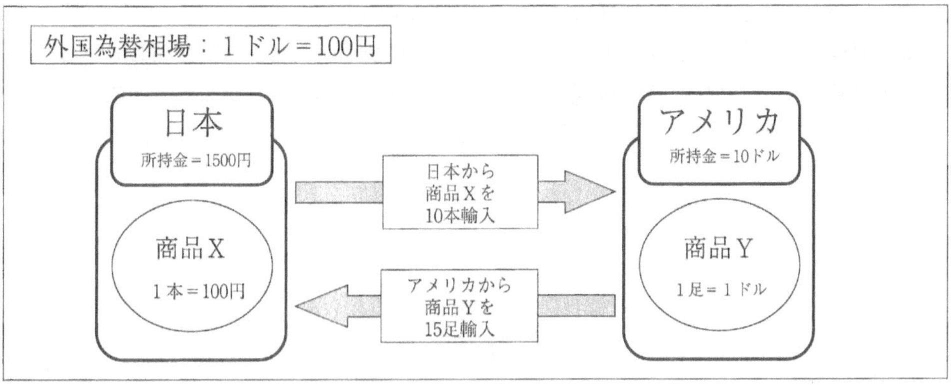

図3

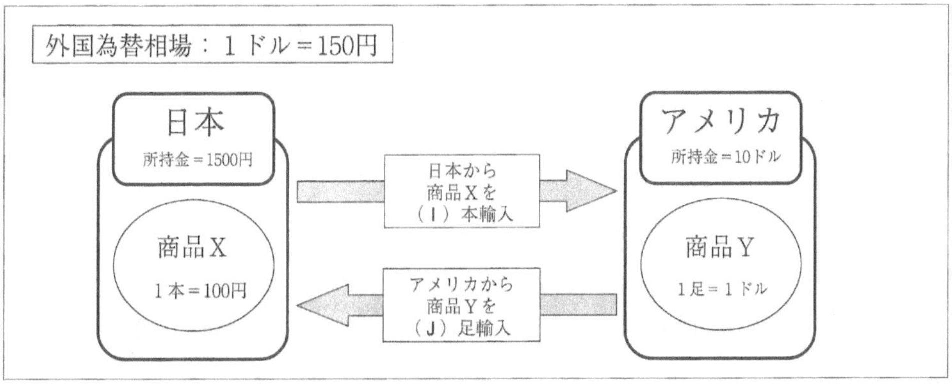

文2

図2中の1ドル＝100円の外国為替相場が，図3中の1ドル＝150円の外国為替相場に変化することを，（H）という。図2から図3のように外国為替相場が変化した場合，図3のようにアメリカは日本から商品Xを（I）本輸入でき，日本はアメリカから商品Yを（J）足輸入できる。

	H	I	J
ア	円高・ドル安	15	10
イ	円高・ドル安	10	15
ウ	円安・ドル高	15	10
エ	円安・ドル高	10	15

問2　企業のはたらきと社会保障について，あとの各問いに答えなさい。

(1)　企業は利潤を追求するだけではなく，社会的な責任を果たす必要がある。企業の社会的責任の具体的な例の説明として，**適切ではないもの**を，あとの**ア**～**エ**からひとつ選び，記号で答えなさい。

ア　年2回，春と秋の休日に，会社の周辺を清掃している。

イ　社員に不安を与えないよう，会社の経営に関する情報を公開しないことにしている。

ウ　資金の一部を提供し，積極的に芸術・文化活動の支援をしている。

エ　消費者のためにアンケートを実施し，その結果をホームページで公開している。

⑵　次の**図**は，「社会保障」と「国民の負担」の関係を模式的に示したものである。あとの**文**が分類される領域として，最も適切なものを，**図**中の**ア**～**エ**からひとつ選び，記号で答えなさい。

図

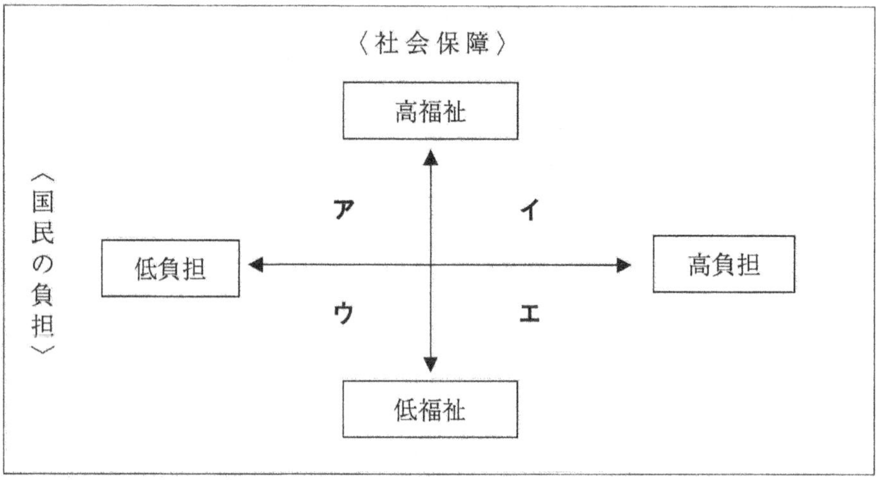

文

税金や社会保険料を引き上げて，社会保障や公共サービスを手厚くする。

問3　社会科の授業で学習した「民主主義」，「国民の意見の反映」などに関する内容について，**こうたさん**は図書館やインターネットで，さまざまな資料を集めた。あとの各問いに答えなさい。

⑴　次の**図**と**文1**は，国民の統治のあり方について示したものである。**図**中の（**A**）および**文1**中の（**A**）に共通してあてはまる語句を答えなさい。

図

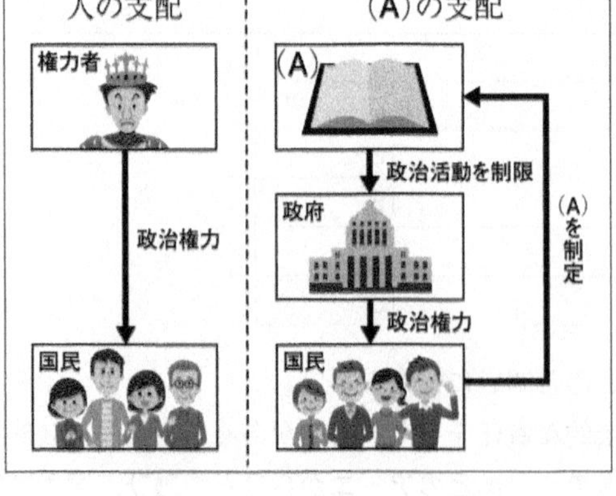

文1

「人の支配」とは，国王や権力者が自分の思うままに権力を行使することであり，「(**A**)の支配」とは，誰にでも平等に適用される明確なルールに基づいて権力を行使することである。

⑵　次のページの**表**は，**こうたさん**が，日本国憲法第96条と国民投票法に規定されている憲法改正の手続きをまとめたものである。**表**中の（**B**）～（**D**）にあてはまる語句の組み合わせとし

て，最も適切なものを，あとの**ア**～**エ**の中からひとつ選び，記号で答えなさい。ただし，**表**中の（**B**）には，同じ語句が入るものとする。

表

衆議院で（**B**）の３分の２以上の賛成
↓
参議院で（**B**）の３分の２以上の賛成
↓
国会が憲法改正を発議
↓
（**C**）の国民による国民投票で過半数の賛成
↓
（**D**）が国民の名において公布

	B	C	D
ア	出席議員	満20歳以上	天皇
イ	出席議員	満18歳以上	内閣総理大臣
ウ	総議員	満20歳以上	内閣総理大臣
エ	総議員	満18歳以上	天皇

⑶　次の**絵**は，日本の裁判員裁判のようすを模式的に示したものである。また，あとの**文２**は，**こうたさん**が裁判員制度を説明したものであるが，**文２**中の下線部①～④のうち，ひとつの番号の語句に**誤り**がある。**誤り**がある番号をひとつ選び，その語句を正しく書き直しなさい。

絵

文２

日本の裁判員制度は，原則として，①６人の裁判員と，３人の裁判官が，②民事裁判を担当する。裁判員は，③裁判官と一緒に有罪か無罪か，有罪の場合は④刑の重さも決定する。

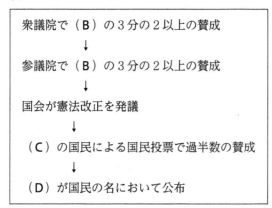

イ　伝える内容を間違えないために、原稿から目を離すことなく、淡々と正確に読む。

ウ　分かりやすい言葉を選び、相手に応じて、声の大きさや間の取り方を工夫する。

エ　聞き手にイメージを持たせるために、自分のペースで抑揚をつけず、一気に話す。

問四　**【話し合いの一部】**に「地域の活性化」とありますが、「地域の活性化」につながることとして、将来、あなたがしてみたいと思うことを、次の**【条件】**に従って、書きなさい。

【条件】

1　二段落構成とし、各段落の内容は次のとおりとする。
・第一段落には、「地域の活性化」につながることとして、してみたいと思うことを一つ取り上げて具体的に述べること。
・第二段落には、第一段落で取り上げた内容について、その理由を、自分の体験（見たことや聞いたことなども含む）を踏まえて書くこと。

2　解答欄の八行以上、十行以内でまとめること。

3　原稿用紙の正しい使い方に従うこと。

域で行われている祭りの様子を、偶然、テレビで見たのですが、地域の方々の姿から、ふるさとを大切にする思いが伝わってきました。

Cさん：そうですね。祭りは地域の特色が出るものの一つですね。祭りを伝承したり、その様子を県内外の方に伝えたりすることによって、地域について広く知ってもらえるので、地域の活性化につながります。そして、地域の活性化は、社会のさまざまな課題解決にもつながるのではないかと思います。

Aさん：**Dさん**はどう思いますか。

Dさん：鳥取県の魅力を伝えるために、地域の祭りだけではなく、伝統的な文化についても紹介するのが良いと思います。また、それぞれの地域の方にインタビューし、地域に住む若い世代の人々に対する思いなどについても紹介するのはどうでしょうか。

Bさん：そうですね。地域の祭りや伝統的な文化とともに、地域の方の思いについても資料にまとめて紹介しましょう。

Cさん：いいですね。紹介をする際は、鳥取県の魅力が分かりやすく伝わるよう、話し方に気をつけることも大切ですね。

Aさん：では、ここまでの話し合いの内容を踏まえて、私たちのグループは、交流授業で、地域の祭りを含めた伝統的な文化について紹介するということでよいでしょうか。

（以下、話し合いは続く）

問一　**【話し合いの一部】**において、**Aさん**がおこなったことを説明したものとして、最も適切なものを、次の**ア**～**エ**から一つ選び、記号で答えなさい。

ア　話し合いの中で他者と自分の意見とを比べて、相違点を提示している。

イ　話し合いが目的に応じて効率よく進行するように発言を促している。

ウ　話し合う目的を何度も確認して、話し合う方向性を明確にしている。

エ　話し合いによって課題解決ができるように集めた資料を整理している。

問二　**【話し合いの一部】**において、**Dさん**の発言の特徴を説明したものとして、最も適切なものを、次の**ア**～**エ**から一つ選び、記号で答えなさい。

ア　**Bさん**と**Cさん**の発言の内容を簡潔に整理して、何度も繰り返し説明したうえで、話し合いの目的や意義を再確認している。

イ　**Bさん**と**Cさん**の発言の内容の問題点を指摘し、自分の意見との違いを明らかに示したうえで、解決策を補足している。

ウ　**Bさん**と**Cさん**の発言の内容を確認したうえで、自分の意見と友だちの意見との共通点と相違点を明確に提示している。

エ　**Bさん**と**Cさん**の発言の内容に意見を加えたうえで、ふるさとの魅力を伝えるために必要な情報収集の方法を提案している。

問三　**【話し合いの一部】**において、「話し方」とありますが、その話し方として、最も適切なものを、あとの**ア**～**エ**から一つ選び、記号で答えなさい。

ア　本で調べたことだけを原稿にまとめて大きな声で何度も強調して、印象づける。

画は《画においては》とつて予が師とし、風雅は教へて予が弟子となす。されども、師が画は精神徹《てつ》に入り、*筆端《ひったん》妙をふるふ。その*幽遠なるところ、予が[3]見るところにあらず。予が風雅は*夏炉冬扇のごとし。衆にさかひて《人々の好みに反して》用ふるところなし。

（『許六離別の詞（柴門の辞）』による）

（＊注） 一日…ある日。 草扉…草庵《そうあん》。 閑談…静かな語らい。
風雅…俳諧。 筆端…筆の運び、または筆で描いたもの。
幽遠…奥深い。 夏炉冬扇…役に立たないもの。

問一 「[1]去年」は、現代文では「きょねん」と読みますが、古文では何と読みますか。ひらがなで書きなさい。

問二 「[2]学ぶこと二つにして、用をなすこと一なり」を説明したものとして、最も適切なものを、次の**ア**～**エ**から一つ選び、記号で答えなさい。

ア 学ぶことの画と俳諧の二つのうち、一つは人生では全く役に立たないものである。
イ 学ぶことは画と俳諧の二つであるが、結果的に一つにつながっていくものである。
ウ 学ぶことは画と俳諧の二つであるが、必ず一つを選ばないといけないものである。
エ 学ぶことの画と俳諧の二つのうち、特に一つを大事に扱う必要があるものである。

問三 「[3]見るところにあらず」とありますが、その意味として、最も適切なものを、次の**ア**～**エ**から一つ選び、記号で答えなさい。

ア 理解できる範囲にない　**イ** 素晴らしいとは思わない
ウ 見るに値しない　**エ** 知ろうとは思わない

問四 本文の内容と一致するものとして、最も適切なものを、次の**ア**～**エ**から一つ選び、記号で答えなさい。

ア 筆者にとって許六は短い付き合いだったため、あまり深い関係には至らなかった。
イ 筆者の画は過度に技巧が凝らされて、許六にとってその良さが理解できなかった。
ウ 筆者は弟子である許六の画のすばらしさを、自分の俳諧以上に高く評価していた。
エ 筆者は俳諧と画の才能に優れていたため、許六は画の技術や精神を教わっていた。

【問題五】 鳥取県内のある中学校の三年生が、県外のある中学校の三年生との交流授業で、グループごとにそれぞれの県の「ふるさとの魅力」について紹介し合います。次は、**A**さんたちのグループが、鳥取県の魅力を紹介するために、事前におこなった**【話し合いの一部】**です。これを読んで、あとの問いに答えなさい。

【話し合いの一部】

Aさん：それでは、まず、私たちのグループが、何について紹介するかを決めましょう。皆さんが鳥取県の魅力として紹介したいものは、何ですか。

Bさん：私が鳥取県の魅力として紹介したいものは、県内各地で行われている地域の祭りです。それぞれの地域で、その地域特有の祭りが行われています。この夏、私が住む地

であるということ。

ウ　自分たちの活動の目的は、秀《ひい》でた才能の持ち主を探し出すことであるということ。

エ　自分たちの活動の目的は、皆で仲良く作品作りに向かうことであるということ。

問六　「5僕はガクッとうなだれそうになった」とありますが、これはどのような気持ちを表していますか。**「正也の思い」という語を必ず用いて、**三十五字以内で説明しなさい。

問七　本文の構成や表現について説明したものとして、最も適切なものを、次の**ア**～**エ**から一つ選び、記号で答えなさい。

ア　登場人物の言葉に、「東京に行かれないかも」や「行けたし」などのくだけた表現を用いることによって、自分の思いを率直に伝え合い、お互いに自分を正当化しようとする高校生の内面を表現している。

イ　主人公「僕」の視点から他の部員たちの様子を丁寧に描いて物語を展開させることで、放送部員として作品に向き合う意味に気づくとともに、主人公「僕」が正也への理解を深めていく様子を描いている。

ウ　真剣に作品と向き合う正也とは対照的に、真剣味に欠ける先輩たちの姿を明るく描くことで、本音を見せることなくうわべだけの人間関係を築こうとする高校生たちの姿を読者へ効果的に印象づけている。

エ　同じ部活動の中でも立場が異なるそれぞれの登場人物の視点から場面を描くことによって、物語をテンポよく展開させるとともに、一つの出来事に対して多面的な解釈が可能であることを提示している。

【問題三】　※問題に使用された作品の著作権者が二次使用の許可を出していないため、問題を掲載しておりません。

（出典：谷川俊太郎、三田誠広、池田晶子　ほか著『目で見るものと心で見るもの』による）

【問題四】　次の文章を読んで、あとの問いに答えなさい。

> 松尾芭蕉の、弟子の一人である森川許六《もりかわきょりく》が故郷に帰る際に、松尾芭蕉が贈った別れの詞《ことば》の一部である。

1去年の秋、かりそめに《たまたま偶然に》面《おもて》を合はせ、今年五月《さつき》の初め、深切に《心をこめて》別れを惜しむ。その別れに臨みて、*一日《ひとひ》*草扉《そうひ》をたたいて、終日《ひねもす》*閑談をなす。その器《うつはもの》《その人物は》、画《ゑ》を好む。*風雅を愛す。予《私は》こころみに問ふことあり、画は何のため好むや。風雅のため好む、といへり。風雅は何のため愛すや。画のため愛す、といへり。その2学ぶこと二つにして、用をなすこと一《いつ》なり。まことや、君子は多能を恥づ、といへれば、品二つにして、用一なること、感ずべきにや《感服に値するものである。》。

の、あらゆる長所を吸収して、短所でさえも自作のことのように真剣に捉えて、次の作品に反映させることができるはず。白井さんが行けば、時間が許す限り、他の部門の見学もして、来年のための傾向と対策を分析してくるはず。町田くんや久米さん、他の二年生、誰が行っても、来年のための何かを得て帰ってくる。そんなチャンスを、私たちは譲ってもらったの。私たちはJコンを、少なくとも、Jコンでオンエアされた『ケンガイ』を、ここに持ち帰らなきゃならない。それが無理だと思うなら、五人の枠すべてを、後輩たちに譲ろう」

　結局、Jコンには三年生の先輩たち五人が行くことになった。

（湊かなえ『ブロードキャスト』による）

（＊注）

ラグビー部先輩とミドリ先輩…放送部の二年生部員。「シュウサイ先輩」、「白井先輩」も同様。

シュウサイ先輩の提案…全国大会に出場する代表五名を誰にするかという話し合いの場での、「一年生三人で確定して、残り二枠をくじ引きでもして決めればいいんじゃないですか？」という提案。

JBK…全国大会の会場であるテレビ局の名称。ここではJBKホールのこと。

慮《おもんぱか》る…よくよく考えること。

問一 □ にあてはまる表現として、最も適切なものを、次の**ア**～**エ**から一つ選び、記号で答えなさい。

ア 口答えする
イ 口ごもる
ウ 口ずさむ
エ 口を割る

問二 「1『ケンガイ』を置き去りにした東京行き」とありますが、これを具体的に言い換えた部分を、これよりあとの本文中より十二字で抜き出して書きなさい。

問三 「2ニッと笑う」とありますが、この時の正也の心情を説明したものとして、最も適切なものを、次の**ア**～**エ**から一つ選び、記号で答えなさい。

ア 東京行きの話題からみんなの関心が薄れたことで場の雰囲気が穏やかになったため、安心している。
イ 自分の作品の良さをみんなに認められて、脚本を書く自分の才能に自信を持ち、強気になっている。
ウ 話題が「自分のこと」から「自分の作品」に移り、気まずさから解放された気持ちになっている。
エ 自分の作品や他の作品について、期待していた率直な意見交換ができたことに喜びを感じている。

問四 「3神妙な面持ち」とありますが、その意味として、最も適切なものを、次の**ア**～**エ**から一つ選び、記号で答えなさい。

ア 疑わしげな表情
イ 気難しい表情
ウ かしこまった表情
エ 無邪気な表情

問五 「4大切なこと」とありますが、これはどのようなことを表していますか。最も適切なものを、あとの**ア**～**エ**から一つ選び、記号で答えなさい。

ア 自分たちの活動の目的は、さらに良い作品を作りあげることであるということ。
イ 自分たちの活動の目的は、本音で語り合える関係性を築くこと正也はそう言って、ニッと笑った。そのまま、右手の人差し指で鼻の頭をポリポリとかく。僕には、正也が自分自身を納得させようとがんばっているようにしか思えない。

「あと、『ケンガイ』は僕の採点では、三位でした」

「えっ！」

月村部長が声を上げた。僕も驚いた。「ミッション」のあとの反応を見て、正也もこれには負けたと思っているかもしれない、とは想像できたけど、三位とは？

「一位は『ミッション』、二位は『告白シミュレーション』。実際の順位が、六位と七位なのは信じられないけど、だからこそ、コンテストの順位よりも大事なものがあるんじゃないかと、大会後からずっと考えてます」

「『ミッション』は僕もゾワッときたけど、『告白シミュレーション』が『ケンガイ』より上なポイントって？」

体をひねって振り返り、正也に訊ねた。

「圭祐、声出して笑ってたじゃん。俺も笑ったし、会場の至るところから笑い声が上がってた。俺は、あんなに笑わせる脚本を書ける自信は、今のところない。ほら、一般的によく言われてるじゃん。泣かせるよりも笑わせる方が難しいって」

「そうか……。ギャグやダジャレが出てくるわけでもないのに、おもしろかったよな」

僕は頷《うなず》きながら、自分は誰かを笑わせたことがあるだろうか、と考えてみた。記憶にない。なるほど、確かに難しい。

「でも、正也。僕は『ケンガイ』の方がおもしろかった。おもしろいって、イコール、笑えるじゃないと思うから」

頷きながらも、これだけは伝えなければならないと思った。正也が[2]ニッと笑う。鼻の頭はかいていない。

「宮本くん、本当にいいの？」

月村部長が[3]神妙な面持ちで訊ねた。

「はい。全国大会には、三年生の先輩たちで行ってきてください。僕は今日、こういう話じゃなく、『ケンガイ』や他の作品の話を、先輩たちとできることを期待していました」

さらりと放たれた正也のひと言に、部長は殴られたかのように顔をゆがめ、俯《うつむ》いた。

部長は部長なりに正也のことを*慮《おもんぱか》り、自分が引いて正也を行かせる、という苦渋の決断をしたのかもしれないけれど、それでも[4]大切なことは見えていなかった。

何をしに全国大会へ行くのか。

Jコンは、田舎の高校生のご褒美《ほうび》旅行のために開催されるのではない。

「ありがとう、宮本くん……」

アツコ先輩が目を真っ赤にして、鼻をぐすぐすとすすりながら言った。先輩たちにも、正也の思いは伝わったようだ。

「お土産買ってくるからね」

続いたヒカル先輩の言葉に、[5]僕はガクッとうなだれそうになった。ほおづえをついていなくてよかった。

何にも届いていない……。こんな人たち放っておいて、僕たちで東京に行こう。そう叫んでやろうか。

「そういうことじゃないでしょう！」

月村部長が自分の同級生たちの方を向き、言い放った。白井先輩よりも迫力のある、腹の底にドカンと響く声だ。

「宮本くんがJコンに行けば、全国から集まったラジオドラマ作品とミドリ先輩も立ち上がり、中途半端に残したケーキの皿をテーブルに置いたまま、放送室を出て行った。

＊シュウサイ先輩の提案は僕が一番理想とするものだけど、三年生の先輩たちが簡単に受け入れるとは思えない。

アツコ先輩、ヒカル先輩、ジュリ先輩、スズカ先輩が、無言のまま、

どうするの？

と訊《たず》ねるような顔を月村部長に向けた。部長は少し空に目を遣《や》り、意を決したような表情で口を開いた。

「私の代わりに、宮本くん、行ってくれないかな」

えっ、と三年生四人だけでなく、僕も驚きの声を上げてしまった。

「私、実は、お兄ちゃんに＊ＪＢＫに連れて行ってもらったことがあるの。だから……」

「やめてください！」

正也は静かに、だけど、力強く遮った。

「僕、東京に行きたいなんて、一度も言っていませんけど」

正也は月村部長にまっすぐ向き合った。

「だけど……」

部長が［　　　　］。確かに、僕も＊白井先輩も三年生の先輩たちも、正也の気持ちを確認していたわけじゃない。

「そりゃあ、何人でも参加可能なら、喜んで行くけれど、他に行きたい人を蹴落《けお》としてまで、とは思ってません。だから、くだらない言い争いを、宮本のために、なんていう理由で続けるのなら、今すぐやめてください」

「でも、いいの？本当に」

「僕は東京に行くために『ケンガイ』を書いたんじゃありません。どうしても伝えたい思いがあって、それを応募作として物語にする機会をもらえたから書いたんです。もちろん、それが県大会の予選を通過して、決勝で二位になって、全国大会に行けることになったのは、夢みたいに嬉しかった。だけど、その嬉しさは物語が多くの人に伝わって、もっと多くの人に聴いてもらえるチャンスを得たことに対してで、決して、東京に行けるからじゃない」

正也は落ち着いた口調で語ってはいるけれど、僕は正也の言葉の中に、怒りや悲しみを感じる。そして、僕自身も物語に本当の意味で向き合っていなかったことに、気付かされる。

東京に行かれないかもしれないから。

そんなことを気遣って、正也に連絡を取らなかったのがその証拠だ。大会終了後、普通に作品の話をすればよかったのだ。「ケンガイ」のこと、他校の作品のこと。

この場でだって、ケーキを食べながら、純粋に「ケンガイ」が評価されたことを喜び合い、反省会をすればよかったのだ。

なのに、みんなの頭の中には東京に行くことしかなかった。1「ケンガイ」を置き去りにした東京行きなんて、正也にとっては何の価値もないのかもしれない。

それでも……。本当に東京に行かなくてもいいのか？とまだ思ってしまう。全国から集まった高校生が「ケンガイ」を聴いているときの顔を、見たくはないのか？と。

「それに……」

正也は続けた。

「今年は、僕、行っちゃいけないような気がするんです。ビギナーズラックであっさり目標をクリアしてしまうと、来年、再来年、行き詰まったときに、まあいいや、って思ってしまいそうなんですよね。とりあえず、一回、行けたしって」

＜国語＞

時間　五〇分　　満点　五〇点

【注意】【問題一】から【問題五】において、答えに字数制限がある場合には、句読点やその他の符号も字数に数えることとします。

【問題一】　次の各問いに答えなさい。

問一　次の（1）～（4）の傍線部について、漢字は読み方をひらがなで、カタカナは漢字に直して、それぞれ楷書で丁寧に書きなさい。（3）には**送り仮名**をつけて答えなさい。

（1）　夕日に映える。

（2）　逐次説明する。

（3）　ワズラワシイ作業。

（4）　情報のカクサンを防ぐ。

問二　次の行書で書かれた漢字A～Dを楷書で書いたとき、同じ総画数になる組み合わせとして、正しいものを、次のア～カから一つ選び、記号で答えなさい。

ア　AとB　　イ　AとC　　ウ　AとD
エ　BとC　　オ　BとD　　カ　CとD

問三　「台所」のように、上の漢字を音、下の漢字を訓で読む熟語として、正しいものを、次のア～エから一つ選び、記号で答えなさい。

ア　雨具　　イ　番組　　ウ　果物　　エ　手本

問四　次の文について、用いられている品詞の組み合わせとして、正しいものを、あとのア～エから一つ選び、記号で答えなさい。

> おそらく来られない。

ア　副詞＋動詞＋形容詞
イ　動詞＋動詞＋助動詞＋助動詞
ウ　副詞＋動詞＋助動詞＋助動詞
エ　動詞＋形容詞＋助動詞＋助動詞

問五　『論語』に「知之者、不如好之者。好之者、不如楽之者。」という一節があります。この一節の、「好之者、不如楽之者。」の書き下し文「之《これ》を好む者は、之《これ》を楽しむ者に如《し》かず。」に従って、返り点を正しくつけたものを、次のア～エから一つ選び、記号で答えなさい。

ア　好レ之者、不レ如二楽レ之者一。
イ　好レ之者、不レ如レ楽レ之者。
ウ　好二之一者、不レ如二楽レ之者一。
エ　好二之一者、不レ如レ楽レ之者。

【問題二】　次の文章を読んで、あとの問いに答えなさい。（出題の都合上、本文を一部改めた箇所がある）

> 全国高校放送コンテスト（Jコン）にむけて作成したラジオドラマ「ケンガイ」が、県大会で入賞し、東京で開催される全国大会への出場が決定した。全国大会に出場する代表五名の選出について、放送部の二、三年生の先輩たちと一年生の宮本正也と主人公「僕」が話し合っている場面である。

じゃあ、が示し合わせた合図だったかのように、＊ラグビー部先輩

MEMO

大切なことはメモしておこうネ！

2023年度

解　答　と　解　説

《2023年度の配点は解答用紙集に掲載してあります。》

＜数学解答＞

【問題1】 問1　(1)　-4　(2)　$-\frac{3}{4}$　(3)　$5\sqrt{2}$　(4)　$2x+1$　(5)　$-6xy^2$

問2　$(x-1)(x-2)$　問3　$x=\frac{1\pm\sqrt{13}}{6}$　問4　10　問5　$\angle x=50$度

問6　$\frac{5}{8}$　問7　$n=42$　問8　(1)　ア　$2n+2$　イ　4　(2)　ウ

(例)どちらか一方が偶数である　問9　解説参照　問10　(1)　a　イ　b　エ

(2)　c　ウ　d　カ　(3)　e　1組の辺とその両端の角

【問題2】 問1　クラス　3組　四分位範囲　5冊　問2　エ　問3　(1)　ウ

(2)　2組　(3)　6冊

【問題3】 問1　16時12分　問2　(1)　(例)$\begin{cases} a+b+2=15 \\ 50a+75b=900 \end{cases}$

(2)　150m　(3)　3回　(4)　$\frac{8}{5}$分

【問題4】 問1　$2\sqrt{15}$cm　問2　$\frac{4\sqrt{15}}{15}$cm　問3　(1)　12π cm^2　(2)　$4\sqrt{5}$ cm

【問題5】 問1　(1)　($x=2$のとき)$y=2$　($x=6$のとき)$y=12$　(2)　$y=\frac{1}{2}x^2$　(3)　イ

問2　ア　$x-4$　イ　x　ウ　$2x$　問3　$S_1:S_2=1:1$

＜数学解説＞

【問題1】 (小問群―数と式の計算，根号を含む計算，文字式の四則計算，因数分解，二次方程式，変化の割合，円の性質と角度の求値，約数の性質と確率，根号の利用とその性質，文字式を利用した証明，作図，平行四辺形の性質を利用した証明)

問1　(1)　$-6-(-2)=-6+2=-4$

(2)　$-\frac{2}{3}\div\frac{8}{9}=-\frac{2}{3}\times\frac{9}{8}=-\frac{3}{4}$

(3)　$6\sqrt{2}-3\sqrt{2}+2\sqrt{2}=5\sqrt{2}$

(4)　$8x+4-6x-3=2x+1$

(5)　$-\frac{3xy\times 2x^3y^2}{x^3y}=-\frac{6x^4y^3}{x^3y}=-6xy^2$

問2　足して-3，掛けて2になる2つ数字は-2と-1なので，$x^2-3x+2=(x-2)(x-1)$

問3　$3x^2-x-1=0$に二次方程式の解の公式を用いて，$x=\frac{-(-1)\pm\sqrt{(-1)^2-4\times3\times(-1)}}{2\times3}=\frac{1\pm\sqrt{13}}{6}$

問4　変化の割合は，(yの増加量)÷(xの増加量)で求めることができるので，$\frac{32-2}{4-1}=\frac{30}{3}=10$

問5　線分ACは円Oの直径なので，∠ADC＝90°　また，円周角の定理より，∠ADB＝∠ACB＝40°であることから，$\angle x=90°-40°=50°$

問6　**24の約数は{1, 2, 3, 4, 6, 8, 12, 24}**であるが，問題の条件から作れるのは2と3と4と6と8のみ。よって，玉の取り出し方は，$a+b=2$のとき，$(a,\ b)=(1,\ 1)$の1通り。$a+b=3$のとき，$(a,\ b)=(1,\ 2)$，$(2,\ 1)$の2通り。$a+b=4$のとき，$(a,\ b)=(1,\ 3)$，$(2,\ 2)$，$(3,\ 1)$の3通り。$a+b=6$のとき，$(a,\ b)=(2,\ 4)$，$(3,\ 3)$，$(4,\ 2)$の3通り。$a+b=8$のとき，$(a,\ b)=(4,\ 4)$の1通り。以上，合計$1+2+3+3+1=10$(通り)ある。そもそも，箱から玉を取り出す方法は全部で$4\times4=16$(通り)あるので，求める確率は$\frac{10}{16}=\frac{5}{8}$

問7　1辺の長さは$\sqrt{168n}=2\sqrt{42n}=2\sqrt{2\times3\times7\times n}$なので，これを整数にする最小の自然数$n$の値は，$n=2\times3\times7=42$

問8　(1)　ア　小さい方を$2n$とした連続する2つの偶数は$2n$，$2n+2$である。　イ　$2n\times(2n+2)=4n(n+1)$

(2)　ウ　連続する2つの整数n，$n+1$は「いずれか一方が偶数である」ので，その積は偶数といえる。また，ウには「一方が偶数で，もう一方が奇数である」などを入れてもよい。

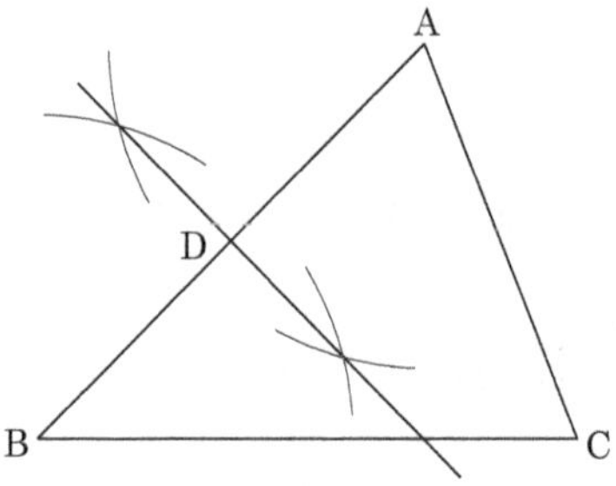

問9　**線分ABの中点と点Cを結べば三角形の面積は二等分される**ことから，線分ABの垂直二等分線を引き，それと線分ABの交点をDとすればよい。

問10　(1)　**平行線の錯角は等しい**ので，AB//DCから∠OAP＝∠OCQ，∠OPA＝∠OCQがいえるが，問題の流れに合うように，bにはエを入れればよい。

(2)　**平行四辺形の対角線はそれぞれの中点で交わる**ことから，OA＝OC，OB＝ODがいえるが，問題の流れから，dにはOA＝OCが入ることがわかる。

(3)　△OAPと△OCQにおいて，1組の辺とその両端の角が等しいことから合同といえる。

【問題2】　(資料の整理・標本調査—箱ひげ図，代表的な値，ヒストグラム，相対度数，平均値)

問1　**四分位範囲は，「第3四分位数－第1四分位数」**で求めることができるので，1組は$8-4=4$(冊)，2組は$7-3=4$(冊)，3組は$9-4=5$(冊)，4組は$8-4=4$(冊)となり，最も大きいのは3組で5冊。

問2　最小値，第1四分位数，中央値，第3四分位数，最大値のすべてのメモリが一致しているのはエとなる。

問3　(1)　最小値が2なので，イかウのどちらか。第3四分位数が8なので，冊数の多い方から8番目が8冊の所に属していればよいことから，ウ。

(2)　クラスの生徒が30人の場合，相対度数0.2なら$30\times0.2=6$(人)となる。7冊の階級が6人となっているのは，ヒストグラムから，ア。アは最小値が1，最大値が10なので，表より2組とわかる。

(3)　4組のヒストグラムは，エであるので，その平均値は，$(1+2+3\times2+4\times4+5\times4+6\times6+7\times4+8\times4+9\times2+10+11)\div30=6$(冊)

【問題3】　(関数とグラフ，方程式の応用—ダイヤグラムの読み取りと利用，連立方程式の応用，1次関数のグラフの利用)

問1　ダイヤグラムより1往復で6分かかっているので、2往復で12分かかる。したがって，16時12分。

問2　(1)　時間についての式を立てると，遅れて出発した2分と学校から時計店までのa分と時計店から公園までのb分を合わせて15分なので，$2+a+b=15$　また，進んだ距離について式を立てると，分速50mでa分，分速75mでb分進めば学校から図書館までの900mとなるので，

$50a+75b=900$

(2)　(1)の連立方程式を解くと，$a=3$，$b=10$ となる。したがって，学校から時計店までの距離は，分速50mで3分進んだ距離と同じなので，$50\times3=150$(m)

(3)　じょうじさんのグラフの続きときょうこさんのグラフを書き足したものが右図のようになる。これより，3回交わっている。

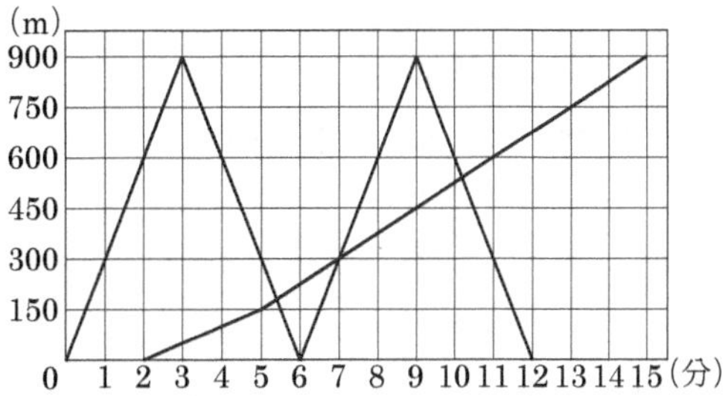

(4)　16時x分の学校からの距離をymとして式で表すことにする。$3\leqq x\leqq6$において，じょうじさんのグラフは，$y=-300x+1800$…①　また，$5\leqq x$においてきょうこさんのグラフは$y=75x-225$…②　①，②よりyを消去して解くと，$-300x+1800=75x-225$　$x=\dfrac{27}{5}$より，16時$\dfrac{27}{5}$分に初めてすれ違う。その後，$6\leqq x\leqq9$において，じょうじさんがきょうこさんを追い越すのは，グラフより16時7分とわかる。したがって，求める時間は$7-\dfrac{27}{5}=\dfrac{8}{5}$(分)

【問題4】(空間図形─円錐と球，三平方の定理と線分の長さの求値，相似な図形の利用，円錐台の側面積，円錐の展開図の利用)

問1　直角三角形ABCにおいて三平方の定理より，$AC^2=8^2-2^2=64-4=60$　よって，$AC=\sqrt{60}=2\sqrt{15}$(cm)

問2　$\triangle ABC\backsim\triangle AOM$より，対応する辺の比は等しいので，$AC:AM=BC:OM$　よって，$2\sqrt{15}:4=2:OM$　$2\sqrt{15}OM=8$　$OM=\dfrac{8}{2\sqrt{15}}=\dfrac{4\sqrt{15}}{15}$(cm)

図1

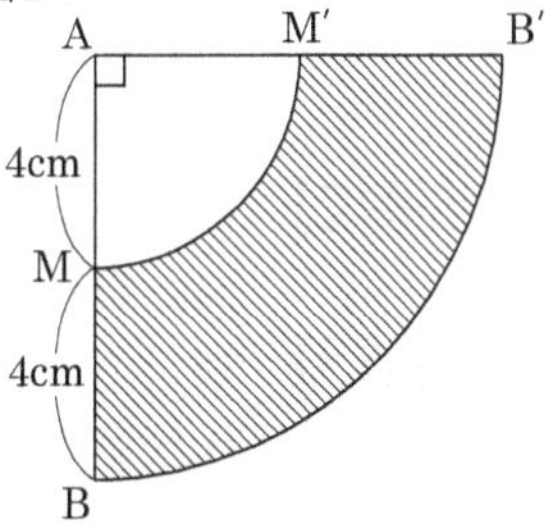

問3　(1)　円錐Pの展開図を考えると，側面のおうぎ形の部分の中心角は，$360°\times\dfrac{2\times2\times\pi}{8\times2\times\pi}=90°$　この図を用いると，立体Qの側面は右図1の斜線部と同じである。よって，求める面積は，$8^2\times\pi\times\dfrac{90}{360}-4^2\times\pi\times\dfrac{90}{360}=12\pi\,(cm^2)$

(2)　(2)と同じく円すいPの展開図を考えればよい。右図2より，直線BMと直線DEの交点がAであり，$\angle MAE=90°$なので，$\triangle AME$にて三平方の定理より，$ME^2=AM^2+AE^2=4^2+8^2=80$　$ME=\sqrt{80}=4\sqrt{5}$(cm)

図2

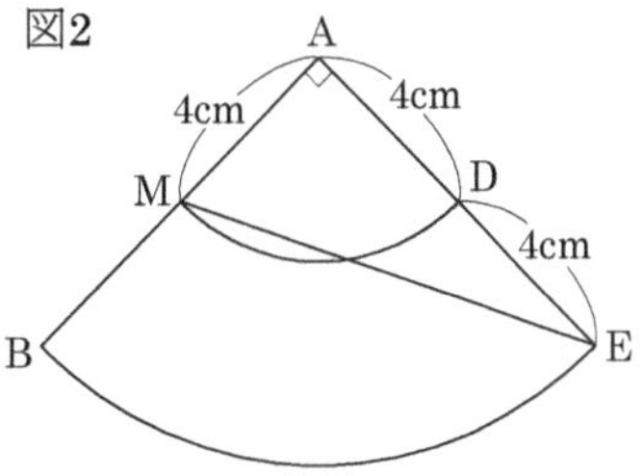

【問題5】(関数の応用─動点と三角形の面積，面積の変化と関数・グラフの利用)

問1　(1)　$x=2$のとき$OP=OQ=2$(cm)，$\angle POQ=90°$で，$\triangle OPQ$は直角二等辺三角形となり，$y=2\times2\times\dfrac{1}{2}=2$

$x=6$のとき，$OQ=6$cmでこれを底辺と考え，点Pから線分OQに下ろした垂線の長さは4cmでこれを高さと考えると，$y=6\times4\times\dfrac{1}{2}=12$

$x=2$のとき

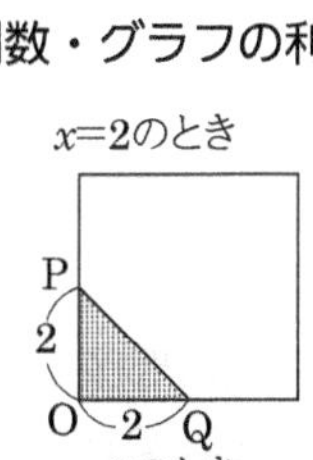

$x=6$のとき

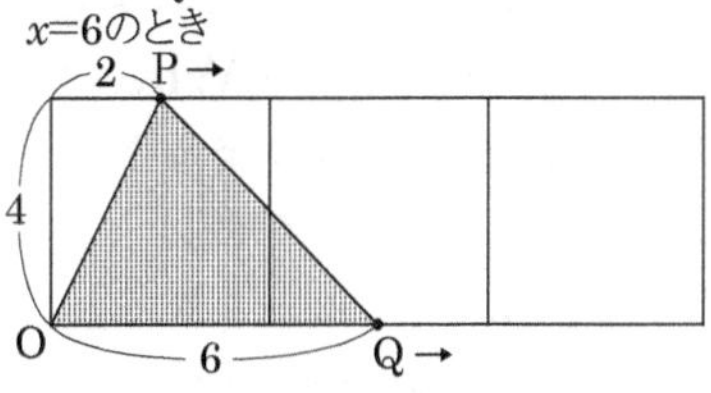

(2)　$0\leqq x\leqq4$のとき，$OP=OQ=x$cm，$\angle POQ=90°$で，$\triangle OPQ$は直角二等辺三角形である。したがって，$y=x\times x\times\dfrac{1}{2}=\dfrac{1}{2}x^2$

(3)　$4\leqq x\leqq12$においては，右図のようになっており，

△OPQの面積を考えると，$y=x\times4\times\frac{1}{2}=2x$　傾きが1より大きい直線であることから，グラフはイとわかる。

問2　ア　$DP=DB+PB=4+(x-8)=x-4$　イ　$OR=OE+EQ=x$　ウ　$y=OR\times DP\times\frac{1}{2}-OR\times QE\times\frac{1}{2}=x\times(x-4)\times\frac{1}{2}-x\times(x-8)\times\frac{1}{2}=2x$

問3　$24<x<28$において，図形Ⅲと図形Ⅳは右図のようになる。図形Ⅲについて，OQ=$x$cmより，$S_1=x\times4\times\frac{1}{2}=2x$　図形Ⅳについて，点P，Qからそれぞれ線分ORに下ろした垂線をPI，QJとすると，$PI=12+(x-24)=x-12$，$QJ=8+(x-24)=x-16$となるので，$S_2=\triangle OPR-\triangle OQR=x\times(x-12)\times\frac{1}{2}-x\times(x-16)\times\frac{1}{2}=2x$　よって，$S_1:S_2=2x:2x=1:1$とわかる。

図形Ⅲ

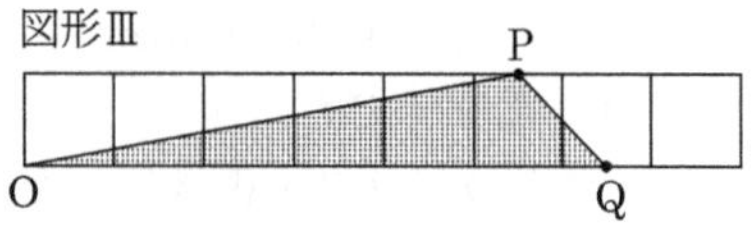

図形Ⅱ

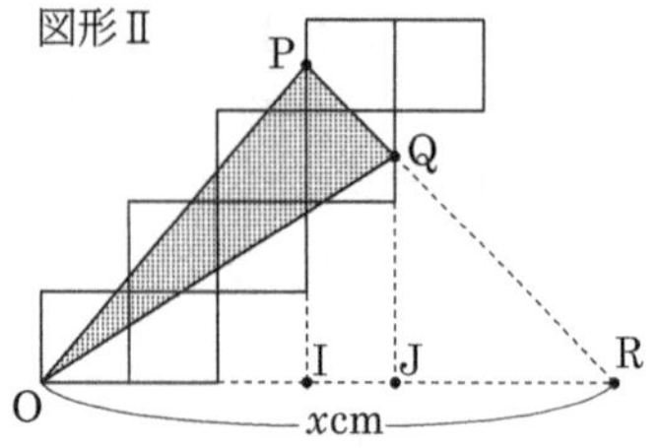

<英語解答>

【問題1】　問1　No. 1　イ　No. 2　ア　No. 3　エ　問2　No. 1　イ　No. 2　エ
問3　(1)　ウ→ア→エ→イ　(2)　ウ　問4　①　(例)improve
②　(例)twice[before]　③　(例)I like watching sports better(.)

【問題2】　問1　No. 1　time　No. 2　for　No. 3　It　問2　No.1　ウ　No.2　ア
問3　They were made

【問題3】　問1　①　(例)What did you do(?)　②　(例)How many cats does he have(?)　問2　(例)It is difficult for my grandmother to carry heavy things, so I want a robot that will help her.

【問題4】　問1　(1)　イ　(2)　①　ア　②　ウ　問2　エ　問3　(1)　ウ
(2)　イ

【問題5】　問1　ウ　問2　ア　問3　エ　問4　(例)stop　問5　(例)トムさんの話を聞いて，挑戦し続けることが大切だと気付き，不安な気持ちが前向きになった(から。)　問6　(例)he made the pears an important local fruit in Tottori.

<英語解説>

【問題1】　(リスニング)

放送台本の和訳は，72ページに掲載。

【問題2】　(文法・語句の問題：名詞，前置詞，代名詞，不定詞，受け身など)

問1　No. 1　ジョージ：君は今日，何時に起きたの？／エミ：7時30分よ。今朝は学校に遅刻してしまったの。　**<What time ～?>**「何時に～？」

No. 2　サチエ：あなたはどのくらい鳥取に住んでいるの？／ダニエル：僕はここに5年間いるよ。　**for**「～の間」

No. 3　ヘンリー：見て！　あの山はきれいだよ。／キミコ：うん。それに登ることも楽しいわよ。いつか一緒に行きましょう。　**<It is … to ～>**「～することは…である」

問2　No. 1「私は昨日このコンピュータを買ったのですが，それが作動しないんです。私はどうするべきでしょうか？」 **work**「働く，(機械などが)作動する，機能する」

No. 2「私は今度の夏にどこに行くべきか決めました。私は海で泳ぐために沖縄へ行くつもりです。」 **where to ～**「どこに[で]～するべきか」

問3　マット：君はとてもすてきなカップを持っているね。／はるき：ありがとう。僕は去年これらのカップを買ったんだ。　それらは僕の町の有名な芸術家によって作られたんだよ。

They were made by a famous artist in my town.　**<be 動詞＋動詞の過去分詞形＋by …>「…によって～されている[～された]」**

【問題3】(条件英作文)

［絵1］　中山先生　　：こんにちは，マイケル先生。週末はいかがでしたか？

　　　　マイケル先生：よかったです！

［絵2］　中山先生　　：(①(例)あなたは何をしたのですか？)

　　　　マイケル先生：私は土曜日にコンサートへ行きました。日曜日には，私は友達を訪ねました。彼はたくさんのネコを飼っています。

［絵3］　中山先生　　：(②(例)彼は何匹のネコを飼っているのですか？)

　　　　マイケル先生：5匹です。あなたは何かペットを飼っていますか？

［絵4］　中山先生　　：はい。私は1匹のイヌを飼っていますが，それはロボットのイヌです。

　　　　マイケル先生：わあ！

問1　上記英文の訳を参照。それぞれの場面の**質問と応答が自然につながるか**確認しよう。

① **<What did you ＋動詞の原形～?>「あなたは何を～しましたか？」**

② **<How many ＋名詞の複数形～?>「いくつ～？」**

問2　［マイケル先生からの問いかけの全訳］

ロボットは，私達の周りの多くの問題を解決できます。あなたはどんな種類のロボットがほしいですか？　あなたはどんな問題をあなたのロボットで解決したいですか？

(解答例和訳)

私の祖母にとって重い物を運ぶのは難しいので，私は彼女を助けてくれるロボットがほしいです。

【問題4】(長文読解問題・資料読解：グラフ・地図を用いた問題，内容真偽，適語句補充)

問1　(1)　資料1を参照。　ア「各学年の80パーセント以上の生徒は読書が好きである」(×)　3年生で読書が好きな人数は，100人中72人である。　イ「1年生は3年生よりも読書が好きである」(○)　同じ内容が読み取れる。　ウ「年長の学生は年少の学生よりも読書に興味がある」(×)　反対の内容が読み取れる。　エ「2年生は3年生ほど読書が好きではない」(×)　反対の内容が読み取れる。

(2)　資料2と下記全訳を参照。

［説明の全訳］本を読まない生徒のうち，30パーセント以上が，本を読みたいと思わないと回答しました。①部活動が理由で本を読まないと回答する生徒が多いだろうと私は思っていました。しかし，5パーセントの生徒だけが，彼らの理由として①部活動を述べました。20パーセント以上の生徒が述べた別の理由は，②友達と遊ぶことでした。

問2　下記全訳を参照。

［生徒たちが書き込んだ付箋の全訳］

質問：サイクリングに行くのはこれが初めてです。どのルートが私にとって一番良いですか？

グループ1

ルートA, C, そしてDは人気があります。多くの人がこれらのルートでサイクリングを楽しみます。もしあなたに何か問題があれば，だれかがあなたを助けてくれるでしょう。

ルートBも良いのですが，それは最長です。

グループ2

坂道を登らなければならないので，ルートAはあなたにとって難しいだろうと私たちは思います。

ルートCとDは，ルートAよりも短いです。

グループ3

ルートBでは，あなたはきれいな海を見ることができます。そして電車も見ることができます。
たくさんの人々が電車の写真を撮ります。

ルートDでも，あなたは海を見ることができます。

ルートAとルートC沿いには，多くの有名な古い建物があります。

[先生の結論の全訳]

ありがとうございます。私は，短くて簡単なルートが私にとって一番いいと思います。もし私に何か問題があったら，私は助けを必要とするだろうと思います。海や山のような，自然の写真を撮ることも私は好きです。だから，私はルートDを選びます。

問3　[防災マップの作り方(英語版)の全訳]

あなた自身の防災マップの作り方

1.　あなたの家の近くの危険な区域

あなたの町が作った防災マップを見て，危険な区域がどこにあるか探してください。もし過去に土砂災害や洪水があったのならば，注意してください。

2.　避難所

あなたの家の近くの避難所を探してください。その避難所の名前と電話番号を確かめてください。あなたの家と避難所を示す地図を描いてください。

3.　避難ルート

あなたの家から地図上の各避難所までの避難ルートを2本か3本描いてください。大きな地震や土砂災害の後は，あなたが使えない避難ルートがあるかもしれません。

4.　避難ルートに沿った危険な区域

あなたの家族と一緒に避難ルートに沿って歩き，危険な区域がないか探してください。あなたの家から各避難所まで歩いてどのくらいの時間がかかるかを調べ，それを防災マップに書いてください。

5.　あなた自身の防災マップ

緊急時にあなたが電話をかける必要があるかもしれない電話番号を地図上に書いてください。例えば，市役所，警察署，消防署です。あなたが作った地図をあなたの家族に見せてください。

(1)　ア 「あなたは自宅の近くのスーパーマーケットを描くべきです」(×)　防災マップの作り方(英語版)にこのような内容は書かれていない。　イ 「あなたは自分の防災マップを友達に見せるべきです」(×)　防災マップの作り方(英語版)の最終文を参照。作った防災マップを家族に見せるように書かれているが，友達に見せるようにとは書かれていない。　ウ 「あなたは，危険な区域を確かめるために自分の町の防災マップを見るべきです」(○)　防災マップの作り方(英語版)の1の項目を参照。　エ 「あなたは自宅から一番近い病院までの地図を描くべきです」(×)　防災マップの作り方(英語版)にこのような内容は書かれていない。

(2)　イ 「グリーン先生の家から各避難所までの避難ルートを書いてください」(○)　グリーン先生のための防災マップを参照。グリーン先生の家から各避難所までの避難ルートが書かれていないので，佐藤先生はこのことをアドバイスしたと考えられる。他の選択肢の内容は，すでに地図上に記載されている。　ア 「グリーン先生の家から学校まで，どのくらい時間がかかるかを書いてください」(×)　ウ 「過去の土砂災害の区域や，他の危険な区域を書いてください」(×)　エ 「グリーン先生が緊急時に必要になるかもしれない電話番号を書いてください」(×)

【問題5】(長文読解問題・物語文：内容解釈，適文補充・選択，適語補充・記述，日本語で答える問題，条件英作文)

(全訳)　なおきは大阪の中学生だった。彼は農業に興味があり，いつかは果物を育てたいと思っていた。彼の両親は，「もしあなたが農家になりたいなら，農業を体験する必要があるよ」と言った。彼は，夏休み期間中の鳥取での農業体験実習を見つけて，それに参加することにした。実習が始まる前，彼は青空の下で，梨農園で働くだろうと想像していた。①彼は，「僕は待ちきれないよ！」と思った。

夏休みがやって来た。彼の鳥取での初日は，暑い一日だった。その梨農園の実習生のトムは，なおきに梨を収穫して，それらを運ぶように頼んだ。なおきは一生懸命に働いたが，その仕事をうまくできなかった。すぐに彼はとても疲れて，腕に痛みが出た。なおきは梨の木の下に座った。②トムは仕事を中断して，なおきを見た。トムは，「君は疲れているように見えるよ。大丈夫かい？　君は本当に一生懸命に働いたね」と言った。なおきは，「僕がやった仕事は大変で難しかったです。僕はここに来る前は農家になりたかったのですが，今は……。あなたは，僕が本当に農家になれると思いますか？」と言った。

トムは，「僕も最初は同じ気持ちだったよ。僕がここで働き始めたとき，全てが大変だと感じたよ」と言った。なおきは，「あなたは今までに逃げ出すことを考えたことはありますか？」と尋ねた。トムは，「あるよ。梨農家は大変な生活をしている。③僕達は，いつも自然と共に生きなければならない。十分な雨が降らなかったとき，梨はほとんど枯れてしまった。大きな台風が来たとき，ほとんどの梨は木から落ちてしまった。でも何か大変なことが起こったとき，僕はいつも北脇永治の話を思い出して，それが僕を助けてくれた」と言った。

北脇氏は，1878年に鳥取で生まれた。彼は，10本の二十世紀梨の若木を鳥取に持ち込み，ここの農家の間で，二十世紀梨の栽培を広めようとした。農家の人たちは，その梨を栽培し始めた。しかし，それらは病気に対して弱く，枯れてしまった。彼は，「その梨の栽培④をやめるべきだろうか？」と考えた。しかし，彼はあきらめなかった。数年後，鳥取の農家の人たちは，梨を栽培することができるようになった。二十世紀梨は，鳥取の重要なご当地の果物になった。

トムは，「僕は北脇さんのようになれるように努力してきたんだ。誰でも難しいことを経験する。でも君が努力し続ければ，物事は良くなるだろう。心配しないで」と言った。⑤なおきはうれしそうに見えた。

実習の最終日，なおきはトムにさよならを言った。彼の帰り道，彼はとても疲れていたが，とても気分がよかった。彼は，農家になることがどれほど大変かを学んだ。同時に，彼は梨農園で働くことがどれほど好きかもわかった。

問1　下線部の直前の1文を参照。なおきは，青空の下で，梨農園で働く姿を想像し，下線部中でも「待ちきれない」と思っていたと書かれているので，ウがふさわしい。他の選択肢はこのときの様子として合わない。

問2　直後のトムの発言を参照。なおきを心配する様子が書かれているので，　ア「なおきが暑い天気の中で一生懸命に働いたので，彼は心配になった」がふさわしい。　イ「なおきが長い間，梨の木の下に座っていたので，彼は怒りを感じた」　ウ「なおきが休むのに良い場所を選んだので，彼はうれしかった」　エ「なおきが働きたくないと言ったので，彼は悲しかった」は，このときのトムの気持ちとして合わない。

問3　エ「私たちは，いつも自然と共に生きていかなければならない」　直後で，水不足や台風などの自然災害の大変さや，自然環境に立ち向かった北脇永治氏の話が続いていることから判断する。　ア「私たちは，問題を解決できないなら逃げなければならない」　イ「私たちは，少ない水量で梨を育てなければならない」　ウ「私たちは，天候によって私たちが育てる果物を変えなければならない」は文脈に合わない。

問4　上記全訳を参照。直後の動詞が～ ing 形になっていることに着目する。**<stop ~ing>「～することをやめる」**

問5　下線部の直前のトムの発言や，第2段落の最後のなおきの発言を参照。農家になれるかどうか不安を抱き始めたなおきだったが，トムの話を通じて，その不安が前向きな気持ちに変わったことで，なおきがうれしくなったと分かる。

問6　なおきが北脇さんのことを，鳥取にとって，とても重要な人物だと考えている理由を答える。第4段落の最終文を参照。

［なおきさんが送ったメールの一部の全訳］　僕に北脇さんの話を教えてくれてありがとうございました。僕は，北脇さんは鳥取にとって，とても重要な人物だと思います。なぜなら(解答例訳)彼が，その梨を鳥取の重要なご当地の果物の1つにしたからです。

2023年度英語　リスニングテスト

〔放送台本〕

これから放送による聞き取りの問題を行います。【問題1】を見てください。【問題1】には，問1，問2，問3，問4があります。問1，問2は1回のみ放送します。問3，問4は，2回ずつ放送します。聞きながらメモをとってもかまいません。では，問1を始めます。これから放送するNo. 1，No. 2，No. 3の英文を聞き，それぞれの英文の内容を最もよく表しているものを，次のア，イ，ウ，エからひとつずつ選び，記号で答えなさい。英文は1回のみ放送します。では，始めます。

No. 1　A bookstore is in front of the bank.

No. 2　The English club teacher will be busy on Wednesday this week.　So, let's have English club before then.

No. 3　Tomorrow will be sunny and hotter than today.　So,you don't need to bring an umbrella but you should bring something to drink.

〔英文の訳〕

No. 1　本屋は銀行の前にある。

No. 2　英語クラブの先生が，今週の水曜日は忙しくなりそうだ。だから，そのときよりも前に英語クラブを開こう。

No. 3　明日は晴れて，今日よりも暑くなりそうだ。だから，あなたは傘を持ってくる必要はないが，あなたは何か飲むものを持ってくるべきだ。

〔放送台本〕

続いて，問2を始めます。これから放送するNo. 1，No. 2の会話を聞き，それぞれの英語の質問に対する答えとして，最も適切なものを，次のア，イ，ウ，エからひとつずつ選び，記号で答えなさい。会話は1回のみ放送します。では，始めます。

No. 1　〈メグ(Meg) 先生と男子生徒 (Takashi) との会話〉

Meg:　Can you help me, Takashi?

Takashi:　Sure. What do you want me to do?

Meg:　I found this notebook but I can't read the name written on it in Japanese.

Takashi:　Oh, this is Mayumi's notebook. She may be looking for it.

No. 2　〈留学中の女子生徒 (Amelia)と男子中学生 (Shunya) との会話〉

Shunya:　Amelia, I am going to go to the zoo with my friend Makoto on Saturday. Do you want to join us?

Amelia:　I'd love to, but I am going to see an anime movie. My favorite voice actor is in it.

Shunya:　How about on Sunday? We can go on Sunday too.

Amelia:　Sorry, I can't. I am going to go to Emi's house. She asked me to go to her birthday party.

〔英文の訳〕

No. 1　メグ先生：私を手伝ってくれませんか，タカシ？

タカシ　：もちろんです。あなたは僕に何をしてほしいのですか？

メグ先生：私はこのノートを見つけたのですが，日本語でそれに書かれている名前を読むことができません。

タカシ　：あっ，これはマユミのノートです。彼女はそれを探しているかもしれません。

質問：メグ先生はタカシに何をするように頼んだか？

答え：イ　日本語を読むこと。

No. 2　シュンヤ：アメリア，僕は土曜日に友達のマコトと動物園に行く予定なんだ。君は僕達に加わりたい？

アメリア：加わりたいけれど，私はアニメの映画を見る予定なの。私のお気に入りの声優がそれに出ているの。

シュンヤ：日曜日はどう？　僕達は日曜日にも行けるよ。

アメリア：ごめんなさい，行けないわ。私はエミの家に行く予定なの。彼女は私に彼女のお誕生日会に参加するように頼んだの。

質問：アメリアは日曜日に動物園へ行くつもりはない。なぜか？

答え：エ　アメリアは彼女の友達のお誕生日会に行くつもりだから。

〔放送台本〕

続いて，問3を始めます。 これから放送する，カナダからの留学生ソフィア (Sophia)さんと，中学生のなおと (Naoto) さんとの会話を聞き，次の(1)，(2)の各問いに答えなさい。 会話は2回放送します。 では，始めます。

Sophia: Naoto, I have some pictures from Canada. Do you want to see them?

Naoto: Yes, I'd love to.

Sophia: This is a picture of a festival which was taken last year. In Canada, many people come from different countries and live together. So, we can enjoy many cultures.

Naoto: It is wonderful that we can enjoy various cultures in one place.

Sophia: Here is the next picture. This is my aunt. She visited my house five years ago. We had a good time together in the garden. The days in summer in Canada are very long. So we can enjoy doing a lot of activities outside in summer.

Naoto: That's interesting.

Sophia: Here is another picture.

Naoto: What a beautiful picture! The leaves are really beautiful.

Sophia: I took this picture three years ago. This town was famous for its autumn leaves.

Naoto: I like taking pictures of nature. If I go to Canada someday, autumn may be the best season.

Sophia: Here is the last picture.

Naoto: Amazing! People are skating on the river.

Sophia: The river is a famous place for skating because it is very long.

Naoto: Have you been there?

Sophia: Yes,but only once. It was more than ten years ago. My father took this picture.

Naoto: I see. Thank you for showing me your interesting pictures. I am more interested in Canada now.

〔英文の訳〕

ソフィア：なおと，私はカナダからの数枚の写真を持っているの。あなたはそれらを見たい？

なおと　：うん，とっても。

ソフィア：これは去年撮影されたお祭りの写真よ。カナダでは，たくさんの人が異なる国からやって来て，一緒に暮らしているの。だから，私達はたくさんの文化を楽しむことができるの。

なおと　：僕達が1つの場所で様々な文化を楽しむことができるのは素晴らしいことだね。

ソフィア：これが次の写真ね。こちらは私の叔母よ。彼女は5年前に私の家を訪れたの。私達は庭で一緒に楽しい時間を過ごしたわ。カナダの夏の日々はとても長いの。だから，私達は夏に，外でたくさんの活動を楽しむことができるのよ。

なおと　：それは興味深いね。

ソフィア：これが別の写真よ。

なおと　：なんてきれいな写真なんだろう！　葉が本当にきれいだ。

ソフィア：私が3年前にこの写真を撮ったの。この町は紅葉で有名だったのよ。

なおと　：僕は自然の写真を撮るのが好きなんだ。僕がいつかカナダに行くなら，秋が一番いい季節かもしれないね。

ソフィア：これが最後の写真よ。

なおと　：すごい！　人々が川の上でスケートをしているね。

ソフィア：その川はとても長いから，スケートのための場所として有名なのよ。

なおと　：君はそこに行ったことはあるの？

ソフィア：うん，でも一度だけね。それは10年以上前のことだったわ。私のお父さんがこの写真を撮ったの。

なおと　：そうなんだね。君のおもしろい写真を僕に見せてくれてありがとう。僕は今，カナダにもっと興味を持っているよ。

ソフィア：ウ　私はそれを聞いてうれしいわ。いつかカナダに来てね。

〔放送台本〕

続いて，問4を始めます。 中学生のみどり(Midori)さんは，夏休みに，英語によるオンラインイベント (online event)に参加しました。 イベントの初日には，スライドを使って自己紹介(Self-Introduction)を行いました。 その自己紹介の一部を聞いて，スライドの(①)，(②)にあてはまる適切な英語を，それぞれ1語で答えなさい。また，イベント後に，イベントに参加していたマーク(Mark)さんからみどりさんにメールが届きました。 あとのマークさんからのメールの(③)にあてはまる英文を，4語以上の一文で書きなさい。 英文は2回放送します。 では，始めます。

Hi, I'm Midori. I am 15 years old and a junior high school student. During this online event, I have three things I want to do.

First, I want to improve my English. My future dream is to study in the U. S., so English is important for me. I will try to speak a lot of English and improve my English.

Second, I want to introduce my town to people in other countries. In 2016 and 2018, I went to the U. S. and introduced beautiful spots to visit in my town. I want more people to know about them.

Third, I want to make new friends who like sports because I like sports very much. I think there are two ways to enjoy sports. Which do you like better, watching sports or playing them?

〔英文の訳〕

こんにちは，私はみどりです。私は15歳の中学生です。このオンラインイベント期間中に，私にはやりたい3つのことがあります。

1番目に，私は英語を上達させたいです。私の将来の夢は，アメリカで勉強することなので，英語は私にとって大切です。私はたくさんの英語を話して，英語を上達させる努力をするつもりです。

2番目に，私は他の国の人々に自分の町を紹介したいです。2016年と2018年に，私はアメリカへ行き，自分の町の訪れるべき美しい場所を紹介しました。私はもっと多くの人に，それらについて知ってほしいです。

3番目に，私はスポーツがとても好きなので，スポーツが好きな新しい友達を作りたいです。スポーツを楽しむための2つの方法があると私は思います。スポーツを見るのとするのとでは，あなたはどちらが好きですか？

〔スライドの訳〕

自己紹介
名前：山田　みどり
年齢：15
私は…をしたい
→英語①を上達させる
→鳥取を紹介する
↑
私は②2度〔以前〕，アメリカを訪問したことがある
→新しい友達を見つける

〔マークさんからのメールの訳〕
みどりさんへ，
僕はオンラインイベントを楽しみました。
あなたの質問に答えさせてください。③僕はスポーツを見る方が好きです。僕はよく色々な種類のスポーツをテレビで見ます。それはわくわくします。
僕は日本人の友達を作りたいです。
すぐに私に返信を送ってください。
マーク

＜理科解答＞

【問題1】 問1　ウ　　問2　右図1　　問3　ウ
問4　イ，オ　　問5　(例)葉の表側より裏側のほうが気孔の数が多いから。

【問題2】 問1　中和　　問2　NaCl　　問3　イ
問4　右図2　　問5　ウ

【問題3】 問1　60〔cm/秒〕　　問2　ア
問3　等速直線運動　　問4　下図3　　問5　ウ

【問題4】 問1　イ　　問2　ウ　　問3　ア
問4　(例)れき岩，砂岩，泥岩と粒が細かくなる順に堆積しており，細かい粒ほど河口から遠く離れた深いところに堆積するから。
問5　ア

【問題5】 問1　ア　　問2　イ　　問3　(例)顕性性質
問4　〔約〕1800〔個〕　　問5　①　イ　　②　キ
③　オ　　④　ケ

【問題6】 問1　7.5〔g〕　　問2　ウ
問3　ウ，エ
問4　$HCl \rightarrow H^{+} + Cl^{-}$
問5　実験1　ア
実験2　エ

【問題7】 問1　ア，ウ

図1
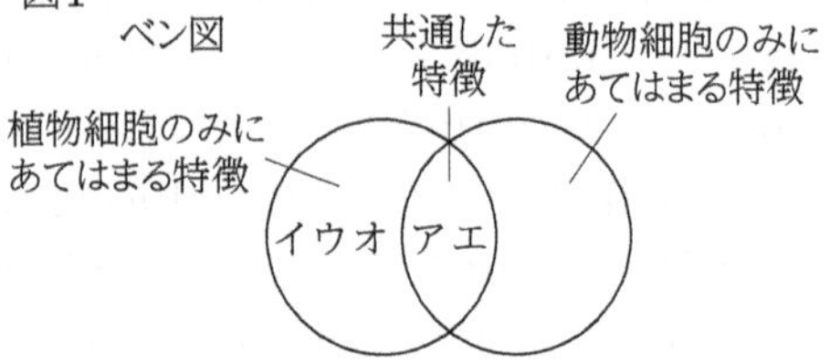

図2
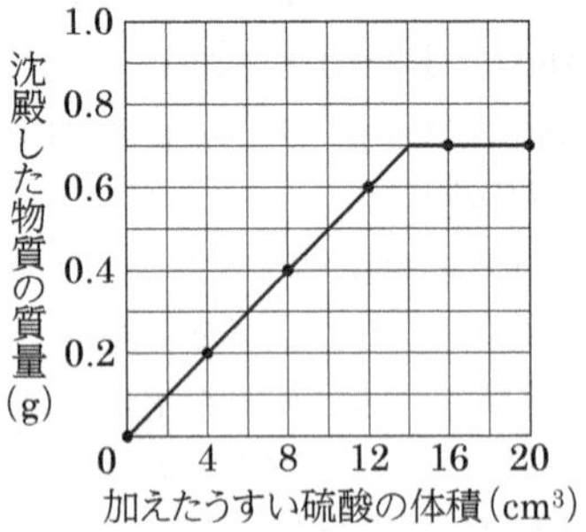

図3
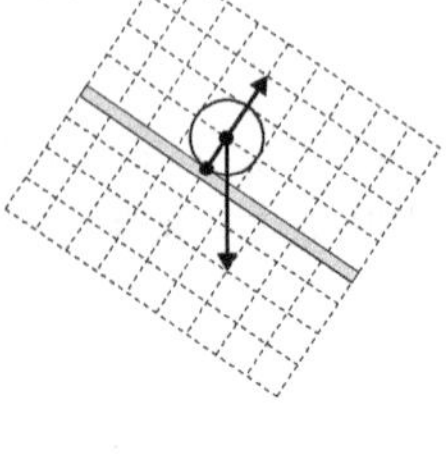

図4
(例)
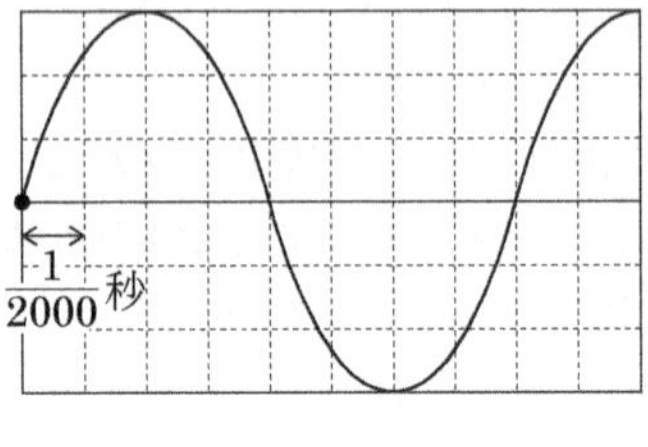

問2　500〔Hz〕　問3　前ページ図4　問4　ア　問5　イ

【問題8】　問1　(例)水蒸気を水滴にしやすくするため。　問2　ア　問3　エ
問4　(1)　エ　(2)　ア

＜理科解説＞

【問題1】（細胞の観察，植物のからだのつくりとはたらき）

問1　顕微鏡の視野に見えるものは，プレパラート上の物体と上下左右が逆に見える。

問2　イ，ウ，オは植物の細胞のみに見られる特徴，アとエは動物の細胞と植物の細胞のどちらにも見られる特徴である。

問3　根から吸収した水は**道管**を通る。道管は，葉脈では葉の表側，茎では維管束のうち茎の中心に近いほう，根では中心付近に見られる。

問4　a～dの水の減少量は，右の表の部位から蒸散した合計量を表している。よって，葉の裏側からの蒸散量を求めるには，a－cまたは，b－dとなる。

	葉の表側	葉の裏側	葉以外の部分
a	○	○	○
b		○	○
c	○		○
d			○

問5　Bは，葉の表側の気孔がふさがれているため，葉の裏側と葉以外の部分からの蒸散量の合計となる。Cは，葉の裏側の気孔がふさがれているため，葉の表側と葉以外の部分からの蒸散量の合計となる。葉以外の部分からの蒸散量はBとCでほぼ同じと考えられるため，蒸散量の差は，葉の表側あるいは裏側にある気孔の数が原因と考えられる。つまり，葉の裏側のほうが，表側よりも気孔が多いということである。

【問題2】（中和）

問1　酸の水素イオンとアルカリの水酸化物イオンが結合して水をつくるため，たがいの性質を打ち消し合う中和が起こる。

問2　**塩化水素＋水酸化ナトリウム→塩化ナトリウム＋水**の化学変化が起こるため，BTB溶液が緑色になっていることから，水溶液は中性の塩化ナトリウム水溶液になっている。よって，水溶液を乾燥させると塩化ナトリウムの結晶が現れる。

問3　水溶液が緑色になっていることから，この水溶液は塩化ナトリウム水溶液である。塩化ナトリウムは電解質であるため，水に溶けるとナトリウムイオンと塩化物イオンに電離する。

問4　A～Cまでは，加えたうすい硫酸の体積と沈殿した物質の質量が比例の関係にあるが，DとEでは水酸化バリウムはすべて反応しているため，うすい硫酸を追加しても，沈殿した物質の質量は0.7gから変わらない。

問5　$H_2SO_4+Ba(OH)_2 \rightarrow BaSO_4+2H_2O$より，硫酸中にふくまれていた硫酸イオンは，中和によって硫酸バリウム(塩)となる。この硫酸バリウムは水に溶けにくいため，水溶液中で電離しない。よって硫酸イオンは，硫酸を加えても，水溶液が完全に中和するまでは，水溶液中にイオンとして存在しない。完全に中和した後も硫酸を加え続けると，未反応の硫酸が水溶液中に増えるため，硫酸イオンも増加する。

【問題3】（運動とエネルギー）

問1　$\frac{10.8-4.8\text{〔cm〕}}{0.3-0.2\text{〔秒〕}}=60$〔cm/秒〕

問2　角度が一定の斜面では，台車にはたらく重力の斜面に沿う分力が，常に同じ大きさではたら

き続けるため，速さの増加のしかたが一定となる。

問3　一定の速さで直線上を進む運動を，等速直線運動という。

問4　重力は，斜面に沿う方向と斜面に垂直な方向に分解する。このうち，重力の斜面に垂直な方向の分力に等しい大きさの力が，斜面から小球への垂直抗力となってはたらく。

問5　小球にはたらく重力の斜面に沿う分力を比べると，AよりもBのほうが大きいので，Bのほうが速さの増加のしかたが大きくなる。ただし，水平面からの**位置エネルギー**を比べると，AとBで等しいので，水平面に達したときの速さはどちらも同じになる。

【問題4】（地層）

問1　凝灰岩は火山灰が固まってできた岩石であるため，凝灰岩の層があることから，過去に近くで火山の噴火があったことがわかる。

問2　凝灰岩の上面の標高をそれぞれ求めると，地点Aは150－14＝136〔m〕，地点Bは140－4＝136〔m〕，地点Cは140－12＝128〔m〕　地点AとBにおける凝灰岩の上面の標高は等しいことから，この2地点間に地層の傾きはないことがわかる。一方，地点Cの凝灰岩の上面の標高は地点AやBよりも低いので，この地域は，南に向かって低く傾いていることがわかる。

問3　サンゴは，**浅いあたたかな海**に生息する生物である。

問4　粒が大きいものほど河口に近い（浅い）地点に堆積し，粒が小さいものほど河口から離れた（深い）ところに堆積する。

問5　問2より，東西における各層の標高は等しいことがわかっているので，地点Dの凝灰岩の上面の標高は，地点Cにおける凝灰岩の上面の標高（128m）に等しい。よって，地点Dでは130－128＝2〔m〕より，地表から2mの位置に，凝灰岩の上面が位置していることがわかる。

【問題5】（遺伝）

問1　エンドウのおしべとめしべは花弁に包まれているため，虫などによる受粉が行われにくい。そのためエンドウは，自家受粉によって種子をつくることが多い。

問2　子は，黄色の親から染色体を1本，緑色の親からも染色体を1本受け継ぐ。

問3　純系の対立形質の個体をかけ合わせたとき，子に現れる形質を顕性形質という。

問4　対立形質の純系（AAとaa）をかけ合わせてできた子の遺伝子の組み合わせは，すべてAaとなる。これらを自家受粉すると，孫がもつ遺伝子の組み合わせは，**AA（黄色）：Aa（黄色）：aa（緑色）＝1：2：1**となる。また，**黄色：緑色＝（1＋2）：1＝3：1**より，緑色が600個得られたとき，黄色をx個とすると，3：1＝x：600　x＝1800〔個〕

問5　黄色の個体がもつ遺伝子の組み合わせは，AAまたはAa。AAの個体に緑色aaをかけ合わせると，子はすべてAaとなり，黄色となる。Aaの個体に緑色aaをかけ合わせると，子はAa：aa＝1：1の割合で現れ，黄色：緑色＝1：1の割合で現れる。

【問題6】（電気分解）

問1　300〔g〕×0.025＝7.5〔g〕

問2　**水の電気分解**では，電極A（陰極）には水素，電極B（陽極）には酸素が発生する。アは酸素，イは塩素，エはアンモニアなどアルカリの気体の確認方法である。

問3　水の電気分解では，電極A（陰極）には水素，電極B（陽極）には酸素が発生する。アとイとオでは二酸化炭素が発生する。

問4　塩化水素→水素イオン＋塩化物イオンのように電離する。

問5　実験1の水の電気分解では，電極A(陰極，水素)：電極B(陽極，酸素)＝2：1の割合で気体が発生する。実験2の塩酸の電気分解では，本来，電極C(陰極，水素)：電極D(陽極，塩素)＝1：1の割合で気体が発生するが，塩素は**水に溶けやすい**ため，実際にたまる気体は水素が多く，塩素は非常に少ない。

【問題7】 (音の性質)

問1　音は，気体や固体によって周囲へ伝わっていく。また，音を出している音源はすべて振動している。

問2　振動数は**1秒間に振動する回数**を表した値である。図2から，1回振動するのに$\frac{4}{2000}$秒(4目盛り)かかっているので，振動数(1秒間に振動する回数)は，$1\div\frac{4}{2000}=500$〔Hz〕

問3　音の大きさは変化していないので，振幅(波の高さ)は変化しない。また，振動数が2分の1となったことから，1秒間に振動する回数が半分に減ったことがわかる。つまり，1回の振動にかかる時間が図2の2倍の$\frac{4}{2000}$〔秒〕$\times2=\frac{8}{2000}$〔秒〕(8目盛り)になっている。

問4・問5　試験管に息を吹きかけると音が出るのは，試験管の中の空気が振動するためであると考えられる。また，空気の縦の長さが長いほど音は低く，空気の縦の長さが短いほど音は高くなっていることから，空気の柱の長さが音の高低に関係していることがわかる。

【問題8】 (空気中の水蒸気)

問1　空気中にある小さなちりを核として，水蒸気が水滴に変化する。

問2　フラスコ内のくもりは，フラスコ内にあった水蒸気が水滴に変化したものである。

問3　空気は気圧が下がって膨張すると，温度が下がる。温度が下がることによって露点に達すると，水蒸気が水滴に変化する。

問4　(1)　積乱雲は，激しい上昇気流によって縦にのびる雲である。よって積乱雲が降らせる雨は粒が大きくなりやすく，激しい雨を降らせることが多い。　(2)　20℃の空気に飽和水蒸気量の80％の水蒸気を含んでいることから，この空気1m^3に含まれる水蒸気の質量は，17.3〔g/m^3〕$\times$0.48＝8.304〔g/m^3〕　飽和水蒸気量が8.304g/m^3に最も近くなるのは8℃である。よって，この空気は上昇し，8℃になると露点に達するようになる。20℃の空気が8℃になるためには，20－8＝12〔℃〕温度が低下しなければならない。よって，100〔m〕×12〔℃〕＝1200〔m〕上昇すると，この空気は露点に達し，水蒸気が水滴に変化し始める。

＜社会解答＞

【問題1】　問1　(1)　3月6日午後10時　(2)　ア　(3)　イ　問2　(1)　ア　(2)　エコツーリズム　(3)　エ　問3　(1)　ウ　(2)　A　U　B　I　(3)　エ　(4)　フォッサマグナ　(5)　①　1,000m　②　(例)当時の被災状況を伝えることにより，地域住民の防災意識の向上

【問題2】　問1　(1)　①　ウ　②　平安京　③　A，D　(2)　(例)豊臣秀吉が拠点をおいた桃山(伏見)に家臣を集めて城下町をつくった　(3)　改革　イ　内容　カ　(4)　ア→ウ→イ→エ　問2　(1)　A　(例)原子爆弾が投下された　B　(例)軍事施設や工場　(2)　①　ア　②　エ　③　ウ　(3)　①　エ　②　イ

【問題3】　問1　(1)　ウ　　(2)　2議席　　(3)　ア　　(4)　(例)働きながらでも子どもを預けられる放課後児童クラブと病児・病後児保育施設の数が増加しているから。
(5)　A　ア　　B　カ　　C　ウ　　(6)　ウ　　問2　(1)　イ　　(2)　イ
問3　(1)　法　　(2)　エ　　(3)　番号　②　　語句　刑事

＜社会解説＞

【問題1】　(地理的分野―世界地理－地形・気候・宗教・人々のくらし・産業・貿易，―日本地理－地形・人口・農林水産業・地形図の見方)

問1　(1)　日本の**標準時子午線**は東経135度である。ニューヨークの標準時が西経75度であれば，東経と西経なので，135度と75度を足して，経度差は210度になる。**時差**は経度差15度ごとに1時間となるので14時間となり，東経の地点の方が早く一日を迎えるから，東京での時間が3月7日正午であれば，ニューヨークは3月6日午後10時となる。　(2)　まず，各都市の位置を確定する。シドニーはC，シンガポールはB，バルセロナはA，ラスベガスはDである。シドニーは，**南半球**にあるため，12月・1月・2月が夏であり，冬である6月・7月・8月よりも温度が高い。**雨温図**の①である。地点は上記のようにCである。したがって正しい組み合わせは，アである。なお，シンガポールは，ほぼ**赤道**直下にあるため，一年を通して**高温多湿**であり，雨が多い。雨温図の④である。バルセロナは，**地中海性気候**であり，冬は気温10度前後で，一定の雨が降り，夏は気温が30度近く，雨がほとんど降らないのが特徴である。雨温図の③である。残るラスベガスは，**砂漠気候**であり，一年を通じてほとんど雨が降らない。雨温図の②である。　(3)　初めに，E・F・G・Hの国名を確定しておく。Eがオーストラリア，Fがイギリス，Gが中国，Hがアメリカである。オーストラリアは，19世紀半ば以来，白人以外の移住を制限する**白豪主義**政策をとっており，貿易相手もかつての**宗主国**であるイギリスやアメリカが中心だったが，白豪主義政策を1970年代に廃止して以来，貿易相手もアジアの国々が中心となった。現在のオーストラリアの貿易相手国の第一位は中国であり，第二位が日本である。正しい組み合わせは，イである。

問2　(1)　初めに，各国の中心的な宗教を確定する。アメリカは**キリスト教**，イランは**イスラム教**，インドは**ヒンドゥー教**，タイは**仏教**である。ドイツの主たる宗教はキリスト教であり，アメリカと同じである。記号はアである。　(2)　自然などの地域資源を活かしながら，持続的にそれらを利用することを目指した観光のあり方を，**エコツーリズム**という。出題されている**コスタリカ**は世界的に有名であるが，日本でも，知床・富士山・屋久島・尾瀬など多くの地域で，積極的な取り組みがなされている。　(3)　地中海沿岸部では，冬でも温暖で雨が多く，夏は高温で乾燥する。これが**地中海性気候**であり，スペイン・イタリア・ギリシャ等では，夏は乾燥に強いオレンジやオリーブやぶどうなどの**果実**を栽培し，温暖湿潤な冬は小麦を栽培する**地中海式農業**を行っている。これらの国では，果実の**自給率**が極めて高い。

問3　(1)　写真1は典型的な**リアス海岸**である。リアス海岸とは，起伏の多い山地が，海面上昇や地盤沈下によって海に沈んで形成されたものである。海岸線が複雑に入り組んで，多数の島が見られる地形が特徴である。三重県の**志摩半島**はその代表的な例である。波の衝撃を避けることができるため，**真珠**や**カキ**の**養殖**などに適した地形である。　(2)　A　進学・就職などの理由で都市部などに移った後，生れ育った出身地に戻って就職もしくは転職することを**Uターン**という。　B　出身地以外の場所に就職もしくは転職することを**Iターン**という。　(3)　日本なしの収穫量第一位は千葉県であり，鳥取県は第五位である。日本なしにあてはまるのはDである。ぶどうの収穫量第一位は山梨県であるが，多くの県で一定量の収穫がある。ぶどうにあてはまるのはBである。正しい組み合わせは，エである。なお，りんごの収穫量第一位は青森県であり，ももの収穫量第一位は山梨県である。　(4)　本州中央部を南北に横断する大地溝帯を，大きな溝という意味の，フォッサマグナという言葉で呼ぶ。新潟県の糸魚川市から静岡県静岡市に及び，この地溝帯が，東北日本と西南日本の境界線となる。　(5)　①　地形図上の長さは，4cmである。この地形図は縮尺25,000分の1の地形図なので，計算すれば，4(cm)×25,000＝100,000(cm)＝1,000(m)である。　②　当時の被災状況を詳しく伝えることにより，地域住民の防災意識を向上し，防災の効果を上げることに役立つからである。上記のような趣旨の文を，(　B　)にあてはまるように解答すればよい。

【問題2】（歴史的分野―日本史時代別－古墳時代から平安時代・鎌倉時代から室町時代・安土桃山時代から江戸時代・明治時代から現代，―日本史テーマ別－政治史・文化史・経済史・社会史・外交史，―世界史－政治史）

問1　(1)　①　この当時の社会は疫病が流行り，大きな戦乱が起こるなど混乱していた。聖武天皇は，国家を守るという仏教の鎮護国家の働きに頼ろうとし，都に東大寺と大仏を建立し，752年には大仏の開眼供養を行った。また，741年の詔で諸国に国分寺・国分尼寺を建立させた。　②　文章博士(もんじょうはかせ)だった菅原道真は，宇多天皇に重用され，894年に，2世紀半続いてきた遣唐使の派遣を中止することを建言し認められた。続く醍醐天皇の治世で，右大臣の位についた。道真の活躍した時代は平安時代前期であり，この時代の都は，平安京である。　③　Bは奈良時代のできごとである。Cは平安時代のできごとである。いずれも古代のできごとである。AとDが中世に関係の深いできごとである。源平の争乱で勝利を収めた源頼朝は，鎌倉に幕府を開き，中世の幕を開けた。室町後期に生まれ，禅僧としての道を歩み始め，後に絵師となったのが雪舟である。明に渡って水墨画の研鑽を積み，帰国後は，大胆な山水画や写実的な花鳥画で日本の中世の水墨画を革新した。　(2)　京都伏見に，「桃山」「毛利」「井伊」などの地名が見られるのは，豊臣秀吉が拠点をおいた桃山(伏見)に家臣を集めて，城下町をつくったためであることを簡潔に記せばよい。　(3)　改革　元白河藩主の松平定信が老中となり，1787年から1793年にかけて行ったのは，寛政の改革である。　内容　エ　1722年に上米令を発し上米の制を始めたのは，享保の改革を行った8代将軍徳川吉宗である。　オ　1843年に株仲間解散令を出したのは，天保の改革を行った，老中水野忠邦である。両方とも寛政の改革の内容ではない。寛政の改革の一環として行われたのは，カの1790年の寛政異学の禁である。　(4)　ア　1457年に，首長コシャマインに率いられたアイヌ諸部族が，和人の圧迫に対して起こした戦いがコシャマインの乱である。　イ　1808年に，幕府の命で樺太を探検し，シベリアと樺太との間には海峡があり，島であることを発見したのは間宮林蔵である。　ウ　1669年に，アイヌの首長シャクシャインが蝦夷地のアイヌを糾合して起こした蜂起がシャクシャインの戦いである。　エ　アメリカ人のウィリアム・スミス・クラークは1876年に来日し，札幌農学校で教鞭をとった。したがって，古いものから順に並べると，ア→ウ→イ→エとなる。

問2　(1)　A　広島・長崎で空襲による死者が多いのは，1945年8月に米軍機によって，原子爆弾が投下されたためであることを明確に指摘する。　B　東海や瀬戸内地方に多数の死者が集中しているのは，軍事施設や工場が集まっており，勤労動員されていた学生に被害がでたためであることを指摘する。　(2)　①　1861年から1865年に行われた，アメリカ合衆国と，その連邦組織から脱退した南部11州が結成した南部連合との戦争が，南北戦争である。南北戦争最中の1863年に北部の指導者として「人民の，人民による，人民のための政治」で有名な「ゲティスバーグ

演説」を行ったのは，アメリカの**16代大統領リンカン**である。 ② ア・イ・ウは**大正デモクラシー**期におけるできごとである。エが大正デモクラシーとは関係がない。**高度経済成長期**は1950年代後半から1960年代である。 ③ **軍縮条約**や**不戦条約**に象徴されるように，世界が協調し，**軍縮**や**平和**の方向に向かったのは1920年代初頭から1930年までである。ウが正解である。(3) ① 1951年に**サンフランシスコ平和条約**を結んだが，**ソ連**との講和は成立しなかったため，**国連安全保障理事会**の**常任理事国**であるソ連の反対で，**国際連合**への加盟はできなかった。1956年に**日ソ共同宣言**が成立し，ソ連との**国交が回復**して，日本は国際連合への加盟が実現した。正解は，エである。 ② ウ・エは，1889年に発布された**大日本帝国憲法**が含まれているため，誤りである。残るアとイのうち，**テレビ放送**が始まったのが1953年であり，イが正しい。なお，**ラジオ放送**が始まったのは，1924年である。

【問題3】 (公民的分野―基本的人権・国の政治の仕組み・民主主義・経済一般・裁判・国際社会との関わり・社会保障・憲法)

問1 (1) Aの「**学問の自由**」は，日本国憲法第23条に規定されている。第19条に規定されている，「思想及び良心の自由」と同じく「**精神の自由**」である。Bの「**職業選択の自由**」は，日本国憲法第22条に規定されている。同じ第22条の「居住，移転の自由」と同じく「**経済活動の自由**」である。Cの**令状のない逮捕の禁止**は，日本国憲法第33条に規定されている。第18条の「奴隷的拘束及び苦役の禁止」と同じく「**生命・身体の自由**」である。正しい組み合わせは，ウである。 (2) **比例代表制**の**ドント式**では，以下のようにしてそれぞれの**政党**の**当選者**を決定する。まず各政党の**得票数**を1，2，3，4…の整数で割る。具体的にはD党の場合，1で割ると3800票，2で割ると1900票，3で割ると1267票となる。E党の場合，1で割ると2500票，2で割ると1250票，3で割ると833票となる。他の2党についても同様に計算する。その商の大きい順に定数まで議席を配分する。問題の場合は，定数は8議席であるので，D党が3議席，E党が2議席，F党が1議席，G党が2議席となる。 (3) **需要曲線**は，価格が高くなるほど需要が少なくなる右下がりの曲線であり，このグラフでは，Xである。**供給曲線**は，価格が高くなるほど供給が多くなる右上がりの曲線であり，このグラフでは，Yである。この2本の曲線が交わるところが，**均衡価格**である。この商品は購入する人が増えたのであるから，曲線は①のように変化する。正しい組み合わせは，アである。 (4) 女性の**労働力率**が高くなったのは，働きながらでも子どもを預けられる放課後児童クラブや病児・病後児保育施設の数が増加しているからであることを簡潔かつ明確に記せばよい。 (5) 全体が**SDGs**に関わる問題である。 A 経済的な理由で，十分な食事がとれないという問題点があるのだから，アの，**貧困**をなくそうという目標がふさわしい。B **プラスチック資源**の循環をすべきであるという問題点があるのだから，カの，つくる責任・つかう責任という目標がふさわしい。 C 性別などによる差別や偏見をなくすという大きな目標があるのだから，ウの，ジェンダー平等を実現しようという目標がふさわしい。 (6) **為替相場**が1ドル100円から，相場の変動により1ドル150円になることを，**円安・ドル高**になったという。その際アメリカは，以前は所持金10ドルで，日本から商品Xを10本しか輸入できなかったところ，15本輸入できるようになる。一方日本は，以前は所持金1500円でアメリカから商品Yを15足輸入できたところ，10足しか輸入できなくなる。

問2 (1) 企業は利益の追求だけでなく，従業員・消費者・地域社会・環境などに配慮した企業活動を行うべきとする考え方を，**企業の社会的責任(CSR)**という。ア・ウ・エは企業の社会的責任として，正しい内容である。イが企業の社会的責任とは無関係である。会社の経営に関する情報は，むしろ公開しなければならない。 (2) 税金などを引き上げて，国民負担を大きくするかわりに，社会保障を手厚くする，**高負担・高福祉**の考え方である。ノルウェーなど北欧の国々が高負担・高福祉の代表的な例である。イの領域がこれにあてはまる。

問3　(1)　国民から選ばれた議会が法を制定し，法の制限下で政府が国民に対して政治権力を行使するというのが，**法の支配**である。法の支配が行われれば，国民の代表が制定した法によって，国王や政府の権力が制限されるため，国民の人権は保障されることになる。　(2)　日本国憲法第96条に以下のとおり明記されている。「この**憲法の改正**は，各議院の**総議員**の**三分の二以上**の賛成で，国会が，これを発議し，国民に提案してその承認を経なければならない。この承認には，特別の**国民投票**又は国会の定める選挙の際行はれる投票において，その**過半数**の賛成を必要とする。」この国民投票の**投票権**を持つのは，**満18歳以上**の国民である。また，第96条の2項は「憲法改正について前項の承認を経たときは，**天皇**は，国民の名で，この憲法と一体を成すものとして，直ちにこれを**公布**する。」と定めている。　(3)　(番号)　②の**民事裁判**という部分が誤りである。民事裁判には，**裁判員制度**は取り入れられていない。　(語句)　殺人など，重大な**刑事裁判**の一審の裁判に，くじで選ばれた市民の裁判員が参加することが，2009年5月から実施されている裁判員制度である。

＜国語解答＞

【問題一】　問一　(1)　は(える)　(2)　ちくじ　(3)　煩わしい　(4)　拡散
問二　エ　問三　イ　問四　ウ　問五　ア

【問題二】　問一　イ　問二　田舎の高校生のご褒美旅行　問三　エ　問四　ウ
問五　ア　問六　(例)三年の先輩たちが正也の思いを理解していないことにがっかりする気持ち。　問七　イ

【問題三】　問一　ウ　問二　Ⅰ　いずれまた巡ってくる　Ⅱ　精神的なゆとり，豊かさをなくしてしまった　問三　ア　問四　粉　問五　(例)自分で自由になる時間を多く持っている人。　問六　(例)わき目もふらずに突き進む直線的時間を過ごす中で，自分を振り返り，自分を取り戻す循環的時間を確保できなかったから。
問七　エ

【問題四】　問一　こぞ　問二　イ　問三　ア　問四　ウ

【問題五】　問一　イ　問二　エ　問三　ウ　問四　(例1)私は，将来，農業に従事し，たくさんの方々に食べてもらえる野菜を作りたいです。

学校の給食で食べている地元の方々が作ってくれる野菜がとてもおいしく，これらについて，県外の多くの方々に知ってもらうことが，地域の活性化につながると思うからです。鳥取県の自然や恵まれた環境をいかし，安心して食べられる野菜を愛情込めて作ることにより，人々の健康な身体づくりに貢献するとともに，地域の活性化を図りたいです。

(例2)地域の活性化につながることとして，将来，してみたいと思うことは，過疎化が進んでいる地域の魅力について発信することだ。

なぜなら，最近は，SNSなどを利用した情報発信が宣伝効果や集客力などを上げるということを知ったからだ。中学校の授業で学んだ知識を活用して，その地域の魅力をまとめ，SNSなどで発信することで，興味を持った多くの方々が訪れてくださると思う。

＜国語解説＞

【問題一】（漢文・知識－漢字の読み書き，筆順・画数・部首，熟語，品詞・用法，その他）

問一　(1)「**映**」には「エイ・うつ(る)・うつ(す)・**は(える)**」という読みがある。　(2)「**逐次**」は，順を追ってという意味。　(3)「**煩わしい**」は，送り仮名に注意する。　(4)「**拡散**」は，広く散らばること。

問二　A「紺」は11画，B「敢」は12画，C「港」は12画，D「蒸」は13画なので，エが正解。

問三　ア「雨具」(あまぐ)は上の漢字を訓，下の漢字を音で読む。　イ「**番組**」(ばんぐみ)は上の漢字を音，下の漢字を訓で読む。　ウ「果物」(くだもの)は特別な読み方をする熟語。　エ「手本」(てほん)は上の漢字を訓，下の漢字を音で読む。したがって，イが正解。

問四　品詞分解すると，「**おそらく(副詞)／来(動詞)／られ(助動詞)／ない(助動詞)**」となるので，ウが正解。

問五　漢文は「好之者，不如楽之者」。「不」は「ず」と読んで平仮名で書くので，漢字を読む順序は「之好者，之楽者如不」である。読点の前の部分は，「好」より先に「之」を読むので，**「好」の左下にレ点**をつける。後の部分は，「不」より先に「如」を読むので，**「不」の左下にレ点**をつける。また，「楽」より先に「之」を読むので，**「楽」の左下にレ点**をつける。さらに，「如」より先に「楽之者」を読むので，**「如」の左下に二点，「者」の左下に一点**をつける。したがって，アが正解。

【問題二】（小説－情景・心情，内容吟味，文脈把握，脱文・脱語補充，語句の意味）

問一　選択肢の語句の意味は，ア「口答えする」＝言い返す，イ「**口ごもる**」＝はっきり言えない状態である，ウ「口ずさむ」＝詩や歌を何となく声に出す，エ「口を割る」＝白状する，である。ここは先輩が正也に何と言っていいかわからなくなっている場面なので，イが正解。

問二　「ケンガイ」と無関係に東京へ行くこと，つまり，東京へ行くことが目的化した状態を表した表現を探す。傍線部4の少し後に「Jコンは，**田舎の高校生のご褒美旅行**のために開催されるのではない。」とあるので，ここから抜き出す。

問三　正也が笑ったのは，「僕」が「『ケンガイ』のほうがおもしろかった。」と，**率直な感想**を述べたことによる。正也が期待していたのは，代表者として東京に行くことではなく，「『ケンガイ』や他の作品の話」をすることであり，ようやくその希望がかなったことを**喜んでいる**のである。正解はエ。みんなは正也の作品には言及せず，話題の中心はまだ東京行きにあるので，他の選択肢は誤りである。

問四　「神妙」は，**神仏などに対するようにおとなしくまじめな様子**を表すので，ウが適切である。

問五　傍線部4の直後に「何をしに全国大会に行くのか」とある。これについて，月村部長は，「私たちはJコンを，少なくとも，Jコンでオンエアされた『ケンガイ』を，ここに持ち帰らなきゃならない。」と言っている。それは「**来年のため**」，つまり，より良い「**次の作品**」を作りあげるためである。したがって，アが正解。イとエは部員たちの関係性を重視しているが，将来につながることではないので不適切。ウの「秀でた才能の持ち主を探し出す」ことは，部活動の目的として不適切である。

問六　「ガクッとうなだれる」は，「僕」の**がっかりする気持ち**を表す。ヒカル先輩の言葉は，全国大会への出場を「田舎の高校生のご褒美旅行」としか考えていないことを示し，**正也の思いが伝わっていない**ことが明らかだったためである。この内容を35字以内で書く。

問七　引用されている言葉は，「自分の思いを率直に」伝え合おうとするものではないので，アは不適切。本文は**「僕」の視点から情景を描き，「僕」の考えが深まる様子を描いている**ので，イは適切である。ウは，「真剣味に欠ける先輩たち」が月村部長にあてはまらないし，「うわべだけの人間関係を築こうとする高校生たち」という説明も不適切。エは，「それぞれの登場人物の視点」「多面的な解釈」が本文の構成と合わない。

【問題三】 (論説文－内容吟味，文脈把握，脱文・脱語補充，ことわざ・慣用句)

問一　サンソム夫人が日本に滞在した時期を指しているので，**昭和の初期**である。

問二　Ⅰ　“循環的”時間感覚における時間観は，「時間も月日も『**いずれまた巡ってくる**』という諦観の気持ち」と述べられている。　Ⅱ　“直線的”時間感覚の結果は，「経済的にははるかに豊かになったものの，**精神的なゆとり，豊かさをなくしてしまった**」と述べられている。

問三　「デジタル時計のブーム」は，高度経済成長期以降の日本人が「精神的なゆとり，豊かさをなくしてしまったこと」を想起させる具体的な出来事なので，　ア　「**象徴的**」があてはまる。
イ　「抽象的」は「具体的」の対義語。デジタル時計のブームを　ウ　「理想的」とする根拠は本文にない。また，ブームは客観的事実として生じたものであり，　エ　「主観的」なものではない。

問四　「**身を粉にする**」は，労苦をいとわず一心に務めるという意味の慣用句である。

問五　傍線部3の前の「本当の豊かさは自分の生活，人生の中で『**自分で自由になる時間がどれだけあるか**』だとする」をもとに，「自分で自由になる時間を多く持っている人。」「自分で自由になる時間がたくさんある人。」のように説明する。

問六　傍線部4の「おおらかさ」は，「**循環的時間感覚**」，「**自分を振り返り，自分を取り戻す時間**」と言い換えられている。近年の日本人が「わき目もふらずに突き進む**直線的時間**」を過ごす生活の中で，**自分を振り返り，自分を取り戻す循環的時間**を失ったことを，指定語句の「直線的時間」「循環的時間」を入れて説明する。「なぜですか。」という問いなので，「**～から。**」という形で答えること。

問七　本文は，「直線的時間」「循環的時間」という二つの時間感覚を対比して説明し，「**この二つの時間感覚の両立**こそが健全でタフな日本人の精神を養い，精神的満足感を高めていくことにつながる」と述べているので，エが正解。筆者は，直線的時間と循環的時間の両立を推奨しており，直線的時間を否定していないので，アとイは誤り。「日本文化を発展させていくこと」については本文に書かれていないので，ウは不適切である。

【問題四】 (古文－内容吟味，漢字の読み書き，古文の口語訳)

〈口語訳〉　(許六とは，)去年の秋，たまたま偶然に顔を合わせ，今年5月の初め，心をこめて別れを惜しんだ。その別れに際して，ある日草庵を訪れて，一日中静かな語らいをした。

その人物(＝許六)は，画を好む。俳諧を愛する。私は質問してみたことがある。「画は何のために好むのか」(すると許六は)「俳諧のために好む」と言った。(私が)「俳諧は何のために愛するのか」(と問うと)「画のために愛する」と言った。学ぶことは二つであるが，働きは一つである。そういえば，君子は多能を恥じる，と言うから，二種類で働きが一つというのは，感服に値するものである。

画においては私が(許六を)師とし，俳諧は(私が)教えて私の弟子とした。しかし，師の画は精神が深奥に達し，筆の運びが優れている。その奥深いところは，私が理解できる範囲にない。私の俳諧は，夏の炉や冬の扇のように役に立たないものである。人の好みに反して，役に立たない。

問一　古文では，漢字も意味も現代語と同じ語句であっても，**読みが異なる場合がある**ので注意する。

問二　「学ぶことが二つで，働きは一つ」というのは，**画を学ぶことと俳諧を学ぶことは表裏一体であり，結果的に一つにつながる**ということなので，イが適切。二つを比較したりどちらかを選んだりするという文脈ではないので，他の選択肢は不適切である。

問三　この場合の「見る」は「**見て理解する**」という意味なので，アが正解。

問四　「深切に別れを惜しむ」「終日，閑談をなす」とあり，それなりに「深い関係」だったので，アは不適切。筆者は許六の画の「幽遠なるところ」は理解できないと言っているが，「良さ」は理解しているので，イは誤り。筆者は，許六の画について「**精神徹に入り，筆端妙をふるふ**」と高く評価する一方で，自分の俳諧のことは「夏炉冬扇のごとし」と謙遜しているので，ウは適切である。筆者は画を許六に教わっていたが，俳諧は筆者が許六に教えていたので，エは誤りである。

【問題五】（会話・議論・発表－内容吟味，作文）

問一　Aさんは，司会者として**話し合いが効率よく進行するように発言を促している**ので，イが正解。他者と自分の意見を比べていないので，アは誤り。「確認」は最後の発言では見られるが，何度も確認しているとは言えないので，ウは誤り。「資料」については言及がないので，エは不適切である。

問二　Dさんは，BさんとCさんの「**地域の祭りを紹介したい」という意見に加えて「伝統的な文化についても紹介したい」と述べ，情報収集の方法として「インタビュー」を提案している**ので，エが正解。アの「再確認」，イの「問題点を指摘」，ウの「共通点と相違点を明確に提示」は，いずれも不適切な説明である。

問三　分かりやすく伝えるためには，**相手のことを考える**ことが大切である。相手にとって**分かりやすい言葉**を選び，**必要な場合は声を大きくしたりゆっくり話したりする**ことが望ましい。これと合致するのはウである。アは，「本で調べたことだけ」が不適切。また，大きな声で何度も強調することがいつも効果的とは限らない。イは「原稿から目を離すことなく，淡々と」，エは「自分のペースで抑揚をつけず，一気に」が不適切。相手の様子を見ながら，めりはりのある話し方をするほうが効果的である。

問四　**【条件】に従って書く**こと。第一段落には，「地域の活性化」につながることとして，してみたいと思うことを一つ取り上げて具体的に述べる。第二段落には，第一段落で取り上げた内容について，その理由を，自分の体験を踏まえて書く。(例1)は野菜作り，(例2)はSNSなどを利用した情報発信について書いている。制限字数は141～200字。原稿用紙の使い方に従い，書き始めは1マス空けること。書き終わったら**必ず読み返して**，誤字・脱字や表現の不自然なところは書き改める。

鳥取県公立高等学校

2022年度

★★★★★★★★★★★★★★★★★★★★★★★

入　試　問　題

2022年度

●くわしい解説……61ページ

＜数学＞

時間　50分　　満点　50点

【注意】 1　答えが分数になるときは，それ以上約分できない分数で答えなさい。

2　答えに$\sqrt{\ }$が含まれるときは，$\sqrt{\ }$をつけたままで答えなさい。なお，$\sqrt{\ }$の中の数は，できるだけ小さい自然数にしなさい。また，分数の分母に$\sqrt{\ }$が含まれるときは，分母を有理化しなさい。

3　円周率は，πを用いなさい。

【問題1】次の各問いに答えなさい。

問1　次の計算をしなさい。

(1)　$8-6\div(-2)$　　　(2)　$\sqrt{27}-\dfrac{6}{\sqrt{3}}$

(3)　$\dfrac{3x+y}{2}-\dfrac{2x-5y}{3}$　　　(4)　$3ab^2\times(-4a^2)\div 6b$

問2　ax^2-9a を因数分解しなさい。

問3　連立方程式 $\begin{cases} x+y=13 \\ 3x-2y=9 \end{cases}$ を解きなさい。

問4　二次方程式 $2x^2-5x+1=0$ を解きなさい。

問5　一次方程式 $7x=x+3$ を，次の**解き方**のように解いた。このとき，**解き方**の①の式から②の式へ変形してよい理由として，最も適切なものを，あとの**ア**～**エ**からひとつ選び，記号で答えなさい。

ただし，$\boxed{a}$ には方程式の解が入るが，解を求める必要はない。

解き方

$$
\begin{aligned}
7x &= x+3 \\
7x-x &= 3 \\
6x &= 3 & \cdots① \\
x &= \boxed{a} & \cdots②
\end{aligned}
$$

ア　①の式の両辺から3をひいても等式は成り立つから，②の式へ変形してよい。

イ　①の式の両辺から6をひいても等式は成り立つから，②の式へ変形してよい。

ウ　①の式の両辺を3でわっても等式は成り立つから，②の式へ変形してよい。

エ　①の式の両辺を6でわっても等式は成り立つから，②の式へ変形してよい。

問６　ある動物園の入園料は，おとな１人が a 円，子ども１人が b 円である。

このとき，入園料についての不等式「$4a+5b \leqq 7000$」はどんなことを表しているか，入園料という語句を用いて説明しなさい。

問７　右の図Ⅰにおいて，$\angle x$ の大きさを求めなさい。

ただし，点Oは円の中心であり，３点A，B，Cは円Oの周上の点である。

図Ⅰ

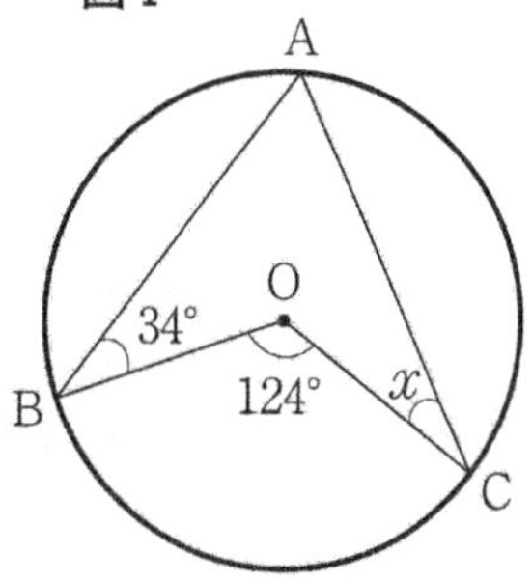

問８　右の図Ⅱのように，BC＝$\sqrt{3}$ cm，∠A＝30°，∠C＝90°である直角三角形から，点Cを中心とする半径１cm，中心角90°のおうぎ形を取り除いた図形（　　　の部分）を，直線ACを回転の軸として１回転させてできる回転体の体積を求めなさい。

図Ⅱ

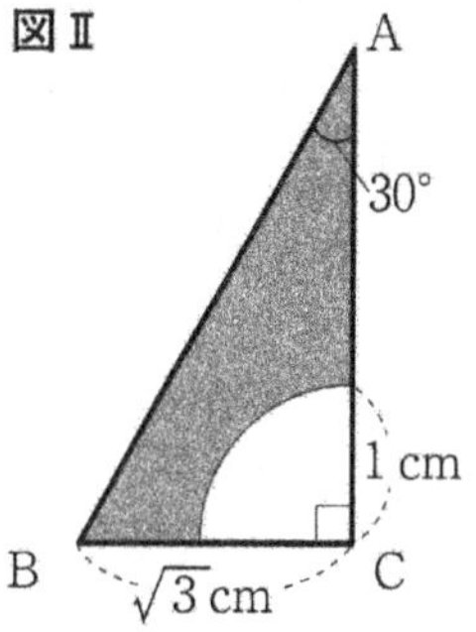

問９　一次関数 $y=-3x+5$ について述べた文として正しいものを，次のア～エからひとつ選び，記号で答えなさい。

ア　グラフは点（－３，５）を通る直線である。

イ　x の値が２倍になるとき，y の値も２倍になる。

ウ　x の変域が $1 \leqq x \leqq 2$ のとき，y の変域は $-1 \leqq y \leqq 2$ である。

エ　x の値が１から３まで変わるとき，y の増加量は－３である。

問10　大小２つのさいころを同時に１回投げ，大きいさいころの出た目の数を a，小さいさいころの出た目の数を b とする。

このとき，$\sqrt{a+b}$ の値が整数となる確率を求めなさい。

ただし，さいころは１から６までのどの目が出ることも同様に確からしいものとする。

問11　右の図Ⅲにおいて，次のページの条件①，②を満たす円を作図しなさい。

ただし，作図に用いた線は明確にして，消さずに残しておくこと。

図Ⅲ

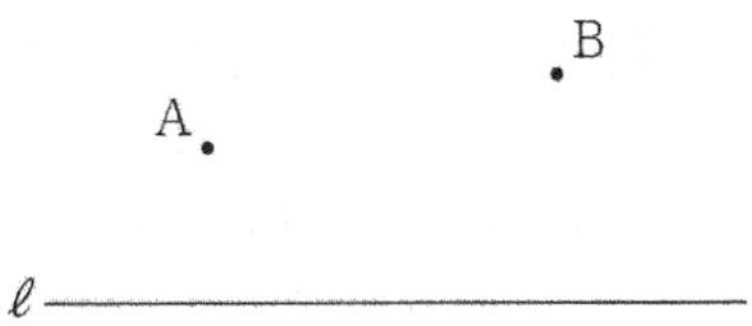

条件

①　2点A，Bを通る。
②　直線ℓ上に円の中心がある。

問12　右の図Ⅳのように，正三角形ABCにおいて，辺AC上に点Dをとる。また，点Aを通り辺BCに平行な直線上にAD＝AEとなる点Eをとる。

ただし，∠CAEは鋭角とする。

このとき，△ABD≡△ACEであることを，次のように証明した。あとの(1)～(3)に答えなさい。

図Ⅳ

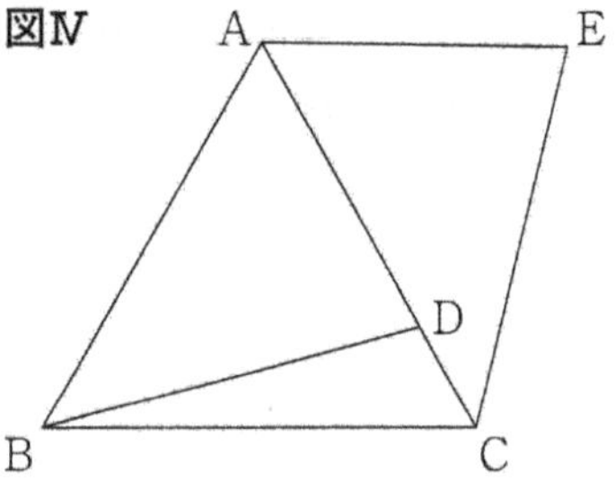

（証明）
△ABDと△ACEで，
　仮定より，
　　　AD＝AE　　　　　　　…①
　△ABCは正三角形だから，
　　　AB＝AC　　　　　　　…②
　　∠BAD＝∠ACB＝60°　　　…③
　また，$\boxed{a}$ は等しいから，
　　∠CAE＝∠ACB＝60°　　　…④
　③，④から，
　　∠BAD＝∠CAE　　　　　…⑤
　①，②，⑤から，$\boxed{b}$ が，それぞれ等しいので，
　　△ABD≡△ACE　　　　（証明終）

(1)　証明の $\boxed{a}$ にあてはまるものとして最も適切なものを，次の**ア**～**オ**からひとつ選び，記号で答えなさい。

ア　対頂角　　　**イ**　垂線の同位角　　　**ウ**　垂線の錯角
エ　平行線の同位角　　　**オ**　平行線の錯角

(2)　証明の $\boxed{b}$ にあてはまる最も適切な語句を入れて，証明を完成させなさい。

(3)　△ＡＢＤ≡△ＡＣＥを証明したことにより，新たにわかることとして最も適切なものを，次の**ア**～**エ**からひとつ選び，記号で答えなさい。

ア　AB＝AC　　**イ**　BD＝CE　　**ウ**　∠BAD＝∠ACB　　**エ**　∠BDC＝∠CAE

【問題２】Ａ～Ｅの５か所の農園で，それぞれ１日に400個のいちごを収穫した。その中で，Ａ農園とＢ農園から標本としてそれぞれ35個のいちごを無作為に抽出した。

このとき，後の各問いに答えなさい。

問１　右の**表Ⅰ**は，Ａ農園で抽出した35個のいちごの重さを調べて，度数分布表にまとめたものである。

ただし，$\boxed{a}$ には整数が入るものとする。

このとき，次の(1)，(2)に答えなさい。

(1)　この**表Ⅰ**をもとに作成したヒストグラムとして，正しいものを次の**ア**～**エ**からひとつ選び，記号で答えなさい。

表Ⅰ

重さ(g)	個数(個)
24以上～26未満	4
26　～28	6
28　～30	7
30　～32	$\boxed{a}$
32　～34	6
34　～36	4
計	35

ア

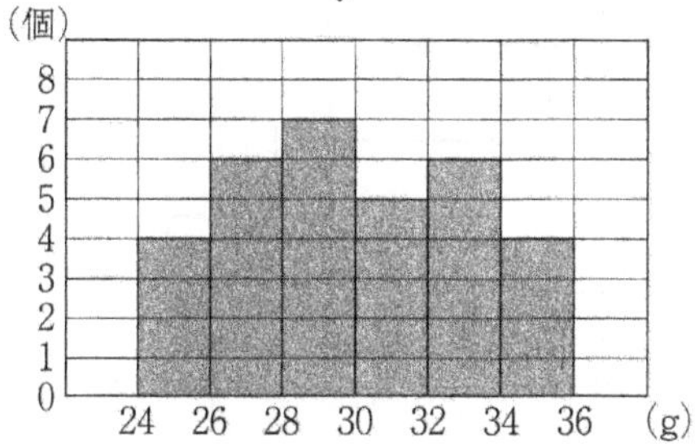

イ

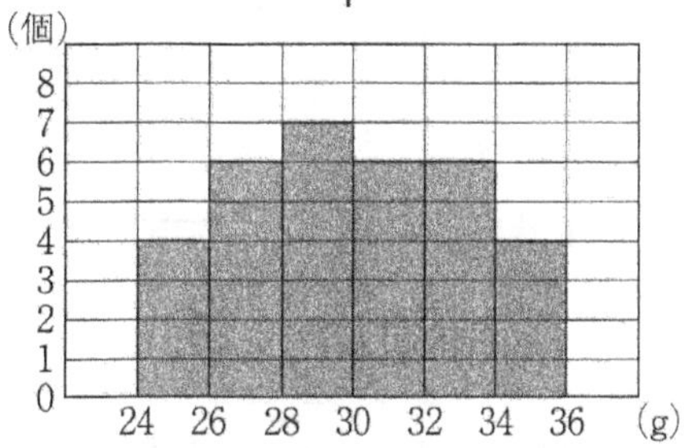

ウ

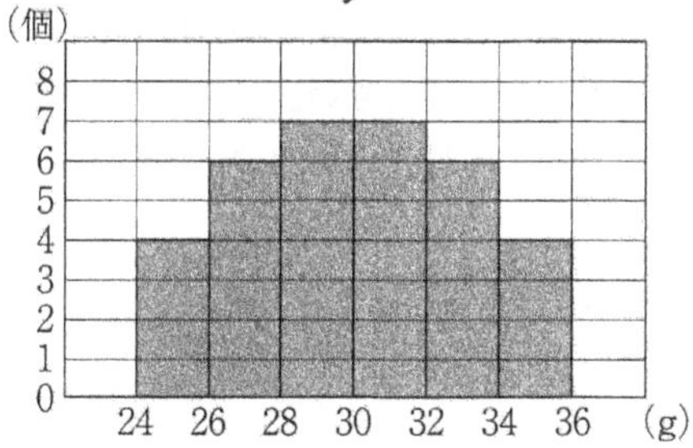

エ

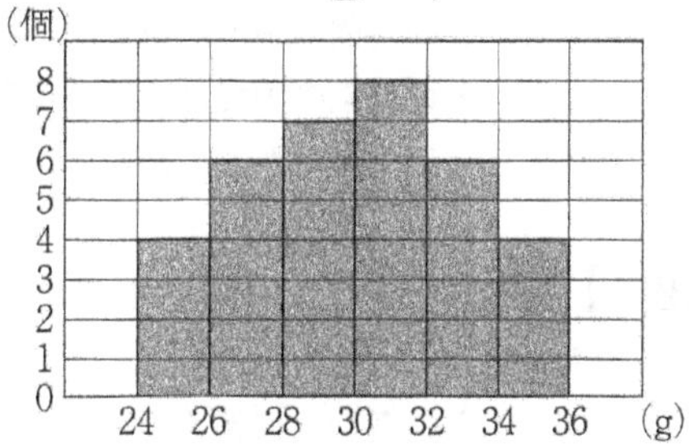

(2)　Ａ農園で収穫したいちご400個のうち，重さが28ｇ以上30ｇ未満のいちごが，およそ80個あると推定した。このとき，**相対度数**という語句と**その値**を用いて，どのように推定したか，説明しなさい。

問２　右の**表Ⅱ**は，Ｂ農園で抽出した35個のいちごの重さを調べて，度数分布表にまとめたものである。この度数分布表から最頻値を求めると29ｇであり，中央値は30ｇ以上32ｇ未満の階級に含まれていた。

このとき，**表Ⅱ**の $\boxed{b}$ ，$\boxed{c}$ にあてはまる数をそれぞれ求めなさい。

表Ⅱ

重さ(g)	個数(個)
24以上～26未満	2
26　～28	6
28　～30	$\boxed{b}$
30　～32	$\boxed{c}$
32　～34	6
34　～36	4
計	35

問3 次の図はC，D，Eの３か所の農園で，それぞれ収穫した400個のいちごの重さを調べて，箱ひげ図にまとめたものである。この箱ひげ図から読みとることができることがらとして正しいものを，あとの**ア**～**オ**から**２つ**選び，記号で答えなさい。

図

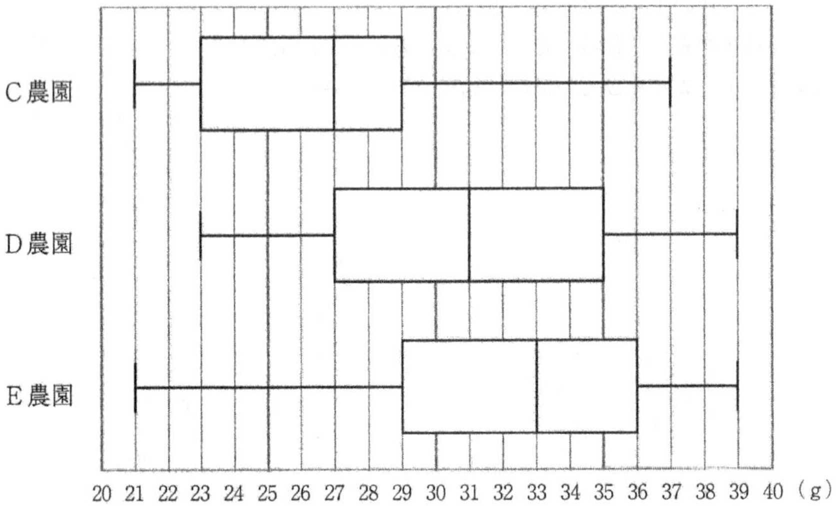

ア C農園のいちごの重さの平均値は27 g である。

イ C，D，Eの農園の中では，第１四分位数と第３四分位数ともに，E農園が一番大きい。

ウ C，D，Eの農園の中で，重さが34 g 以上のいちごの個数が一番多いのはE農園である。

エ C，D，Eの農園の中では，四分位範囲は，E農園が一番大きい。

オ 重さが30 g 以上のいちごの個数は，D農園とE農園ともに，C農園の２倍以上である。

【問題３】 右の図Ⅰのような１辺の長さが５㎝である正方形の紙を，1㎝重ねて貼り合わせていく。

このとき，あとの各問いに答えなさい。

ただし，あとの図Ⅱ～図Ⅳの色のついた部分（　　の部分）は，１㎝重ねて貼り合わせた部分である。

図Ⅰ

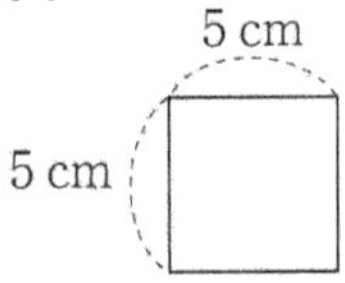

問１ 図Ⅰの正方形の紙６枚を，次の図Ⅱのように横に６枚貼り合わせてできる**長方形P**と，図Ⅲのように縦に２枚，横に３枚貼り合わせてできる**長方形Q**がある。

図Ⅱ

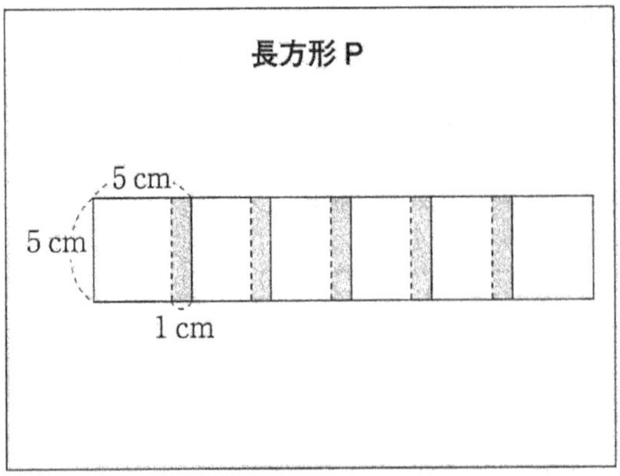

図Ⅲ

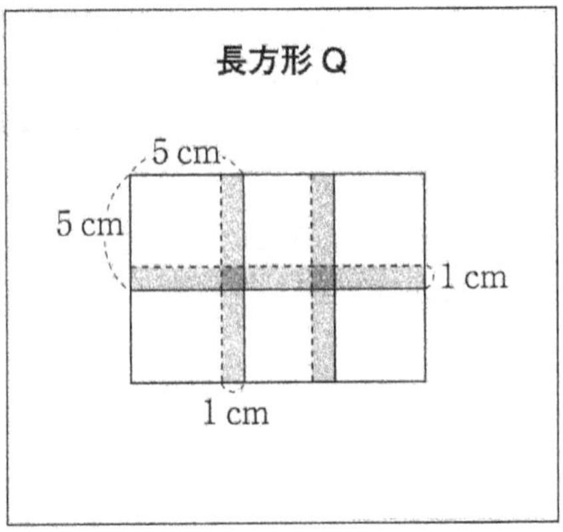

このとき，次の(1)，(2)に答えなさい。

(1)　前のページの**図Ⅲ**において，**長方形Q**の面積を求めなさい。

(2)　**長方形P**と**長方形Q**について述べた文として正しいものを，次の**ア**～**オ**からひとつ選び，記号で答えなさい。

ア　周の長さは**長方形P**の方が長く，面積も**長方形P**の方が大きい。
イ　周の長さは**長方形P**の方が長く，面積は**長方形Q**の方が大きい。
ウ　周の長さは**長方形Q**の方が長く，面積は**長方形P**の方が大きい。
エ　周の長さは**長方形Q**の方が長く，面積も**長方形Q**の方が大きい。
オ　**長方形P**と**長方形Q**では，周の長さも面積も等しい。

問２　前のページの**図Ⅰ**の正方形の紙を，右の**図Ⅳ**のように縦に３枚，横に a 枚貼り合わせてできる長方形の面積が377cm^2になった。

このとき，a の値を求めなさい。

ただし，a は自然数とする。

図Ⅳ

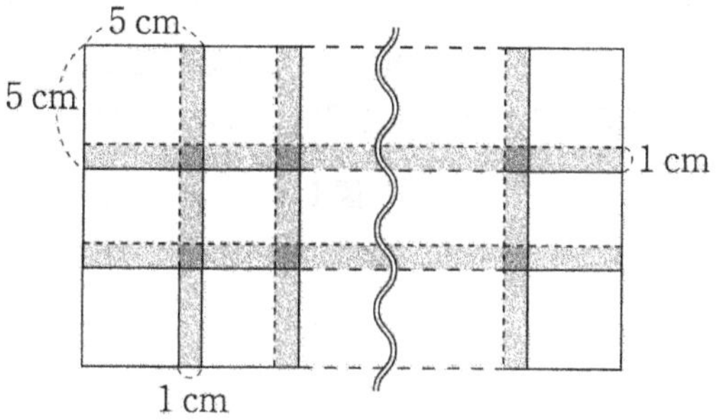

問３　**図Ⅰ**の正方形の紙を，縦に b 枚，横にも b 枚貼り合わせてできる正方形の面積が，3600cm^2以下となるように，なるべく大きな正方形をつくる。

このとき，b の値を求めなさい。

ただし，b は自然数とする。

【問題４】 右の**図Ⅰ**のように，関数 $y=\frac{1}{2}x^2$ のグラフ上に２点A，Bがある。点A，Bの x 座標は，それぞれ－２，４である。

このとき，次の各問いに答えなさい。

問１　点Aの y 座標を求めなさい。

問２　２点A，Bを通る直線の式を求めなさい。

問３　△OABの面積を求めなさい。

図Ⅰ

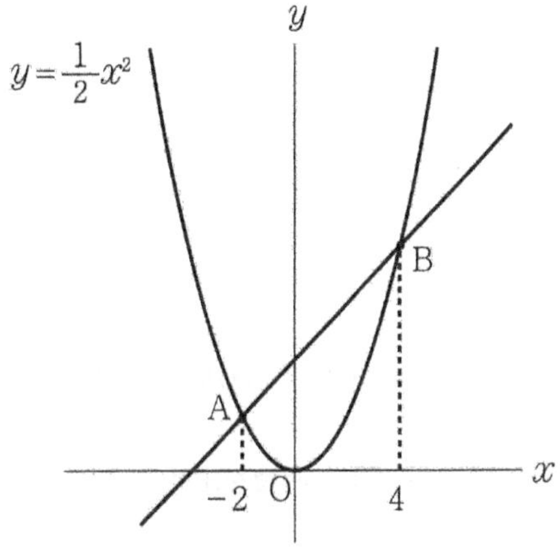

問 4　右の図Ⅱのように，直線 $x=t$ と関数 $y=\frac{1}{2}x^2$ のグラフの交点をP，直線 $x=t$ と直線ABの交点をQ，直線 $x=t$ と x 軸の交点をRとする。

このとき，次の(1)，(2)に答えなさい。

ただし，$t>4$ とする。

(1)　PQの長さを t を用いて表しなさい。

(2)　PQ：QR＝7：2となるとき，t の値を求めなさい。

図Ⅱ

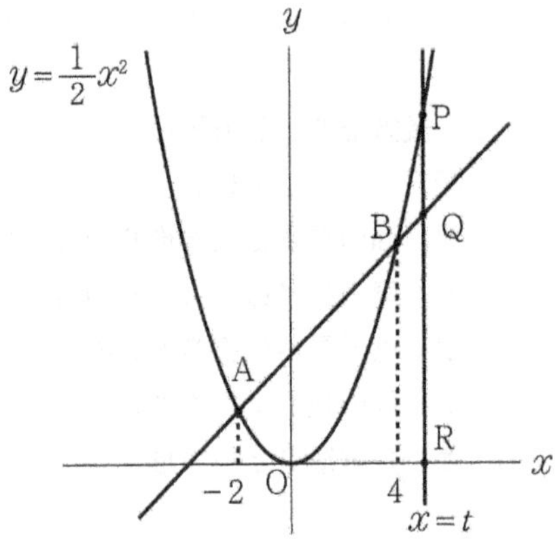

【問題5】 次の図Ⅰのように，AB＝5㎝，AD＝10㎝，∠BADが鈍角の平行四辺形ABCDがある。点Cから辺ADにひいた垂線が辺ADと交わる点をEとし，DE＝3㎝である。

このとき，あとの各問いに答えなさい。

図Ⅰ

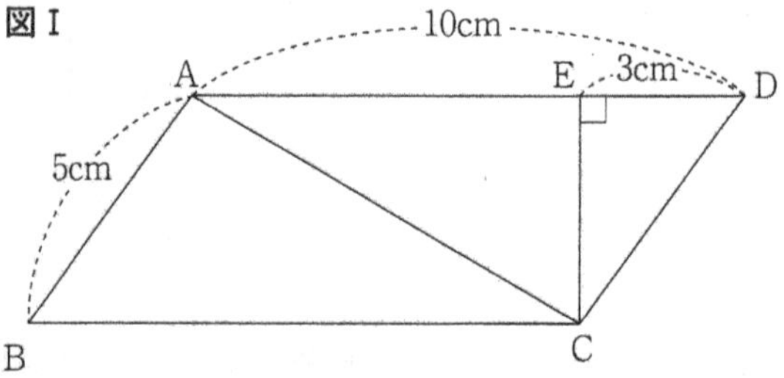

問1　△ACEの面積を求めなさい。

問2　次の図Ⅱのように，∠ADCの二等分線が辺BC，線分ACと交わる点をそれぞれF，Gとする。また，線分ACと線分BEの交点をHとする。

このとき，あとの(1)～(3)に答えなさい。

図Ⅱ

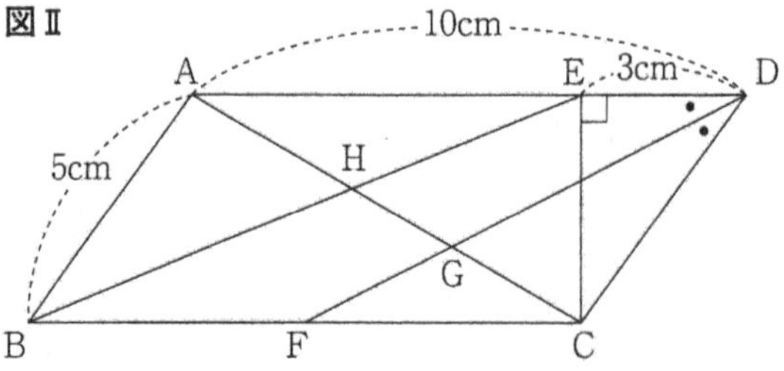

(1)　AH：HCを最も簡単な整数の比で答えなさい。

(2)　△CGFの面積を求めなさい。

(3)　AH：HG：GCを最も簡単な整数の比で答えなさい。

＜英語＞

時間　60分　満点　50点

【問題１】 放送を聞いて，次の各問いに答えなさい。

問１　No. 1 ～ No. 3 の英文を聞き，それぞれの英文の内容を最もよく表しているものを，次のア～エからひとつずつ選び，記号で答えなさい。英文は１回のみ放送します。

No. 1　ア　イ　ウ　エ

No. 2　ア　イ　ウ　エ

No. 3　ア　イ　ウ　エ

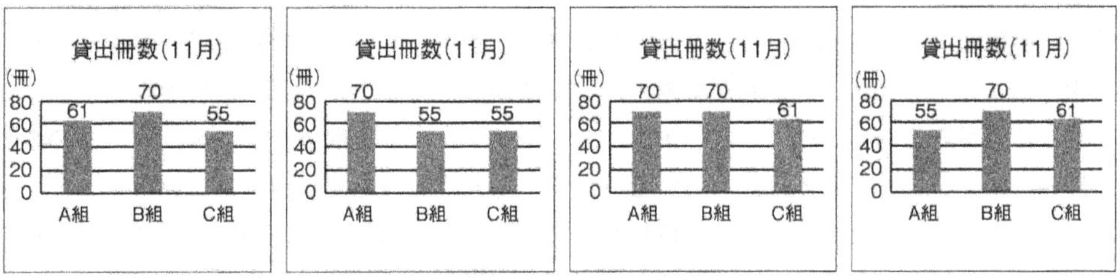

問２　No. 1，No. 2 の会話を聞き，それぞれの英語の質問に対する答えとして，最も適切なものを，次のア～エからひとつずつ選び，記号で答えなさい。会話は１回のみ放送します。

No. 1　〈留学中の女子生徒（Maya）と現地の男子生徒（Alex）との会話〉

【質問】 What are they talking about?

ア　Their school events.　　イ　Their plans for this weekend.

ウ　Their favorite baseball teams.　　エ　The movies they like.

No. 2　〈文化祭でダンスを披露する女子生徒（Emi）とブラウン先生（Mr. Brown との会話〉

【質問】 When will Emi's dance finish?

ア　About 11:00.　　イ　About 11:10.　　ウ　About 11:15.　　エ　About 11:25.

問３　ニュージーランドを訪問する予定である中学生のはるか（Haruka）さんと，友人のジョン（John）さんとの会話を聞き，はるかさんの滞在中の予定を表す順番になるように，次のア～エのイラストを並べかえ，記号で答えなさい。会話は２回放送します。

ア

イ

ウ

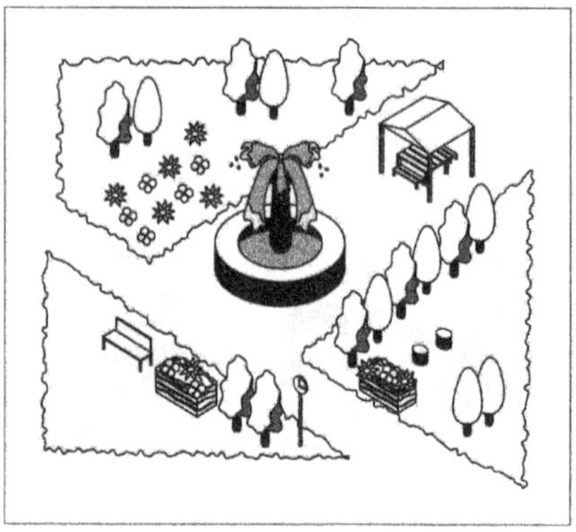

エ

問４ 中学生のまみ（Mami）さんは，テニス部に所属しています。ある日，アメリカからの留学生エミリー（Emily）さんがまみさんの家を訪問しました。翌日，留守番電話にエミリーさんからのメッセージが残されていました。そのメッセージを聞き，次の**メッセージの内容の一部**の（①），（②）にあてはまる適切な英語を，それぞれ**１語**で書きなさい。

また，まみさんはメッセージを聞いた後，スミス先生（Mr. Smith）に電話をし，質問をしました。あとの**スミス先生への質問**の（③）にあてはまる適切な表現を，**４語以上**の英語で書きなさい。英文は２回放送します。

メッセージの内容の一部

・Mami's（ ① ）is to be a famous tennis player. ・The English club will have a party for Emily on（ ② ）.

スミス先生への質問

・ Hello, Mr. Smith. This is Mami. I have a question. （ ③ ）in the English club? My friend, Emily, wants to know.

【問題２】 次の各問いに答えなさい。

問１　次のNo. 1 ～No. 3の会話を読み，（　）にあてはまる最も適切な英語を，それぞれ１語で答えなさい。

No. 1

Mother : I saw an English book on the table. Is it yours?
Son : Yes, it's (　　). I bought it yesterday.
Mother : Really? It looks interesting. Can I borrow it?

No. 2

Meg : Hello. This is Meg. May I (　　) to Yuto, please?
Yuto's father : Sorry, he's not here. Do you want to leave a message?
Meg : Yes. Could you tell him to come to my house at four o'clock?

No. 3

Miki : This is a new kind of rice made in Tottori.
Bob : Wow! It's so good. Does this rice have a name?
Miki : We (　　) it Hoshizora-mai. The name comes from Tottori's beautiful sky which has many stars.

問２　次のNo. 1，No. 2の英文を読み，（　）にあてはまる最も適切な英語を，次のア～エからひとつずつ選び，記号で答えなさい。

No. 1

I usually walk in the park in the evening. Then I start cooking dinner. Walking (　　) dinner always makes me hungry.

ア after　　イ before
ウ with　　エ over

No. 2

Don't take any food to the school library. You (　　) eat there.

ア should　　イ can
ウ don't have to　　エ must not

問３　次の会話を読み，（　）内の語を適切な形に変えたり，不足している語を補ったりして，会話が成り立つように英語を完成させなさい。

〈週明けに教室で〉

A：What did you do last weekend?
B：I went to the park with my friend.
(enjoy) playing soccer together for two hours.

【問題３】 カナダからの留学生のナンシー（Nancy）さんが学校から帰ると，ホストファーザー（ホームステイ先のお父さん）が料理をしていました。絵１～４は，そのときの２人の会話の様子を上から順に示したものです。これらの会話を読み，あとの各問いに答えなさい。

絵１

I'm home!
I'm so hungry...
Hi, Nancy.
Dinner will be ready soon.
（　①　）?

絵２

Sure.
What can I do?
Please cut three onions* and two carrots*.
OK.
（注）onion(s) たまねぎ
carrot(s) にんじん

絵３

Is it OK to throw away* these vegetable scraps* here?
（注）throw away ～　～を捨てる
vegetable scraps　野菜の皮や葉および切れはし
No. They are not garbage*. I'm going to use them to make one more dish.
（注）garbage ごみ
Really?
（　②　）?

絵４

I'm going to make vegetable soup.
It's good for our health and we can reduce* garbage too.
That's a good idea.

（注） reduce ～を減らす

問１　絵１の（①），絵３の（②）にあてはまる英文を，**それぞれ４語以上の一文**で書きなさい。ただし，I' mのような短縮形は１語として数え，符号（ ,や . など）は語数に含めないこととする。

問２　次の**スピーチ**は，ナンシーさんがホストファーザーとの会話で印象に残った日本語について述べたものです。これを読み，**スピーチ**の下線部の問いかけに対するあなたの考えを，あとの**条件**に従って書きなさい。

スピーチ

> Today, I want to talk about my favorite Japanese word. It is "mottainai." I learned this word when I was cooking with my host father*. We don't have an English word like that, but I think this word is important. For example, a lot of food is thrown away* at convenience stores*, supermarkets and restaurants every day. And we often buy too much food. Wasting* food is really "mottainai" and it is a big problem around the world now. But there are other "mottainai" problems in our daily life. <u>When do you feel "mottainai" and what can you do about the problem?</u>

（注）　host father　ホストファーザー（ホームステイ先のお父さん）
thrown away　throw away「～を捨てる」の過去分詞
convenience store(s)　コンビニエンスストア　　wasting　無駄にすること

条件

- **20語程度の英語**で書くこと。
- **主語・動詞を含む文**で書くこと。
- 会話や**スピーチ**で述べられている例以外の内容とすること。
- I'm のような短縮形は１語として数え，符号（ ,や . など）は**（例）**のように書き，語数に含めないこととする。
（例） 符号をつける場合の書き方：～ a boy , Tom .

【問題４】 次の会話は，中学３年生のかな（Kana）さんとヒル先生（Mr. Hill）との間で交わされたものです。あとの**グラフ**は，話の途中でヒル先生がかなさんに見せた，青少年のスマートフォンを使ったインターネットの利用時間に関する調査資料です。また，あとの**スピーチ**は，かなさんがスマートフォンの利用について実際に行った発表の原稿です。これらを読み，あとの各問いに答えなさい。

Kana : Good news! My friend, Takahiro, won the first place* at the piano contest yesterday!
Mr. Hill : That's great!
Kana : His parents were so happy. They bought a smartphone for him!
Mr. Hill : Oh, really? Kana, do you have a smartphone?
Kana : No, I don't. But my father says he will buy one for me when I'm a high school student. I can't wait!
Mr. Hill : Today, it is very important to learn how to use information technology*. A smartphone is a small computer. So it may be a good idea to have one when you are young. But when young people use smartphones, there are some problems, too.
Kana : I know. My older brother is using his smartphone too much and my mother is angry.
Mr. Hill : Look at this graph*, Kana. It shows how long Japanese students use smartphones to access* the internet in a day on weekdays*. Junior high school students use them for about 144 minutes a day.
Kana : That's a long time. Elementary school students spend less than* half of that time.
Mr. Hill : Yes. And boys are using them a little longer than girls at every age*. I especially worry about high school students because they use smartphones so much.
Kana : Wow, 208 minutes ... more than three hours a day!
Mr. Hill : What would happen if you used a smartphone for such a long time?
Kana : I get home at six o'clock after school, and go to bed at ten. If I used it for three hours each day, I would have no time to study or talk with my family.
Mr. Hill : Yes. I worry about ①that.
Kana : Before we graduate*, maybe we need to learn more about this problem. I will choose this topic* for my speech next week.

（注） the first place 1位 information technology 情報技術

graph　グラフ　　access　～にアクセスする，つなぐ　　on weekdays　平日に
less than ～　～より少ない　　age　年代　　graduate　卒業する　　topic　話題

グラフ

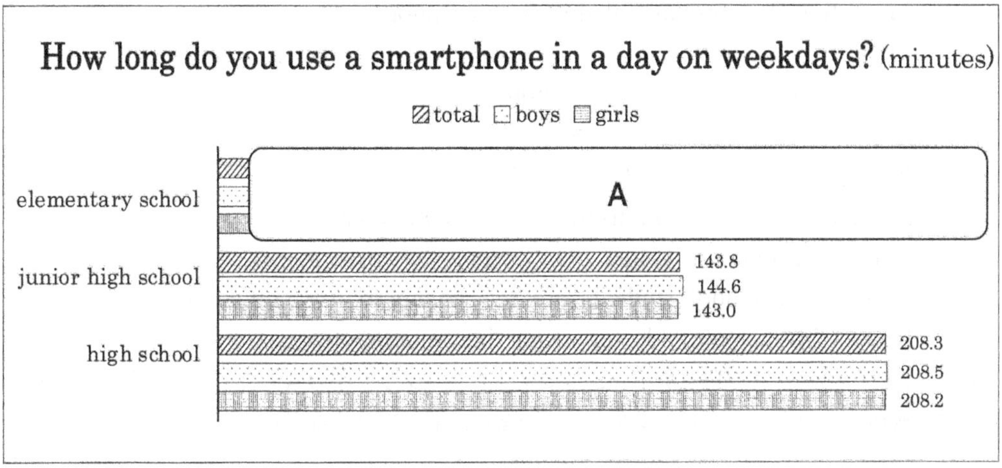

※「令和２年度青少年のインターネット利用環境実態調査」(内閣府 2021) より作成

スピーチ

Do you have a smartphone? With smartphones, we can get information easily. We can talk with friends anytime*. Playing games and watching movies on smartphones are fun!

However, what happens if we use smartphones too much? There are some problems. For example, we cannot concentrate on* studying if we send and receive messages all the time. Also, by looking at the screens* for a long time, our eyesight* will get very weak. And they keep our brains too excited at night, so we cannot sleep well. It may be bad for our health.

So, I talked with my parents and we set* three rules*. First, I will turn off* my smartphone when I study. Second, after I use it for an hour, I will stop using it (②). Third, to sleep well, I will not use it in bed. I'll follow* these rules when I get one.

A smartphone is a wonderful tool*. But if we are not careful, smartphones may make our school lives difficult. We should find a good way to live with smartphones. If we can, our lives will become more convenient and fun.

(注)　anytime　いつでも　　concentrate on ～　～に集中する　　screen(s)　画面　　eyesight　視力
set　set「～を定める」の過去形　　rule(s)　ルール　　turn off ～　～の電源を切る
follow　～を守る　　tool　道具

問1　２人の会話から分かることとして，最も適切なものを，次の**ア**～**エ**からひとつ選び，記号で答えなさい。

ア　Kana is very good at music.
イ　Mr. Hill is looking at Takahiro's smartphone.
ウ　Mr. Hill is telling Kana about Takahiro's good news.
エ　Kana wants to have a smartphone.

問2　会話の内容から判断して，**ヒル先生の意見**を表しているものとして，最も適切なものを，次の**ア**～**エ**からひとつ選び，記号で答えなさい。

ア　A smartphone is more useful than a computer.
イ　It may be OK for young people to have smartphones.
ウ　Junior high school students are too young to use computers.
エ　Kana's brother should stop using his smartphone.

問3　会話の中で，ビル先生がかなさんに見せている**グラフ**中の**A**の部分を補ったものとして，最も適切なものを，次の**ア**～**エ**からひとつ選び，記号で答えなさい。

ア

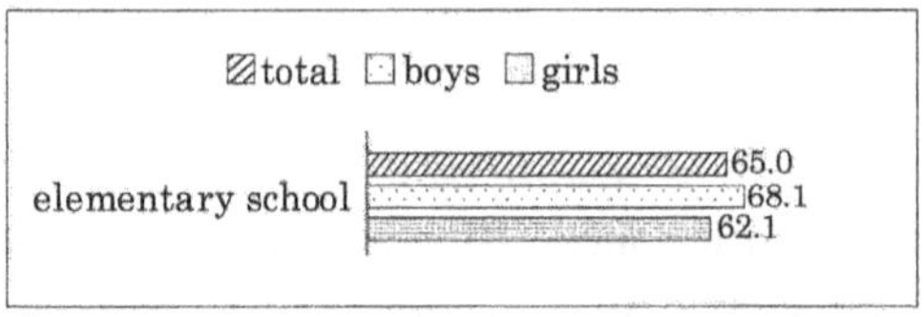

イ

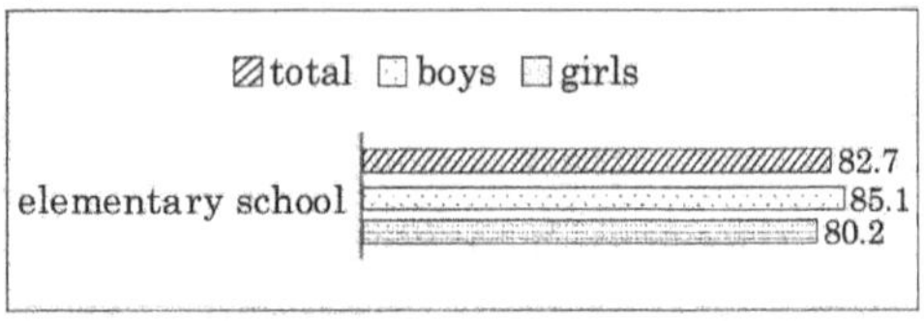

ウ

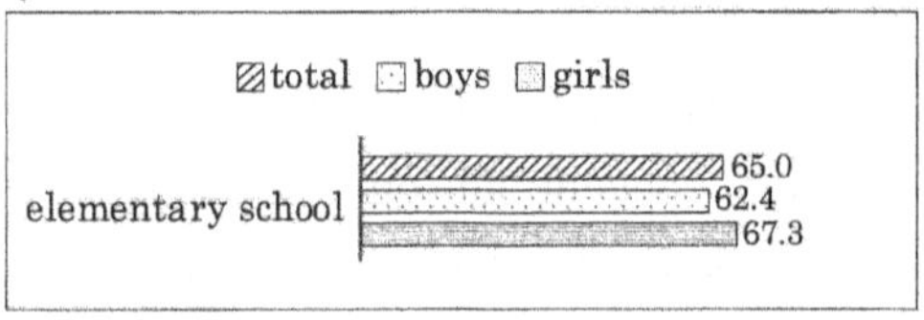

エ

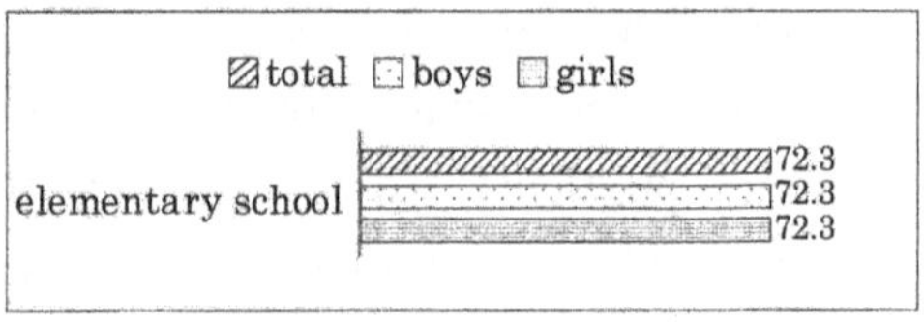

問4　会話の下線部①はどのようなことを表していますか。次の（　）にあてはまるように**30字以内の日本語**で答えなさい。ただし，句読点も１字に数えることとする。

「スマートフォンを（　　　　　　　）こと。」

問5　**スピーチ**の内容から判断して，**スピーチ**の（②）にあてはまる英語として，最も適切なものを，次の**ア**～**エ**からひとつ選び，記号で答えなさい。

ア　to ask questions about my homework
イ　to give my eyes some rest
ウ　to make my brain excited
エ　to send messages to my friends

問6　**スピーチ**において，かなさんが伝えたい内容と一致する英文として，最も適切なものを，次の**ア**～**エ**からひとつ選び，記号で答えなさい。

ア　Using smartphones for a long time is good for students' health.
イ　Parents should not buy smartphones for their children until they are older.
ウ　Strong rules are needed when we use smartphones at school.
エ　We should be good users of smartphones and enjoy our lives with them.

【問題5】 次の英文は，アメリカに住む中学生のニック（Nick）さんの物語です。これを読み，あとの各問いに答えなさい。

Nick was a member of the basketball team in his junior high school. He was the best player on the team, but there were only eight members and the team never won a game. So, Nick wanted to make his team stronger.

It was just a month before the final* tournament of the year. The other seven players wanted to win, but were not confident*. Nick sometimes got angry when the other players did not play well. He even said some bad words to them. ① The members of the team began to be quiet. The coach* worried about the team.

The team had a practice* game just three weeks before the tournament. In the game, Nick often played without passing* the ball to the other players. At the end of the game, one player on Nick's team was standing near the basket*, and everyone wanted Nick to pass the ball to him. But Nick didn't do so, and took a shot*. The ball did not go through the net* and they lost* the game. Nick thought it was the biggest mistake* he made in the game. After the game, ② Nick couldn't look at his teammates*. And they did not say anything to him. There was a long silence*.

The next week, Nick was always thinking about the game. He went to school, but did not practice with the team. He practiced alone at a park near his house. But it was not fun.

One night, Nick's coach visited him and said, "Your teammates are practicing hard every day. They are waiting for you." The coach gave Nick a piece of paper. Many messages were written on it. "It is not your fault*." "We need you." When Nick was reading the messages from his teammates, ③ he cried, and then began to feel something warm in his heart*.

The next day, Nick came back to the team. He told his new feelings* to the other members. "Thank you for your messages. Now I know what is important for me. I want to play with you all."

They started playing as one team again. During practice, Nick passed* the balls many times, jumped* higher than before, and said to his teammates, "You can do it!" and "Nice!" Those words made them feel confident and play harder. Nick thought the team was getting (④). It was the first time for Nick to enjoy playing with his team. Nick was not alone anymore.

The final tournament began. Surprisingly*, Nick's team went to the final game. In the game, all the players did their best, but they lost. (⑤).

Nick thought the sky was beautiful when he went home after the game.

（注） final 最後の　confident 自信のある　coach コーチ　practice 練習
passing pass「(ボールを) パスする」の～ing形　basket (バスケットボールの) ゴール

took a shot　take a shot 「シュートをする」の過去形（shot「シュート」）
net （バスケットボールの）リング　lost　lose「～に負ける」の過去形　mistake　失敗
teammate　チームメイト　silence　沈黙　fault　責任　heart　心　feeling(s)　気持ち
passed　pass の過去形　jumped　jump「とぶ」の過去形　surprisingly　驚いたことには

問1　本文の内容から判断して，下線部①の様子を表しているものとして，最も適切なものを，次の**ア**～**エ**からひとつ選び，記号で答えなさい。

ア　ニックがコーチの言うことを聞かないので困っている様子。
イ　試合前にニックの上手なプレーを見て緊張している様子。
ウ　緊張感のないニックのプレーに対してうんざりしている様子。
エ　ニックの乱暴な言葉のせいでチームの雰囲気が悪くなっている様子。

問2　本文の内容から判断して，下線部②のニックのチームメイトへの気持ちとして，最も適切なものを，次の**ア**～**エ**からひとつ選び，記号で答えなさい。

ア　You have to practice more.　Let's practice hard tomorrow.
イ　I am sorry.　We lost the game because I made a mistake.
ウ　My last shot did not go through the net, but it was a small mistake.
エ　We could not win, but the game was exciting.

問3　下線部③について，ニックがこのような様子になったのはなぜですか。その理由を，それまでのニックのチームメイトに対する態度をふまえて，**45字以内の日本語**で答えなさい。ただし句読点も１字に数えることとする。

問4　本文の内容から判断して，（④）にあてはまる英語を，１語で答えなさい。

問5　本文の内容から判断して，（⑤）にあてはまる英文として，最も適切なものを，次の**ア**～**エ**からひとつ選び，記号で答えなさい。

ア　Nick was angry because they did not win the final game.
イ　Nick was sad because all the players did not play well.
ウ　Nick did not feel sad because he had a good time with his teammates.
エ　Nick was happy because he played better than the other players.

問6　本文の内容をふまえて，次の**質問**に対するあなたの考えを，**10語程度の英語**で書きなさい。ただし，I'm のような短縮形は１語として数え，符号（ , や . など）は，**（例）**のように書き，語数に含めないこととする。

質問　In this story, Nick learned something important from basketball.　What was it?

（例）　符号をつける場合の書き方：～　a　boy　,　Tom　.

＜理科＞　時間　50分　満点　50点

【問題１】 次の**会話**は，**れいこさん**と**はるとさん**が，国の天然記念物に指定されている鳥取市のハマナスの花を見に行ったときのものである。次の**図**は，ハマナスの写真である。あとの各問いに答えなさい。

図

「鳥取県地域づくり推進部文化財課」ホームページより

会話

れいこさん	きれいな①花だね。以前見た，アブラナの花もきれいだったね。ハマナスやアブラナは何のために花を咲かせているのかな。
はるとさん	②ハマナスやアブラナのような被子植物は　生殖のために花を咲かせているんだ。花が咲いて，しばらくすると種子ができるんだ。ハマナスもアブラナも③双子葉類のなかまだよ。
れいこさん	被子植物以外の植物でも種子ができるのかな。
はるとさん	裸子植物は種子をつくるけれど，④シダ植物やコケ植物は，種子をつくらないよ。シダ植物やコケ植物は（　　　）をつくって子孫をふやすんだよ。

問１　**会話**の下線部①について，**はるとさん**は，ハマナスの花のつくりを観察したところ，ハマナスとアブラナの花では，おしべ，めしべ，がく，花弁の花の各部分が外側から内側へ同じ順番で並んでいることがわかった。これらの花において，花の各部分が並んでいる順番として，最も適切なものを，次の**ア**～**エ**からひとつ選び，記号で答えなさい。

	花の各部分が並んでいる順番 外側 ──────→ 内側			
ア	がく	花弁	おしべ	めしべ
イ	花弁	がく	おしべ	めしべ
ウ	がく	花弁	めしべ	おしべ
エ	花弁	がく	めしべ	おしべ

問２　**会話**の下線部②について，被子植物の有性生殖に関する文として，最も適切なものを，次の**ア**～**エ**からひとつ選び，記号で答えなさい。

ア　花粉がめしべの柱頭につくことを受精という。

イ　花粉管の中を卵細胞が移動する。

ウ　受精卵が胚に成長し，胚珠全体が果実になる。

エ　精細胞の核は胚珠の中の卵細胞の核と合体する。

問3　**会話**の下線部③について，双子葉類の特徴として，最も適切なものを，次の**ア**～**エ**からひとつ選び，記号で答えなさい。

ア　子葉が1枚である。　　**イ**　葉脈が平行脈である。

ウ　茎の維管束が輪のように並ぶ。　　**エ**　根がひげ根である。

問4　**会話**の下線部④について，次の**ア**～**オ**の植物のうち，シダ植物であるものを**すべて**選び，記号で答えなさい。

ア　イヌワラビ　　**イ**　スギ　　**ウ**　ゼンマイ　　**エ**　スギナ　　**オ**　ソテツ

問5　**会話**の（　）にあてはまる，最も適切な語を答えなさい。

【問題2】**物質A～D**は，白い粉末状の，砂糖，かたくり粉，硝酸カリウム，塩化ナトリウムのいずれかである。これらの**物質A～D**が何であるかを明らかにするために，次の**実験1**，**実験2**を行った。あとの**会話**は，**実験1**を行ったあとに，**ゆきこさん**と**たいちさん**が話し合ったものである。あとの各問いに答えなさい。

実験1

操作1　**図1**のように，**物質A～D**をそれぞれ炎の中に入れて強く加熱する。

操作2　**操作1**で物質が燃えた場合は，**図2**のように，物質が燃えている状態の燃焼さじを石灰水の入った集気びんに入れる。火が消えたら燃焼さじをとり出し，集気びんにふたをして，よく振り，石灰水のようすを調べる。

操作3　4本の試験管に20℃の水を5 cm^3(5 g)ずつとり，0.5gずつはかりとった**物質A～D**を，**図3**のように，それぞれ別々の試験管に入れてよく振り，水へのとけやすさを調べる。

図1

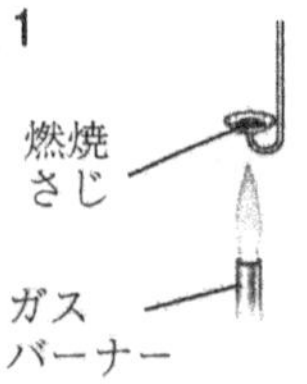

図2

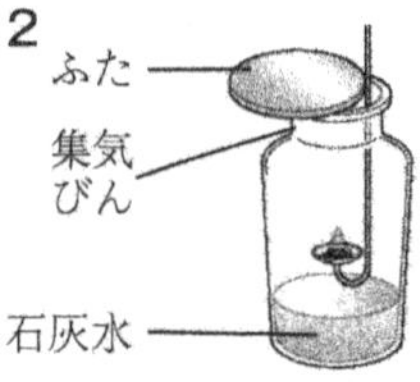

図3

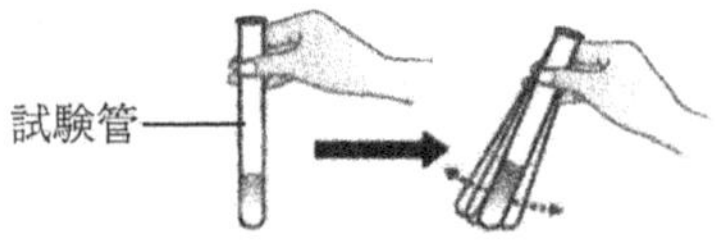

表1は，**実験1**の結果をまとめたものである。

表1

	物質A	**物質B**	**物質C**	**物質D**
操作1の結果	炎を出して燃えた	炎を出して燃えた	燃えずに，白い粉が残った	燃えずに，白い粉が残った
操作2の結果	石灰水が白くにごった	石灰水が白くにごった	—	—
操作3の結果	ほとんどとけなかった	すべてとけた	すべてとけた	すべてとけた

問1　**操作2**の結果で，石灰水が白くにごったことで，**物質A**と**物質B**に共通して含まれていたことがわかる元素は何か，元素名で答えなさい。

問2　**問1**の元素を含む物質を，次の**ア**～**オ**から**すべて**選び，記号で答えなさい。

ア　マグネシウム　　**イ**　ポリエチレン　　**ウ**　エタノール

エ　アンモニア　　**オ**　炭酸ナトリウム

問3　**操作3**で，**物質B**がすべてとけたとき，この水溶液の質量パーセント濃度は何％か，小数第1位を四捨五入して，整数で答えなさい。

会話

> **ゆきこさん**　**実験1**の結果から，**物質A**はかたくり粉で，**物質B**は砂糖とわかったけど，**物質C**と**物質D**は，どうしたら特定できるかな。
>
> **たいちさん**　一定量の水にとける物質の質量は，物質の種類と温度によって決まっているから，水の温度を変えながら，とけやすさをくらべてみよう。

実験2

操作1　2本の試験管に10℃の水を5 cm^3（5 g）ずつとり，一方の試験管に**物質C**を，もう一方の試験管に**物質D**をそれぞれ4 g入れて，よく振り混ぜる。

操作2　**図4**のように，2本の試験管を加熱し，ビーカー内の水の温度が20℃になったら，試験管をとり出して振り混ぜ，試験管内のようすを観察する。

操作3　**操作2**と同様に加熱していき，ビーカー内の水の温度が30℃，40℃，50℃，60℃になったら，それぞれ試験管をとり出して振り混ぜ，試験管内のようすを観察する。

図4

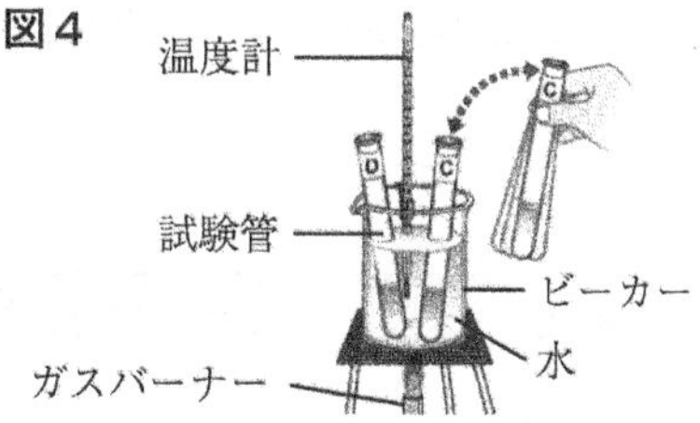

図5

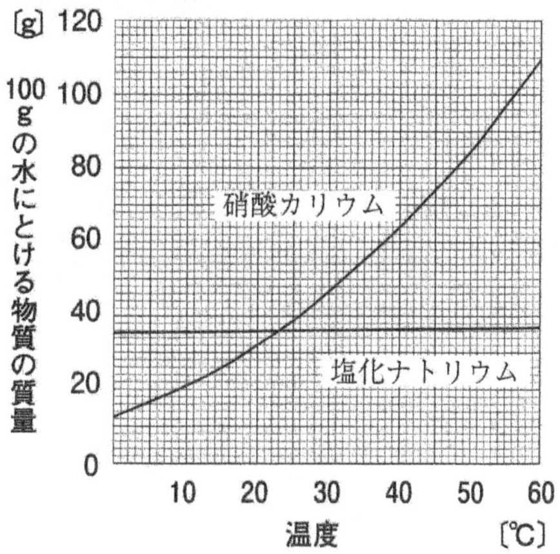

図5は，硝酸カリウムと塩化ナトリウムについて，温度と溶解度の関係を表したものである。なお，加熱による水の蒸発は考えないものとしビーカー内の水の温度と試験管内の水溶液の温度は同じものとする。

問4　**実験2**の結果から，**物質C**は塩化ナトリウム，**物質D**は硝酸カリウムであることがわかった。**実験2**の結果として，最も適切なものを，次の**ア**～**エ**からひとつ選び，記号で答えなさい。

	実験2の結果
ア	**物質C**は，すべての温度でとけ残り，**物質D**は，20℃のときはとけ残ったが，30℃，40℃，50℃，60℃のときはすべてとけた。
イ	**物質C**は，すべての温度でとけ残り，**物質D**は，20℃，30℃のときはとけ残ったが，40℃，50℃，60℃のときはすべてとけた。
ウ	**物質C**は，すべての温度でとけ残り，**物質D**は，20℃，30℃，40℃のときはとけ残ったが，50℃，60℃のときはすべてとけた。
エ	**物質C**は，すべての温度でとけ残り，**物質D**は，20℃，30℃，40℃，50℃のときはとけ残ったが，60℃のときはすべてとけた。

問5　図5から考えると，実験2の操作2で20℃のときにとけ残った塩化ナトリウムは何gか，小数第2位を四捨五入して，小数第1位まで答えなさい。

【問題3】物体がもつエネルギーについて調べるために，次の実験1～実験3を行った。あとの各問いに答えなさい。ただし，摩擦や空気の抵抗は考えないものとする。

実験1

操作1　図1のような実験装置を組み立て，力学的エネルギー実験器の調節ねじを適度にしめる。

操作2　小球の速さを変えて打ち出すことができる発射装置を使って，15gの小球をくいに当て，くいの移動距離を調べる。

操作3　質量が異なる小球に変えて，操作2と同様にくいの移動距離を調べる。このとき，速さ測定器が1.6m/sの速さを示すように，発射装置を調節して小球を転がす。

図1

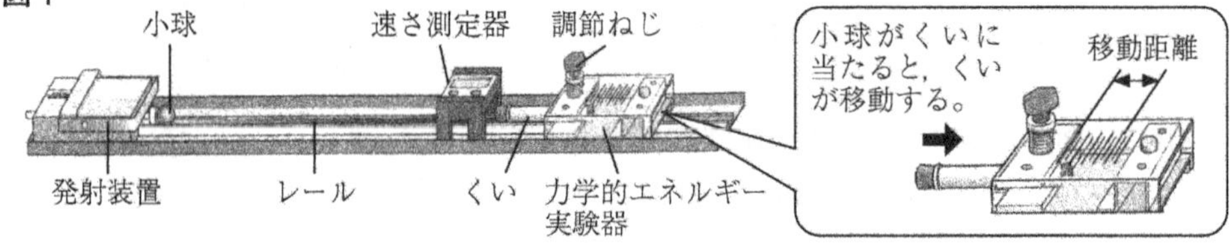

表1，表2はそれぞれ操作2，操作3の結果をまとめたものである。また，図2は表1をグラフに表したものである。

表1

小球の速さ〔m/s〕	くいの移動距離〔cm〕
1.2	0.5
1.6	0.9
1.8	1.1

表2

小球の質量〔g〕	くいの移動距離〔cm〕
10	0.6
15	0.9
25	1.5

図2

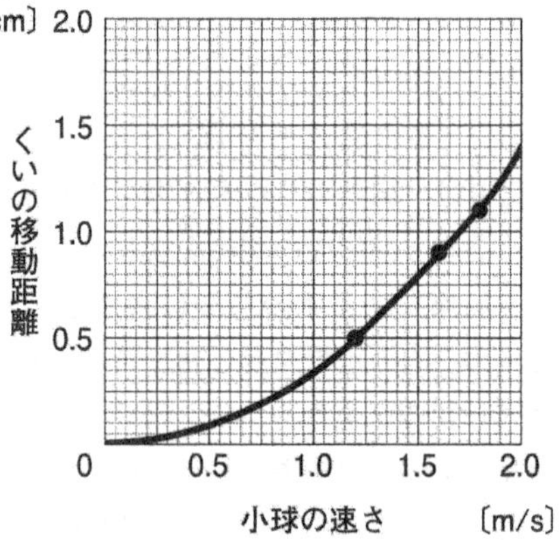

問1　表2をもとに，小球の質量とくいの移動距離との関係を表すグラフをかきなさい。

問2　実験1の結果から，小球のもつ運動エネルギーの大きさと，小球の速さや質量との関係について述べたものとして，最も適切なものを，次のア～エからひとつ選び，記号で答えなさい。

ア　小球のもつ運動エネルギーの大きさは，小球の速さや質量が大きいほど大きい。

イ　小球のもつ運動エネルギーの大きさは，小球の速さや質量には関係しない。

ウ　小球のもつ運動エネルギーの大きさは，小球の速さが大きいほど大きいが，質量には関係しない。

エ　小球のもつ運動エネルギーの大きさは，小球の質量が大きいほど大きいが，速さには関係しない。

実験２

図３のように，おもりに伸び縮みしない糸をつけて，天井の点Ｏからつるし，おもりの最下点Ｂから糸がたるまないように点Ａまで持ち上げ，静止させたあと，静かに手を離し，振り子の運動を観察する。

図３

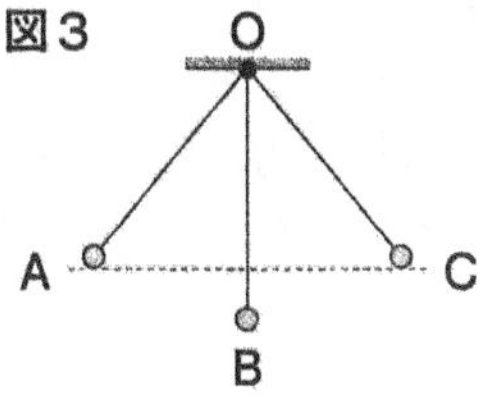

問３　おもりは図３の点Ｂを通り，点Ａと同じ高さの点Ｃに移動した。このときの運動エネルギーと位置エネルギーの変化のようすを表している図として，最も適切なものを，次のア～エからひとつ選び，記号で答えなさい。ただし，横軸はおもりの位置を表し，縦軸はおもりが点Ａの位置にあるときの位置エネルギーを１としたときのエネルギーの大きさを表している。また，図中の実線は運動エネルギーを，点線は位置エネルギーを表している。

ア

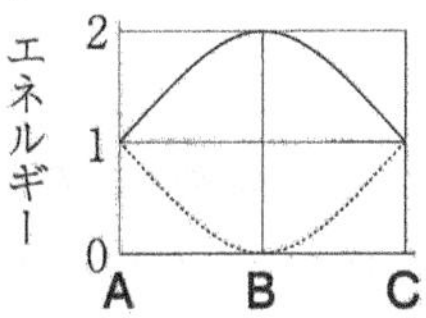

イ

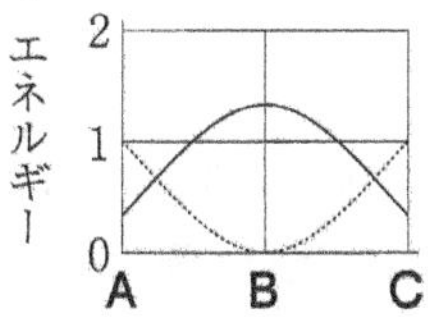

ウ

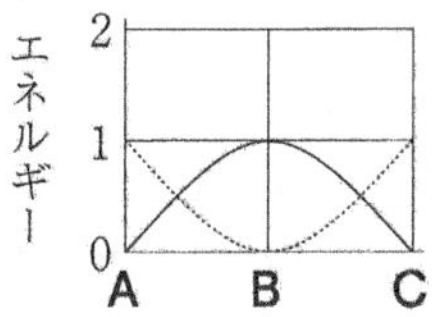

エ

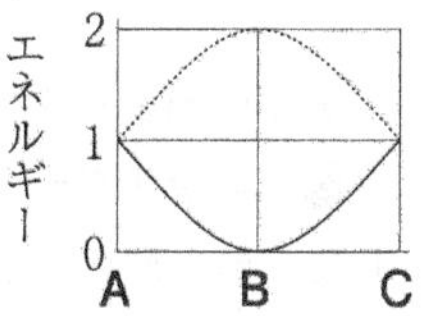

実験３

図４のように，実験２で使用した振り子の点Ｏから点Ｂまでの距離のちょうど半分の位置である点Ｐにくぎを打ち，糸がたるまないようにしておもりを点Ａまで持ち上げ，静止させたあと，静かに手を離し，振り子の運動を観察する。

図４

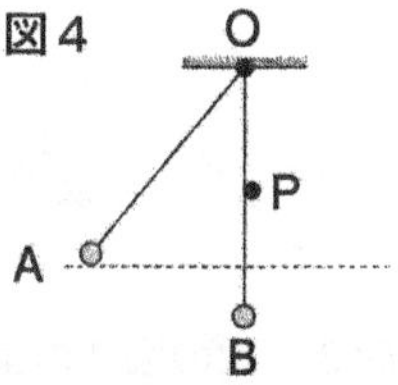

問４　おもりは図５の点Ｄ～Ｈのどの位置まで上がるか，最も適切なものをひとつ選び，記号で答えなさい。

図５

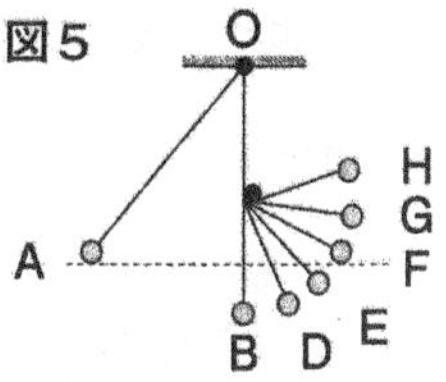

問５　次の文は，実験２，実験３の結果について，まとめたものである。文の（①），（②）にあてはまるものの組み合わせとして，最も適切なものを，あとのア～エからひとつ選び，記号で答えなさい。

文

実験３でおもりが点Ｂを通過したときの速さは，実験２でおもりが点Ｂを通過したときの速さ（　①　）。また，実験３でおもりが点Ｂから上がって静止する位置まで移動した時間は，実験２でおもりが点Ｂから点Ｃまで移動した時間（　②　）。

	（　①　）	（　②　）
ア	と等しい	と等しい
イ	と等しい	より短くなる
ウ	より速くなる	と等しい
エ	より速くなる	より短くなる

【問題４】 次の図１は，日本付近の低気圧と前線について，あとの図２は，図１の低気圧と前線が真東に進むようすについて，次のページの図３は，地球規模での大気の動きについて，それぞれ模式的に表したものである。あとの**会話**は，**かおるさんとりょうさん**が，図３をみて，話し合ったものである。あとの各問いに答えなさい。

図１

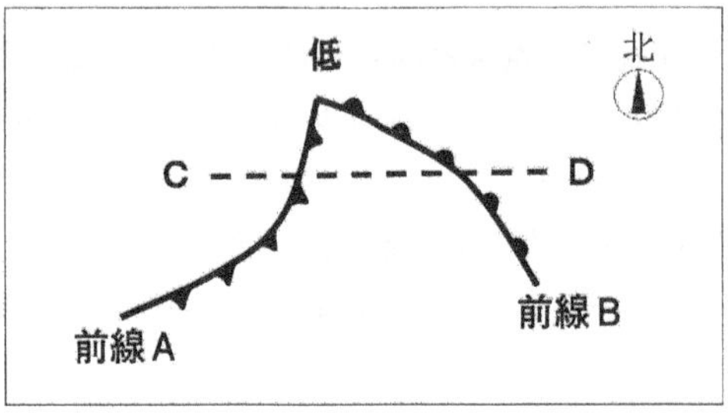

問１　図１の**前線B**を何というか，答えなさい。

問２　図１の**点線C---D**における地表面に対して垂直な断面を考えるとき，前線付近のようすとして，最も適切なものを，次の**ア**～**エ**からひとつ選び，記号で答えなさい。ただし，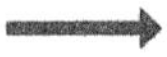は暖気（暖かい空気）の動きを表している。

ア　イ　ウ　エ

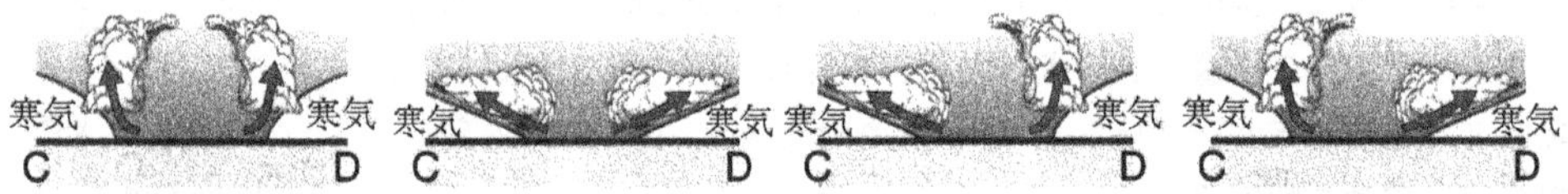

問３　次の図２のように，図１の低気圧と前線が真東に進んだとき，**地点E**（●印）の天気はどのように変化していくと考えられるか，あとの**ア**～**エ**を変化する順に並べ，記号で答えなさい。

図２

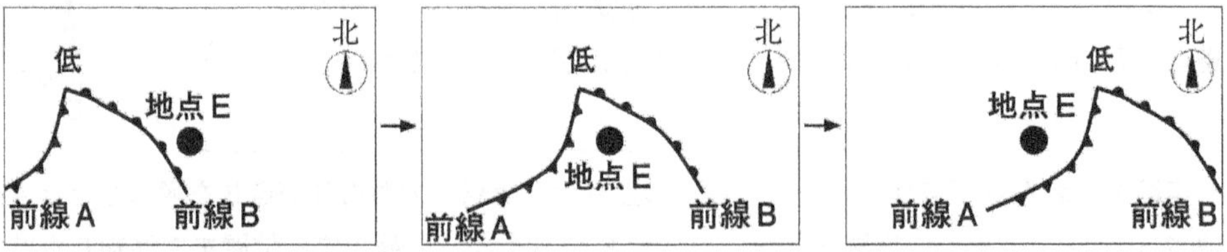

ア　南よりの風に変わり，気温が上がる。
イ　積乱雲が発達して，強いにわか雨が降る。
ウ　広い範囲にわたって雲ができ，長い時間雨が降る。
エ　北よりの風に変わり，気温が急に下がる。

会話

かおるさん	日本付近の低気圧や移動性高気圧はなぜ，西から東に移動することが多いのかな。天気も西から東に移り変わることが多いね。

りょうさん　そうだね。調べてみると，地球規模の大気の動きが関係しているようなんだ。地表が太陽から受ける光の量は，同じ面積では低緯度地方のほうが大きくなるから，緯度によって気温のちがいが生じて，地球規模での大気の動きが起こる原因になるんだ。

かおるさん　**図３**を見ると，赤道付近の地表は気圧が（　①　）い部分，極付近の地表は気圧が（　②　）い部分になっていることがわかるね。

りょうさん　中緯度の上空では，**図３**のａやｂのような西よりの風が１年中ふいていて，この風に押し流されて，低気圧や移動性高気圧は西から東に移動するんだ。

図３

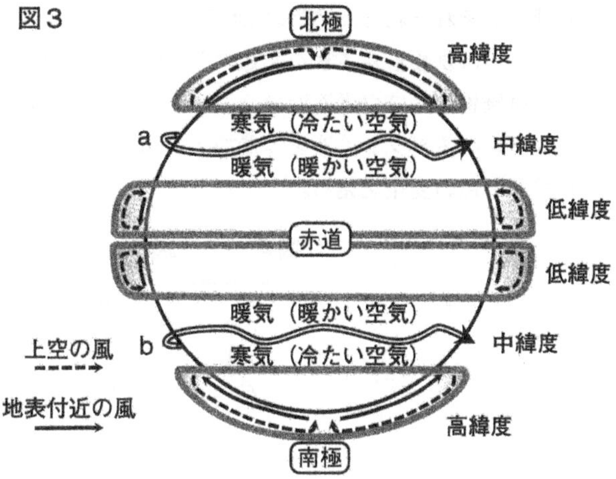

問４　**会話**の（①），（②）にあてはまる，最も適切な語を，それぞれ答えなさい。

問５　**会話**の下線部について，中緯度上空を１年中ふいている西よりの風を何というか，答えなさい。

【問題５】 次の**会話１**は，**けんたさん**と**さつきさん**が，ヒトの生命を維持するはたらきについて，話し合ったものである。また，**会話２**は，**けんたさん**と**さつきさん**が，唾液のはたらきを調べるために行った**実験**の結果について話し合ったものである。あとの各問いに答えなさい。

会話１

けんたさん　ヒトは，細胞内で，酸素を使って栄養分を分解することで，エネルギーをとり出すことができるよね。

さつきさん　ヒトのからだには，酸素をとり入れて二酸化炭素を排出する，ガス交換に関わる器官があるよね。

けんたさん　それと，ヒトは食物を消化液で消化することができるから，エネルギーをとり出すための栄養分を吸収することができるよね。

さつきさん　この消化液には，唾液があるよね。実際に，唾液のはたらきについて調べてみよう。

問１　会話１の下線部について，図１は，この器官の構造の一部を模式的に表したものである。次の(1)，(2)に答えなさい。

(1)　図１のＡのような，多数の小さな袋の名称を答えなさい。

(2)　この器官には，図１のＡのような多数の小さな袋があることで，酸素と二酸化炭素のガス交換の効率がよくなる。その理由を答えなさい。

図１

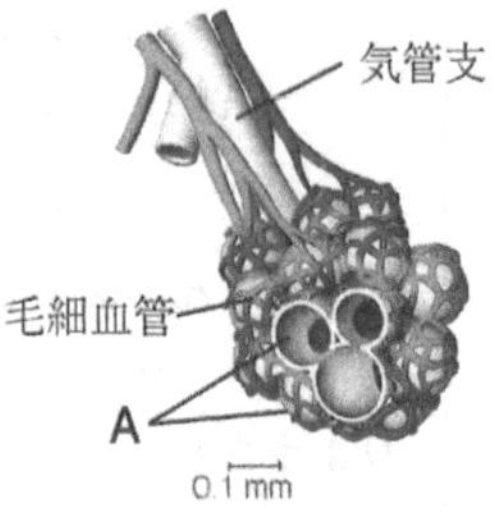

実験

操作１　図２のように，２本の試験管Ａ，Ｂに１％デンプンのりをそれぞれ５㎤ずつ入れる。さらにうすめた唾液をそれぞれ２㎤ずつ加える。

操作２　図３のように，２本の試験管Ａ，Ｂを40℃の湯の中に10分間入れる。

操作３　図４のように，試験管Ａにヨウ素溶液を２，３滴加え，色の変化を見る。また，図５のように，試験管Ｂにベネジクト溶液を少量加え，沸とう石を入れ，軽く振りながらガスバーナーで加熱し，色の変化を見る。

図２

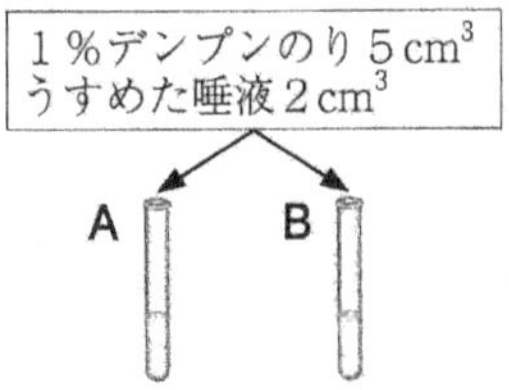

図３

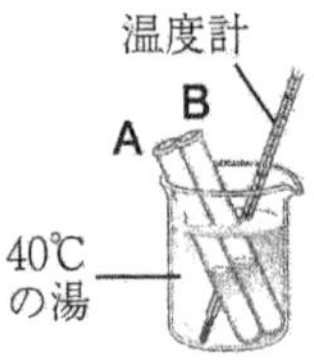

図４

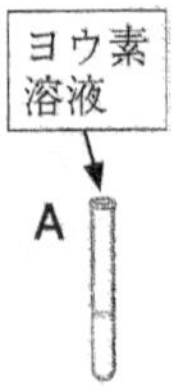

図５

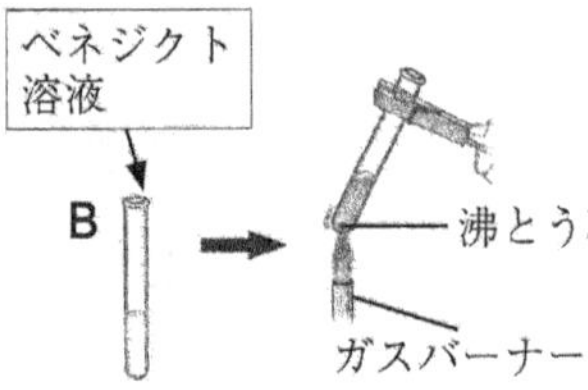

次の表は，実験の結果についてまとめたものである。

表

試験管Ａ，Ｂに入れるもの	試験管Ａで観察された ヨウ素溶液の色の変化	試験管Ｂで観察された ベネジクト溶液の色の変化
１％デンプンのり５㎤ うすめた唾液２㎤	（　①　）	（　②　）

問２　表の（①），（②）にあてはまるものの組み合わせとして，最も適切なものを，次のア～エからひとつ選び，記号で答えなさい。

	（　①　）	（　②　）
ア	青紫色に変化した	赤褐色に変化した
イ	変化しなかった	赤褐色に変化した
ウ	青紫色に変化した	変化しなかった
エ	変化しなかった	変化しなかった

会話２

けんたさん　この実験の結果からわかることは，40℃で，唾液のはたらきによってデンプンが分解されたということだね。

さつきさん　でも，この**実験**の結果だけでは，唾液のはたらきによるとはいい切れないよ。
それを確かめるために，追加の実験をしてみようよ。

問３　「デンプンが分解されたのは，唾液のはたらきによるものである」ことを確かめるために，追加の実験を行った。なお，追加の実験では，新たに２本の試験管を用意し，**実験**の**操作１**で試験管に入れたものと異なるものを２本の試験管に入れ，**操作２**，**操作３**と同様の操作を行った。追加の実験で使用したものと，実験結果について，最も適切なものを，次の**ア**～**エ**からひとつ選び，記号で答えなさい。

	追加の実験で使用したもの	ヨウ素溶液の色の変化	ベネジクト溶液の色の変化
ア	水７cm^3	変化しなかった	赤褐色に変化した
イ	水７cm^3	青紫色に変化した	変化しなかった
ウ	１％デンプンのり５cm^3 水２cm^3	変化しなかった	赤褐色に変化した
エ	１％デンプンのり５cm^3 水２cm^3	青紫色に変化した	変化しなかった

問４　唾液のはたらきによってデンプンが分解されるのは，唾液に含まれる消化酵素のはたらきによるものである。この消化酵素は何か，答えなさい。

【問題６】　金属のイオンへのなりやすさのちがいと電池のしくみについて調べるために，次の**実験１**，**実験２**を行った。あとの各問いに答えなさい。

実験１

操作１　図１のように，試験管に無色の硝酸銀（$AgNO_3$）水溶液を入れる。
操作２　硝酸銀水溶液に銅線（Cu）を入れて，静かに置いておく。

図１

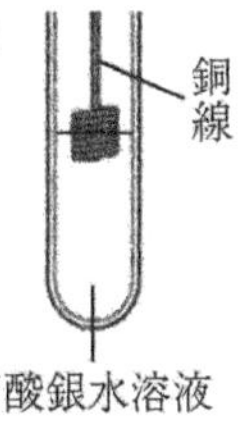

問１　硝酸銀は水にとけると，陽イオンと陰イオンに分かれる。このように，水にとけて物質が陽イオンと陰イオンに分かれることを何というか，答えなさい。

問２　**実験１**では，硝酸銀水溶液に銅線を入れると，銅線のまわりに銀色の結晶が現れ，樹木の枝のように成長していくようすと，水溶液の色の変化が観察できた。次の**文１**は，水溶液の色の変化について説明したものである。**文１**の（①）にあてはまるイオンの名称と，（②）にあてはまる色の組み合わせとして，最も適切なものを，次のページの**ア**～**エ**からひとつ選び，記号で答えなさい。

文１

硝酸銀水溶液に銅線を入れると，水溶液中に（　①　）が生じたため，水溶液が（　②　）色に変化した。

	（ ① ）	（ ② ）
ア	銀イオン	赤褐
イ	銀イオン	青
ウ	銅イオン	赤褐
エ	銅イオン	青

問３　**実験１**で，硝酸銀水溶液に銅線を入れ，銅線のまわりに銀色の結晶が現れたときの反応について，次の**化学反応式**を完成させなさい。

化学反応式

$$2Ag^{+} \quad + \quad Cu \qquad \rightarrow$$

実験２

操作１　図２のようなダニエル電池の装置をつくる。

操作２　図３のように，ダニエル電池に，光電池用のプロペラつきモーターをつなぎ，モーターが回転したことを確認し，しばらくつないだままにした後，金属板の表面を観察する。

図２

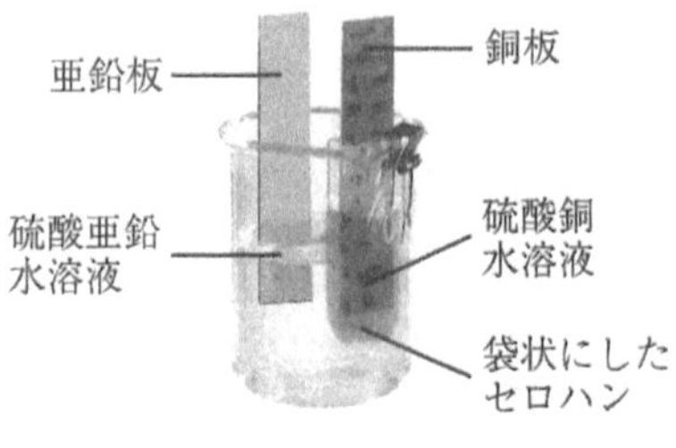

図３

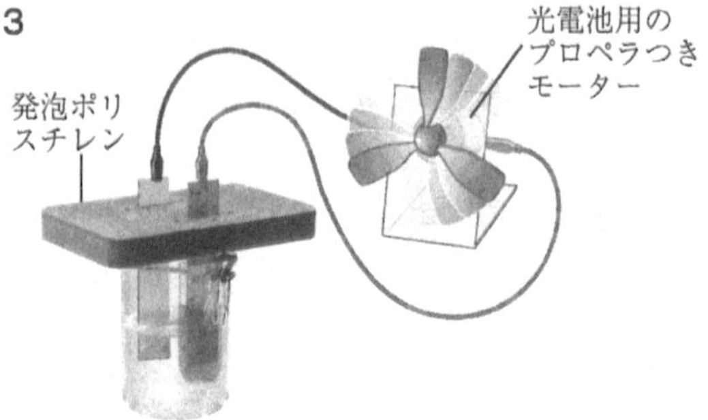

問４　次の**文２**は，**実験２**の結果について説明したものである。**文２**の（③），（④）にあてはまる語句の組み合わせとして，最も適切なものを，あとの**ア**～**エ**からひとつ選び，記号で答えなさい。

文２

銅板の表面には新たな銅が付着し，亜鉛板は表面がぼろぼろになっていた。このことから，ダニエル電池では，亜鉛原子が電子を（　③　），電子は導線を通って（　④　）へ移動していることがわかり，亜鉛板が−《マイナス》極となる。

	（ ③ ）	（ ④ ）
ア	受け取り	亜鉛板から銅板
イ	受け取り	銅板から亜鉛板
ウ	失い	亜鉛板から銅板
エ	失い	銅板から亜鉛板

問5　**実験1**，**実験2**の結果から，銀（Ag），銅（Cu），亜鉛（Zn）の3種類の金属を，イオンになりやすい金属の順に並べたものとして，最も適切なものを，次の**ア**～**カ**からひとつ選び，記号で答えなさい。

ア　銀　＞　銅　＞　亜鉛　　　**イ**　銀　＞　亜鉛　＞　銅
ウ　銅　＞　銀　＞　亜鉛　　　**エ**　銅　＞　亜鉛　＞　銀
オ　亜鉛　＞　銀　＞　銅　　　**カ**　亜鉛　＞　銅　＞　銀

【問題7】

磁界の中で導線に電流を流したとき，導線が磁界から受ける力の規則性を調べるために，次の**実験1**～**実験3**を行った。あとの各問いに答えなさい。

実験1

図1のような装置をつくり，電圧を3.0V，6.0Vに変えて，電流計の値とコイルの振れ方を調べる。

図1

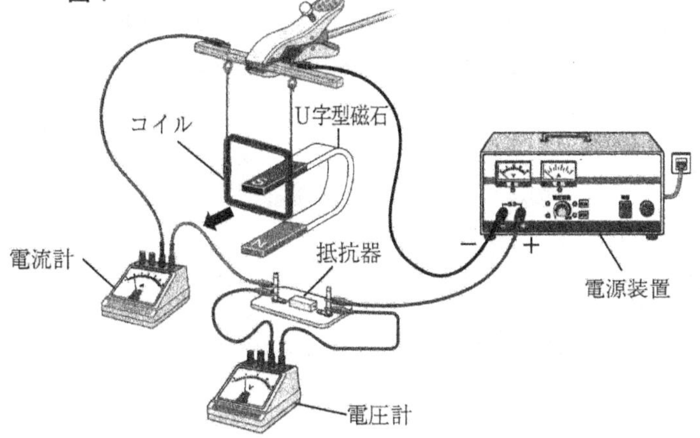

表は，**実験1**の結果をまとめたものである。

表

電圧計の値〔V〕	0	3.0	6.0
電流計の値〔mA〕	0	200	400
コイルの振れ方	振れなかった	小さく**図1**の矢印の方向に振れた	大きく**図1**の矢印の方向に振れた

問1　**図1**の回路に，抵抗器が入っている理由として，最も適切なものを，次の**ア**～**エ**からひとつ選び，記号で答えなさい。

ア　回路の抵抗が小さいと大きな電流が流れて，電流計がこわれてしまうため。
イ　回路の抵抗が大きいと大きな電流が流れて，電流計がこわれてしまうため。
ウ　回路の抵抗が小さいと電流が流れにくくなり，電流の測定ができなくなるため。
エ　回路の抵抗が大きいと電流が流れにくくなり，電流の測定ができなくなるため。

問2　**表**をもとに，抵抗器に加わる電圧と抵抗器を流れる電流との関係を表すグラフをかきなさい。

問3　**実験1**と同じ装置で，電流計の値が100mAを示したとき，抵抗器で消費される電力は何Wか，答えなさい。

実験2

図2のような装置をつくり，電流を流して，コイルが回転する向きを調べる。

図2

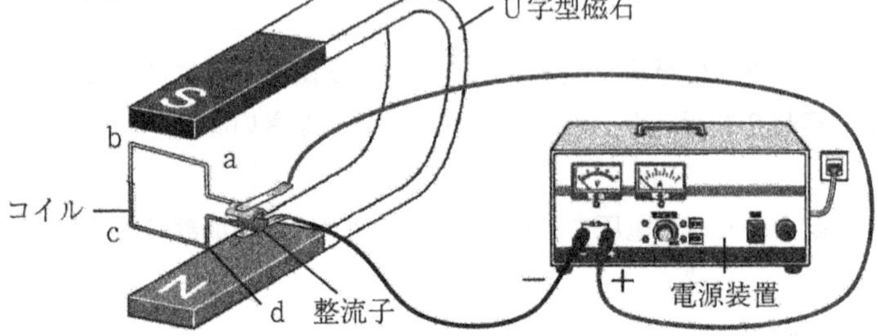

問4　**実験2**において，コイルが回転したときコイルはどのように動いたと考えられるか，次の**ア**に続けて，**イ**～**エ**をコイルが動いた順に並べ，記号で答えなさい。

ア

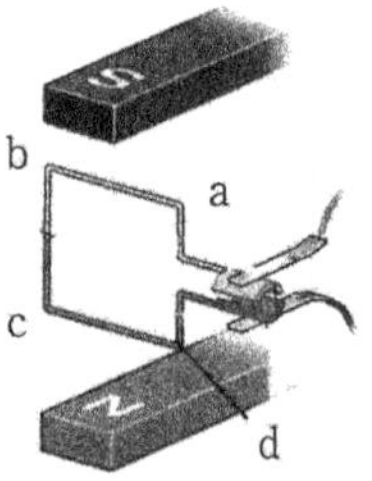

イ

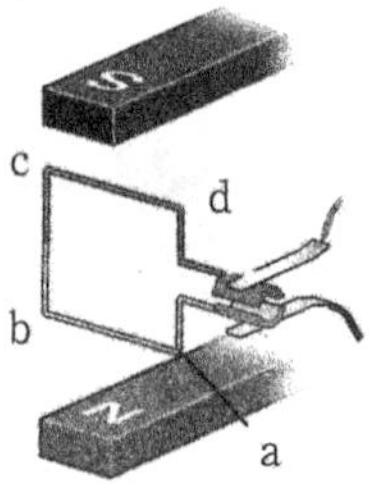

ウ

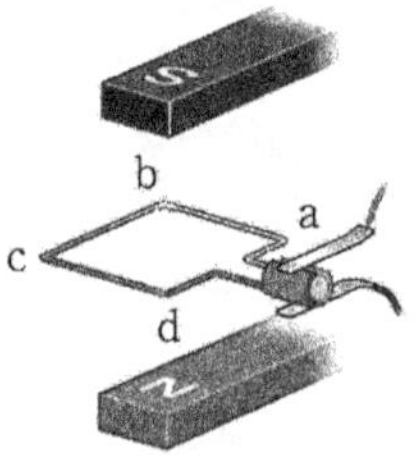

エ

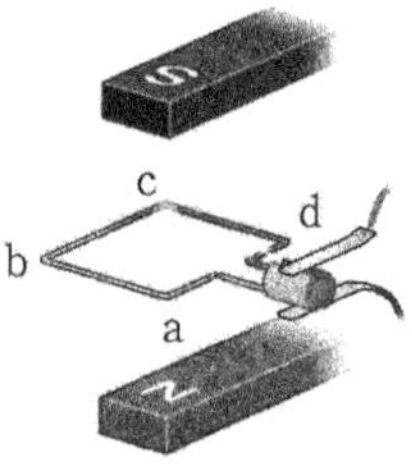

実験3

図3のような装置をつくり，指でコイルを押して回転させる。

図3

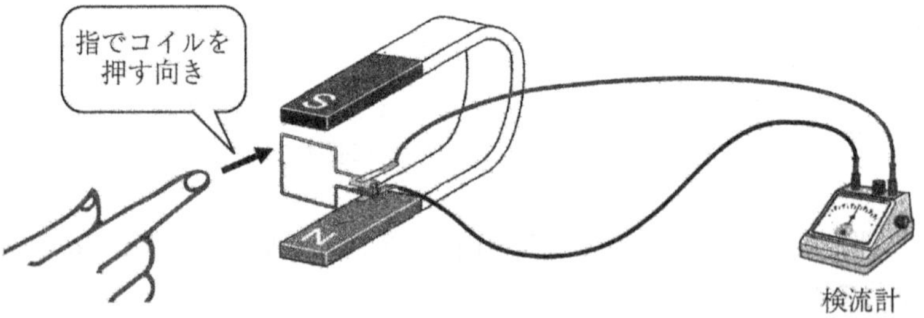

問5　**実験3**では，指でコイルを回転させたときに，検流計の針が振れ，電流が流れたことが確認できた。このとき，電流が流れた理由を，「**コイルの中の**」という語句に続けて，答えなさい。

【問題８】太陽系にはさまざまな天体が存在することがわかっている。次の**図**は，太陽系の惑星について，赤道半径や平均密度を表したものである。そのうち，**グループ１**，**グループ２**は，太陽系の８つの惑星を，特徴をもとに，２つのグループに分けたものである。あとの各問いに答えなさい。

図

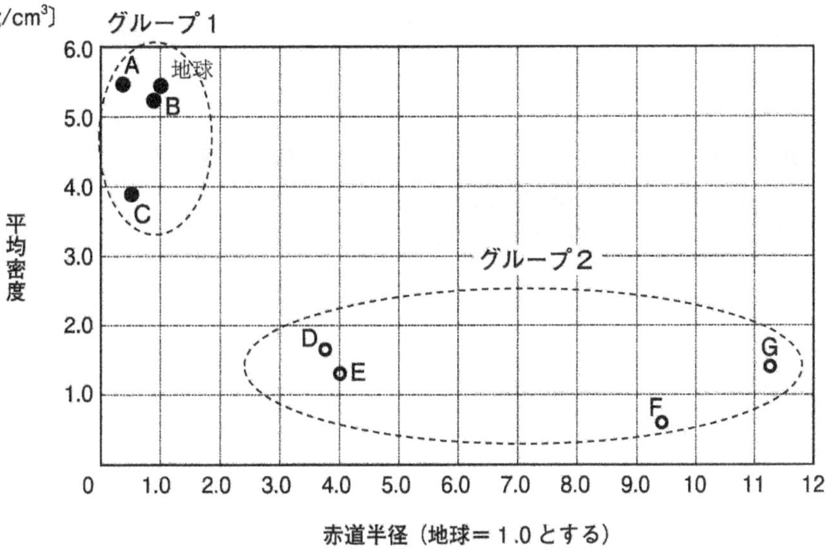

問１　**図**の**グループ２**のような特徴をもった惑星を何というか，答えなさい。

問２　**グループ１**と**グループ２**の惑星の自転周期，衛星の数を比較したとき，**グループ１**の特徴の組み合わせとして，最も適切なものを，次の**ア**～**エ**からひとつ選び，記号で答えなさい。

	自転周期	衛星の数
ア	長　い	多　い
イ	長　い	少ない
ウ	短　い	多　い
エ	短　い	少ない

問３　太陽系の天体のうち，おもに，海王星より外側にある，冥王星やエリスなどの天体を何というか，答えなさい。

問４　次のページの**表**は，**図**の**惑星Ｂ**と**惑星Ｇ**の特徴についてまとめたものである。**惑星Ｂ**と**惑星Ｇ**として最も適切なものを，次の**ア**～**オ**からそれぞれひとつずつ選び，記号で答えなさい。

ア　水星
イ　金星
ウ　火星
エ　木星
オ　土星

表

惑　星	特　　　徴
惑星B	太陽系の惑星の中で表面温度が最も高く，厚い雲におおわれており地表は見えない。大気圧は地球の90倍以上あり，大気の主成分は二酸化炭素である。
惑星G	太陽系の惑星の中で赤道半径，質量が最も大きい惑星である。水素とヘリウムからなる厚い大気からなり，惑星の表面にはしま模様や台風のような大きな渦がみられる。

問5　**グループ2の惑星E**の質量は地球の質量のおよそ何倍か，図を参考にして，最も適切なものを，次の**ア**～**エ**からひとつ選び，記号で答えなさい。

ア　1倍　　**イ**　4倍　　**ウ**　15倍　　**エ**　64倍

＜社会＞　時間　50分　満点　50点

【問題１】

問１　次の**略地図**は，緯線と経線が直角に交わる世界地図の中から６つの地域を切り取って，無作為に並べたものである。経線は，本初子午線から20度ごとに引き，緯線は緯度０度の赤道のみ引いている。これをみて，あとの各問いに答えなさい。なお，６つの略地図の縮尺は同じではない。

略地図

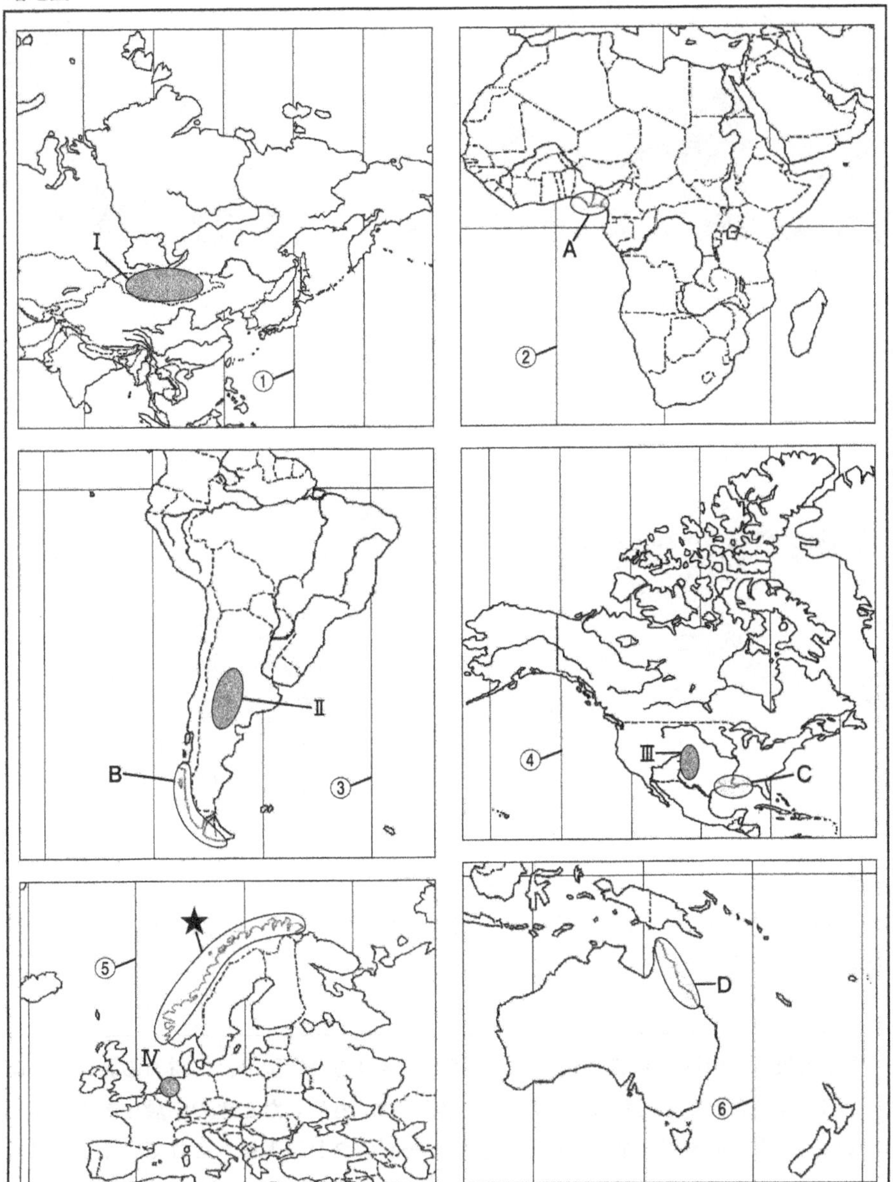

(1) 前のページの**略地図**中の①～⑥の経線のうち，本初子午線を示しているものを**2つ**選び，記号で答えなさい。

(2) **略地図**中の★の場所では，氷河によってけずられた谷に海水が深く入りこんだ氷河地形がみられる。この氷河地形を何というか，答えなさい。また，★の場所のほかに氷河地形がみられる場所として，最も適切なものを，**略地図**中のA～Dからひとつ選び，記号で答えなさい。

(3) 次の**ア**～**エ**は，**略地図**中のⅠ～Ⅳのいずれかの地域における農業のようすをあらわした写真とその説明である。Ⅱの地域にあてはまるものとして，最も適切なものを，次の**ア**～**エ**からひとつ選び，記号で答えなさい。

ア

この地域には，パンパとよばれる草原が広がり，小麦の栽培や牛の放牧が行われている。

イ

この地域は，降水量が少なく牧草地として利用され，肉牛の放牧がさかんである。

ウ

この地域には，草原が広がっており，降水量が少ないため，羊などを飼う遊牧が行われている。

エ

この地域は，乳牛を飼育し，バターやチーズなどの乳製品を生産する酪農がさかんである。

問2 世界の地理について，あとの各問いに答えなさい。

(1) 次の**文**は，アメリカ合衆国の資源についてまとめたものである。**文**中の（A）にあてはまる資源は何か，答えなさい。

文

温室効果ガスの排出量が中国についで多いアメリカ合衆国では，電力の発電に石炭や原油がおもな燃料として使われてきたが，近年では，もやしたときの二酸化炭素の排出量が少ない天然ガスの利用が増えている。次のページの**グラフ1**に示されているように，天然ガスの生産は，アメリカ合衆国が最も多い。なかでも，天然ガスの一種である（　A　）は，図に示されているように，アメリカ合衆国に豊富に埋蔵されており，新しい資源として注目され，これからの世界のエネルギー供給に大きな影響を与えると考えられている。

グラフ１　天然ガスの生産の割合（2018年）

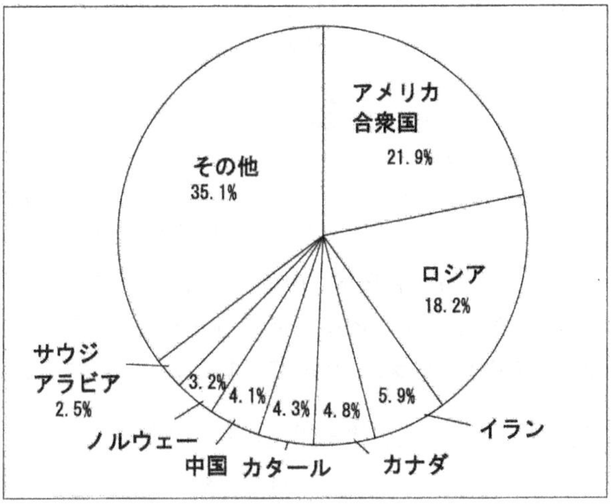

「世界国勢図会2020／21年版」より作成

図　アメリカ合衆国における（**A**）の分布（　　で示しているところ）

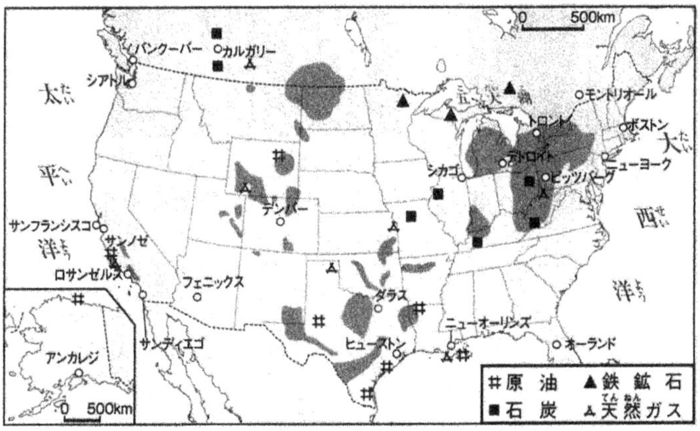

(2)　次のページの**グラフ２**は，カンボジア，フィリピン，マレーシアのいずれかの国における宗教別人口割合を示したものである。**グラフ２**中の**A**～**C**にあてはまる国名の組み合わせとして，最も適切なものを，次の**ア**～**カ**からひとつ選び，記号で答えなさい。

ア　A　カンボジア　　B　フィリピン　　C　マレーシア
イ　A　カンボジア　　B　マレーシア　　C　フィリピン
ウ　A　フィリピン　　B　カンボジア　　C　マレーシア
エ　A　フィリピン　　B　マレーシア　　C　カンボジア
オ　A　マレーシア　　B　カンボジア　　C　フィリピン
カ　A　マレーシア　　B　フィリピン　　C　カンボジア

グラフ２　３か国の宗教別人口割合

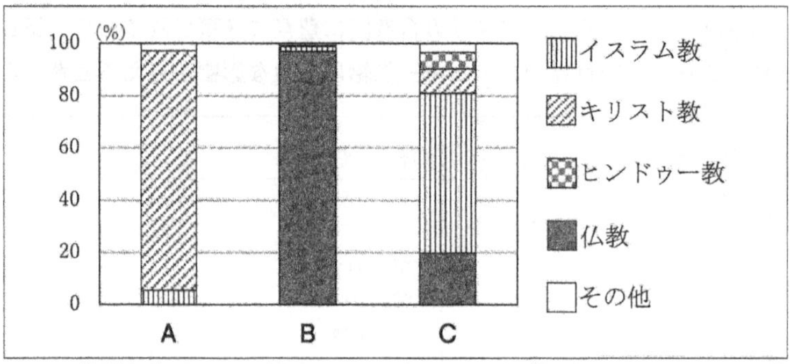

統計年次は，カンボジアは2008年，フィリピン・マレーシアは2000年
「データブック　オブ・ザ・ワールド2021年版」より作成

(3)　次の**グラフ３**中の**ア**～**エ**は，アメリカ合衆国，中国，ASEAN（10か国），EU（28か国・2018年当時）のいずれかの国や地域機構の国内総生産（GDP）と輸出額を示したものである。**中国**のものとして，最も適切なものを，**グラフ３**中の**ア**～**エ**からひとつ選び，記号で答えなさい。

グラフ３　国内総生産（ＧＤＰ）と輸出額（ともに2018年）

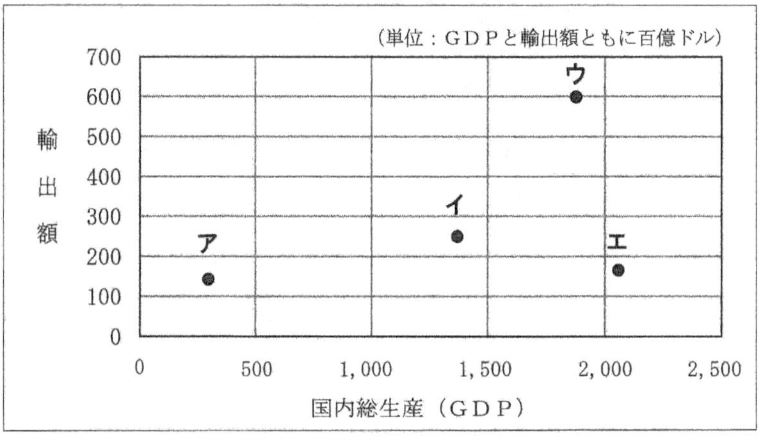

「世界国勢図会2020／21年版」より作成

問３　中国・四国地方の地理について，あとの各問いに答えなさい。

(1)　次のページの**グラフＡ～Ｃ**は，鳥取，高松，高知のいずれかの都市の雨温図である。Ａ～Ｃにあてはまる都市の組み合わせとして，最も適切なものを，次の**ア**～**カ**からひとつ選び，記号で答えなさい。

ア　Ａ　鳥取　　Ｂ　高松　　Ｃ　高知
イ　Ａ　鳥取　　Ｂ　高知　　Ｃ　高松
ウ　Ａ　高松　　Ｂ　鳥取　　Ｃ　高知
エ　Ａ　高松　　Ｂ　高知　　Ｃ　鳥取
オ　Ａ　高知　　Ｂ　鳥取　　Ｃ　高松
カ　Ａ　高知　　Ｂ　高松　　Ｃ　鳥取

グラフ

A

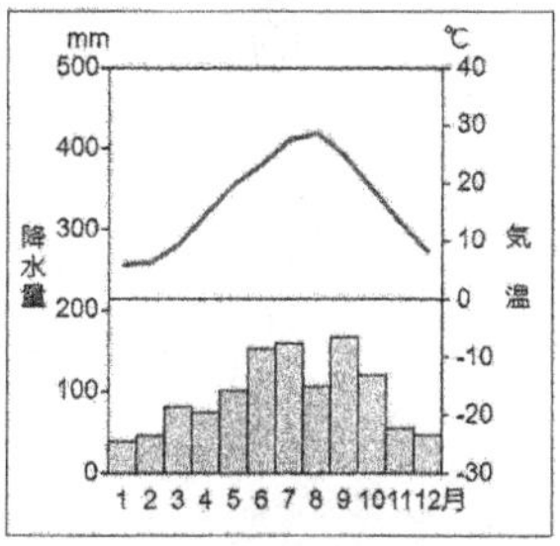

年平均気温　16.7℃
年 降 水 量　1150.2㎜
―― 月平均気温（℃）
▭ 月降水量（㎜）

B

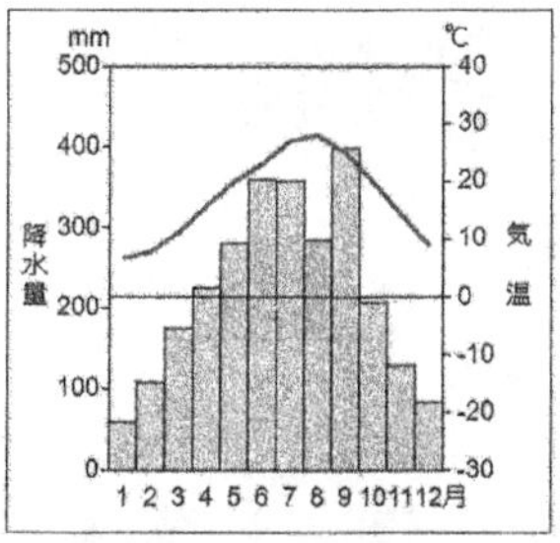

年平均気温　17.2℃
年 降 水 量　2666.6㎜
―― 月平均気温（℃）
▭ 月降水量（㎜）

C

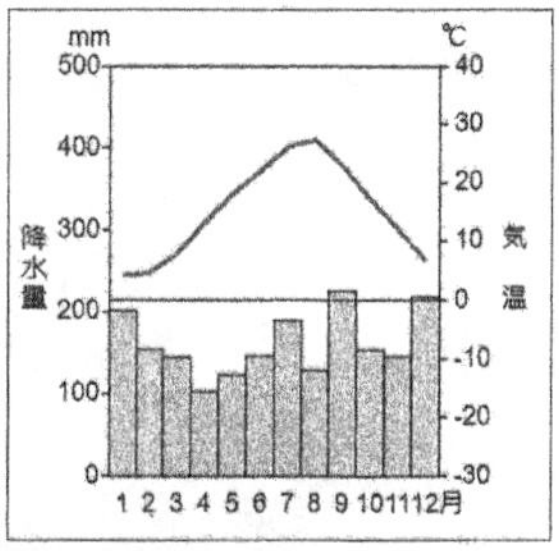

年平均気温　15.2℃
年 降 水 量　1931.2㎜
―― 月平均気温（℃）
▭ 月降水量（㎜）

「理科年表2021年」，「雨温図作成サイト」より作成

(2)　次の**表**は，業種別製造品の出荷額を示したものであり，**表**中の**ア**～**エ**には，岡山県，広島県，山口県，香川県のいずれかの県があてはまる。**山口県**にあてはまるものとして，最も適切なものを，**表**中の**ア**～**エ**からひとつ選び，記号で答えなさい。

表　業種別製造品の出荷額（2018年）　（単位：億円）

	ア	イ	ウ	エ
化学工業	19,289	12,404	4,435	1,563
輸送用機械器具	11,225	9,786	35,141	2,906
食料品	2,335	5,427	6,638	3,537
印刷・印刷関連業	291	1,058	828	576
繊維工業	569	2,323	1,259	443
製造品出荷額（総額）	67,213	83,907	101,053	28,003

「データでみる県勢2021年版」より作成

(3)　次のページの**地形図**は，愛媛県八幡浜市の一部を示したものである。この地域で津波や洪水が発生した場合の避難所として，最も適していると考えられる場所を，**地形図**中の**ア**～**エ**からひとつ選び，記号で答えなさい。
（地形図は編集の都合で90%に縮小してあります。）

地形図

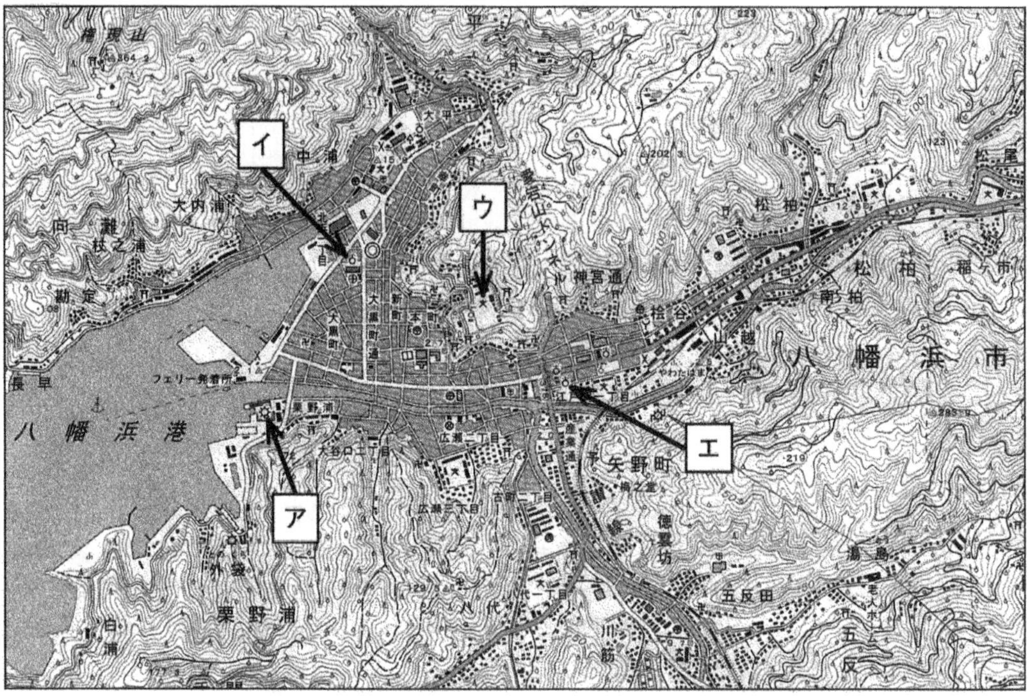

「国土地理院 1：25000地形図」平成18年発行「八幡浜」より作成

(4) 2021年に行われた株式会社ブランド総合研究所の「第3回地域版SDGs調査2021」において，鳥取県は，住民によるSDGsへの取り組み評価で，2年連続第1位となった。特に，「ゴール11『住み続けられるまちづくりを』」の取り組みの評価は，他県を大きく上回った。次の**資料**は，ゴール11に関する内容を示したものであり，あとの**会話**は，授業中に**ひなこさん**たちが，**資料**と鳥取県内における無電柱化前後の町のようすを示した**写真1～3**をみながら話をしたものである。**会話**中の（**X**）にあてはまる適切な内容を答えなさい。

資料

11.住み続けられるまちづくりを

包摂《ほうせつ》的で安全かつ強靭《きょうじん》で持続可能な都市及び人間居住を実現する

「鳥取県ホームページ」より作成

会話

先　　生：住み続けられるまちづくりのひとつとして，「無電柱化」が進められています。なぜ無電柱化が進められているのか，次のページの**写真1～3**をみて考えてみましょう。

ひなこさん：**写真1**をみると，すっきりとした景観になっていて，後ろの建物の古風なようすに合っているよね。既存のものをいかすことは，ふるさとに誇りをもつことにもつながるね。

はるとさん：**写真2**は，道幅が広がり，歩行者や車椅子を利用する人が通行するのに十分なスペースがとられているよね。また，点字ブロックも設置されていて，視覚に障がいのある人も，安心して通行できるね。

ひなこさん：景観に配慮したり，通行しやすくしたりするほかに，無電柱化の目的はあるのかな。

先　　　生：もう一度，**資料**をみてはどうですか。

はるとさん：**資料**の中にある「安全」という視点に着目して次のページの**写真3**をみると，たくさんの電柱や電線類がなくなっているよね。これは，（　X　）ため，ということが考えられるんじゃないかな。

写真1

写真2

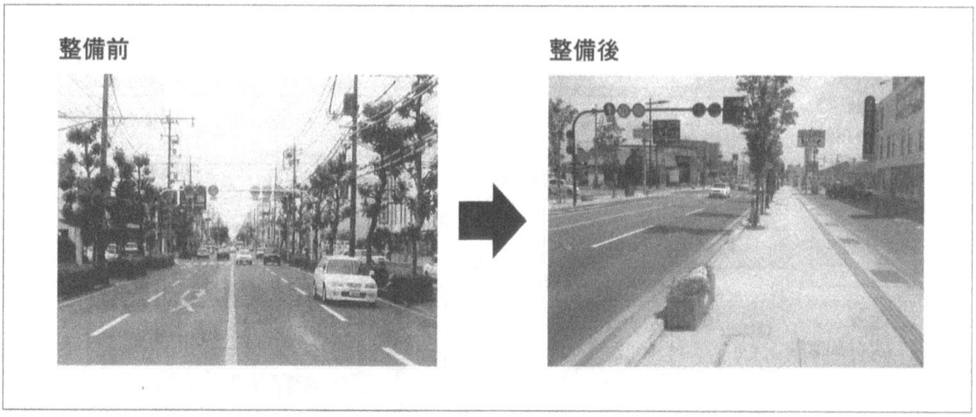

写真３

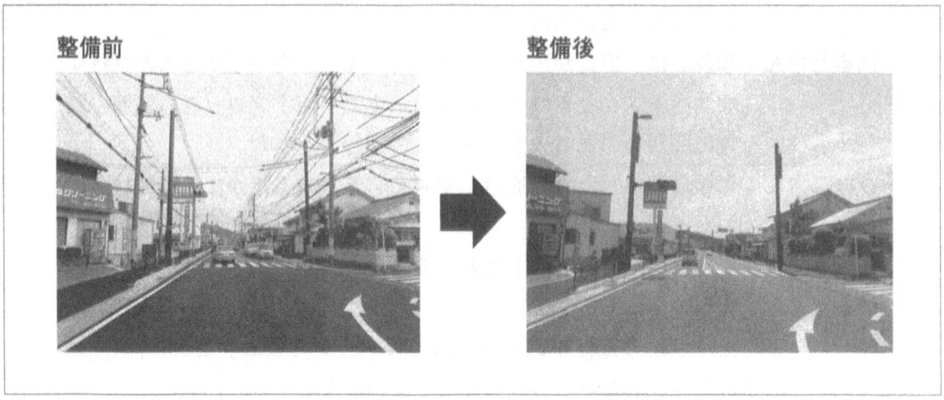

写真はすべて「国土交通省中国地方整備局ホームページ」より作成

問４　ようたさんは，日本と世界との結び付きについて，工業や貿易に着目して調べ，**グラフ１，２**や表にまとめた。あとの各問いに答えなさい。

グラフ１　日本の輸出入総額とその貿易品目の割合の変化

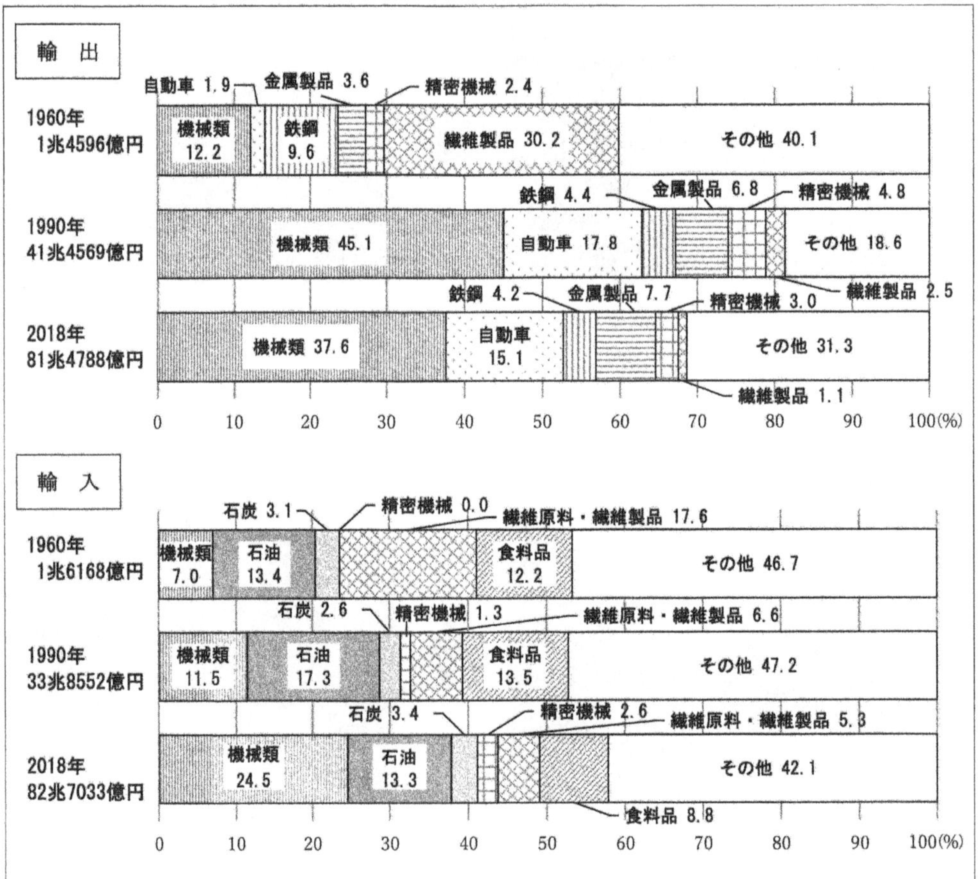

「数字でみる日本の100年　改訂第６版」，「日本国勢図会2020／21年版」，
「データブック　オブ・ザ・ワールド2020年版」より作成

(1)　前のページの**グラフ１**は，日本の輸出入総額とその貿易品目の割合の変化を示したものである。**グラフ１**から読み取ることができることとして，最も適切なものを，次の**ア**～**エ**からひとつ選び，記号で答えなさい。

ア　1960年と1990年は，それぞれ輸入総額に比べて，輸出総額の方が多い。

イ　1960年と2018年の輸入品の内訳をみると，2018年の方が食料品の占める割合が多い。

ウ　1960年，1990年，2018年の輸出品の内訳をみると，いずれの年も機械類の占める割合が最も多い。

エ　1990年と2018年の機械類と金属製品の輸出額を比べると，ともに増加している。

(2)　次の**グラフ２**は，日本の輸入貿易総額とその大陸（州）別割合の変化を示したものである。**グラフ２**中の**Ａ**～**Ｄ**には，アジア州，オセアニア州，北アメリカ州，ヨーロッパ州（東欧諸国・旧ソ連・ロシアを含む）のいずれかの州があてはまる。**北アメリカ州**にあてはまるものとして，最も適切なものを，**グラフ２**中の**Ａ**～**Ｄ**からひとつ選び，記号で答えなさい。ただし，北アメリカ州は，カナダとアメリカ合衆国のみ，**グラフ２**中の中南アメリカ州は，メキシコ以南と南アメリカ州を指すものとする。

グラフ２　日本の輸入貿易総額とその大陸（州）別割合の変化

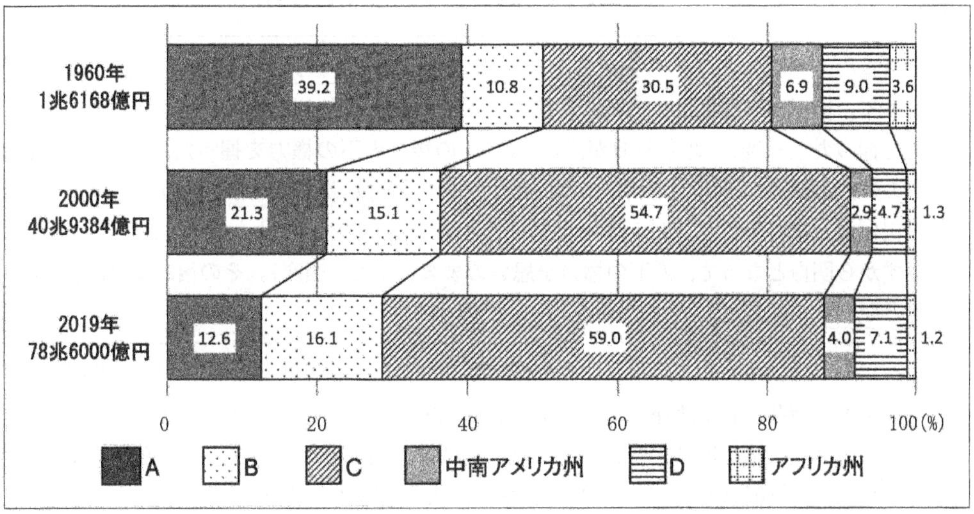

「数字でみる日本の100年　改訂第６版」，「データブック　オブ・ザ・ワールド2020年版」より作成

(3)　次のページの**表**は，インドネシア，タイ，ベトナム，マレーシアのいずれかの国の人口，一人あたりの国内総生産（GDP），進出日本企業数，輸出相手国上位３か国を示したものである。**ベトナム**にあてはまるものとして，最も適切なものを，**表**中の**ア**～**エ**からひとつ選び，記号で答えなさい。

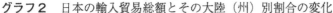

表

	人口（千人）	一人あたりの国内総生産（ＧＤＰ）（ドル）	進出日本企業数		輸出相手国		
			2000年	2018年	1位	2位	3位
ア	31,528	11,373	1,107	1,009	シンガポール	中　国	アメリカ合衆国
イ	69,428	7,274	1,558	2,574	中　国	アメリカ合衆国	日　本
ウ	267,671	3,893	817	1,333	中　国	日　本	アメリカ合衆国
エ	95,546	2,563	195	1,156	アメリカ合衆国	中　国	日　本

進出日本企業数以外の統計年次は2018年
「統計要覧2002」，「世界国勢図会2019／20年版」，「世界国勢図会2020／21年版」，
「データブック　オブ・ザ・ワールド2020年版」より作成

【問題２】

問１　次の**資料**は，江戸時代の儒学者（朱子学者）の新井《あらい》白石《はくせき》が著した「読史《とくし》世論《よろん》」の一部を現代語訳したものである。これを読み，あとの各問いに答えなさい。

資料

日本の政権は(a)古代から公家政権が九回変わって(b)武家政権となり，武家政権は五回変わって，徳川氏の政権となった。武家は源頼朝が鎌倉幕府を開いて，天下の軍事に関する権力を握った（一変）。北条義時が，（　X　）の後，天下の権力を握った（二変）。後醍醐天皇の建武の新政の後，(c)足利尊氏は，光明《こうみょう》天皇を北朝の天皇に立てて幕府を開いた（三変）。織田信長が興《お》こり，信長は天下を治めようとした。（　Y　）は，古人の知恵を利用して，みずから関白となって，天下の権力を思いのままにした（四変）。その後，ついに(d)徳川家の世となった（五変）。

「詳説　日本史史料集　再訂版」より作成

(1)　儒学者の新井白石に関連して，中国の春秋戦国時代に「思いやりの心（仁）で行いを正し日常の生活や政治に取り組むことにより，国はよく治まる」と説き，日本や朝鮮にも大きな影響を与えた，「儒教の祖」といわれる思想家は誰か，答えなさい。

(2)　**資料**中の（X）にあてはまるできごとと，（Y）にあてはまる人物が行った政策との組み合わせとして，最も適切なものを，次の**ア**～**エ**からひとつ選び，記号で答えなさい。

	（X）にあてはまるできごと	（Y）にあてはまる人物が行った政策
ア	承久の乱	兵農分離を進め，その後の身分制社会の土台をつくった。
イ	承久の乱	地租改正を実施し，地券の所有者を納税者と定めた。
ウ	応仁の乱	兵農分離を進め，その後の身分制社会の土台をつくった。
エ	応仁の乱	地租改正を実施し，地券の所有者を納税者と定めた。

(3)　**資料**中の下線部(a)の古代に起こった次のページの**ア**～**エ**のできごとを，古いものから順に並べ，記号で答えなさい。

ア　朝廷は，坂上田村麻呂を派遣して，東北地方への支配を広げた。

イ　朝廷は，人民の把握のために，最初の全国的な戸籍をつくった。

ウ　朝廷は，唐にならった最初の律令を完成させ，中央集権を整備した。

エ　朝廷は，開墾を奨励するために，墾田永年私財法を定めた。

(4)　**資料**中の下線部(b)に関連して，次の**文**は，中世に成立した軍記物語の一節と，その物語中の時代の特徴を説明したものである。**文**中の（A），（B）にあてはまる語句の組み合わせとして，最も適切なものを，あとの**ア～エ**からひとつ選び，記号で答えなさい。

文

> 「祇園精舎《ぎおんしょうじゃ》の鐘の声，諸行無常《しょぎょうむじょう》の響あり。沙羅双樹《しゃらそうじゅ》の花の色，盛者必衰《じょうしゃひっすい》のことわりをあらわす。おごれる人も久しからず，ただ春の夜の夢のごとし。」
>
> この物語は，（　A　）によって語られました。物語中で滅んだ武家政権は，天皇家と血縁関係を結ぶなど，藤原氏と同様の権力基盤を備えていました。一方，この武家政権は，藤原氏とは異なり，（　B　）の利益を政権の重要な経済基盤のひとつとしていました。

ア　（A）空也　　　（B）南蛮貿易

イ　（A）空也　　　（B）日宋貿易

ウ　（A）琵琶法師　（B）南蛮貿易

エ　（A）琵琶法師　（B）日宋貿易

(5)　**資料**中の下線部(c)に関連して，次の**表**は，足利尊氏が開いた室町幕府が行った日明貿易における幕府，守護大名の大内氏・細川氏，その他の各勢力が派遣した貿易船が明国に渡航した年（入明年）を示したものである。**表**を参考にして，室町時代の海外との交流や諸外国のようすを説明したものとして，適切なものを，あとの**ア～エ**から**すべて**選び，記号で答えなさい。

表　表中の○印は，入明したことをあらわす。

入明年	1401	1403	1404	1405	1407	1408	1410	1433	1435	1453	1468	1477	1484	1495	1511	1523	1540	1549
幕　府	○	○	○	○	○	○	○	○	○		○	○	○	○				
大内氏										○	○				○	○	○	○
細川氏											○			○	○	○		
その他								○	○	○		○	○					

「日本大百科全書６」より作成

ア　日明貿易は幕府が朝貢《ちょうこう》形式で始めたため，最初の10回は幕府が貿易を独占した。

イ　幕府の衰退にともない，明との貿易の実権は，大内氏や細川氏の手に移っていった。

ウ　明に貿易船を派遣した大内氏は，山口に雪舟や宗祇《そうぎ》などの文化人を招いた。

エ　コロンブスは，喜望峰《きぼうほう》をまわってインドに到達する航路を開いた。

(6)　**資料**中の下線部(d)に関連して，５代将軍徳川綱吉のころにみられるようになった産業のようすとして，最も適切なものを，次の**ア～エ**からひとつ選び，記号で答えなさい。

ア　農村では，小作人が地主に小作料の引き下げを求める小作争議を起こした。

イ　米と麦などの二毛作が西日本を中心に広がっていき，稲の品種も増加した。

ウ　班田収授法が定められ，戸籍にもとづいて口分田が与えられ，税がかけられた。

エ　千歯こきなど新しい農具の開発が進み，耕地面積や米の生産量が飛躍的に増加した。

問２　次の**略年表**をみて，あとの各問いに答えなさい。

略年表

時代	江戸	明　治		大正	昭　和		平成
年	1853		1904～05	1914	1951		1989
できごと	ペリー来航	←　Ⅰ　→	日露戦争	第一次世界大戦開戦	サンフランシスコ平和条約	←　Ⅱ　→	冷戦終結

(1)　**略年表**中のⅠの時期に起こったできごととして，最も適切なものを，次の**ア**～**エ**からひとつ選び，記号で答えなさい。

ア　殖産興業政策の一環で，綿糸の製造と輸出拡大をはかる民営の富岡製糸場が開業した。

イ　経済を民主化するために，日本の産業や経済を独占していた財閥を解体した。

ウ　八幡製鉄所は，おもに中国から輸入した石油や国産の鉄鉱石を使って操業を開始した。

エ　田中正造は，日本の近代化を支えた足尾銅山の鉱毒被害者の救済を訴えた。

(2)　**略年表**中の日露戦争において日本は勝利し，それは，アジアの人々に近代化や独立への希望と自信を与えた。次の**資料１**は，ネルー（インドの初代首相），**資料２**は，ジャ・ギュカルプ（トルコの思想家）の日露戦争での日本の勝利に関連する考えである。**資料１**，**２**から読み取ることができることや，当時の日本の外交に関する説明として，適切なものを，あとの**ア**～**エ**から**すべて**選び，記号で答えなさい。

資料１

　日本のロシアにたいする勝利がどれほどアジアの諸国民をよろこばせ，こおどりさせたのかを，われわれはみた。ところが，その直後の成果は，少数の侵略的帝国主義諸国のグループに，もう一国をつけくわえたというにすぎなかった。

「父が子に語る世界歴史４」より

資料２

　日本はヨーロッパ文明を採用しながら，一方では自国の宗教と国民性を堅持《けんじ》している。そうすることによってのみ，すべての点でヨーロッパに追い付くことができる。（略）なぜわが国は徹底してトルコの，またイスラム教徒の資質を失うことなくヨーロッパ文明を採用しないのか。

「トルコと日本　特別なパートナーシップの100年」より

ア　ネルーは，日露戦争後の日本がインドを併合したことを嘆いた。

イ　ジャ・ギュカルプは，トルコがヨーロッパ文明を採用しないことを嘆いた。

ウ　日露戦争後，満州への進出を目指すイギリスと日本との良好な関係は崩れ始めた。

エ　日本の勝利は，不平等条約廃止の好機となり，日本は関税自主権の回復を達成した。

(3)　**略年表**中の第一次世界大戦開戦を含む大正時代に関連して，あとの各問いに答えなさい。

①　次のページの**図１**は，第一次世界大戦直前の国際関係を示したものである。また，あとの**表**は，アメリカ，イギリス，ドイツ，ソ連（ロシア）のいずれかの国の産業革命の時期，女

性の選挙権が認められた年，国際連盟に加盟した年を示したものである。**図1**中の**A**，**B**にあてはまる国のものとして，最も適切なものを，**表**中の**ア**～**エ**からそれぞれひとつずつ選び，記号で答えなさい。

図1

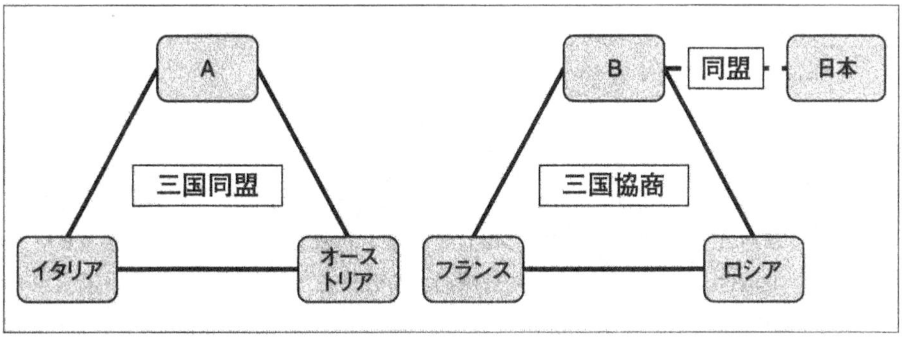

表

	ア	イ	ウ	エ
産業革命の時期	18世紀半ば	19世紀前半	19世紀半ば	19世紀後半
女性の選挙権が認められた年	1918年	1919年	1920年	1917年
国際連盟に加盟した年	1920年	1926年	加盟せず	1934年

② 次の**資料3**は，「原敬日記」の一部である。**資料3**をふまえて，原敬の行ったことに関する説明として，最も適切なものを，あとの**ア**～**エ**からひとつ選び，記号で答えなさい。

資料3

しだいに選挙権を拡張していくことには，何の異議もない。また，いずれ国内情勢がふさわしい状況に至れば，いわゆる普通選挙の実施もそこまで心配することではない。しかし，階級制度打破というような，現在の社会組織に対して打撃を試みようとする考えから，納税資格を撤廃するというようなことは，非常に危険なことだ。この民衆の要求通りに現代の組織を破壊するような勢いを与えれば，実に国家の基礎を危険にするものである。

「原敬日記　大正9年2月20日」より作成

ア　原敬は，選挙権を直接国税15円以上を納める25歳以上の男性に拡張した。
イ　原敬は，社会主義の動きに対して，重い刑罰を科する治安維持法を成立させた。
ウ　原敬は，米騒動で示された民衆の力を背景に，男子普通選挙法を成立させた。
エ　原敬は，階級制度打破という考えを不安に思い，納税資格を撤廃しなかった。

③　次の**グラフ１**は，1914年から1922年までの，日本における軍事費総額と国際収支（経常）*を示したものである。1921年から翌22年にかけて，日本はワシントン会議に参加して国際協調の外交をすすめた。その理由として，**グラフ１**から考えられることを説明しなさい。

＊外国との，ものやサービスの取引など，経済取引で生まれた収支（収入と支出）を示す経済指標。

グラフ１

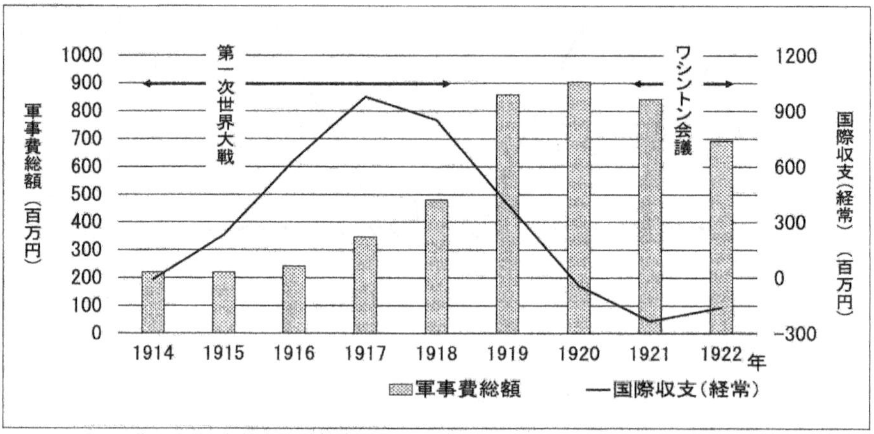

「近現代日本経済史要覧　補訂版」，「数字で見る日本の100年　改訂第７版」より作成

(4)　**略年表**中のⅡの時期に関連して，次の**グラフ２**は，「世界終末時計」*をグラフ化したものである。これをみて，あとの各問いに答えなさい。

＊核開発や核戦争などへの警告を目的に，アメリカの原子力科学者会報が定期的に発表している時計。人類の終末を午前０時とし，それまでの残り時間を示している。

グラフ２

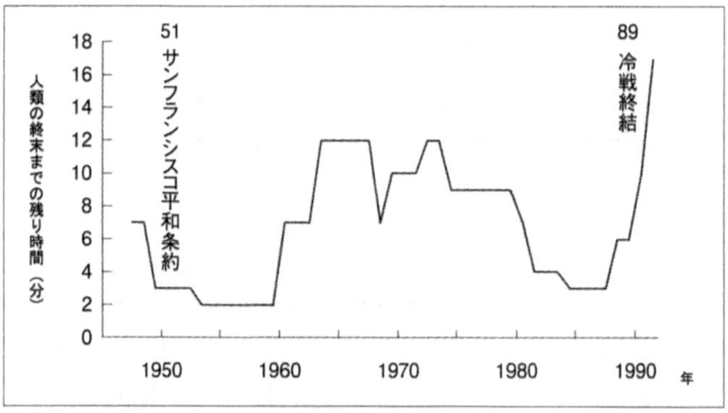

「原子力科学者会報ホームページ」より作成

①　次の**図２**は，**グラフ２**中の**サンフランシスコ平和条約**に関する経過をあらわしている。図２中の（Ａ），（Ｂ）にあてはまる語句の組み合わせとして，最も適切なものを，次のページの**ア**～**エ**からひとつ選び，記号で答えなさい。

図２

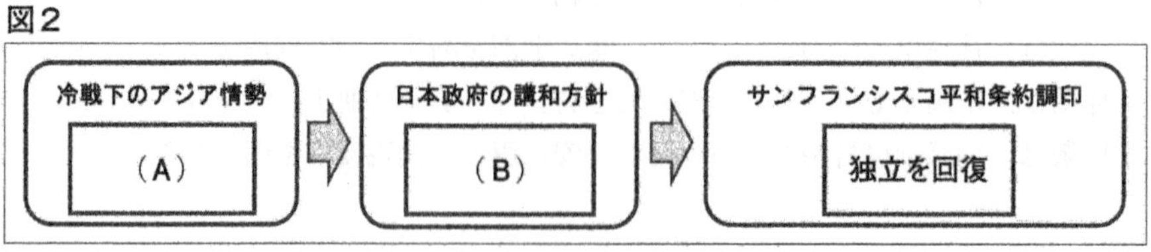

ア　(A) 朝鮮戦争　　(B) アメリカ側の国々との講和の実現
イ　(A) ベトナム戦争　　(B) アメリカ側の国々との講和の実現
ウ　(A) 朝鮮戦争　　(B) すべての交戦国との講和の実現
エ　(A) ベトナム戦争　　(B) すべての交戦国との講和の実現

② **グラフ2**が示す時期に起こったできごとと世界終末時計との関連として，最も適切なものを，次の**ア～エ**からひとつ選び，記号で答えなさい。

ア　第1回アジア・アフリカ会議が開かれた時，残り時間は12分を上回っていた。
イ　日米安全保障条約が締結された時，残り時間は6分を下回っていた。
ウ　東海道新幹線が開通した時，残り時間は4分を指していた。
エ　ベルリンの壁が崩壊した時，残り時間は2分を下回っていた。

【問題3】

問1　次の**表**は，鳥取県出身選手がオリンピックにおいてメダルを獲得した年を示したものである。これをみて，日本の政治や経済について，あとの各問いに答えなさい。

表　鳥取（a）県出身選手がオリンピックでメダルを獲得した年

開催年	開催地	競技・種目	メダル
(b) 1992年	バルセロナ	男子マラソン	銀メダル
(c) 2012年	ロンドン	アーチェリー女子団体	銅メダル
(d) 2021年	東京	ボクシング女子フェザー級	金メダル

(1) **表**中の下線部（a）に関連して，地方公共団体のしくみを説明したものとして，最も適切なものを，次の**ア～エ**からひとつ選び，記号で答えなさい。

ア　県議会は，県知事を指名できない。
イ　県議会は，県知事の不信任決議を行うことはできない。
ウ　県知事は，県議会を解散することはできない。
エ　県知事は，県議会の決定に対して審議のやり直しを求めることができない。

(2) 次の**文1**は，**表**中の下線部（b）の年に成立した法律に関するものであり，次のページの**写真**は，この法律に基づいて行われた活動のようすである。**文1**中の（A）にあてはまる適切な語句を，**アルファベット3文字**で答えなさい。ただし，(A) には，同じ語句が入るものとする。

文1

> 1991年の湾岸戦争をきっかけに，1992年，（　A　）協力法が成立しました。それ以来，日本は国連の（　A　）への参加を通じて，世界の平和に貢献しています。

写真

カンボジアで，道路の整備作業を行う日本の施設部隊

ボスニア・ヘルツェゴビナで，投票の監視を行う日本の選挙監視要員

「内閣府ホームページ」より

(3) 前のページの**表**中の下線部（c）の年に，消費税に関する法律が成立した。消費税について説明した次の**文2**中の（B），（C）にあてはまる語句として，最も適切なものを，あとの**ア**～**エ**からひとつ選び，記号で答えなさい。

文2

> 消費税は，（　B　）である。また，収入などに関係なく，消費額に応じて同じ割合で税を負担するので，所得が低い人ほど所得に占める税金の割合が（　C　）なるという課題が指摘されている。

ア（B）直接税　（C）低く　　**イ**（B）直接税　（C）高く

ウ（B）間接税　（C）低く　　**エ**（B）間接税　（C）高く

(4) **表**中の下線部（d）の年に関連して，あとの各問いに答えなさい。

① 次の**グラフ**は，2021年の衆議院の政党（会派*）別議席数を示したものであり，あとの**文3**は，**グラフ**から読み取ることができることや，1990年代以降の政権のようすを説明したものである。**文3**中の（D）にあてはまる適切な語句を答えなさい。

*国会内で活動をともにする議員の団体で，多くの場合は政党を中心に作られる。

グラフ　衆議院の政党（会派）別議席数（2021年11月10日現在）

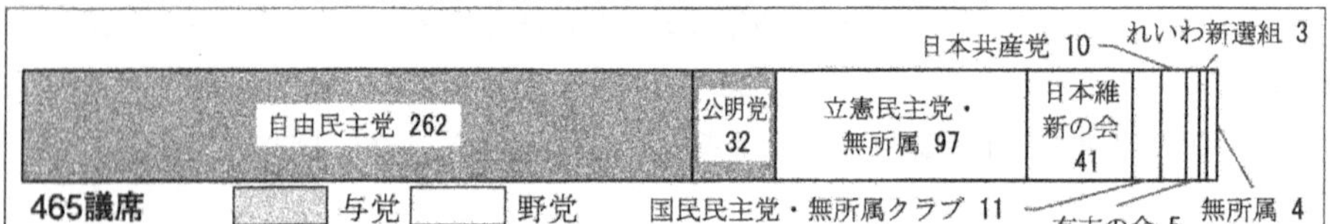

文3

> 2021年11月10日現在，2つの政党が与党である。1990年代以降，基本政策に合意した政党が集まった（　D　）政権が多くなってきた。

② 2021年10月31日に衆議院議員選挙が行われた。その選挙での当選者として，適切なものを，次の**ア**～**エ**から**すべて**選び，記号で答えなさい。

ア　私は，小選挙区制で行われた選挙で当選しました。

イ　私は，一つまたは二つの都道府県を単位とする選挙区制で当選しました。

ウ　私は，全国を一つの単位とした比例代表制で当選しました。

エ　私は，全国を11のブロックに分けて行う比例代表制で当選しました。

問２　次の**会話**は，**さくらさん**と**れんたさん**が，東京2020オリンピックについて話し合ったものである。これを読み，あとの各問いに答えなさい。

会話

さくらさん：オリンピックの開会式で，(a)ピクトグラム*のパフォーマンスがあったね。このピクトグラムは，1964年の東京大会で日本が生み出したらしいよ。

れんたさん：1964年の東京大会以降も，大会ごとにデザインされているみたいだよ。次の(b)パリ大会でのデザインが楽しみだね。

さくらさん：そういえば，ピクトグラムを使ったグッズも販売されていたね。欲しいグッズがあったけど，(c)人気が高くて売り切れていたものもあったよ。

＊シンプルな絵を使って，どの国の人にもわかりやすく情報が伝わるようデザインされた記号。

(1)　**会話**中の下線部(a)に関連して，世界共通の国際シンボルマークとして定められた，「障がいのある人が利用できる建物・施設」であることを明確に表すためのピクトグラムとして，最も適切なものを，次の**ア**～**エ**からひとつ選び，記号で答えなさい。

ア

イ

ウ

エ

(2)　**会話**中の下線部(b)に関連して，2015年に開催された，国連気候変動枠組条約締約国会議で採択されたパリ協定について説明したものとして，最も適切なものを，次の**ア**～**エ**からひとつ選び，記号で答えなさい。

ア　先進国に対して，温室効果ガスの削減目標を義務づけた。

イ　先進国に対して，フロンガスの削減目標を義務づけた。

ウ　すべての国に対して，温室効果ガスの削減目標を義務づけた。

エ　すべての国に対して，フロンガスの削減目標を義務づけた。

(3)　**会話**中の下線部(c)に関連して，次の各問いに答えなさい。

①　私たちの生活と経済に関する説明として，最も適切なものを，次の**ア**～**エ**からひとつ選び，記号で答えなさい。

ア　消費者の買う量（需要量）が生産者の売る量（供給量）を下回っている状態は，希少性が高いと考えられる。希少性が高い商品は，一般的に価格が上がる。

イ　電気やガス，水道の料金などの価格の変動は，国民の生活に大きな影響を与えるため，公共料金として公正取引委員会が価格の決定や認可を行っている。

ウ　消費生活は，契約によって成り立っており，自分の意思で自由に契約を結ぶことができる。ただ，一度契約を結ぶと，互いにそれを守る義務が生じる。

エ　通貨の交換比率を為替レートといい，外国通貨に対する円の価値が高まることを円高という。円高になると，おもに商品を海外に輸出する企業には有利になる。

② 次の**表1**は，商品Xの需要量，供給量と価格を示したものである。**表2**は，技術革新により商品Xがより安く生産できるようになったため，同じ価格でより多く生産できるようになった場合の商品Xの新しい供給量と価格を示したものである。また，あとの**文**は，**表1**，**2**から読み取ることができることをまとめたものである。**文**中の（A），（B）にあてはまる適切な数字を，それぞれ答えなさい。ただし，需要量は変化しないものとする。

表1　商品Xの需要量，供給量と価格

価格（円）	50	100	150	200	250
需要量（個）	3,000	2,500	2,000	1,500	1,000
供給量（個）	1,000	1,500	2,000	2,500	3,000

表2　商品Xの新しい供給量と価格

価格（円）	50	100	150	200	250
新しい供給量（個）	2,000	2,500	3,000	3,500	4,000

文

商品Xの供給量が増えたことによる新しい均衡価格は（　A　）円で，その時の需要量と供給量は，ともに（　B　）個となる。

問3　**えいじさん**のクラスでは，東京2020オリンピックの開会式と閉会式の中から印象に残った場面を各班のテーマとし，調べ学習を行った。次の**表1**は，それぞれの班のテーマである。あとの各問いに答えなさい。

表1

	テーマ
1班	天皇陛下による開会宣言
2班	日本国旗を先導する子どもと，国旗を運ぶアスリートや医療従事者の方，障がいがある方たち
3班	オリンピック難民選手団の入場
4班	日本各地の伝統的なお祭りを通して（a）世界の平和を願う

(1) **表1**中の1班のテーマに関連して，次の**資料1**は，日本国憲法における天皇に関する条文である。**資料1**中の（A），（B）にあてはまる適切な語句を，それぞれ答えなさい。ただし，（B）には，同じ語句が入るものとする。

資料1

第3条　天皇の（　A　）に関する すべての行為には，（　B　）の助言と承認を必要とし，（　B　）が，その責任を負ふ《(う)》。

(2) 前のページの**表1**中の2班のテーマに関連して，次の**資料2**は，1989年に国際連合で採択された条約のおもな内容を示したものである。この条約名として，最も適切なものを，あとの**ア**～**エ**からひとつ選び，記号で答えなさい。

資料2

- 防げる病気などで命を失わないこと。
- 教育を受け，休んだり遊んだりできること。
- あらゆる種類の虐待《ぎゃくたい》や搾取《さくしゅ》などから守られること。
- 自由に意見を表したり，集まってグループをつくったり，自由な活動を行ったりできること。

ア　人種差別撤廃条約　　**イ**　子ども（児童）の権利（に関する）条約
ウ　女子差別撤廃条約　　**エ**　障害者（の）権利（に関する）条約

(3) **表1**中の3班のテーマに関連して，次の**グラフ1**は，2020年に国外へ逃れた難民のおもな出身国，**グラフ2**は，国外へ逃れた難民のおもな受入国を示したものである。あとの**会話**は，**えいじさん**と**あおいさん**が，**グラフ1**，**2**から読み取ったことや，難民問題について話し合ったものである。**会話**中の（C）にあてはまる国名と，（D）にあてはまる語句の組み合わせとして，最も適切なものを，あとの**ア**～**エ**からひとつ選び，記号で答えなさい。ただし，**グラフ1**と**会話**中の（C）には同じ国名，**グラフ**の出典と**会話**中の（D）には，同じ語句が入るものとする。

グラフ1　難民のおもな出身国

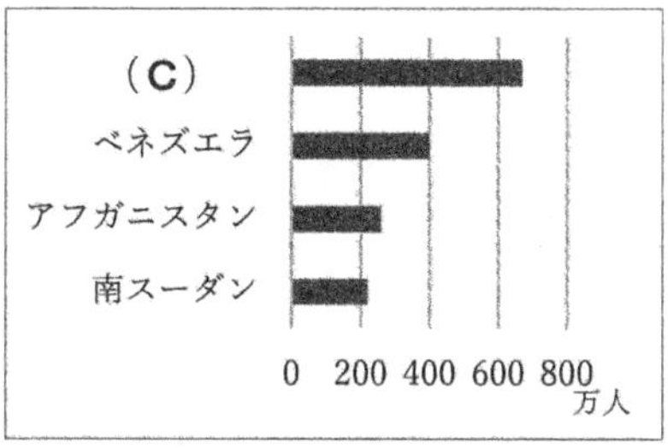

グラフ2　難民のおもな受入国

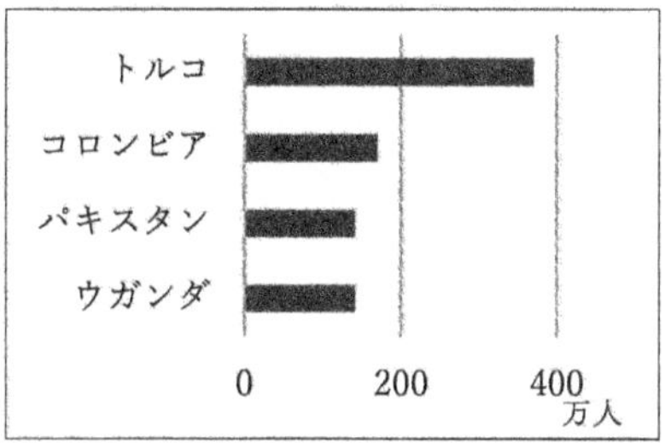

グラフ1，2とも「(D) 日本ホームページ」より作成

会話

えいじさん：**グラフ1**と**グラフ2**をみると，（　C　）の隣国のトルコが最大の難民受入国であることが読み取れるね。
あおいさん：そうだね。（　C　）では，民主化を求める民衆と政府との間の対立から激しい紛争に発展しているね。
えいじさん：（　D　）も逃れてきた人々を保護しているけど，難民を生み出す地域紛争などの問題を解決することも必要だよね。

ア　(C) シリア　　(D) UNHCR　　**イ**　(C) シリア　　(D) UNCTAD
ウ　(C) ミャンマー　　(D) UNHCR　　**エ**　(C) ミャンマー　　(D) UNCTAD

(4) **表1**中の4班のテーマの下線部(a)に関連して，世界の平和と安全の維持に責任を負うのが，国際連合の安全保障理事会である。次の**表2**は，ある決議案に対して，賛成または反対した国をまとめたものである。安全保障理事会に提出されたこの決議案は，可決されたか，否決されたか，その理由とともに説明しなさい。

表2

賛　成	反　対
アメリカ，フランス，イギリス，ベルギー，ドミニカ共和国，ドイツ，エストニア，インドネシア，ニジェール，南アフリカ，チュニジア，ベトナム，セントビンセントおよびグレナディーン諸島	ロシア，中国

問一　**【話し合いの一部】**にある［Ⅰ］の意見は**【動画の構成案】**に取り入れられています。［Ⅰ］にはどのような意見が入りますか。**Eさん**の発言となるような表現で、二十字以内で答えなさい。

問二　**【話し合いの一部】**に見られる、合意形成に向けた話し合いの特徴として最も適切なものを、次の**ア**～**エ**から一つ選び、記号で答えなさい。

ア　意見の長所・短所をそれぞれ明確にして、合意形成に向けた話し合いを行っている。

イ　共通点を見つけ、意見を分類・整理して、合意形成に向けた話し合いを行っている。

ウ　互いの意見を比較し、優先順位をつけて、合意形成に向けた話し合いを行っている。

エ　多数意見を優先し、少数意見を除外して、合意形成に向けた話し合いを行っている。

問三　**【話し合いの一部】**の**Bさん・Fさん**の発言にはどのような特徴がありますか。最も適切なものを、次の**ア**～**オ**からそれぞれ一つずつ選び、記号で答えなさい。

ア　動画の視聴者の立場や考えを想定することで、説得力を高めている。

イ　話し合いの流れに注意しながら、随時、疑問点を投げかけている。

ウ　他の意見を否定せず、話し合いの方向性に関する提案を行っている。

エ　話し合いの活性化のために、独創的な視点で情報を分析している。

オ　発言回数や時間配分を意識して、適切に司会進行を務めている。

問四　**【話し合いの一部】**に「活動」とありますが、あなたがこれまで経験したり取り組んできたりした「活動」について、次の**【条件】**に従って書きなさい。「活動」については、**【話し合いの一部】**にある「活動」以外のことでも、学校以外のことでもかまいません。

> **【条件】**
>
> ［1］　二段落構成とし、各段落の内容は次のとおりとする。
> 　・第一段落には、「活動」を一つ取り上げ、具体的に述べること。
> 　・第二段落には、その「活動」を通してあなた自身にどのような学びや成長があったかについて述べること。
>
> ［2］　解答欄の八行以上、十行以内でまとめること。
>
> ［3］　原稿用紙の正しい使い方に従うこと。

⑧ 部活動…どの部活動も上級生と下級生の仲が良く、気軽にアドバイスをし合っている。

Aさん　たくさん意見が出ましたが、どの意見を動画の内容に取り入れたらよいか迷いますね。

Bさん　せっかく出てきた意見なので、同じような意見はまとめて、ポイントを二つくらいに絞ってはどうでしょうか。

Cさん　いいですね。そうすると、①、②、③の意見にある活動はどれも学校行事で、生徒同士のつながりに関係があるので、「絆《きずな》を深める」とまとめることができそうですね。

Dさん　⑤、⑥、⑦の意見はどれも「地域」という言葉があるので、「地域で学び成長できる」とまとめることができますね。

Eさん　たしかに、私も⑤、⑥、⑦の意見にあるような活動を通して、自分のものの見方や考え方が広がったように思います。

Aさん　④と⑧の意見はどちらの意見にもまとめることができませんでしたが、どうしますか。

Eさん　④の意見については、「最高の景色」を感じてもらうためにドローンを使って校舎周辺を撮影し、その映像を［　Ⅰ　］。

Aさん　いいですね。ドローンが使えるかどうか、先生に相談してみましょう。

Cさん　今回は⑧の意見は部活動に関することで、学校行事ではないので、取り上げなくていいですね。

Fさん　いいえ。地域の人の中には、部活動に興味のある小学生もいるので、必要な情報だと思います。学校行事や部活動を通して、友人同士や先輩と後輩など、人との絆を深めていくことができるというところは、ぜひ強調したいと思います。

【動画の構成案】

動画の内容	説明内容（ナレーション）	時間
（シーン１） ・校舎周辺の映像	○学校の概要 ・あいさつ ・所在地 ・生徒数	１分
（シーン２） ・体育祭の様子 ・文化祭の様子 ・修学旅行の様子 ・部活動の様子	○ポイント１ ・「絆を深めることのできる学校」 ・学校行事や部活動を通して、生徒同士が絆を深めていることの説明	４分
（シーン３） ・探究活動の様子 ・職場体験の様子 ・環境活動の様子	○ポイント２ ・「地域で学び成長できる学校」 ・地域での学びを通して、生徒一人一人のものの見方や考え方が広がっていくことの説明	４分
（シーン４） ・校舎周辺の映像	○まとめ ・「絆を深めることのできる学校」、「地域で学び成長できる学校」の再提示 ・あいさつ	１分

ア　二本まとめて抜くことで、一本分を安く抑えて得しようと考えたから。

イ　話が長くなったので、少しでも早く歯を抜いてもらおうと考えたから。

ウ　三文払えば定価よりも高くなり、相手も得になるはずだと考えたから。

エ　別れ際のお礼として三文は少ないが、受け取ってもらおうと考えたから。

問四　「4大きに愚かなる事」とありますが、これはどのようなことに対する言葉ですか。最も適切なものを、次の**ア**～**エ**から一つ選び、記号で答えなさい。

ア　主張して相手をねじ伏せることに懸命になり、仏に従う謙虚さを忘れていること。

イ　少しでも多くの利益を上げたいと望む結果、相手への思いやりを忘れていること。

ウ　目の前のわずかな利益に気を取られて、本当に大切なことに気づいていないこと。

エ　治療を優先しようとして、必要以上に代金を支払い、財産を失ってしまうこと。

【問題五】　ある中学校の広報委員会で、地域の人たちに学校を紹介するための動画を制作することになりました。次の**【話し合いの一部】**と、話し合いのあとにまとめた**【動画の構成案】**を読んで、あとの問いに答えなさい。

【話し合いの一部】

Aさん　皆さん、どのような内容にしたら良いと思いますか。

Bさん　十分程度の短い動画なので、学校の様子や活動を中心に紹介したらどうでしょうか。

Aさん　いいですね。それでは、なるべく多くのアイデアを集めるために、自由に意見を出し合いましょう。

〈中略〉

Aさん　こちらが出てきた意見です。

板書

①　体育祭…リレーや大縄跳びといった競技に、クラスが一致団結して挑んでいる。全校生徒による創作ダンスは大迫力。

②　文化祭…クラス対抗による合唱コンクールに向け、練習を通してクラスがまとまっていく。

③　修学旅行…班別行動の時間は、班ごとに立てた計画に従って、協力して行動する。

④　校舎周辺…自然が豊か。校舎の三階から眺める景色は最高。

⑤　探究活動…地域の歴史や文化について、フィールドワークを通して学習していて、誰もが地域の自慢ができる。

⑥　職場体験…地域の人たちの協力により、多くの商店や施設で仕事を体験することができる。

⑦　環境活動…長年取り組んできた地域の清掃活動が評価され、公民館長さんから感謝状をいただいた。

イ　繰り返し説明させられたことを面倒だと感じている。

ウ　依然として自信がなさそうな篤にがっかりしている。

エ　面と向かって言葉で褒めるのを照れくさく感じている。

問六　「[5]名古屋場所前日の土俵祭でも、最後に触れ太鼓の番があった」とありますが、これよりあとの本文中の表現について説明したものとして、**適切でないもの**を、次の**ア**～**エ**から一つ選び、記号で答えなさい。

ア　擬音語を効果的に用いて触れ太鼓の様子を描写することで、篤の気持ちの高まりを表している。

イ　一年前と同じ情景を重ねて表現することで、篤が自分自身の成長を自覚する場面となっている。

ウ　色とりどりの力士幟がはためく様子の描写によって、篤の迷いやためらいが印象付けられている。

エ　相撲特有の事柄を視覚的・聴覚的に表現することで、読者が情景をイメージしやすくしている。

【問題三】　※問題に使用された作品の著作権者が二次使用の許可を出していないため、問題を掲載しておりません。

(出典：平田オリザ『対話のレッスン』による)

【問題四】　次の文章を読んで、あとの問いに答えなさい。(出題の都合上、本文を一部改めた箇所がある)

南都《なんと》に、歯取る＊唐人《たうじん》有りき。ある＊在家人《ざいけにん》の、＊慳貪《けんどん》にして、＊利養《りやう》を先《さき》とし、事に触れて、＊商《あきな》ひ心《ごころ》のみありて、＊徳もありけるが、＊虫の食ひたる歯を取らせむとて、唐人がもとに行きぬ。歯一つ取るには、銭《ぜに》二文《にもん》に定めたるを「一文にて取りてたべ《一文で抜いてくだされ》」と云《い》ふ。＊少分《せうぶん》の事なれば、ただも取るべけれども《ただでとってもよいのだが》、＊心様《こころざま》の憎さに、「[1]ふつと、一文にては取らじ《絶対に一文では抜かない》」と云ふ。やや久しく論ずる程に、[2]おほかた《全く》取らざりければ、「[3]さらば三文にて、歯二つ取り給《たま》へ」とて、虫も食はぬに良き歯を取り添へて、二つ取らせて、三文取らせつ。心には＊利分《りぶん》とこそ思ひけめども、疵《きず》なき歯を失ひぬる、大きなる損なり。此《これ》は申すに及ばず、[4]大きに愚かなる事、嗚呼《をこ》がましきわざなり。

(『沙石集』による)

(＊注)　唐人…唐から渡来した人。　在家人…出家していない庶民。
慳貪…けちで貪欲。　利養…利益。
商ひ心…損得を考える商売根性。　徳…財産。
虫の食ひたる歯…虫歯。　少分の事…ほんのわずかな金額。
心様…心の持ち方、考え方。　利分…もうけ。

問一　「[1]ふつと、一文にては取らじ」は、誰の言葉ですか。本文中から抜き出して答えなさい。

問二　「[2]おほかた」を現代仮名遣いに直し、すべてひらがなで書きなさい。

問三　「[3]さらば三文にて、歯二つ取り給へ」とありますが、このように言ったのはなぜですか。最も適切なものを、次の**ア**～**エ**から一つ選び、記号で答えなさい。

も一緒に歩きながら聞いていた。先月練習したのと同じ節回しのはずなのに、篤が叩いていた音とは違った。軽やかで、何の引っかかりもなく聞こえる。

耳元でその音を聞きながら、明日からいよいよ土俵上の戦いが幕を開けるのだと実感した。最後に力強くトトン、と音が鳴り、土俵祭が終わった。

土俵祭の帰り、名古屋城の石垣をバックに赤や緑、橙《だいだい》と色とりどりの力士＊幟《のぼり》がはためいているのが見えた。その幟に囲まれるようにして、呼出が太鼓を叩くための＊櫓《やぐら》が組まれている。

去年、篤が初めて呼出として土俵に上がったのも、この名古屋場所だった。研修の期間があったとはいえ、当時は相撲のことは何もわかっていなかった。わかっていなかったけれど、青空に鮮やかな彩りを添える幟や、空に向かってそびえる櫓は粋で気高く、美しかった。

そして今、一年が経って同じ景色を見ている。

来年この景色を見るとき、俺はどうなっているのだろう。新しく入ってきた呼出に対して、ちゃんと「兄弟子」らしくいられるだろうか。できる仕事は増えているだろうか。朝霧部屋からは、関取が誕生しているだろうか。

一年後はまだわからないことだらけだ。

それでも、もう不安に思わなかった。

名古屋場所の初日、序ノ口で宮川さんの取組があった。この一年間、朝霧部屋には序ノ口力士がいなかったので、部屋の兄弟子を呼び上げるのは初めてだった。

ひがーああーーしいいいーーー　いわむうーーーらああーーー

にいいいしいいいーーーー　みやあーーがああーーわああーーー

（＊注）土俵築…土を突き固めて土俵を作る作業。
幟…細長いきれの一端をさおの先につけて立てるもの。
櫓…相撲・芝居の興行場に高く建て、太鼓を鳴らす所。

（鈴村ふみ『櫓太鼓がきこえる』による）

問一　[A]・[B]にあてはまる最も適切な語を、次の**ア**～**カ**からそれぞれ一つずつ選び、記号で答えなさい。

ア　目　**イ**　耳　**ウ**　手　**エ**　口元　**オ**　頬　**カ**　眉間

問二　「[1]異変」とありますが、この異変をもたらしたのは篤のどのような心情ですか。四十字以内で説明しなさい。

問三　「[2]小さくため息をついた」とありますが、その理由を説明したものとして、最も適切なものを、次の**ア**～**エ**から一つ選び、記号で答えなさい。

ア　自分は何もできないと思い込んで、いつまでも依存してくる篤に失望したから。

イ　みっともないことだとわかっていながら、正直に白状する篤に腹が立ったから。

ウ　新弟子が入ってくると聞いて、自分自身のあり方を振り返る篤に感心したから。

エ　いつまでも自身の成長に気づけず、自信を持つことができない篤にあきれたから。

問四　「[3]胸がすっと軽くなるのがわかった」とありますが、胸がすっと軽くなったのはなぜですか。四十字以内で説明しなさい。

問五　「[4]もう二度とこんなこと言わねえからな」とありますが、この時の直之の心情を説明したものとして、最も適切なものを、次の**ア**～**エ**から一つ選び、記号で答えなさい。

ア　反応の薄い篤に、怒りを隠しきれずイライラしている。

篤もすっかり喉が渇いていたので、誘われるがまま、隣の駅近くにある喫茶店に入った。

　ところが注文したアイスコーヒーが運ばれてくるやいなや、「達樹が言ってた話だけど。お前、新弟子が入ってくるのが不安なんだろ」と言い当てられ、ぎくりとした。

　どうやらその話をするつもりで、お茶に誘ったらしい。午後の篤は、何度か手が止まってしまい、たびたび注意を受けていた。ここ数場所は、そのように注意されることはなかったので、直之さんが1異変に気づくのも無理はない。

「……ああ、はい。そうっすね」

　またみっともないことをしてしまった、と思ったが仕方なく白状した。

　その新弟子は、呼び上げや土俵築、太鼓なんかも、そのうち自分より上手くこなすかもしれないと不安になり、思考とともに、手も止まっていた。

　篤の返事を聞くと、直之さんは2小さくため息をついた。

「なんでお前はそんなに自信なさげなんだよ。この一年で、お前は充分変わったよ。だって、ほら」

　そう言って直之さんは手を伸ばして、篤の腕を軽く叩く。上腕には小さな力瘤《こぶ》がついていた。思い返せば一年前の篤の腕は枝のように細くて、ひたすらにまっすぐな線を描いていた。

「その腕だって、土俵築ちゃんとやってきたからじゃん。呼び上げだってたまに調子外すけど、声も太くなってきたし。太鼓も、テンポゆっくりめになるけど必死になって叩いてるって、進さんから聞いたぞ」

「……なんか、褒められてる気がしません」

「ああ、ごめんごめん」

　直之さんが、仕切り直すようにアイスコーヒーを一口飲んだ。

「お前は怒られることも失敗することもたくさんあったけどさ、一年間、逃げずにやってきただろ。ちゃんと、お前は頑張ってたよ。近くで見てきた俺が言うんだから、間違いない」

　そうきっぱりと言われて、思わず直之さんの顔をまじまじと見た。

直之さんは一瞬、何だよと渋い顔をしたが、話を続けた。

「まだできないことも多いかもしれないけど、この一年、真面目にやってきただけでも充分偉いじゃん。今みたいに不安になるのも、お前がこの仕事に真剣になってる証拠だよ。たとえ新弟子がめちゃくちゃできる奴でもさ、大丈夫。お前なら、これからもちゃんとやっていける」

お前なら、ちゃんとやっていける。

今しがたかけられた言葉が、耳の奥で響く。

同い年なのに仕事ができて、しかも頼りがいのある直之さんみたいになりたいと、ずっと思ってきた。まだ目標は達成できないかもしれないが、その直之さん本人から認められ3胸がすっと軽くなるのがわかった。

……そっか。こんな俺でも、大丈夫なんだな。

直之さんは急に真顔になって、4もう二度とこんなこと言わねえからな、とストローを咥《くわ》え、黙ってアイスコーヒーを吸い上げた。

「あの……ありがとうございます」

それでも篤が深々と頭を下げると、直之さんは少しだけ笑ってみせた。

　5名古屋場所前日の土俵祭でも、最後に触れ太鼓の番があった。

担いでいる太鼓を、兄弟子がトトントントンと打ち鳴らす音を、篤一年ほど前から、十七歳の篤《あつし》は相撲部屋に入門し、取組前に力士の名を呼びあげて進行を行う呼出《よびだし》として励んできた。

*土俵築《どひょうつき》が始まった日も、真夏日だった。当然、会場内も尋常ではないほど暑かった。そんな中、土を叩《たた》いて駆け回るのだから、汗をかく量は他の場所の比ではない。みなTシャツの袖をまくり上げ、とめどなく流れてくる汗を拭いながら、ひたすら土を固めていった。

土俵築の作業がいったん休憩となると、直之さんが飯一緒に食おうぜと誘ってきた。名古屋場所の会場となる体育館は、周囲に城はあるものの、すぐ近くに飲食店は少ない。食中毒が怖く、食べるものを持ってきていなかったので、二人は体育館に併設されたレストランに入った。考えることはみな同じなのか、レストランは食事と涼を求めに来た呼出たちでいっぱいだった。

冷やし担々麺《たんたんめん》、冷やしきしめんの食券をそれぞれ買い、大人しく隅の席に着くと、ちょうどレストランに入ってきたばかりの達樹が、よっと声をかけ隣の席に座ってきた。

直之さんがテーブルを動かそうとしたので、篤も手伝って達樹のテーブルと合体させる。

「お疲れ。この辺食うとこなくて困るよな」

直之さんが話しかけると、達樹は「ですよねー。でもこの辺に飲食店たくさん出して、新しく観光スポットつくる計画があるらしいっすよ」と耳寄りな情報を提供してくれた。

「え、マジで？　だったらめちゃくちゃ助かる」

「この前ニュースになってたんですよ。たしか再来年くらいにできるって」

情報通の達樹は、新しい商業施設のことまで網羅しているのかと妙に感心していると、あっ、そういえばと達樹が突然声を落とした。篤もつい、［A］をそばだてる。

「ここだけの話なんですけど。今度、呼出の新弟子が入るらしいっすよ」

「えっ、マジっすか」

思わず篤は叫んでいた。

何人か兄弟子が振り返ったので、達樹が「ここだけの話なんだから、でかい声出すな」と顔をしかめた。

「だってそれ、本当っすか」

「本当だよ。嘘ついてどうすんだよ」達樹はさらに［B］に皺《しわ》を寄せた。

「光太郎さんが辞めて今、欠員出てるし。さっそく来場所あたり見習いで入ってくるらしいよ」

周囲に聞こえないように、達樹は声をひそめて言う。

直之さんが「へえー。じゃあ、篤ももう兄弟子じゃん」と楽しそうに相づちを打つと、ちょうど料理ができたとの放送があり、揃《そろ》って注文した品を取りに行った。

直之さんがきしめんを、達樹が味噌《みそ》ラーメンをすすっている間、二人は名古屋の行きつけの店の話で盛り上がっていた。しかし篤の頭はずっと、呼出の新弟子が入ってくるということでいっぱいだった。しばらくボーッとしていたのだろう。「お前のうまそうじゃん。ちょっとちょうだい」と達樹に冷やし担々麺を食べられ、篤はようやく我に返った。

十五時前に一日の作業が終わると、直之さんが「喉渇いたし、ちょっとひと休みしてから帰らねえ？」と今度はお茶に誘ってきた。

〈国語〉

時間 五〇分 満点 五〇点

【注意】【問題二】から【問題五】において、答えに字数制限がある場合には、句読点やその他の符号も字数に数えることとします。

【問題一】 次の各問いに答えなさい。

問一 次の（1）～（5）の傍線部について、漢字は読み方をひらがなで、カタカナは漢字に直して、それぞれ楷書で丁寧に書きなさい。（3）・（4）には**送り仮名**をつけて答えなさい。

（1）かばんに細工を施す。

（2）祖母と小児科に行く。

（3）教室でごみをヒロウ。

（4）父は会社をイトナム。

（5）家庭ホウモンをする。

問二 次の行書で書かれた漢字ア～オを楷書で書いたとき、総画数が八画になるものを**二つ**選び、記号で答えなさい。

問三 次のア～オのことわざのうち、「名人・達人でも時には失敗すること」という意味をもつものを**すべて**選び、記号で答えなさい。

ア 河童《かっぱ》の川流れ　　イ 馬の耳に念仏

ウ 鬼の目にも涙　　エ 弘法《こうぼう》にも筆の誤り

オ 猿も木から落ちる

問四 次の文について、あとの問いに答えなさい。

> 全国大会出場という[1]貴重な機会が得[2]られる。

（1）「[1]貴重な機会が」の文節どうしの関係と同じ関係になっているものを、次のア～エの傍線部から一つ選び、記号で答えなさい。

ア 遠くから 車の 音が 聞こえる。

イ チロは 茶色の かわいい 犬だ。

ウ 彼は いつまでも 待って いた。

エ 思い出が 頭の 中を 駆け巡る。

（2）「得[2]られる」と同じ意味・はたらきのものを、次のア～エの傍線部から一つ選び、記号で答えなさい。

ア 午後からお客さまが来られる。

イ このリンゴはまだ食べられる。

ウ 故郷の母のことが案じられる。

エ いつも同じ仲間に助けられる。

問五 「尽人事待天命」という漢文があります。この漢文の書き下し文「人事を尽くして天命を待つ。」に従って、返り点を正しくつけたものを、次のア～エから一つ選び、記号で答えなさい。

ア 尽㆓人事㆒待㆓天命㆒。

イ 尽㆓人事㆒待㆑天命。

ウ 尽㆑人事待㆓天命㆒。

エ 尽㆑人事待㆑天命。

【問題二】 次の文章を読んで、あとの問いに答えなさい。（出題の都合上、本文を一部改めた箇所がある）

2022年度

解　答　と　解　説

《2022年度の配点は解答用紙集に掲載してあります。》

＜数学解答＞

【問題1】 問1 (1) 11　(2) $\sqrt{3}$　(3) $\dfrac{5x+13y}{6}$　(4) $-2a^3b$

問2 $a(x+3)(x-3)$　問3 $x=7$, $y=6$　問4 $x=\dfrac{5\pm\sqrt{17}}{4}$　問5 エ

問6 解説参照　問7 $\angle x=28$度　問8 $\dfrac{7}{3}\pi\,\mathrm{cm}^3$　問9 ウ　問10 $\dfrac{7}{36}$

問11 解説参照　問12 (1) オ　(2) 2組の辺とその間の角　(3) イ

【問題2】 問1 (1) エ　(2) 解説参照　問2 $b=9$, $c=8$　問3 イ，オ

【問題3】 問1 (1) $117\mathrm{cm}^2$　(2) ア　問2 $a=7$　問3 $b=14$

【問題4】 問1 $y=2$　問2 $y=x+4$　問3 12　問4 (1) (例)$\dfrac{1}{2}t^2-t-4$

(2) $t=12$

【問題5】 問1 $14\mathrm{cm}^2$　問2 (1) 7：10　(2) $\dfrac{10}{3}\mathrm{cm}^2$　(3) 21：13：17

＜数学解説＞

【問題1】 (小問群―数と式の計算，根号を含む計算，文字式の四則計算，因数分解，連立方程式，二次方程式，一次方程式，不等式，円の性質と角度の求値，回転体の体積，一次関数の応用，確率，作図，三角形の合同とその証明)

問1 (1) $8-6\div(-2)=8+3=11$

(2) $\sqrt{27}-\dfrac{6}{\sqrt{3}}\times\dfrac{\sqrt{3}}{\sqrt{3}}=\sqrt{3^3}-\dfrac{6\sqrt{3}}{3}=3\sqrt{3}-2\sqrt{3}=\sqrt{3}$

(3) $\dfrac{3x+y}{2}-\dfrac{2x-5y}{3}=\dfrac{3(3x+y)-2(2x-5y)}{6}=\dfrac{9x+3y-4x+10y}{6}=\dfrac{5x+13y}{6}$

(4) $3ab^2\times(-4a^2)\div6b=\dfrac{-3ab^2\times4a^2}{6b}=-\dfrac{12a^3b^2}{6b}=-2a^3b$

問2 因数分解の公式$x^2-y^2=(x+y)(x-y)$の利用を忘れずにすること。

$ax^2-9a=a(x^2-9)=a(x+3)(x-3)$

問3 $\begin{cases}x+y=13\cdots①\\3x-2y=9\cdots②\end{cases}$ として，①より，$y=13-x$なので，これを②に代入すると，

$3x-2(13-x)=9$　$3x-26+2x=9$　$5x=35$　$x=7$　①より，$y=13-7=6$

問4 二次方程式の解の公式にあてはめて，$x=\dfrac{-(-5)\pm\sqrt{(-5)^2-4\times2\times1}}{2\times2}=\dfrac{5\pm\sqrt{17}}{4}$

問5 等式は同じ数(0以外)で両辺をわっても成立する。また，左辺をxにするためには，両辺をxの係数6でわればよい。したがって，エとなる。

問6 (例)おとな4人と子ども5人の入園料の合計金額は7000円以下である。

問7 同じ弧の円周角は中心角の半分の大きさなので，$\angle\mathrm{BAC}=124\times\dfrac{1}{2}=62(°)$　したがって，$x+62+34=124$　より，$x=28$

問8 $\triangle\mathrm{BAC}$は$\angle\mathrm{BAC}=30°$の直角三角形なので，$\mathrm{BC}:\mathrm{AC}=1:\sqrt{3}$　したがって，$\mathrm{AC}=3\mathrm{cm}$

△ABCを直線ACを回転の軸として1回転させてできる円すいの体積は，$(\sqrt{3})^2\pi\times3\times\frac{1}{3}=3\pi$ (cm^3)　中心角90°のおうぎ形を，直線ACを軸にして回転させてできる立体は球の半分(半球)となるので，その体積は，$\frac{4\times\pi\times1^3}{3}\times\frac{1}{2}=\frac{2}{3}\pi\,(\mathrm{cm}^3)$　したがって，求める体積は，$3\pi-\frac{2}{3}\pi=\frac{7}{3}\pi\,(\mathrm{cm}^3)$

問9　ア　$y=-3x+5$に$x=-3$を代入すると，$y=14$となり，点$(-3,\ 5)$は通らない。　イ　$y=-3x+5$は，$x=1$のとき$y=2$，$x=2$のとき$y=-1$となるので，xの値が2倍になったとしてもyの値は2倍に必ずしもならない。　ウ　正しい。　エ　$y=-3x+5$は$x=1$のとき$y=2$，$x=3$のとき$y=-4$となり，yの増加量は$-4-2=-6$である。

問10　**$\sqrt{a+b}$の値が整数となるとき，$a+b$が平方数**でなければならない。したがって，$a+b$が平方数となるさいころの目の出方は，$(a,\ b)=(1,\ 3)$，$(2,\ 2)$，$(3,\ 1)$，$(3,\ 6)$，$(4,\ 5)$，$(5,\ 4)$，$(6,\ 3)$の7通り。大小2つのさいころの目の出方は全部で$6\times6=36$(通り)なので，求める確率は$\frac{7}{36}$

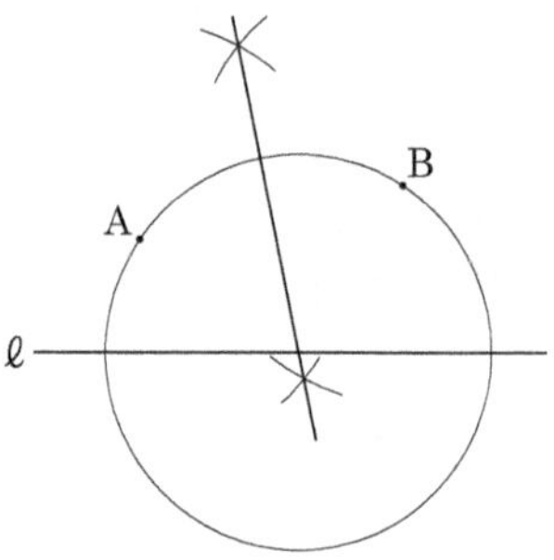

問11　右の図のように，線分ABの垂直二等分線と直線ℓの交点が円の中心となる。したがって，その交点をOとすると，点Oを中心とした半径OA＝OBの円を描けばよい。

問12　(1)　∠CAEと∠ACBはAE//BCであることから平行線における錯角の関係となり，等しくなる。　(2)　①，②，⑤は△ABDと△ACEにおいて，2組の辺とその間の角がそれぞれ等しいという合同条件にあてはまる。　(3)　**合同な三角形は対応する辺や角がすべて等しい**ことを用いる。したがって，イのBD＝CEを選べばよい。

【問題2】　(資料の整理・標本調査―ヒストグラム，相対度数，度数分布表，箱ひげ図)

問1　(1)　$a=35-(4+6+7+6+4)=8$なので，30g以上32g未満の度数が8となっているヒストグラムを選べばよい。したがって，エとなる。

(2)　(例)相対度数0.2を母集団の400にかけることで，およそ80個であると推定した。

問2　$b+c=35-(2+6+6+4)=17$…①　中央値が30g以上32g未満の階級に含まれているので，重さの重い方から18番目が含まれている階級は30g以上32g未満とわかる。したがって，$c\geqq8$…②　また，最頻値が29gであることから，$b>c$…③　①，②，③より，$b=9$，$c=8$しかない。

問3　ア　中央値が27gであるとわかるが，平均値が27gかどうかはわからない。　イ　正しい。　ウ　箱ひげ図からC，D，E農園のすべてが34g以上のいちごを収穫したことはわかるが，E農園の個数が一番多いかどうかはわからない。　エ　D農園の四分位範囲は$35-27=8$(g)，E農園の四分位範囲は$36-29=7$(g)より，E農園よりもD農園の方が四分位範囲は大きい。　オ　重さ30g以上のいちごは，C農園は第一四分位数が30gよりも小さいことから100個未満であるが，D農園とE農園はともに中央値が30gよりも大きいことから200個以上ある。よって，正しい。

【問題3】　(規則性の読み取りと数学的思考―長方形の面積・周の長さ，一次方程式の応用，不等式の利用と大小関係)

問1　(1)　図Ⅲは，縦の長さ$5+4=9$(cm)，横の長さ$5+4+4=13$(cm)なので，長方形Qの面積は，$9\times13=117\,(\mathrm{cm}^2)$

(2)　長方形Pは縦の長さ5cm，横の長さ$5+4\times5=25$(cm)なので，周の長さは$(5+25)\times2=60$(cm)，面積は$5\times25=125\,(\mathrm{cm}^2)$　長方形Qは周の長さは$(9+13)\times2=44$(cm)，面積は117

(cm^2)であることから，周の長さ・面積ともに長方形Pの方が大きい。したがって，アとなる。

問2　図Ⅳより，縦の長さ$5+4\times2=13(\mathrm{cm})$，横の長さ$5+4\times(a-1)=4a+1(\mathrm{cm})$より，その面積が$377\mathrm{cm}^2$なので，$13\times(4a+1)=377$　これを解いて，$a=7$

問3　正方形の1辺の長さは，$5+4\times(b-1)=4b+1(\mathrm{cm})$　正方形の面積が$3600\mathrm{cm}^2$となるとき，その1辺は60cmなので，$4b+1\leqq60$を満たす最大のbの値を求めればよい。したがって，$b=14$

【問題4】　(関数と図形―$y=ax^2$のグラフと座標，2点を通る直線の式，三角形の面積の求値，座標上における線分の長さの求値，比の利用)

問1　$y=\frac{1}{2}x^2$に$x=-2$を代入すると，$y=2$　したがって，$A(-2,\ 2)$

問2　$A(-2,\ 2)$，$B(4,\ 8)$なので，直線ABの**傾きは(yの増加量)÷(xの増加量)**より，$(8-2)\div\{4-(-2)\}=1$である。したがって，$y=x+b$と表せる。これに点$A(-2,\ 2)$を代入すると，$2=-2+b$　$b=4$　よって，直線ABの式は，$y=x+4$

問3　直線ABとy軸との交点をCとする。△OABの面積はOC×(2点A，Bのx座標の差)$\times\frac{1}{2}$で求めることができるので，$4\times\{4-(-2)\}\times\frac{1}{2}=12$

問4　(1)　$P\left(t,\ \frac{1}{2}t^2\right)$，$Q(t,\ t+4)$より，$PQ=\frac{1}{2}t^2-(t+4)=\frac{1}{2}t^2-t-4$

(2)　$QR=t+4$より，$PQ:QR=7:2$となるとき，$\left(\frac{1}{2}t^2-t-4\right):(t+4)=7:2$　これを解いていくと，$7(t+4)=2\left(\frac{1}{2}t^2-t-4\right)$　$7t+28=t^2-2t-8$　$t^2-9t-36=0$　$(t+3)(t-12)=0$　$t>4$より，$t=12$

【問題5】　(平面図形―平行四辺形の性質，三角形の面積の求値，相似な図形と比の利用，三角形の面積比の利用，線分の比の求値)

問1　**平行四辺形の対辺の長さは等しい**ので，$CD=AB=5\mathrm{cm}$　また，$AD=10\mathrm{cm}$，$DE=3\mathrm{cm}$より，$AE=10-3=7(\mathrm{cm})$　△CDEにおいて三平方の定理より，$CE^2=CD^2-DE^2=5^2-3^2=16$なので，$CE=4\mathrm{cm}$　よって，△ACEの面積は，$\frac{1}{2}\times CE\times AE=\frac{1}{2}\times4\times7=14(\mathrm{cm}^2)$

問2　(1)　AD//BCより平行線の錯角が等しいことから，△HAE∽△HCB　**対応する辺の比はすべて等しい**ので，$HA:HC=AE:CB=7:10$　よって，$AH:HC=7:10$

(2)　平行線の錯角は等しいので，∠ADF＝∠CFD　よって，∠仮定より∠CFD＝∠CDFとわかり，△CDFはCD＝CF＝5cmの二等辺三角形である。ここで，(1)と同様にAD//BCより△AGD∽△CGFとわかり，対応する辺の比はすべて等しいので，$GD:GF=AD:CF=10:5=2:1$　したがって，$\triangle CGF=\triangle CDF\times\frac{DF}{GF}=\left(\frac{1}{2}\times5\times4\right)\times\frac{1}{3}=\frac{10}{3}(\mathrm{cm}^2)$

(3)　(2)より，△AGD∽△CGFより，$GA:GC=2:1$…①　また，同様に△HAE∽△HCBより，$HA:HC=AE:CB=7:10$…②　したがって，①，②より，$GA:GC=34:17$，$HA:HC=21:30$とあらわせるので，$AH:HG:GC=21:13:17$とわかる。

<英語解答>

【問題1】　問1　No. 1　エ　No. 2　ウ　No. 3　ア　問2　No. 1　イ　No. 2　エ
問3　エ→ア→ウ→イ　問4　①　(例)dream　②　Thursday
③　(例)How many students are there(in the English club?)

【問題2】	問1 No. 1 mine No. 2 (例)speak No. 3 (例)call 問2 No. 1 イ No. 2 エ 問3 (例)We enjoyed
【問題3】	問1 ① (例)Can you help me(?) ② (例)What are you going to make(?) 問2 (例)I feel mottainai when I see my old clothes which are too small for me. I can give them to others.
【問題4】	問1 エ 問2 イ 問3 ア 問4 (例)(スマートフォンを)長時間使うと，勉強したり家族と会話したりする時間がなくなる(こと。) 問5 イ 問6 エ
【問題5】	問1 エ 問2 イ 問3 (例)自分はチームメイトに対し厳しい態度をとっていたのに，彼らは温かいメッセージをくれた(から。) 問4 (例)stronger [better] 問5 ウ 問6 (例)He learned that it is important to work together with friends.

<英語解説>

【問題1】 (リスニング)

放送台本の和訳は，68ページに掲載。

【問題2】 (文法・語句の問題：代名詞，一般動詞，文の構造，前置詞，助動詞，過去形など)

問1 No. 1 母親：テーブルの上の英語の本を見たわ。それはあなたの？／息子：うん，それは僕のだよ。昨日それを買ったんだ。／母親：本当？ それはおもしろそうね。それを借りてもいいかしら？／**mine**「私の(もの)」

No. 2 メグ：こんにちは。メグです。ユウトをお願いしたいのですが？／ユウトの父親：ごめんね，彼はここにいないんだ。伝言を残したいかな？／メグ：はい。4時に私の家へ来るように彼に言っていただけますか？／**<May I speak to ～, please?>**「～をお願いしたいのですが？」

No. 3 ミキ：これは鳥取で作られた新しい種類のお米よ。／ボブ：うわあ！ とてもいいね。このお米には名前があるの？／ミキ：私たちはそれを星空舞と呼ぶわ。その名前は，たくさんの星がある鳥取の美しい空から来ているのよ。／**<call+A+B>**「AをBと呼ぶ」

問2 No. 1 「私はふつう夕方に，公園内を散歩する。それから夕食を作り始める。夕食前の散歩は，いつも私を空腹にしてくれる」／**before**「～の前に」

No. 2 「学校の図書館には，どんな食べ物も持ち込んではいけません。あなたはそこで食事してはいけません」／**must not ～**「～してはいけない」

問3 A：あなたは先週末に何をしたの？／B：僕は友達と公園へ行ったよ。僕たちはいっしょにサッカーを2時間楽しんだよ。／We enjoyed playing soccer together for two hours.／先週末という**過去のこと**なので，動詞のenjoyは過去形にする。

【問題3】 (条件英作文)

［絵1］ ナンシー ：ただいま！ 私はとてもお腹が空きました…

ホストファーザー：やあ，ナンシー。すぐに夕食の準備ができるよ。

(①(例) 私を手伝ってくれないかな？)

［絵2］ ナンシー ：もちろんです。私は何ができますか？

ホストファーザー：たまねぎ3個とにんじん2本を切ってください。

ナンシー ：分かりました。

［絵3］ ナンシー　　　：これらの野菜の皮や葉および切れはしを，ここに捨てても良いですか？
ホストファーザー：いいえ。それらはごみじゃないよ。もう一品作るために，私はそれらを使う予定なんだ。
ナンシー　　　：本当ですか？（②(例)　あなたは何を作る予定なんですか？）
［絵4］ ホストファーザー：私は野菜スープを作る予定だよ。それは私たちの健康に良くて，私たちはごみを減らすこともできる。
ナンシー　　　：それはいい考えですね。

問1　上記英文の訳を参照。それぞれの場面の**質問と応答が自然につながるか**確認しよう。
①　**<Can you ～?>**「～してくれませんか？」　②　**「～する予定である」**という意味の**<be going to ～>**を，「何」という意味の疑問詞で始まる疑問文にする。

問2（スピーチ全訳）今日，私はお気に入りの日本の言葉について話したいです。それは「もったいない」です。私のホストファーザーと料理をしていたときに，この言葉を学びました。そのような英語の言葉はありませんが，この言葉は大切だと私は思います。例えば，コンビニエンスストア，スーパーマーケット，レストランでは，毎日たくさんの食べ物が捨てられています。そして私たちはしばしば，食べ物を買いすぎてしまいます。食べ物を無駄にすることは本当に「もったいない」ですし，それは現在，世界中で大きな問題です。しかし，私たちの毎日の生活の中に，ほかの「もったいない」問題があります。あなたはいつ「もったいない」と感じて，その問題についてあなたは何ができますか？
（解答例和訳）私は，自分にとって小さすぎる自分の古い服を見るときにもったいないと感じます。私はそれらを他の人にあげることができます。

【問題4】（会話文読解問題：内容真偽，グラフを用いた問題，日本語で答える問題，適語句補充など）

（全訳）かな：いいお知らせです！　私の友達のたかひろが，昨日のピアノコンテストで一位を取りました！
ヒル先生：それはすごい！
かな　　：彼のご両親はとても喜んでいました。彼らはスマートフォンを彼に買ってあげました。
ヒル先生：おや，本当かい？　かな，きみはスマートフォンを持っているの？
かな　　：いいえ，私は持っていません。でも父は，私が高校生になったときに一台買ってあげるつもりだと言っています。私は待ちきれません！
ヒル先生：今日，情報技術の使い方を学ぶことはとても大切だよ。スマートフォンは小さなコンピュータだ。だからきみが若いときに一台持つことはいい考えかもしれない。でも，若者がスマートフォンを使うとき，いくつかの問題もあるんだ。
かな　　：知っています。私の兄がスマートフォンを使いすぎて，母が怒るんです。
ヒル先生：このグラフを見て，かな。それは日本の学生が平日の一日で，どのくらい長くインターネットにアクセスしているかを示しているんだ。中学生は一日で，それらをおよそ144分間使う。
かな　　：それは長い時間ですね。小学生はその時間の半分より少ない時間を使っていますね。
ヒル先生：そうだよ。そしてすべての年代で，男子が女子よりもやや長くそれらを使っている。私は特に高校生が心配だ。なぜなら彼らはスマートフォンを使いすぎている。
かな　　：うわあ，208分…一日で3時間以上！
ヒル先生：もしきみがそんなに長い時間スマートフォンを使ったら，何が起こるだろう？

かな　　：私は放課後，6時に帰宅して，10時に寝ます。もし私がそれを毎日3時間使ったら，勉強したり，家族と話したりする時間がなくなるでしょう。

ヒル先生：そうだね。私は①それについて心配しているんだ。

かな　　：私たちが卒業する前に，たぶん私たちは，この問題についてもっと学ぶ必要がありますね。来週の私のスピーチで，私はこの話題を選ぶつもりです。

[スピーチ全訳]

あなたはスマートフォンを持っていますか？　スマートフォンを使って，私たちは簡単に情報を手に入れることができます。私たちはいつでも友達と話すことができます。スマートフォンでゲームをして，映画を見ることはおもしろいです！

しかし，もし私たちがスマートフォンを使いすぎたら何が起きますか？　いくつかの問題があるのです。例えば，私たちがいつもメッセージを送ったり受け取ったりしたら，勉強に集中できません。また，画面を長時間見ることで，私たちの視力が非常に弱くなってしまうでしょう。そしてそれらは夜間に，私たちの脳を過剰に興奮した状態に保つので，私たちはよく眠ることができません。それは私たちの健康に悪いかもしれないのです。

だから，私は両親と話して，私たちは3つのルールを定めました。第一に，私が勉強するときはスマートフォンの電源を切ります。第二に，私がそれを1時間使ったあとは，②自分の目にいくらかの休息を与えるためにそれを使うのをやめます。第三に，よく眠るために，私はそれをベッドで使いません。私が一台手に入れたときは，これらのルールを守ります。

スマートフォンはすばらしい道具です。でも，もし私たちが気を付けなければ，スマートフォンは私たちの学校生活を困難なものにしてしまうかもしれません。私たちはスマートフォンと生活するよい方法を見つけるべきです。もし私たちができれば，私たちの生活はより便利でおもしろくなるでしょう。

問1　ア 「かなは音楽がとても得意である」(×)　会話文中にこのような内容は書かれていない。　イ 「ヒル先生はたかひろのスマートフォンを見ている」(×)　会話文中にこのような内容は書かれていない。　ウ 「ヒル先生はたかひろのいいお知らせについてかなに伝えている」(×)　かなの最初の発言を参照。　エ 「かなはスマートフォンを持ちたがっている」(○)　かなの3番目の発言を参照。

問2　ア 「スマートフォンはコンピュータよりも便利である」(×)　ヒル先生の3番目の発言の第2文を参照。　イ 「若者がスマートフォンを持つことはおそらく大丈夫だろう」(○)　ヒル先生の3番目の発言の第3文を参照。　ウ 「中学生は若すぎてコンピュータを使うことができない」(×)　ヒル先生はこのようなことを言っていない。　エ 「かなの兄は彼のスマートフォンを使うことをやめるべきである」(×)　ヒル先生はこのようなことを言っていない。

問3　ヒル先生の4番目の発言の最終文「中学生は一日で，それらをおよそ144分間使う」，かなの5番目の発言の第2文「小学生はその時間の半分より少ない時間を使っています」，ヒル先生の5番目の発言の第2文「そしてすべての年代で，男子が女子よりもやや長くそれらを使っている」より，男女の全体の使用時間が144分の半分である72分より少なく，かつ男子が女子よりも使用時間がやや長くなっているものが，小学生を示すグラフである。

問4　下線部のthatが何を指すか考える。直前のかなの発言の最終文を参照。

問5　スピーチの第2段落の第4文を参照。この内容をふまえて，視力が弱くなってしまうことを防ぐ方法として，目を休ませることについて言及しているイがふさわしい。　ア 「私の宿題について質問するために」　ウ 「私の脳を興奮させるために」　エ 「友達にメッセージを送るために」は文脈に合わない。

問6　ア「スマートフォンを長時間使うことは，学生の健康に良い」(×)　スピーチの第2段落の最終文を参照。　イ「子どもが大きくなるまでは，両親は自分の子どもにスマートフォンを買ってあげるべきではない」(×)　スピーチでこのような内容は述べられていない。　ウ「私たちが学校でスマートフォンを使うときは，厳しいルールが必要である」(×)　スピーチの最終段落の第2文を参照。「気を付けないと，学校生活を困難にする」と述べられているが，「厳しいルールが必要である」とまでは述べられていない。　エ「私たちはスマートフォンのよい利用者になり，それらを使って私たちの生活を楽しむべきである」(○)　スピーチの最終段落の第3，4文を参照。

【問題5】（長文読解問題・物語文：内容解釈，日本語で答える問題，適語・適文補充，条件英作文）

（全訳）　ニックは彼の中学校でバスケットボール部の一員だった。彼はチームで一番上手な選手だったが，8選手しかおらず，一度も試合で勝てなかった。だから，ニックは自分のチームをより強くしたいと思った。

その年の最後のトーナメントのちょうど一か月前だった。ほかの7人の選手は勝ちたがっていたが，自信がなかった。他の選手が上手にプレーしなかったとき，ニックはときどき怒った。彼はいくつかの乱暴な言葉さえも彼らに言った。①チームのメンバーは静かになり始めた。コーチはチームについて心配した。

トーナメントのちょうど3週間前に，チームは練習試合をした。その試合では，ニックがしばしば他の選手にボールをパスせずにプレーした。試合の最後に，ニックのチームの選手の一人がゴールの近くに立っていて，みんながニックに，彼にボールをパスしてほしいと思った。でもニックはそうせずに，シュートをした。そのボールはネットを通らずに，彼らはその試合に負けた。ニックは，それがその試合で彼が犯した最大の失敗だと思った。試合後，②ニックは彼のチームメイトを見ることができなかった。そして彼らは彼に何も言わなかった。長い沈黙があった。

翌週，ニックはいつもその試合のことを考えていた。彼は学校へ行ったが，チームで練習をしなかった。彼は自分の家の近くの公園で，一人で練習した。でもそれはおもしろくなかった。

ある夜，ニックのコーチが彼を訪ねて，「きみのチームメイトは毎日，一生懸命に練習しているよ。彼らはきみを待っているよ」と言った。コーチはニックに一枚の紙をあげた。たくさんのメッセージがそれに書かれていた。「それはきみの責任じゃないよ」「僕たちにはきみが必要なんだ」　ニックが彼のチームメイトからのメッセージを読んでいたとき，③彼は泣いて，それから彼の心の中で何か暖かいものを感じ始めた。

翌日，ニックはチームに戻った。彼は他のメンバーに，彼の新しい気持ちを伝えた。「みんなのメッセージをありがとう。今僕は，自分にとって何が大切かわかるよ。僕はきみたち全員とプレーしたいんだ」

彼らは再び，一つのチームとしてプレーし始めた。練習中に，ニックは何度もボールをパスして，以前よりも高くとび，彼のチームメイトに，「きみならできるよ！」や「いいね！」と言った。それらの言葉は彼らに自信を感じさせて，より一生懸命にプレーさせた。ニックは，チームが④より強く／よりよくなっていると思った。ニックにとってチームでプレーを楽しむことは初めてのことだった。ニックはもうひとりではなかった。

最後のトーナメントが始まった。驚いたことには，ニックのチームは最後の試合まで行った。その試合で，選手全員が最善を尽くしたが，彼らは負けてしまった。⑤ニックは彼のチームメイトとよい時間を過ごしたので，彼は悲しく感じなかった。

その試合後，ニックが帰宅したとき，彼は空がきれいだと思った。

問1　直前の2文を参照。ニックが他の選手に乱暴な言葉を言ったと書かれているのでエがふさわしい。他の選択肢はこのときの様子として合わない。

問2　イ「ごめんなさい。僕が失敗したから，僕たちは試合に負けました」 直前の2文を参照。ア「きみたちはもっと練習しなくちゃ。明日一生懸命に練習しよう」　ウ「僕の最後のシュートはネットを通らなかったけど，それは小さな失敗だ」　エ「僕たちは勝つことができなかったけど，試合はわくわくさせるものだったね」は，このときのニックの気持ちとして合わない。

問3　第2段落の第3，4文や，第5段落半ばのチームメイトからのメッセージを参照。これらの内容をまとめる。

問4　上記全訳を参照。**stronger**「より強く」，**better**「よりよく」

問5　最後の試合で敗北してしまったが，ニックはチームメイトと最善を尽くして，最終段落では空を見てきれいだと思ったと書かれているので，ウがふさわしい。ア「彼らは最後の試合に勝てなかったので，ニックは怒った」 イ「選手全員がうまくプレーしなかったので，ニックは悲しかった」 エ「ニックは他の選手よりもうまくプレーできたので，彼はうれしかった」は文脈に合わない。

問6　質問「この物語で，ニックはバスケットボールから何か大切なものを学びました。それは何でしたか？」
(解答例訳)彼は，友達といっしょに努力することが大切だということを学んだ。

2022年度英語　リスニングテスト

〔放送台本〕

これから放送による聞き取りの問題を行います。【問題1】を見てください。【問題1】には，問1，問2，問3，問4があります。問1，問2は1回のみ放送します。問3，問4は，2回ずつ放送します。聞きながらメモをとってもかまいません。

では，問1を始めます。これから放送する No. 1，No. 2，No. 3 の英文を聞き，それぞれの英文の内容を最もよく表しているものを，次のア，イ，ウ，エからひとつずつ選び，記号で答えなさい。英文は1回のみ放送します。では，始めます。

No.1　I have a brother. His favorite subjects are math and science.

No.2　There are two girls in the room. They like music. One of them is playing the guitar.

No.3　This shows the number of books borrowed from the school library. In November, Class B borrowed more books than the other two classes. Class A borrowed more books than Class C.

〔英文の訳〕

No. 1　私には兄(弟)がいる。彼のお気に入りの教科は，数学と理科だ。

No. 2　部屋に二人の少女がいる。彼女らは音楽が好きである。彼女らの一人がギターを弾いている。

No. 3　これは学校の図書館から借りられた本の数を示している。11月に，B組は他の二組よりも多くの本を借りた。A組はC組よりも多くの本を借りた。

〔放送台本〕

続いて，問2を始めます。これから放送する No.1，No.2 の会話を聞き，それぞれの英語の質問に対する答えとして，最も適切なものを，次のア，イ，ウ，エからひとつずつ選び，記号で答えなさい。会話は1回のみ放送します。では，始めます。

No.1 〈留学中の女子生徒(Maya)と現地の男子生徒(Alex)との会話〉

Alex: Are you going to do anything this weekend?
Maya: Maybe I'll just watch movies at home. How about you?
Alex: If it is sunny on Sunday, my brother and I will go to see a baseball game.
Maya: That's nice.

No.2 〈文化祭でダンスを披露する女子生徒(Emi)とブラウン先生(Mr. Brown)との会話〉

Mr. Brown: Hi, Emi. I heard your dance will start at 11：00.
Emi: No, actually the first dance group starts at 11：00. Our dance starts at 11：15.
Mr. Brown: OK. How long will it be?
Emi: It will be about 10 minutes.

〔英文の訳〕

No. 1 アレックス：きみは今週末に何かする予定なの？
マヤ：たぶん家で映画を見るだけね。あなたはどうなの？
アレックス：日曜日が晴れたら，兄(弟)と僕は野球の試合を見に行くつもりだよ。
マヤ：それはすてきね。
質問：彼らは何について話しているか？
答え：イ　今週末の彼らの計画。

No. 2 ブラウン先生：やあ，エミ。きみたちのダンスは11時に始まるそうですね。
エミ：いえ，実際は最初のダンスグループが11時に始まるんです。私たちのダンスは11時15分に始まります。
ブラウン先生：分かりました。それはどのくらいになりそうですか？
エミ：だいたい10分くらいになりそうです。
質問：エミのダンスは，いつ終了するか？
答え：エ　11時25分頃。

〔放送台本〕

続いて，問3を始めます。これから放送する，ニュージーランドを訪問する予定である中学生のはるか(Haruka)さんと，友人のジョン(John)さんとの会話を聞き，はるかさんの滞在中の予定を表す順番になるように，次のア，イ，ウ，エのイラストを並べかえ，記号で答えなさい。会話は2回放送します。では，始めます。

John: Hi, Haruka. Have you made your plan for your stay in New Zealand?
Haruka: My host family has made the plan for me. On the first day, they will hold a party for me at their house.
John: That's nice. I know you are good at cooking. Are you going to cook any Japanese food for the party?

Haruka: Yes. I think they will be happy to eat Japanese food.
John: What are you going to do on the second day?
Haruka: I am going to visit a school to talk about Japanese culture to the students. Also, I will show them how to make an *origami* bird.
John: That's a good idea. They will be excited to try that.
Haruka: On the third day, in the afternoon, my host family is going to take me to a famous museum to learn about the history of New Zealand. After that, I will buy something for my family at some shops near the museum.
John: I heard there is a famous park which has a beautiful garden. Are you going to go there too?
Haruka: Yes. We'll go there in the morning on that day. I want to see beautiful flowers and trees there.
John: I hope you will have a good time. Please tell us about your experiences in New Zealand when you come back.
Haruka: I will. I want my classmates to learn about New Zealand, too.

〔英文の訳〕

ジョン：やあ，はるか。きみはニュージーランドでの自分の滞在計画を立てたの？
はるか：私のホストファミリーが私のために計画を立ててくれたの。初日に，彼らは彼らの家で私のためにパーティーを開催してくれるつもりなの。
ジョン：それはすてきだね。僕はきみが料理が得意なことを知っているよ。きみはそのパーティーのために何か日本食を料理する予定なの？
はるか：ええ。私は彼らが日本食を食べてよろこんでくれると思うわ。
ジョン：二日目にきみは何をする予定なの？
はるか：私は学生に日本の文化について話すためにある学校を訪れる予定なの。それと，私は彼らに*折り紙*の鳥の作り方を見せるつもりよ。
ジョン：それはいい考えだね。彼らはそれに挑戦してわくわくするだろうね。
はるか：三日目には，午後に，ニュージーランドの歴史について学ぶために，私のホストファミリーが私を有名な博物館へ連れて行ってくれる予定なの。その後，私は博物館近くの数軒のお店で，自分の家族に何か買うつもりよ。
ジョン：きれいな庭のある有名な公園があると聞いたよ。きみたちはそこにも行く予定なの？
はるか：そうよ。私たちはその日の午前にそこへ行くつもりなの。私はそこできれいな花や木を見たいわ。
ジョン：僕はきみが楽しい時間を過ごすことを願うよ。きみが帰ってきたときに，ニュージーランドでの君の体験について僕たちに教えてね。
はるか：そうするね。私は私のクラスメイトにもニュージーランドについて学んでほしいわ。

〔放送台本〕

続いて，問4を始めます。中学生のまみ(Mami)さんは，テニス部に所属しています。ある日，アメリカからの留学生エミリー(Emily)さんがまみさんの家を訪問しました。翌日，留守番電話にエミリーさんからのメッセージが残されていました。そのメッセージを聞き，次のメッセージの内容の一部の(①)，(②)にあてはまる適切な英語を，それぞれ1語で書きなさい。

また，まみさんはメッセージを聞いた後，スミス先生(Mr. Smith)に電話をし，質問をしました。あとのスミス先生への質問の(③)にあてはまる適切な表現を，4語以上の英語で書きなさい。英文は2回放送します。では，始めます。

Hi, this is Emily. I really enjoyed talking with you about your dream. I understand you like playing tennis very much and really want to be a famous tennis player in the future.

By the way, you said that your teacher, Mr. Smith, wants me to join the English club from Wednesday to Saturday next week. I'm sorry, but I can't go on Wednesday. However, I will go all of the other three days. I'm happy to hear that the English club members will have a party for me on the first day. Please tell me the number of the students in the English club. I'd like to give something to each member. See you then. Bye.

〔英文の訳〕

こんにちは，エミリーです。私はあなたの夢についてあなたと話すことを本当に楽しみました。あなたがテニスをすることが大好きで，将来は有名なテニスプレイヤーに本当になりたいということがわかります。

ところで，あなたの先生のスミス先生が私に，来週の水曜日から土曜日まで英語部に参加してほしがっているとあなたは言いましたね。ごめんなさい，私は水曜日には行けません。でも，残り全部の3日間は行くつもりです。初日に，英語部の部員が私のためにパーティーを開いてくれるということを聞いて，私はうれしいです。英語部の生徒の数を私に教えてください。私はそれぞれの部員に何かあげたいです。それではまた会いましょう。さようなら。

「メッセージの内容の一部」

・まみの①夢は有名なテニスプレイヤーになることである。

・英語部は②木曜日に，エミリーのためにパーティーを開くつもりである。

「スミス先生への質問」

・こんにちは，スミス先生。まみです。私は質問があります。英語部には③何人の生徒がいますか？　私の友達のエミリーが知りたがっています。

<理科解答>

【問題1】 問1　ア　問2　エ　問3　ウ　問4　ア，ウ，エ　問5　胞子

【問題2】 問1　炭素　問2　イ，ウ，オ　問3　9〔%〕　問4　ウ　問5　2.2〔g〕

【問題3】 問1　次ページの図1　問2　ア　問3　ウ　問4　F　問5　イ

【問題4】 問1　温暖前線　問2　エ　問3　ウ(→)ア(→)イ(→)エ　問4　①　低　②　高　問5　偏西風

【問題5】 問1　(1)　肺胞　(2)　(例)表面積が大きくなるため。　問2　イ　問3　エ　問4　アミラーゼ

【問題6】 問1　電離　問2　エ　問3　$(2Ag^{+}+Cu\rightarrow)2Ag+Cu^{2+}$　問4　ウ　問5　カ

【問題7】　問1　ア　　問2　下図2　　問3　0.15〔W〕　　問4　(ア→)ウ(→)イ(→)エ
問5　(コイルの中の)(例)磁界が変化したから。

【問題8】　問1　木星型惑星　　問2　イ　　問3　太陽系外縁天体　　問4　(惑星B)　イ
(惑星G)　エ　　問5　ウ

図1

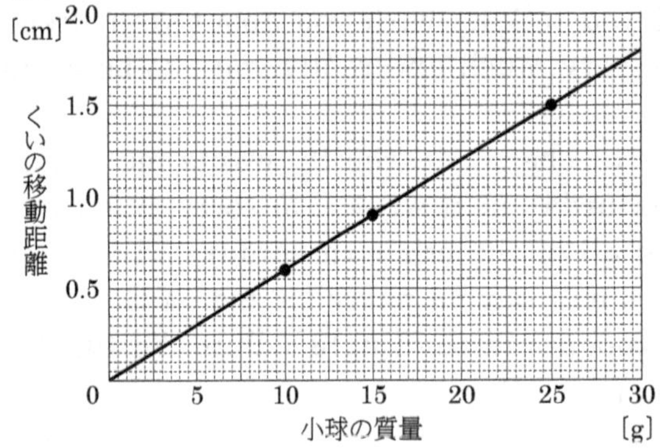

図2

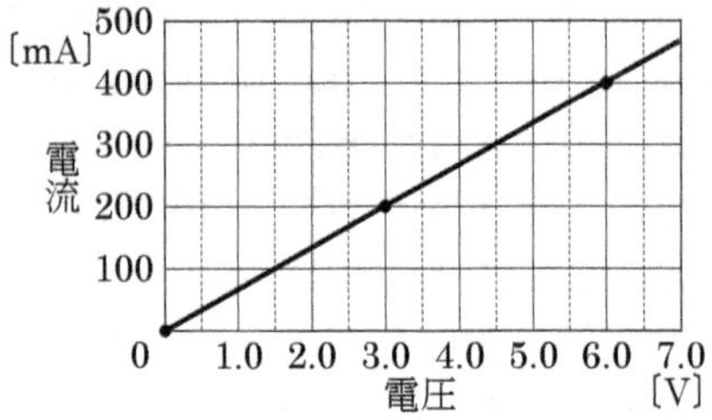

＜理科解説＞

【問題1】 (植物の分類，生物のふえ方)

問1　花は，外側からがく，花弁，おしべ，めしべの順についている。

問2　花粉がめしべの柱頭につくことを受粉という。花粉管の中を移動するのは精細胞である。受精卵は**胚**に成長し，胚珠全体が**種子**になる。

問3　双子葉類は，子葉が2枚で葉脈は網状脈，茎の維管束は輪状に並び，根は主根と側根からなる。

問4　スギ，ソテツは裸子植物である。

問5　シダ植物やコケ植物は，花をさかせないので種子をつくらない。これらは胞子でふえる。

【問題2】 (物質の性質，水溶液)

問1　石灰水が白くにごったことから二酸化炭素が発生したことがわかる。二酸化炭素は炭素の酸化物であるが，二酸化炭素を構成する酸素はもとは空気中にあったものである可能性があるが，炭素は物質中にもともとふくまれていたと考えられる。

問2　炭素はすべての有機物と，一部の無機物に含まれている。炭酸水素ナトリウムの化学式は$NaHCO_3$なので，炭素(C)を含んでいる

問3　**質量パーセント濃度〔%〕**$=\dfrac{\text{溶質の質量〔g〕}}{\text{溶液の質量〔g〕}}\times 100$より，$\dfrac{0.5\text{〔g〕}}{0.5+5\text{〔g〕}}\times 100=9.0\cdots\rightarrow 9$〔%〕

問4　実験2でつくった水溶液は，水100gとしたときに，物質C，Dを$4\times\dfrac{100}{5}=80$〔g〕とかしている水溶液と濃度は同じである。図5から，80gの物質をとかすことができる水の温度を読み取ると，物質C(塩化ナトリウム)はとけず，物質Dは約48℃ですべてとけることがわかる。よって，40℃ではとけ残りが生じているが，50℃ではすべてとけている。

問5　物質C(塩化ナトリウム)が20℃の水100gにとける量は，約36gである。よって，5gの水を使用した場合には，36〔g〕$\times\dfrac{5}{100}=1.8$〔g〕とける。よって，とけ残りの質量は，$4-1.8=2.2$〔g〕

【問題3】 (運動とエネルギー)

問1　小球の質量を横軸，くいの移動距離を縦軸にして，それぞれの値を打点してから，原点とす

べての点の近くを通る直線を引く。

問2　くいが移動する長さが長いほど，衝突直前の小球がもっていた運動エネルギーは大きい。よって，小球の**速さや質量が大きくなるとくいがより多く動くことから，運動エネルギーも大きくなっている**ことがわかる。

問3　点AとCにおける運動エネルギーは0である。また，点Bにおける位置エネルギーは0である。**力学的エネルギーの保存**から，この運動において，運動エネルギーと位置エネルギーの和は常に等しい。

問4　運動を開始したおもりの位置がAなので，このおもりはAの高さまでは上がる運動を行う。

問5　運動を開始したおもりの高さが等しいので，運動開始時におもりがもっていた位置エネルギーは等しい。よって，最下点Bでの速さも等しい。また，実験3では振り子がP点に到達した後も運動を続けるが，ふりこの長さが短くなるので，運動するのにかかる時間も短くなる。

【問題4】（前線）

問1　低気圧の中心から南東にのびる前線が**温暖前線**，南西にのびる前線が**寒冷前線**である。

問2　寒冷前線付近に積乱雲，温暖前線付近に乱層雲ができやすい。

問3　温暖前線が通過する前は，空一面に乱層雲が発達し，長時間雨が降る。温暖前線が通過すると暖気に包まれるため，気温は上昇する。次に寒冷前線が通過すると，発達した積乱雲から激しい雨が降るが，間もなくやむ。また，寒気に包まれるために気温が下がる。

問4　赤道付近は上昇気流が生じているために気圧は低い。一方極付近では下降気流が生じているため気圧が高い。

問5　日本の付近(中緯度帯)の上空では，常に西風の**偏西風**が吹いている。

【問題5】（動物の体のつくり）

問1　(1)　肺の中では，気管支の先がさらに細かく分かれ，その先に無数の**肺胞**がついている。

(2)　肺胞があることで，空気と接触する肺の表面積が増加するため，効率よくガスの交換を行うことができるようになる。

問2　だ液によってデンプンは分解されて麦芽糖に変化するため，ヨウ素溶液には反応しないが，ベネジクト溶液には反応を示し，赤褐色に変化する。

問3　実験の操作1のように，1%デンプンのりを5cm^3ずつ入れる。実験による結果がだ液によるものであることを確かめるためには，ここにうすめた唾液を入れずに水を2cm^3入れる。これによって，実験の結果が異なっていた場合，結果の原因は唾液にあることが確かめられる。

問4　唾液には，デンプンを分解する**アミラーゼ**が含まれている。

【問題6】（イオンと電池）

問1　電解質は水にとけると，陽イオンと陰イオンに分かれる。これを**電離**という。

問2　硝酸銀水溶液中には銀イオンが存在している。銅と銀では銅の方がイオンになりやすい。実験で銀の結晶ができたことから，銀イオンが銀に変化し，その一方で，銅が銅イオンに変化したことがわかる。銅イオンは青色を示す。

問3　銅原子はイオンになりやすいので，2個の電子を放出して銅イオンCu^{2+}となる。放出された2個の電子を銀イオン2個($2Ag^{+}$)がそれぞれ1個ずつ受け取ると，銀原子2個ができる。

問4　亜鉛原子が電子を失って亜鉛イオンZn^{2+}となり溶液中にとけ出す。このとき放出された電子が導線やモーターを通り銅板へ移動する。よって，電子が出てくる亜鉛板が，ダニエル電池の－

極であるといえる。

問5　イオンへのなりやすさは，実験1から銅＞銀であり，実験2から亜鉛＞銅であることがわかる。よって，亜鉛＞銅＞銀である。

【問題7】（電流と磁界）

問1　抵抗器を入れないと回路の全抵抗は0に近くなるため，回路に大量の電流が流れる。これによって，電流計が破損し，発熱による事故が起こりやすくなる。

問2　それぞれの測定点を書き込み，原点とこれらの点の付近を通る直線をかく。

問3　この抵抗器の電気抵抗は，オームの法則より，3.0〔V〕÷0.2〔A〕＝15〔Ω〕　15Ωの抵抗に0.1Aの電流が流れるときに加わる電圧は，15〔Ω〕×0.1〔A〕＝1.5〔V〕なので，消費する電力は**電力〔W〕＝電圧〔V〕×電流〔A〕**より，1.5〔V〕×0.1〔A〕＝0.15〔W〕

問4　図2のコイルのcd部分に流れる電流の向きは，図1のコイルに流れる電流の向きと一致するので，手前へ回転する。よって，ア→ウ→イとなる。この後，イのab部分が手前へ回転するため，エのようになる。

問5　流れた電流は誘導電流である。**電磁誘導**は，コイルの中の磁界を変化させることで生じる。

【問題8】（太陽系の惑星）

問1　大型であるが平均密度の小さいグループ2の惑星を，まとめて**木星型惑星**という。

問2　グループ1は小型であるが平均密度が大きい**地球型惑星**である。地球型惑星のすべてが自転に1日以上かかるのに対し，木星型惑星はすべて自転に1日かからない。また，地球型惑星は木星型惑星に比べ，衛星が少ない。

問3　惑星の外側で運動している天体を，まとめて太陽系外縁天体という。

問4　水星は表面温度が高いが大気はほとんどない。金星は，水星の次に太陽に近い軌道を公転しており自転周期が長いため，同じ面が太陽に照らされている時間が長く表面温度も高い。二酸化炭素の大気をもつ。

問5　地球の平均密度は約5.4g/cm^3，体積は$\frac{4}{3}\pi\times1^3=\frac{4}{3}\pi$より，質量は$5.4\times\frac{4}{3}\pi=7.2\pi$と表すことができる。天体Eの平均密度は約1.3g/cm^3，体積は$\frac{4}{3}\pi\times4.0^3=\frac{256}{3}\pi$より，質量は$1.3\times=\frac{256}{3}\pi=110.9\cdots\times\pi$より，およそ$111\pi$と表すことができる。よって，$111\pi\div7.2\pi=15.4\cdots$より，およそ15倍である。

＜社会解答＞

【問題1】　問1　(1)　②，⑤　(2)　（地形名）　フィヨルド　（場所）　B　(3)　ア
問2　(1)　シェールガス　(2)　ウ　(3)　イ　問3　(1)　エ　(2)　ア
(3)　ウ　(4)　(例)災害時に電柱の倒壊等により，救急車や避難民の通行の妨げにならない　問4　(1)　エ　(2)　A　(3)　エ

【問題2】　問1　(1)　孔子　(2)　ア　(3)　イ→ウ→エ→ア　(4)　エ　(5)　イ，ウ
(6)　エ　問2　(1)　エ　(2)　イ，エ　(3)　①　A　イ　B　ア　②　エ
③　(例)第一次世界大戦後の日本は，国際収支が落ち込み，軍備の縮小を行うことで，高まった軍事費を削減したいと考えたため。　(4)　①　ア　②　イ

【問題3】 問1 (1) ア　(2) PKO　(3) エ　(4) ① 連立　② ア，エ
問2 (1) ア　(2) ウ　(3) ① ウ　② A 100　B 2,500
問3 (1) A 国事　B 内閣　(2) イ　(3) ア　(4) (例)拒否権を持つ常任理事国のロシアと中国が反対したので，否決された。

＜社会解説＞

【問題1】 **(地理的分野―世界地理－地形・気候・人々のくらし・産業・貿易・資源・人口，―日本地理－気候・工業・貿易・地形図の見方)**

問1 (1) イギリスのロンドン郊外のグリニッジ天文台を通る経線が，**本初子午線**である。1884年の国際協定で，この線を東経0度，西経0度とし，全世界の経度の原点とすることが決定された。本初子午線が通る国は，ヨーロッパ州では，イギリス・フランス・スペインを通る⑤の経線，アフリカ州では，アルジェリア・マリ・ブルキナファソ・トーゴ・ガーナを通る②の経線である。 (2) 地形名 北欧では，降雪が堆積して氷ができ，その流動する氷が**氷河**となる。氷河は体積が大きく重いため，大規模に地表を削り，U字谷を形成する。そのU字谷に海水が流れ込み，奥行きのある湾となった海岸地形のことを**フィヨルド**という。 場所 フィヨルドは，氷河の働きによってできるため，**赤道**から遠い高緯度のところに見られる。略地図上のB，南米チリの南部である。 (3) アルゼンチンの国土の東のラプラタ川流域に広がる温帯草原を**パンパ**と呼び，小麦の栽培や牛の放牧が行われている。Ⅱの地域にあてはまるのは，アである。

問2 (1) 「シェール」と呼ばれる頁岩(けつがん)の地層から採掘される天然ガスを「**シェールガス**」という。シェールは，藻やプランクトンの死骸などの有機物が，熱や圧力によって長い年月を経てガスに変化したものである。シェールガスも**化石燃料**に分類される。シェールガスはアメリカを中心に開発されている。 (2) フィリピンの人の信仰している宗教は，大半が**キリスト教**で，残りは**イスラム教**である。東南アジアの国々で，フィリピンほどキリスト教徒が多い国は存在しない。キリスト教の中でも，**カトリック**信者が多い。それは，16世紀頃フィリピンを植民地として支配したスペインによって布教されたのが，**ローマ・カトリック**だったからである。カンボジアでは，憲法で国教が**仏教**と定められており，隣国のタイ同様に国民のほとんどが仏教信者である。マレーシア人はほぼ100％がイスラム教徒である。マレーシアの国教はイスラム教とされているが，**多民族国家**であるマレーシアでは信教の自由も認められている。正解はウである。 (3) GDPの世界第1位はアメリカ合衆国，2位はEU，3位は中国である。輸出総額では，世界第1位はEU，2位は中国，3位はアメリカ合衆国である。以上から，中国はイである。ASEAN10か国のGDPの合計及び輸出総額は，いずれも4者の中の最下位であり，アである。

問3 (1) 鳥取市は，日本海側にあり，冬に大陸から北西の**季節風**が吹きつけ，日本海を渡るときに大量の水蒸気を含むため，12月・1月に降水量が多くなる。**雨温図**のCである。高松市は，北側になだらかな**中国山地**が，南側に険しい**四国山地**があるため，夏と冬の季節風がさえぎられて，湿った空気が届きにくく，温暖で冬に晴天が多く，1年を通して降水量が少なめである。高松市は**瀬戸内式気候**であり，雨温図のAである。高知市は，梅雨や台風の影響で6月から9月にきわめて雨が多い。雨温図のBである。正しい組み合わせは，エである。 (2) **製造品出荷額**で見ると，都道府県別ランキングで広島県は10位，岡山県は15位，山口県は16位，香川県は32位である。表中で3番目に総額が多いのはアであり，アが山口県である。また，アからエの中で，**化学工業**が最も盛んであることも，山口県がアであることを示している。 (3) この**地形図**の縮尺は2万5000分の1なので，等高線は10mごとに引かれている。ア・イ・ウ・エの4か所を比較

すると，標高が最も高いのはウ地点の高台であり，津波や洪水が発生した場合の避難場所として一番適している。 (4) 電柱や電線がなくなれば，地震などの災害時に，電柱の倒壊等による怪我人が出たり，救急車の走行の妨げになったり，避難民の通行の妨げになることを防げる。上記のような趣旨を簡潔に記せばよい。

問4 (1) ア 1960年は輸入総額の方が多い。 イ 輸入品に食料品が占める割合が多いのは1960年の方である。 ウ 1960年の段階では，繊維製品の占める割合が最も多い。ア・イ・ウのどれも誤りであり，エが正しい。 (2) 1960年代には，アメリカ合衆国とカナダを合わせた北アメリカ州が，輸入相手の第1位だったが，北アメリカ州からの輸入は次第に減少し，輸出は増加した。2019年では，日本の輸入貿易総額のうち，北アメリカ州は10％強に過ぎなくなっている。北アメリカ州を表すのは，Aである。逆にアジア州からの輸入は，50年間で30％から60％弱に大幅に増加した。その中心は，中国である。 (3) インドネシアの人口は世界第4位であり，問題の4国の中では最も多い。インドネシアは，ウである。4国の中で一人あたりのGDPが最も多いのはマレーシアであり，隣国シンガポールへの輸出が最も多い。アがマレーシアである。4国の中で進出日本企業数が最も多いのはタイであり，ウがタイである。残るエがベトナムである。

【問題2】 (歴史的分野―日本史時代別－古墳時代から平安時代・鎌倉時代から室町時代・安土桃山時代から江戸時代・明治時代から現代，―日本史テーマ別－政治史・法律史・文化史・経済史・社会史・外交史，―世界史－文化史・政治史)

問1 (1) 紀元前6世紀～紀元前5世紀の中国の思想家で，それまでの様々な知識・伝統を，一つの道徳・思想にまで大成させ，儒教を創始した人物が孔子である。孔子の教えをまとめ，弟子達が編纂したのが『論語』である。 (2) X 1221年に倒幕の兵をあげた後鳥羽上皇に対して幕府が大勝利をおさめ，この承久の乱を契機に大きな権力を握ったのが北条氏である。 Y 豊臣秀吉が行った1588年の刀狩令や1591年の身分統制令によって兵農分離が実現して，武士と農民の身分の区別があきらかとなり，武士が支配階級として農民を支配する社会となった。正しい組み合わせは，アである。 (3) ア 坂上田村麻呂は797年に征夷大将軍に任ぜられ，蝦夷に対する前線基地である胆沢城を802年に築くなどの功績をあげた。 イ 初の全国的戸籍である庚午年籍(こうごのねんじゃく)は，670年に作成された。 ウ 唐にならった最初の律令である大宝律令は，701年に制定され，翌年施行された。 エ 墾田永年私財法は，743年に制定された。したがって，年代の古い順に並べると，イ→ウ→エ→アとなる。 (4) 「祇園精舎の鐘の声，諸行無常の響きあり」で始まるのは，12世紀の平家の栄枯盛衰を描いた軍記物語である『平家物語』である。平家物語は，琵琶法師によって中世に長く語り継がれた。12世紀後期に，平清盛は大輪田泊(おおわだのとまり＝現在の神戸港)を整備し，大規模な日宋貿易を行って，平氏政権の財源とした。 (5) ア 幕府が日明貿易を独占し，勘合貿易を行ったのは最初の7回までである。 エ 1498年に喜望峰をまわってインドに到達する航路を開いたのは，コロンブスではなく，バスコ・ダ・ガマである。ア・エはどちらも誤りであり，イ・ウが正しい。 (6) ア 小作争議が起こったのは，1920年代である。 イ 二毛作が西日本を中心に広がったのは，室町時代である。 ウ 班田収授法が定められ，口分田が与えられたのは，奈良時代である。ア・イ・ウのどれも別の時代のことであり，エが江戸時代のこととして正しい。

問2 (1) ア 殖産興業の時期につくられた富岡製糸場は，民営ではなく官営である。 イ GHQの民主化政策の一環として財閥解体が行われたのは，第二次世界大戦後である。 ウ 八幡製鉄所は中国から輸入した鉄鉱石と国産の石炭によって，1901年に操業を開始した。ア・イ・ウのどれも誤りであり，エが正しい。1880年代に，栃木県の足尾銅山から出された鉱毒が渡良瀬川に流れこみ，魚が死に，田畑が荒れるなど，農民に大きな被害をあたえた。この事件を**足尾鉱毒事件**という。1890年に第1回総選挙で当選して衆議院議員となり，足尾銅山の鉱毒問題について**帝国議会**で発言し，足尾銅山の操業停止を求めたのが**田中正造**である。 (2) ア 日本はインドを併合してはいない。 ウ 満州への進出を目指しているのはロシアであり，イギリスではない。また，1902年に締結された**日英同盟**は堅持されている。ア・ウはどちらも誤りであり，イ・エが正しい。イでは，ジャ・ギュ・カルプがトルコが日本のように自国の国民性を堅持しつつ，ヨーロッパ文明を採用しないことを嘆いている。エでは，日本が1911年に**関税自主権**を回復したことを説明している。 (3) ① A **第一次世界大戦**時にイタリア・オーストリアと**三国同盟**を結んでいたのは，ドイツである。1920年に設立された**国際連盟**に，敗戦国のドイツは加盟が認められず，1926年になってようやく加盟が実現した。なお，その7年後にドイツは国際連盟を脱退している。イがドイツである。 B 第一次世界大戦時にフランス・ロシアと**三国協商**を結んでいたのは，イギリスである。イギリスは世界に先がけて18世紀半ばに**産業革命**を達成した。アがイギリスである。 ② ア **直接国税15円**以上を納める**満25歳以上の男子**という選挙権の条件は，1890年に行われた第一回総選挙の際のものである。 イ 1925年に**治安維持法**を成立させたのは，**護憲三派内閣**の**加藤高明**首相であり，**原敬**が暗殺された4年後のことである。 ウ 原内閣は，**米騒動**で示された民衆の力を背景に**本格的政党内閣**として成立したが，**男子普通選挙法**は成立させていない。男子普通選挙法は，イの治安維持法と同時に成立した。ア・イ・ウのどれも誤りであり，エが正しい。原敬は納税資格を10円から3円に引き下げたが，撤廃はしなかった。 ③ 第一次世界大戦後の日本は，**戦後恐慌**に陥り，**大戦景気**中は黒字だった国際収支も赤字となった。大戦中に高まった**軍事費**を削減したいと考えたため，**軍縮**(軍備の縮小)を行うことに踏み切った。上記の2点を簡潔にまとめて解答するとよい。 (4) ① **朝鮮戦争**開戦翌年の1951年に，日本はアメリカなど48か国の資本主義諸国と**サンフランシスコ平和条約**を結び，独立を回復した。**ソ連**など社会主義国との平和条約は結ばれなかったため，**片面講和**であるとの批判もなされた。 ② ア 第1回**アジア・アフリカ会議**がインドネシアのバンドンで開かれたのは，1955年である。残り時間は約3分だった。 ウ **東海道新幹線**が開通したのは，1964年である。残り時間は約12分だった。 エ **ベルリンの壁**が崩壊したのは，1989年である。残り時間は約12分だった。ア・ウ・エのどれも誤りであり，イが正しい。イの**日米安全保障条約**が締結されたのは，1951年である。残り時間は約3分だった。

【問題3】 (公民的分野―経済一般・財政・地方自治・国際社会との関わり・国の政治の仕組み・基本的人権，地理的分野―環境問題)

問1 (1) アが正しい。**地方自治体**では，都道府県知事・市区町村長と，都道府県議会議員・市区町村議会議員を，住民がそれぞれ直接選挙で選ぶ。これを**二元代表制**と呼ぶ。県議会が県知事を指名することはできない。イ・ウ・エはどれも誤りである。 (2) 地域紛争で停戦を維持したり，紛争拡大を防止したり，公正な選挙を確保するなどのための活動が，**国際連合**のPKO(平和維持活動)である。日本は，1992年に**国際平和協力法**が成立し，以来この活動に参加している。しかし，PKOの派遣は，**安全保障理事会**の決議により決定されるため，**常任理事国**(アメリカ・ロシア・中国・イギリス・フランス)のうち1か国でも反対の国があると実施できない。 (3) 税を納める人と税を負担する人が異なる税が**間接税**である。例えば**消費税**がそれであり，商品を買った消費者が税を負担し，売った事業者が税を納入する。消費税のような間接税は，**所得の低い人ほど**，所得に対する税負担の割合が高くなる傾向があり，**逆進性**といわれる。 (4) ①

複数の政党で政権を担当している場合，それを**連立政権**という。現在では，**自由民主党**と**公明党**が連立政権を組んでいる。1993年に自由民主党が選挙で大きく議席を減らして過半数割れした。これにより，いわゆる**55年体制**(1955年体制)が崩壊し，細川内閣が誕生した。以後は，連立政権が常態となっている。　②　**衆議院**議員の総議員定数は465名である。**小選挙区制**は，全国を289の選挙区に分け，選挙区ごとに最多得票の者を当選者とし，289名を選出するものである。**比例代表制**は，全国を11のブロックに分け，ブロックごとに政党の得票数に比例して176名を選出するものである。この二つを並立して選挙を行うのが，小選挙区比例代表並立制である。アとエが正しい。

問2　(1)　アは身体に障がいのある人が車いすに乗っている姿を表すものであり，障がいのある人が利用できる建物・施設を表すピクトグラムである。　(2)　2015年に取り決められた，2020年以降の気候変動問題に関する国際的な枠組みが，**パリ協定**である。1997年に定められた**京都議定書**では，参加している**先進国**にCO_2などの**温室効果ガス**の削減を要求したのに対し，パリ協定では，**開発途上国**も含めた世界全体で温室効果ガスの削減が求められた。具体的には，平均気温の上昇を**産業革命**前と比べ，2℃以内に抑えることが定められた。正解はウである。

(3)　①　ア　**需要量**が**供給量**を下回っている状態は，一般的に価格が下がる。　イ　**公共料金**を認可するのは**公正取引委員会**ではなく，国会や政府や地方公共団体である。　エ　例えば1ドル100円が，1ドル90円になるときのことを**円高**になるという。円高になると，外国の輸入する立場の人は，円高でない時よりも多くお金を必要とするため，日本企業が物を売りにくく，輸出するときに不利になる。ア・イ・エのどれも誤りであり，ウが正しい。　②　技術革新により同じ価格でより多く商品Xを生産できるようになると，商品Xの供給量が増えたことによる新しい**均衡価格**は100円となり，その時の需要量と供給量は2,500個となる。

問3　(1)　**日本国憲法**第7条には，天皇の**国事行為**として，「一　憲法改正，法律，政令及び条約を公布すること。　二　国会を召集すること。　三　衆議院を解散すること。」などが示されている。なお，この天皇の国事行為は，**内閣**の助言と承認によって行われる。それは日本国憲法第3条に規定されている。Aは国事，Bは内閣である。　(2)　1989年に国際連合総会で採択されたのが「**児童の権利に関する条約**(子どもの権利条約)」である。子どもの基本的人権を国際的に保障するために定められた条約で，「防げる病気で命を失わないこと」「教育を受けること」などが子供の権利として掲げられている」　(3)　C　人種・宗教・政治的意見の相違などによる迫害を避けるために外国に逃れた者を**難民**と呼ぶ。最近では政治的理由によるものがほとんどである。シリアの難民は隣国のトルコに多く逃れている。　D　国際連合では，**国連難民高等弁務官事務所**(**UNHCR**)を設立し，難民に対して様々な支援をしている。　(4)　国際連合の**安全保障理事会**では，アメリカ合衆国・イギリス・フランス・ロシア・中国の5か国の**常任理事国**のうち1か国でも反対すると，決議が成立しないことになっている。常任理事国は**拒否権**を持っていることになる。問題の決議案の場合は，ロシアと中国が反対したので，否決された。上記を簡潔にまとめて解答すればよい。

＜国語解答＞

【問題一】　問一　(1)　ほどこ(す)　(2)　しょうにか　(3)　拾う　(4)　営む　(5)　訪問　問二　イ・オ　問三　ア・エ・オ　問四　(1)　ア　(2)　イ　問五　ア

【問題二】 問一　A　イ　B　カ　問二　(例)呼出の新弟子がそのうち様々な仕事を自分より上手くこなすかもしれないという不安。　問三　エ　問四　(例)目標とする直之さんに頑張りを認められて，今のままの自分でも大丈夫だと思ったから。
問五　エ　問六　ウ

【問題三】 問一　(例)(外国人にとっては，)日本語の敬語表現の習得が非常に難しいということ。　問二　エ　問三　(はじめ)社会の　(終わり)た変化　問四　ウ
問五　(例)社会の仕組みが複雑になり，新しい人間関係が生まれることによって，従来の敬語の体系が乱れること。　問六　ウ

【問題四】 問一　唐人　問二　おおかた　問三　ア　問四　ウ

【問題五】 問一　(例)動画のはじめと終わりに流しましょう　問二　イ
問三　(Bさん)　ウ　(Fさん)　ア
問四　(例1)　私の学校では，総合的な学習の時間に，SDGsの視点から地域の課題解決学習に取り組んでいます。三年生の時には，「海の豊かさを守ろう」をテーマに考え，地域で聞き取り調査や海岸の清掃活動を行いました。
　私はこの学習を通して，環境に対する意識を高めることができました。幼い頃から親しんできたこの美しい海岸を守っていくために，地域の一員として何ができるのかをこれからも考え実行していきたいと思います。
(例2)　私は小学校四年生から，鳥取太鼓クラブの一員として活動してきました。週二回，小学校低学年から七十代まで，多世代のメンバーたちと練習を積み重ね，夏祭りや地域のイベントで，練習の成果を披露してきました。
　私はこの活動を通して，地域の様々な年代の人たちと交流し，自分自身のコミュニケーション能力を向上させることができたと感じています。今後も地域の人たちと積極的に交流し，地域を盛り上げていきたいと思います。
(例3)　私は地域のクラブチームでボクシングに取り組んできた。リングでの練習がない日でも，毎日一時間は走ることを続けている。成果が出ず，落ち込むこともあったが，根気強く練習に臨み，精神面でも成長できた。
　「継続は力なり」というが，私はボクシングを通して，継続することの大切さを学んだ。また，ボクシング以外のことでも，努力を積み重ねる習慣がついた。今後も，掲げた目標に向かって，こつこつと取り組んでいきたい。

<国語解説>

【問題一】 **(漢文・知識ー漢字の読み書き，画数，ことわざ・慣用句，文と文節，品詞・用法，その他)**

問一　(1)　この場合の「**施す**」は，行う・加えるという意味。　(2)　「**小児科**」の「児」は，「に」と読む。　(3)　「**拾**」と形の似ている「捨」は「す(てる)」と読む。　(4)　「**営む**」は，送りがなにも注意する。　(5)　「**訪問**」の「問」を「門」としない。

問二　楷書で書いたときの総画数は，ア「医」が7画，イ「**門**」が8画，ウ「建」が9画，エ「科」が9画，オ「**邸**」が8画。

問三　「名人・達人でも時には失敗すること」という意味を持つことわざは，ア「**河童の川流れ**」・エ「**弘法にも筆の誤り**」・オ「**猿も木から落ちる**」。イ「馬の耳に念仏」はいくら言い聞かせても効き目のない様子，ウ「鬼の目にも涙」は無慈悲な人でもときには情け深い心を見せることを言

う。

問四　(1)　傍線部1の「貴重な」と「機会が」は**修飾・被修飾の関係**，アの「**遠くから**」と「**聞こえる**」は修飾・被修飾の関係，イの「茶色の」と「かわいい」は並立の関係，ウの「待って」と「いた」は補助の関係，エの「思い出が」と「駆け巡る」は主語・述語の関係。　(2)　傍線部2の「得られる」は**可能**，ア「来られる」は尊敬，イ「**食べられる**」は可能，ウ「案じられる」は自発，エ「助けられる」は受身の意味である。

問五　漢文は「尽人事待天命」，読む順序は「人事尽天命待」である。「尽」より先に「人事」を読むので，**「尽」の左下に二点，「人事」の左下に一点**をつける。また，「待」より先に「天命」を読むので，**「待」の左下に二点，「天命」の左下に一点**をつける。したがって，アが正解。

【問題二】（小説－情景・心情，内容吟味，脱文・脱語補充）

問一　A「**耳をそばだてる**」は，よく聞きとろうとして意識を集中させるという意味。　B「**眉間**」は眉と眉の間のこと。「眉間に皺を寄せる」は，不機嫌そうな表情をすることを言う。

問二　「異変」は，「何度か手が止まってしまい，たびたび注意を受けていた」ことを指す。篤は，達樹から「**呼出の新弟子が入る**」という話を聞き，「その**新弟子は，呼び上げや土俵築，太鼓なんかも，そのうち自分よりも上手くこなすかもしれない**と**不安**になり，思考とともに，手も止まっていた」のである。篤の心情が不安であることを明らかにし，その内容を含めて40字以内で説明する。

問三　直之は，篤の「**自信なさげ**」な様子を見てため息をついたあと，この1年の篤の変化を具体的に指摘している。はたから見れば立派に**成長**しているのに，それに気づかずに不安になっている篤に対して「**あきれた**」と説明するエが正解。篤は直之に「依存」していないので，アは誤り。直之は，篤が「正直」であることに対して怒っているのではないので，イは不適切。ウの「感心」は，的外れである。

問四　篤は，「**直之さんみたいになりたい**」とずっと思ってきた。その本人から「充分偉い」「大丈夫」と**認められた**ことで，自分でも「**大丈夫なんだな**」と納得したのである。　①直之を目標としてきたこと，　②直之に認められたこと，　③自分でも「大丈夫」と思ったこと，の3点を入れて，40字以内で説明する。「なぜ」という問いなので，「**～から。**」「**～ため。**」という形で答えること。

問五　篤が「**褒められてる気がしません**」と言っていることからもわかるように，直之は面と向かって誰かを褒めることが得意ではない。それでもいろいろな例を挙げて「自信なさげ」な篤を褒め，篤が立ち直ったのを見届けると，今度は**照れくさく感じる**のである。この心情を説明したエが正解。直之はわざわざ篤をお茶に誘い，説明を繰り返しているので，イの「面倒」は文脈に合わない。「急に真顔になって」から，篤の変化が直之にも伝わっていることがわかるので，アの「怒り」やウの失望は誤りである。

問六　アは，「トトントントン」などの太鼓の描写の説明として正しい。イは，「去年」の名古屋場所の回想と「今」を重ねて描写していることと合致する。ウは，力士幟が「**篤のためらいや迷い**」を印象づけているという説明が**誤り**。篤は，「もう不安に思わなかった」と書かれている。エは，太鼓，力士幟，櫓の表現とその効果の説明として適切である。したがって，**適切でないものは**，ウである。

【問題三】（論説文―内容吟味，文脈把握，，脱文・脱語補充，指示語の問題，敬語）

問一　ここで話題になっているのは「**日本語の敬語表現**」である。傍線部1を含む文の構造を見ると，「日本人で**さえ**……難しいのだから，日本語を習得しようとする外国人にとっては」さらに難しいという文脈になる。「外国人にとっては,」に続けるので，「**習得が難しい**」という内容を書く。

問二　筆者は，外国人に敬語について説明するとき，「関係を表すための**語形の変化**に近いもの」と言っている。エの「動詞の**活用**」は「動詞の語形の変化」なので，このことに言及したエが適切。アは，日本語では「人称が変わっても，動詞がそれに応じて変わるわけではない」ので誤り。イは，日本語の敬語は人物の関係によって動詞を使い分けるので不適切。ウは，日本語で時制による使い分けをするのは動詞ではなく助動詞なので，誤りである。

問三　傍線部2の「その変化」は「敬語の変化」を指すが，設問に「60字」という指定があるので，二つ目の引用のあとの「**社会の**身分差に応じて敬語が使い分けられる状態から，お互いを尊重して，平等な形で相互に敬語が使われるようになっ**た変化**」を抜き出し，はじめと終わりの3字を答える。

問四「私」の動作については，**謙譲語**を用いて相手に対する敬意を表す。ウの「**申し上げました**」が謙譲語なので，この文を選ぶ。アの「召し上がりました」，イの「ご覧になりました」，エの「いらっしゃいました」は尊敬語なので不適切である。

問五　前の段落の内容から，「この乱れ」が「**敬語の体系**」の乱れを指していることがわかる。敬語の体系の乱れの原因が「**社会の仕組みが複雑に**」なったことによって生まれた「**新しい人間関係**」であることを入れて50字以内で説明する。「人称代名詞の使い方」を，敬語の体系とは別のものと捉え，「社会の仕組みが複雑になり，新しい人間関係が生じたために起きる，敬語の体系や人称代名詞の使い方の乱れ。」(50字)などと答えてもよい。

問六　アは，筆者は敬語を複雑に捉えることを「誤解」とは考えていないので誤り。イは，筆者には「敬語の文法的な乱れ」を整理する意図はないので不適切。ウは，筆者は引用によって**明治時代と今とでは敬語の使い方が異なる**ことを示し，**敬語の変化**を「**こわくない**」とする**自身の主張**に導こうとしているので，適切な説明である。エは，引用文と筆者は「異なる立場」とは言えないので，不適切である。

【問題四】 (古文―内容吟味，文脈把握，仮名遣い)

〈口語訳〉　南都(奈良)に，歯を抜く唐人がいた。ある出家していない庶民が，けちで貪欲であって，利益を優先して，何かにつけて，損得を考える商売根性だけがあって，財産もあったが，虫歯を抜かせようとして，唐人のところに行った。歯を一本抜くには銭二文と定めているのを，「一文で抜いてくだされ」と言う。ほんのわずかな金額なので，ただで取ってもよいのだが，考え方が不愉快なので「絶対に一文では抜かない」と言う。少し長い間議論するうちに，全く抜かなかったので，「それならば三文で，歯を二本抜いてくだされ」と言って，虫歯にもなっていない良い歯を添えて，二本抜かせて，三文取らせた。心の中ではもうけたと思ったのだろうが，健康な歯を失ったのは，大きな損である。これは言うまでもなく，大変愚かなこと，ばかばかしいふるまいである。

問一　在家人の「一文にて取りてたべ」という言葉に対し，**唐人**が「ふつと，一文にては取らじ」と答えたのである。

問二　語頭にない「**ほ**」を「**お**」に直し，すべてひらがなで「**おおかた**」と書く。

問三　定価では，歯一本につき二文だから，二本抜けば四文になる。在家人は，これが三文になれば，**歯1本分の料金が安くなり，得だ**と考えたので，アが正解。

問四　在家人は，目先の損得に気を取られて歯一本分の料金を安くしようとしたが，健康な歯を抜くことは，長い目で見れば損である。このことを説明したウが正解。アの「仏に従う謙虚さ」やイの「思いやり」は，本文と無関係。在家人が健康な歯を抜いたのは「治療を優先」したためではないので，エは誤り。「財産を失ってしまう」も，本文の内容と合わない。

【問題五】 (会話・議論・発表—内容吟味，脱文・脱語補充，作文)

問一　校舎周辺の映像を用いているのは，はじめの(シーン1)と終わりの(シーン4)なので，「**動画のはじめと終わりに流しましょう**」などと書く。

問二　Bさんが「**同じような意見をまとめて**」と言ったのを受けて，Cさんが①，②，③の意見をまとめることを，Dさんが⑤，⑥，⑦の意見をまとめることを提案しているので，イが正解。「長所・短所」は明確にしていないので，アは誤り。ウの「優先順位」は，つけていない。この話し合いで「除外」された意見はないので，エは不適切である。

問三　Bさんは，「せっかく出てきた意見なので」と前置きして，出てきた**意見を否定せず**に「同じような意見をまとめて」という**話し合いの方向性を提案**しているので，ウが適切。Fさんは，**動画の視聴者**として「部活動に興味がある小学生」を**想定**し，意見を述べているので，アが適切。

問四　**【条件】に従って書く**こと。第一段落には，自分の「活動」を具体的に書く。第二段落には，その「活動」を通して得られた学びや成長について述べる。(例1)は授業での取り組み，(例2)は鳥取太鼓クラブでの活動，(例3)は地域のクラブチームで取り組んだボクシングを取り上げている。制限字数は141～200字。原稿用紙の使い方に従い，書き始めは1マス空けること。書き終わったら**必ず読み返して**，誤字・脱字や表現の不自然なところは書き改める。

鳥取県公立高等学校

2021年度

★★★★★★★★★★★★★★★★★★★★★★★

入　試　問　題

2021年度

●くわしい解説……65ページ

＜数学＞

時間　50分　　満点　50点

【注意】 1　答えが分数になるときは，それ以上約分できない分数で答えなさい。
2　答えに$\sqrt{\ }$が含まれるときは，$\sqrt{\ }$をつけたままで答えなさい。なお，$\sqrt{\ }$の中の数は，できるだけ小さい自然数にしなさい。また，分数の分母に$\sqrt{\ }$が含まれるときは，分母を有理化しなさい。
3　円周率は，πを用いなさい。

【問題１】 次の各問いに答えなさい。

問１　次の計算をしなさい。

⑴　$3+(-5)$

⑵　$-\frac{2}{3}\times\left(-\frac{3}{4}\right)$

⑶　$5\sqrt{6}-\sqrt{24}+\frac{18}{\sqrt{6}}$

⑷　$3(x+y)-2(-x+2y)$

⑸　$-4ab^2\div(-8a^2b)\times 3a^2$

問２　$(3x-y)^2$を展開しなさい。

問３　$a=-3$のとき，a^2+4aの値を求めなさい。

問４　x^2+5x-6を因数分解しなさい。

問５　一次方程式 $\frac{5-3x}{2}-\frac{x-1}{6}=1$ を解きなさい。

問６　二次方程式$x^2-x-1=0$を解きなさい。

問７　右の図Ⅰは２つの立体の投影図である。**立体ア**と**立体イ**は，立方体，円柱，三角柱，円錐，三角錐，球のいずれかであり，２つの立体の体積は等しい。

平面図の円の半径が，**立体ア**が４cm，**立体イ**が３cmのとき，**立体ア**の高さhの値を求めなさい。

図Ⅰ

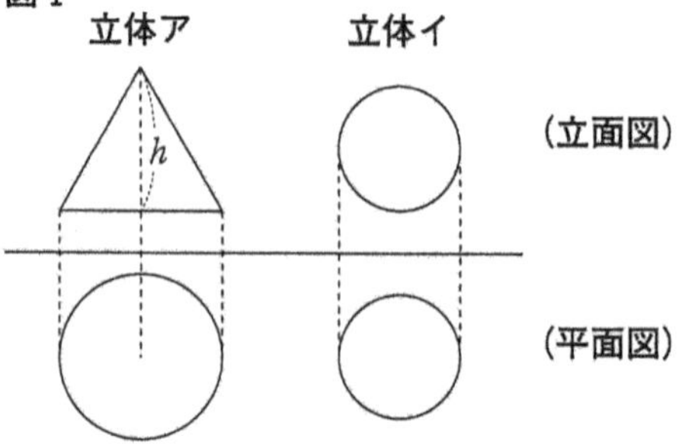

問８　関数 $y = ax^2$ のグラフが点（6，12）を通っている。このとき，次の⑴，⑵に答えなさい。

⑴　a の値を求めなさい。

⑵　x の変域が $-4 \leqq x \leqq 2$ のとき，y の変域を求めなさい。

問９　右の図Ⅱのような１～６までの目がある１個のさいころを２回投げて，１回目に出た目を a，２回目に出た目を b とする。このとき，積 ab の値が12未満となる場合と12以上となる場合とでは，どちらの方が起こりやすいか，次の**ア**～**ウ**からひとつ選び，記号で答えなさい。また，そのように判断した理由を，確率を計算し，その値を用いて説明しなさい。

ただし，さいころの目はどの目が出ることも同様に確からしいものとする。

ア　12未満になることの方が起こりやすい。
イ　12以上になることの方が起こりやすい。
ウ　どちらも起こりやすさは同じ。

図Ⅱ

問10　右の図Ⅲの円Oで，点Aが接点となるように，円Oの接線を作図しなさい。ただし，作図に用いた線は明確にして，消さずに残しておくこと。

図Ⅲ

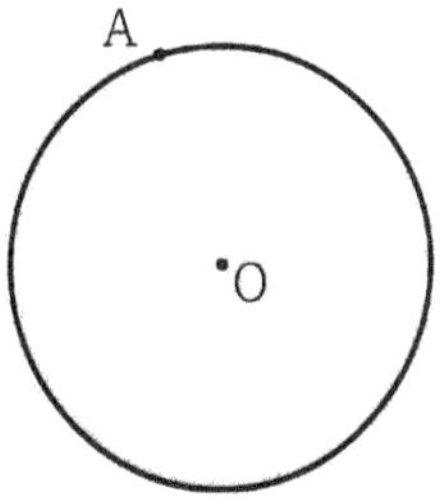

【問題２】　次の**表Ⅰ**は，A市とB市における，ある年の７月の各日の最高気温の記録である。次のページの各問いに答えなさい。

表Ⅰ

A市における最高気温（℃）

1日	2日	3日	4日	5日	6日	7日	8日	9日	10日
28.1	27.3	27.6	30.2	30.6	29.3	30.2	28.8	31.4	31.9

11日	12日	13日	14日	15日	16日	17日	18日	19日	20日
31.6	32.5	32.4	36.1	34.1	33.7	33.5	34.1	33.0	31.1

21日	22日	23日	24日	25日	26日	27日	28日	29日	30日	31日
33.2	31.9	35.1	30.6	34.7	32.8	36.5	36.3	36.0	37.1	38.0

B市における最高気温（℃）

1日	2日	3日	4日	5日	6日	7日	8日	9日	10日
26.2	24.5	26.1	26.6	28.2	28.3	27.4	28.7	27.8	29.0

11日	12日	13日	14日	15日	16日	17日	18日	19日	20日
29.5	29.9	30.0	30.4	31.1	30.6	31.3	31.5	30.8	31.7

21日	22日	23日	24日	25日	26日	27日	28日	29日	30日	31日
32.1	32.2	33.0	32.9	33.4	33.3	34.6	35.8	33.7	35.9	37.8

問1　次の**表Ⅱ**は，**表Ⅰ**のA市における最高気温の記録を度数分布表にまとめたものである。**表Ⅱ**の $\boxed{a}$ ，$\boxed{b}$ にあてはまる数を求め，**図Ⅰ**のヒストグラムを完成させなさい。

表Ⅱ　A市における最高気温

最高気温(℃)	日数(日)
22以上24未満	0
24 ～ 26	0
26 ～ 28	2
28 ～ 30	3
30 ～ 32	9
32 ～ 34	7
34 ～ 36	4
36 ～ 38	$\boxed{a}$
38 ～ 40	$\boxed{b}$
計	31

図Ⅰ　A市における最高気温

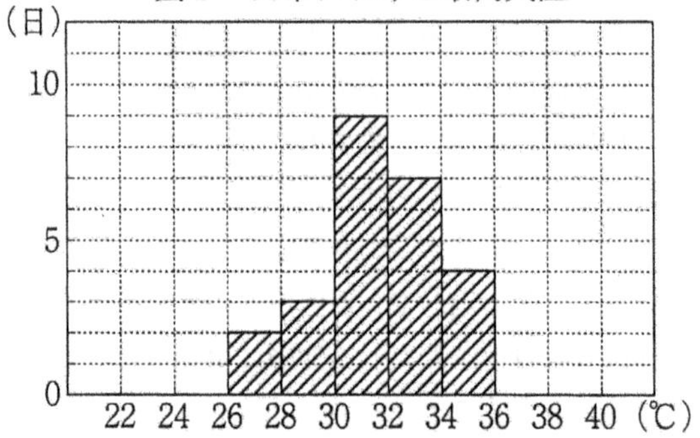

問2　次の**表Ⅲ**，**図Ⅱ**は，**表Ⅰ**のB市における最高気温の記録を度数分布表とヒストグラムにまとめたものである。この**表Ⅲ**または**図Ⅱ**から最頻値を求めなさい。

表Ⅲ　B市における最高気温

最高気温（℃）	日数（日）
22以上24未満	0
24 ～ 26	1
26 ～ 28	5
28 ～ 30	6
30 ～ 32	8
32 ～ 34	7
34 ～ 36	3
36 ～ 38	1
38 ～ 40	0
計	31

図Ⅱ　B市における最高気温

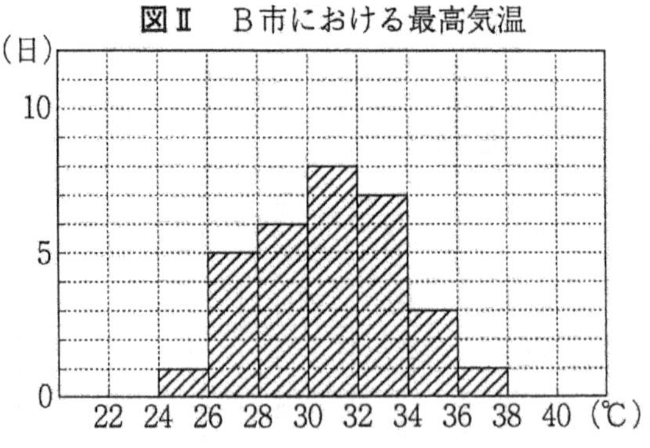

問３　Ａ市とＢ市の度数分布表やヒストグラムからわかることとして，正しいものを，次のア～オからすべて選び，記号で答えなさい。

ア　Ａ市は，26℃以上27℃未満の日が少なくとも１日ある。

イ　Ａ市の度数が４である階級の階級値は，34℃である。

ウ　Ａ市の中央値とＢ市の中央値を比べると，Ｂ市の方が低い。

エ　Ｂ市の分布の範囲は14℃である。

オ　Ｂ市の30℃以上32℃未満の階級の相対度数は0.25より大きい。

【問題３】　右の図のような１辺の長さが３㎝の立方体がある。辺AB上に点Ｐを，辺AD上に点Ｑを，辺ＡＥ上に点Ｒをそれぞれ AP＝AQ＝AR＝１㎝となるようにとる。

その３点Ｐ，Ｑ，Ｒを通る平面で立方体を切断し，頂点Ａを含んだ立体を切り取る。

立方体の頂点Ｂ～Ｈに対しても，同様の操作を行う。

次の**会話**は，**花子さん**と**太郎さん**が，各頂点を切り取ったあと，残った立体の辺の数，頂点の数，面の数が，それぞれどうなるかについて話し合ったものである。

会話の［ア］～［ケ］にあてはまる数を答えなさい。

図

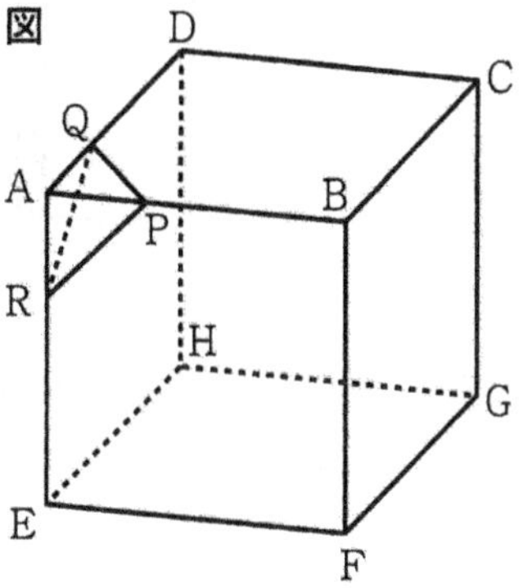

会話

花子さん：「頂点Ａを含んだ立体を切り取る」という操作によって，残った立体の辺，頂点，面のそれぞれの数はどうなるかな。

太郎さん：切り取る前の立方体の辺の数は［ア］本，頂点の数は［イ］個，面の数は［ウ］個だね。

花子さん：３点Ｐ，Ｑ，Ｒを通る平面で立方体を切断した場合，立体ＡＰＱＲは三角錐になったね。残った立体の辺の数，頂点の数，面の数はどうなったかな。

太郎さん：残った立体の辺の数は［エ］本，頂点の数は［オ］個，面の数は［カ］個だよ。辺について考えてみると，切り取ることによって，新しくできた切り口に新たに辺ができているよ。

花子さん：確かにそうだね。では，これを参考にして「頂点を含んだ立体を切り取る」という操作を頂点Ｂ～Ｈに行い，同じように立体を切り取るとき，残った立体の辺の数，頂点の数，面の数が，それぞれどうなるか考えてみようよ。

太郎さん：わかったよ。立方体のすべての頂点Ａ～Ｈを同じように切り取るとき，残った立体の辺の数は［キ］本，頂点の数は［ク］個，面の数は［ケ］個だね。

【問題４】 ある中学校で，球技大会の日程を考えている。次の各問いに答えなさい。ただし，時間の単位は分とする。

問１　次の図のように，試合時間を a 分，チームの入れかわり時間を b 分，昼休憩を40分とる。10試合を行うとき，最初の試合開始から最後の試合が終了するまでにかかる時間（分）を表す式を，a と b を用いて表しなさい。

図

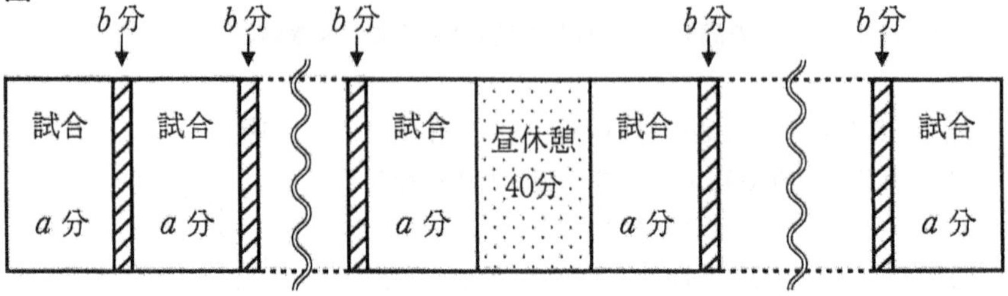

問２　問１のとき，最初の試合を午前９時に開始して午後３時に最後の試合が終了するよう計画した。$b=5$ のとき，試合時間（分）を求めなさい。

問３　球技大会の種目をサッカーとソフトボールの２種目に決定し，次のように**大会の計画**をたてた。あとの⑴，⑵に答えなさい。

〈**大会の計画**〉
- サッカーの試合が，すべて終わった後に昼休憩を40分とり，その後ソフトボールの試合を行う。
- 試合は午前９時に最初の試合を開始して，午後２時20分に最後の試合を終了する。
- サッカーは，４チームの総当たり戦で６試合行う。サッカー１試合の時間は，すべて同じ時間とする。
- ソフトボールは，5チームのトーナメント戦で４試合行う。ソフトボール１試合の時間は，すべて同じ時間とする。
- サッカーもソフトボールも１試合ずつ行い，試合と試合のあいだのチームの入れかわり時間は，４分とする。
- ソフトボール１試合の試合時間は，サッカー１試合の試合時間の1.6倍とする。

⑴　この**大会の計画**にしたがって，サッカーとソフトボールの１試合の時間を決めることとした。サッカー１試合の時間を x 分，ソフトボール１試合の時間を y 分として連立方程式をつくりなさい。ただし，この問いの答えは，必ずしもつくった方程式を整理する必要はありません。

⑵　サッカー１試合の時間（分）を求めなさい。

【問題５】　右の図のように３点Ａ，Ｂ，Ｃを通る円があり，△ABCは１辺の長さが９㎝の正三角形である。$\overset{\frown}{BC}$は円周上の２点Ｂ，Ｃを両端とする弧のうち短い方を表すものとし，点Ｐは$\overset{\frown}{BC}$上の点である。また，点Ｄを線分AP上にPC＝PDとなるようにとる。このとき，次の各問いに答えなさい。

図

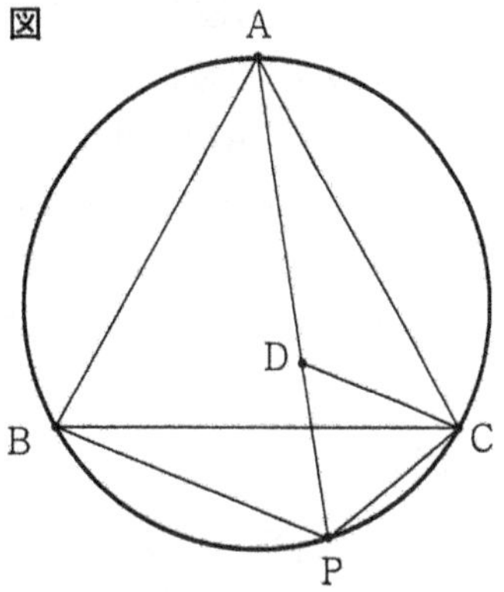

問１　△ABCの面積を求めなさい。

問２　△ADC≡△BPCであることを，次のように証明した。

証明の [1]，[2] にあてはまるものとして，最も適切なものを，あとの [1]，[2] **の選択肢のア～エ**からそれぞれひとつずつ選び，記号で答えなさい。また，[3] にあてはまる三角形の合同条件を答え，この証明を完成させなさい。

ただし，証明の中にある [1]，[2] には，それぞれ同じ記号が入るものとする。

> （証明）
> △ADCと△BPCで，
> △ABCは正三角形だから　　AC＝BC　……①
> $\overset{\frown}{PC}$に対する円周角だから　∠PAC＝ [1]
> よって，∠DAC＝ [1]　……②
> また，△ABCが正三角形だから　∠ABC＝60°
> $\overset{\frown}{AC}$に対する円周角だから　∠ABC＝∠APC
> よって　∠APC＝60°
> これと，PC＝PDであることにより，△PCDは正三角形である。よって，∠DCP＝60°
> ここで，∠ACD＝60°－ [2]
> 　　　　∠BCP＝60°－ [2]
> であるので，∠ACD＝∠BCP　……③
> ①，②，③より [3] ので，
> △ADC≡△BPCである。　（証明終）

【 [1] の選択肢】

ア　∠BAP　　**イ**　∠PBC　　**ウ**　∠CDP　　**エ**　∠BCP

【 [2] の選択肢】

ア　∠CDP　　**イ**　∠APB　　**ウ**　∠BAP　　**エ**　∠BCD

問３　AP＝10㎝のとき，四角形ABPCの周の長さを求めなさい。

問４　線分BCと線分APの交点をＱとする。BP：PC＝２：１のとき，△CDQの面積を求めなさい。

【問題６】　次の図Ⅰは，図Ⅱの仕切り板で９つに仕切られた容器である。次の図Ⅲのように，この容器のＡの部屋に一定の割合で蛇口から水を入れ，Ａの部屋の底面から水面までの高さが10cmになった後，Ａの部屋と隣り合っている部屋にそれぞれ同じ割合で水があふれていき，最終的にすべての部屋の水面が底面から10cmの高さになったところで水を止める。Ａの部屋は，１分間で水面の高さが10cmに到達した。ただし，この９つの部屋にはそれぞれ同じ体積の水が入り，各部屋の体積は1000cm^{3}である。また，容器の壁や仕切り板の厚さは考えないものとする。
このとき，あとの各問いに答えなさい。

図Ⅰ

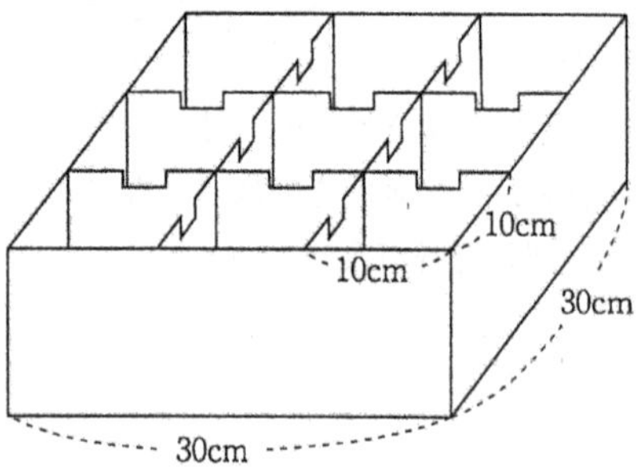

図Ⅱ　仕切り板

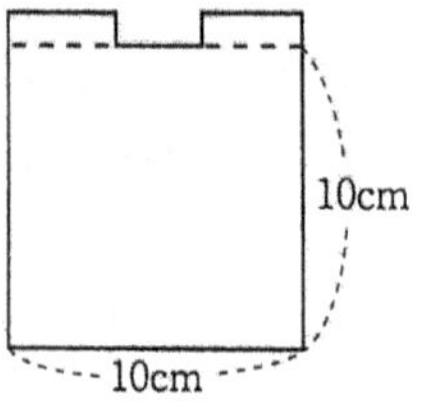

図Ⅲ　部屋の位置

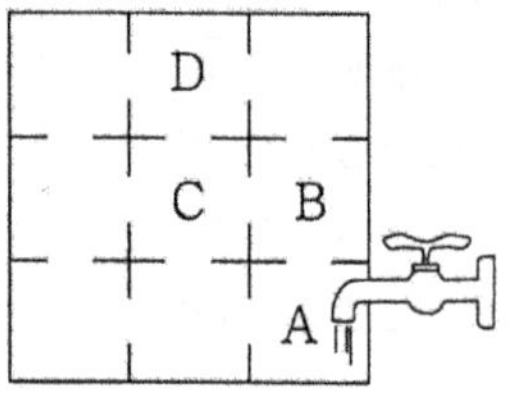

問１　図ⅢのＡの部屋の水面の高さが10cmになった後，Ａの部屋からＢの部屋には毎分何cm^{3}の水が流れ込むか，求めなさい。

問２　図ⅢのＣの部屋の水面の高さが10cmになるのは，Ａの部屋に水を入れ始めてから何分後か，求めなさい。

問３　図ⅢのＤの部屋について，次の⑴，⑵に答えなさい。

⑴　Ａの部屋に水を入れ始めてから x 分後のＤの部屋の水面の高さを y cmとする。このとき，x と y の関係をグラフにかきなさい。ただし，x の変域は $0 \leqq x \leqq 9$ とする。

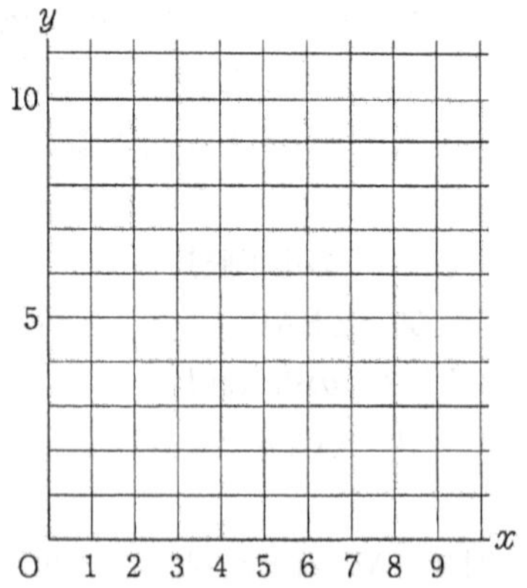

⑵　Ｄの部屋の水面の高さが８cmとなるのは，Ａの部屋に水を入れ始めて何分後か，求めなさい。

＜英語＞

時間　60分　　満点　50点

【問題１】　放送を聞いて，次の各問いに答えなさい。

問１　No．1～No．3の英文を聞き，それぞれの英文の内容を最もよく表しているものを，次のア～エからひとつずつ選び，記号で答えなさい。

No. 1　ア　イ　ウ　エ

No. 2　ア　イ　ウ　エ

No. 3　ア　イ　ウ　エ

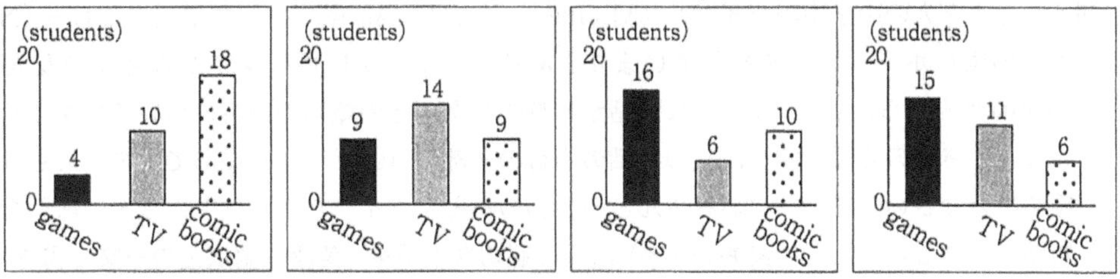

問２　No．1，No．2の会話を聞き，それぞれの英語の質問に対する答えとして，最も適切なものを，次のア～エからひとつずつ選び，記号で答えなさい。

No．1　〈学校に新しくやってきた留学生と女子生徒の会話〉

Where do they have today's English club?

ア　In the computer room.　　イ　In Room 7.

ウ　In the music room.　　エ　In the library.

No．2　〈道端で出会った友達同士の会話〉

How many people will play tennis?

ア　One.　　イ　Two.　　ウ　Three.　　エ　Four.

問３　中学生のけんじ（Kenji）さんと，イギリスから来た中学生のクリスティー（Christy）さんとの会話を聞き，**二人が話した内容の順番にあう**ように，次のページのア～エのイラストを並べかえ，記号で答えなさい。

ア

イ

ウ

エ

問４　カナダ人の中学生のマイケル (Michael) さんは，鳥取県に住む中学生のなおみ (Naomi) さんの家にホームステイをしています。ある日，カナダに住むマイケルさんの友人のトム (Tom) さんから，マイケルさんに電話がありました。その電話の内容についてのマイケルさんとなおみさんの会話を聞き，次の**会話の内容の一部**の（①），（②）にあてはまる最も適切な**英語**を書きなさい。また，なおみさんとの会話のあと，マイケルさんはトムさんに電話をかけ，**質問**をしました。あとの**質問**の（③）に入る適切な表現を，**英語４語以上の一文**で書きなさい。

会話の内容の一部

・Naomi is (　①　) to hear that Tom is going to come to Tottori.
・Tom and his family will arrive in Tottori on August (　②　).

質問

・Tom, I have a question. (　③　)? My friend, Naomi, wants to know.

【問題２】 次の各問いに答えなさい。

問１　次のNo. 1～No. 3の会話を読み，（　）にあてはまる適切な英語を，それぞれ１語で答えなさい。

No. 1

Salesperson* : Hello. May I help you?
John : Yes, I want to buy a T-shirt.
Salesperson : (　　　) about this blue one?

（注） salesperson　店員

No. 2

A man : Excuse me. Could you tell me the way to the nearest station?
Kaori : Sure. Go down this street and (　　　) right at the next corner. You'll find it on your left.
A man : Thank you.

No. 3

Kate : It's very hot today. I want something to (　　　).
Mother : Sure. Here's some orange juice.
Kate : Thank you.

問２　次のNo. 1，No. 2の英文を読み，（　）にあてはまる最も適切な語を，次のア～エからひとつずつ選び，記号で答えなさい。

No. 1

Erika likes (　　　) at the store next to the library because things are not expensive there.

ア studying　　イ singing　　ウ reading　　エ shopping

No. 2

I wanted to watch that TV program yesterday, (　　　) I had no time to watch it.

ア because　　イ but　　ウ if　　エ or

問３　次の会話の下線部について，（　）内の語を並べかえ，意味のとおる英文にしなさい。

Tomoki : What is that building*? It looks old, but very beautiful.
Mary : <u>Oh, it is (was / built / temple / which / a) three hundred years ago.</u>

（注） building　建物

【問題３】 中学３年生のかずお（Kazuo）さんが，昼休みに教室で過ごしていると，オーストラリアからの留学生のスティーブ（Steve）さんがやってきました。次のページの絵１～絵４は，そのときの二人の会話の様子を上から順に示したものです。これらの会話を読み，あとの各問いに答えなさい。

問１　絵２の（①），絵４の（②）に入る英文を，**それぞれ２語以上の一文**で書きなさい。ただし，I'm のような短縮形は１語として数え，符号（ , や . など）は語数に含めないこととします。

絵１

（注）flyer ちらし

絵２

（注）western part 西部

絵３

絵4

Summer Camp
at Mt.Daisen
Oh, there are a lot of interesting things to do. And you can choose two of them. (　　②　　)?
I will ride a horse* and go hiking*. Are you interested in going to this summer camp too?

（注）horse　馬
go hiking　ハイキングに行く

問2　次の**発表**は，夏休み後，かずおさんが，英語の授業でおこなった，サマーキャンプについてのスピーチの内容です。これを読み，**発表の下線部の問いかけに対するあなたの考え**を，あとの**条件**に従って**20語程度の英語**で書きなさい。ただし，I'm のような短縮形は1語として数え，符号（ , や . など）は**（例）**のように書き，語数に含めないこととします。

発表

> During summer vacation, I went to a summer camp with Steve. We rode on horses and went hiking. I met a high school student there. Her name was Tomoko. She was a volunteer and helped us when we did the activities*. I asked her, "Why did you decide to work as a volunteer?" She answered, "I wanted to do something useful for other people."
>
> I think doing volunteer work will be a good experience, and it will help me to become a member of society*. What do you think? <u>What kind of volunteer work do you want to do?</u>

（注）activities activity「活動」の複数形　society　社会

条件

- ・**主語・動詞を含む文**で書くこと。
- ・自分の考えについて，その**理由**も書くこと。
- ・**発表**で述べられている例以外の内容とすること。

（例） 符号をつける場合の書き方：～　a　boy　,　Tom　.

【問題４】 中学生のなおや（Naoya）さんとアメリカから来た留学生のジョン（John）さんがいるクラスで，来週，環境問題について，全員がそれぞれテーマを設定して発表することになりました。次の会話は，なおやさんとジョンさんが，発表に向けての話をしたときのものです。あとのグラフ（Graph 1，Graph 2）は，ジョンさんが発表用に準備したものです。また，あとのスピーチは，なおやさんが実際に行った発表の内容です。これらを読み，あとの各問いに答えなさい。

Naoya : What are you going to talk about for your speech in English class next week?

John : I'm going to talk about the problem of plastic*. We use a lot of plastic every day, like shopping bags and water bottles. When we throw them away, some of them go into the river, and then go into the sea. Small pieces of plastic look like food to fish, so a lot of fish eat the plastic.

Naoya : That's a big problem! How much plastic waste* do people throw away?

John : Look at ①these two graphs. Graph 1 shows how much plastic waste these four countries produced in 2010. Graph 2 shows how much plastic waste each person in each of these countries produced in 2010. China, as a country, produced the most amount of* plastic waste. America is second. It is said that about 8 million tons* of plastic waste is going into the sea every year.

Naoya : It is the (②) amount of the plastic waste which Japan produced as a country!

John : That's true.

Naoya : In India, people produced the least* amount of plastic waste as a country and per person*. I want to know why.

John : Me too. ③I want to check the Internet and learn more about it. Then I can finish writing my speech this weekend. What are you going to talk about for your speech, Naoya?

Naoya : I will talk about plastic too. Plastic is making our life better, but it is causing* serious* problems for the environment*. I think we need to do something. I'm going to talk about plastic bags.

（注） plastic プラスチック（の），ビニール（の） waste ごみ，廃棄物 amount of ～の量
million ton(s) 百万トン（重さの単位） least little 「少ない」の最上級
per person 一人あたり causing cause 「～を生じさせる」の現在分詞形
serious 深刻な environment 環境

Graph 1

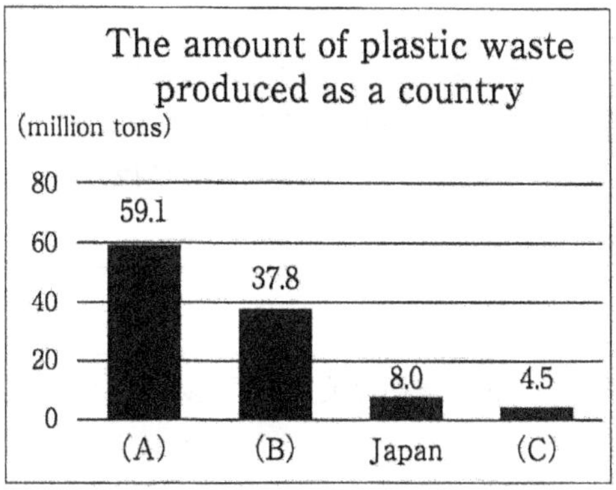

Graph 2

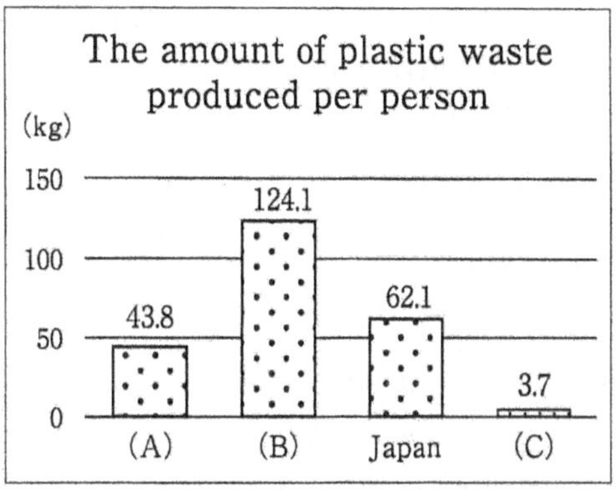

「ハナ・リッチー&マックス・ローザーによる2010年に実施したプラスチック汚染に関する調査報告（2018年）」より作成

スピーチ

Do you use plastic bags when you go shopping? Now we must pay* for plastic bags if we want them at the store. I think that this is good because we need to stop using plastic bags to reduce* plastic waste for the environment. Many people take their own bags to the store now. I have started to take my own bag too.

However, there are still some people who use plastic bags. These people say, "Plastic bags are only 2% of the plastic waste produced in the world. (④)?"

My answer is this. If you stop using plastic bags, you can make a small difference. It is only a small step*, but if all of us take small steps to make the environment better, we will take a big step together. Our world will be a better place for all people and animals.

（注） pay （お金を）支払う　reduce ～を減らす　step 一歩

問１　２人の会話で指摘されていることとして最も適切なものを，次のア～エからひとつ選び，記号で答えなさい。

ア People have stopped throwing plastic away.
イ Plastic helps fish in many ways.
ウ Some animals produce the plastic in the sea.
エ Fish think the plastic in the sea is food.

問２　会話の下線部①について，会話の内容から判断して，Gragh1，2の（A）～（C）にあてはまる国名の組み合わせとして最も適切なものを，次のア～エからひとつ選び，記号で答えなさい。

ア （A） America　（B） India　（C） China
イ （A） China　（B） America　（C） India

ウ (A) China (B) India (C) America

エ (A) India (B) America (C) China

問3 会話の内容から判断して，(②) にあてはまる適切な英語を，**1語**で答えなさい。

問4 会話の下線部③について，会話の内容から判断して，ジョンさんがインターネットで調べたいと思っていることは何ですか。次の（ ）にあてはまるように，**30字以内の日本語**で答えなさい。ただし，句読点も1字に数えることとします。

グラフ中の4か国のうち，（ ）こと。

問5 **スピーチ**の内容から判断して，(④) にあてはまる最も適切な英文を，次の**ア～エ**からひとつ選び，記号で答えなさい。

ア What are the plastic bags made of

イ How should we ask more people to use plastic

ウ Where does the other plastic go

エ Why do we have to stop using plastic bags

問6 **スピーチ**において，なおやさんが伝えたい内容と一致する英文として最も適切なものを，次の**ア～エ**からひとつ選び，記号で答えなさい。

ア We don't have to worry about plastic because it is only a part of the problem for the environment.

イ The problems of plastic are so difficult that we should stop thinking about what to do.

ウ Taking our own bags to the store may be a small thing to do, but it will make a difference if everyone does it.

エ People will not be able to stop using plastic bags, so it is too late to do something for the environment.

【問題5】 次の英文は，メアリー(Mary)さんとルーク(Luke)さんの物語です。これを読み，あとの各問いに答えなさい。

Mary and Luke are famous musicians. The music they play is beautiful and they are special. Why are they special?

Luke was a high school student in Australia, and playing the piano was his favorite thing to do. On weekends, he often played for five or six hours. One day, when he was going to school, he was in a car accident* and was taken to the hospital. Four months later, he was able to go home, but his life was changed. He couldn't move the left side of his body. He tried to move his left hand many times, but it didn't move. He thought to himself, "I cannot play the piano anymore*." He felt that his whole world was over*. He felt very (①).

Mary was an Australian student who wanted to be a piano teacher. She practiced the piano every day to make her dream come true. When she was 15 years old, she became sick and had to stay in the hospital for three months. The doctor said to her, "The right side of your body is weak. We will do our best to help you, but you may not be able to use your right hand." ②It was very difficult for her to believe the doctor's words. She still wanted to be a piano teacher.

A few years later, Mary went to a community center*. She wanted to find something she could do. When the director* was showing her around*, she heard the beautiful sound of the piano. ③She started crying. "Are you OK?" the director asked. "The piano brings back memories. It brings back the dreams I had for my future." The director looked at her right hand. Then he said, "Come with me, Mary. I want you to meet someone." She was surprised to see a man playing the piano beautifully with only one hand. "This is Luke," the director said, "He cannot move the left side of his body because of a car accident, but his love for playing the piano never changed."

Mary walked to Luke and said, "Nice to meet you, Luke. I'm Mary." "Do you know Polonaise-Fantaisie*?" Mary asked Luke. "Yes, I love it," he answered. "Would you like to play it with me?" Luke asked. ④Together they began to play the piano. The music they played was beautiful. They were not (⑤) anymore.

Mary says, "⑥When one door is closed, another door opens. I lost my music, but I found Luke. Now I have my music again." Luke says, "Life is sometimes difficult. But if you don't give up your dreams, you can find something you really want to do."

(注) was in a car accident　交通事故にあった　not ~ anymore　もう~でない
was over　終わった　community center　コミュニティセンター(地域の人々が集まってスポーツや文化的な活動ができる場所)　director　センター長　show ~ around　~を案内する
Polonaise-Fantaisie　「ポロネーズ第７番幻想」(ショパンの代表曲の一つ)

問１　本文の内容から判断して，(①) と (⑤) に共通してあてはまる英語を，１語で答えなさい。

問２　本文の内容から判断して，下線部②の理由として最も適切なものを，次のア～エからひとつ選び，記号で答えなさい。

ア　Because she was happy with the words of her doctor.
イ　Because she didn't want to give up her dream.
ウ　Because she thought she would be able to use her right hand soon.
エ　Because she was too young to understand the words of her doctor.

問３　本文の内容から判断して，下線部③の理由として最も適切なものを，次のア～エからひとつ選び，記号で答えなさい。

ア　初めて訪れたコミュニティセンターで，とても緊張していたから。

イ　コミュニティセンターには，自分がやりたい活動がなかったから。

ウ　ピアノの音を聞いて，自分がピアノを弾いていた時のことを思い出したから。

エ　聞こえてきたピアノの演奏がとても上手で，感動したから。

問４　本文の内容から判断して，下線部④の様子を表している絵として，最も適切なものを，次の**ア**～**エ**からひとつ選び，記号で答えなさい。

ア　　　　　イ　　　　　ウ　　　　　エ

問５　下線部⑥について，メアリーさんがこのように述べているのはなぜですか。その理由を，解答欄の「～から」に続くように，彼女の経験をふまえて**40字以内の日本語**で答えなさい。ただし，句読点も１字に数えることとします。

問６　本文の内容をふまえて，次の**質問**に対するあなたの考えを，**10語程度の英語**で書きなさい。ただし，I'm のような短縮形は１語として数え，符号（ ， や ． など）は，**（例）**のように書き，語数に含めないこととします。

質問　What did you learn from the story?

（例）符号をつける場合の書き方：～ a　boy ,　Tom .

＜理科＞

時間　50分　　満点　50点

【問題１】　**みほさん**と**かいさん**は，５月のある日，砂丘の植物を調べるために，**橋本先生**と一緒に鳥取砂丘にでかけた。次の**会話**は，**みほさん**と**かいさん**および**橋本先生**の観察中の会話である。あとの各問いに答えなさい。

会話

橋本先生　今回の野外観察では，より詳しく植物のようすを観察するために，ルーペを持ってきました。

みほさん　さっそくルーペを使って，そこに生えているハマヒルガオの花を観察してもいいですか。

橋本先生　もちろんいいですよ。①ルーペを正しく使って観察してください。ルーペを使って細かいところを観察するだけでなく，花や葉のつくりなども肉眼でじっくり観察すると，いろいろなことがわかると思いますよ。

みほさん　わかりました。このハマヒルガオは，アサガオと同じく，②花弁が１つにくっついています。

かいさん　以前，ムラサキツユクサの葉の裏の気孔を顕微鏡で観察しましたが，ハマヒルガオの葉の裏にも気孔があるのでしょうか。

橋本先生　ありますよ。ムラサキツユクサと同じように，気孔は，③水蒸気の出口，④酸素や二酸化炭素の出入り口としての役割を果たしているのですよ。

問１　**会話**の下線部①について，観察するものが動かせるときのルーペの正しい使い方を説明した文として，最も適切なものを，次の**ア**～**エ**からひとつ選び，記号で答えなさい。

ア　ルーペと観察するものを，両方とも前後に動かして，ピントを合わせる。

イ　ルーペを観察するものに近づけて持ち，観察するものを動かさずに，ルーペを前後に動かして，ピントを合わせる。

ウ　ルーペを目から遠ざけて持ち，ルーペを動かさずに観察するものを前後に動かしてピントを合わせる。

エ　ルーペを目に近づけて持ち，ルーペを動かさずに，観察するものを前後に動かしてピントを合わせる。

問２　**図**は，ハマヒルガオの写真である。**会話**の下線部②について，**図**のハマヒルガオのように，花弁が１つにくっついている植物として，適切なものを，次の**ア**～**エ**から**２つ**選び，記号で答えなさい。

ア　ツツジ

イ　セイヨウタンポポ

ウ　エンドウ

エ　アブラナ

図

ハマヒルガオ

問3　会話の下線部③について，植物の根から吸い上げられた水は，植物の体の表面から水蒸気として出ていく。この現象を何というか，答えなさい。

問4　植物は，葉で光を受けて光合成を行っている。会話の下線部④について，みほさんたちは，光合成にともなう二酸化炭素の出入りについて調べるために，次の実験を行った。あとの⑴，⑵に答えなさい。

実験

操作1　無色透明なポリエチレンの袋A～Cを用意し，袋Aと袋Bには，ホウレンソウの葉を同量入れておき，袋Cには，ホウレンソウの葉を入れないでおく。

操作2　袋A～Cに，ストローで息をじゅうぶんにふきこみ，袋の中の二酸化炭素の割合を気体検知管で調べた後，密閉する。

操作3　袋Aと袋Cは，じゅうぶんに強い光の当たる場所に置き，袋Bは光の当たらない暗い場所に置く。

操作4　数時間後，再び，袋A～袋Cの二酸化炭素の割合を気体検知管で調べる。

表は，実験の結果等をまとめたものである。

表

		袋　A	袋　B	袋　C
条件	ホウレンソウの葉	入れる	入れる	入れない
	息	ふきこむ	ふきこむ	ふきこむ
	光	当てる	当てない	当てる
結果	数時間後の二酸化炭素の割合の変化	減少した	増加した	変化しなかった

⑴　この実験について述べたものとして，最も適切なものを，次のア～エからひとつ選び，記号で答えなさい。

ア　操作2で，袋A～Cに，じゅうぶんに息をふきこむのは，袋内の酸素の割合を大きくするためである。

イ　袋Bの実験に対して，袋Cの実験は，結果のちがいが，ホウレンソウの葉にあたる光の有無によることを明らかにする対照実験である。

ウ　袋Aの実験に対して，袋Cの実験は，結果のちがいが，ホウレンソウの葉のはたらきによることを明らかにする対照実験である。

エ　袋Aと袋Bには，種類の異なる植物を入れて実験してよい。

⑵　ホウレンソウの葉で行われる光合成と呼吸について，説明した文として，最も適切なものを，次のア～エからひとつ選び，記号で答えなさい。

ア　袋Aのホウレンソウの葉では，光合成だけが行われ，呼吸は行われていない。

イ　袋Aのホウレンソウの葉では，光合成と呼吸の両方が行われている。

ウ　袋Bのホウレンソウの葉では，光合成だけが行われ，呼吸は行われていない。

エ　袋Bのホウレンソウの葉では，光合成も呼吸も行われていない。

【問題２】　次の会話１，会話２は，ゆうなさんとなおきさんが，発泡入浴剤やベーキングパウダーに含まれる，炭酸水素ナトリウムについて話し合ったものである。炭酸水素ナトリウムと，発生する気体について調べるために，あとの実験１，実験２を行った。あとの各問いに答えなさい。

会話１

> **ゆうなさん**　炭酸水素ナトリウムは，どのようなものに含まれているかな。
> **なおきさん**　発泡入浴剤やベーキングパウダーに含まれているよ。
> **ゆうなさん**　発泡入浴剤をお風呂に入れたときや，ベーキングパウダーを加えたパンやケーキがふくらむときに気体が発生しているね。
> **なおきさん**　炭酸水素ナトリウムは，どのような条件で気体が発生するのかな。

実験１

炭酸水素ナトリウムを用いて，どのような条件のときに，気体が発生するかを調べるため，**表１**に示した，４つの操作による実験を行った。**表１**は，**実験１**の操作と結果をまとめたものである。

表１

番号	操　作	気体発生の有無
①	炭酸水素ナトリウム２gを氷水に加える。	発生しなかった
②	炭酸水素ナトリウム２gを熱湯に加える。	発生した
③	炭酸水素ナトリウム２gを乾いた試験管に入れ，その試験管を氷の入ったビーカーに入れて冷やす。	発生しなかった
④	炭酸水素ナトリウム２gを乾いた試験管に入れ，その試験管を加熱する。	発生した

問１　**表１**の番号④の操作では，**図１**のような装置を組み立て，実験を行ったところ，気体が発生した。気体を集めた後，加熱をやめる前に，先に水そうからガラス管をぬく必要があるが，その理由を答えなさい。

図１

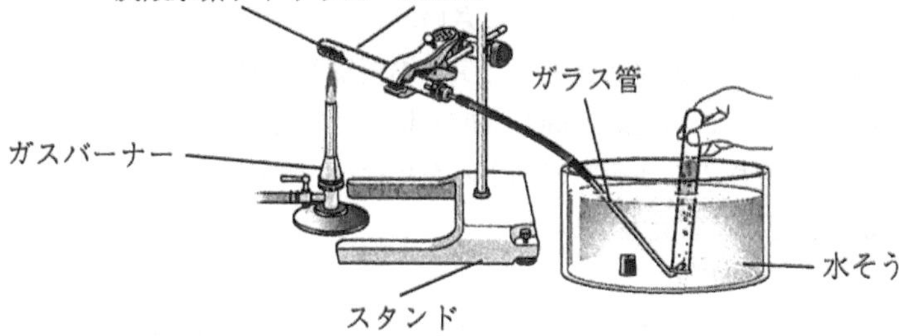

問２　**実験１**の結果から，炭酸水素ナトリウムから気体が発生した操作に共通する条件は何か，答えなさい。

問３　**実験１**で発生した気体は，石灰水を白くにごらせた。この気体と同じ気体を発生させる方法として適切なものを，次の**ア**～**オ**から**すべて**選び，記号で答えなさい。

ア　二酸化マンガンにうすい過酸化水素水を加える。
イ　酸化銀を加熱する。
ウ　石灰石にうすい塩酸を加える。
エ　亜鉛にうすい塩酸を加える。
オ　酸化銅と活性炭の混合物を加熱する。

会話 2

なおきさん　炭酸水素ナトリウムをうすい塩酸に加えて，気体を発生させる実験をしたことがあるよ。

ゆうなさん　炭酸水素ナトリウムとうすい塩酸が反応するときの質量の関係についても調べてみよう。

実験 2

操作 1　**図 2** のように，電子てんびんに，うすい塩酸50cm^{3}が入ったビーカーをのせ，全体の質量をはかる。

操作 2　**図 3** のように，**操作 1** のビーカーに入ったうすい塩酸に，炭酸水素ナトリウム1.0ｇを加えて，気体を発生させる。

操作 3　気体が発生しなくなった後，**図 4** のように，ビーカーを電子てんびんにのせ，全体の質量をはかる。

操作 4　加える炭酸水素ナトリウムの質量を変えて，**操作 1** ～**操作 3** と同様の操作を行う。

図2

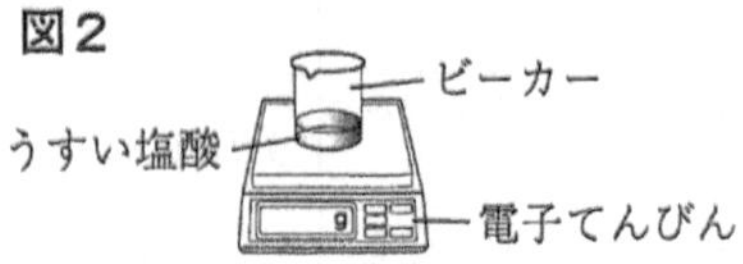

図3

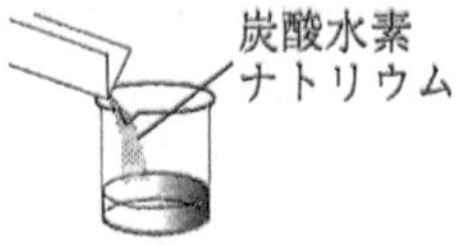

図4

表 2 は，**実験 2** の結果をまとめたものである。

表2

反応前のうすい塩酸とビーカーの質量〔g〕	112.6	112.6	112.6	112.6	112.6
炭酸水素ナトリウムの質量〔g〕	1.0	2.0	3.0	4.0	5.0
反応後の全体の質量〔g〕	113.1	113.6	114.1	115.1	116.1

問 4　**実験 2** について，次の⑴，⑵に答えなさい。

⑴　炭酸水素ナトリウムの質量と発生した気体の質量との関係を表すグラフをかきなさい。

⑵　**実験 2** の結果から，この実験と同じ濃度の塩酸に炭酸水素ナトリウム6.0ｇを加えたとき，この炭酸水素ナトリウムがすべて反応するためには，この実験と同じ濃度の塩酸が，少なくとも何cm^{3}以上必要か，答えなさい。

【問題 3】　電熱線に電流を流したときの発熱量を調べるために，右の**図 1** のように２つの**電熱線Ａ**（電気抵抗２Ω），**電熱線Ｂ**（電気抵抗４Ω）を用いて，**実験**を行った。あとの各問いに答えなさい。

図1

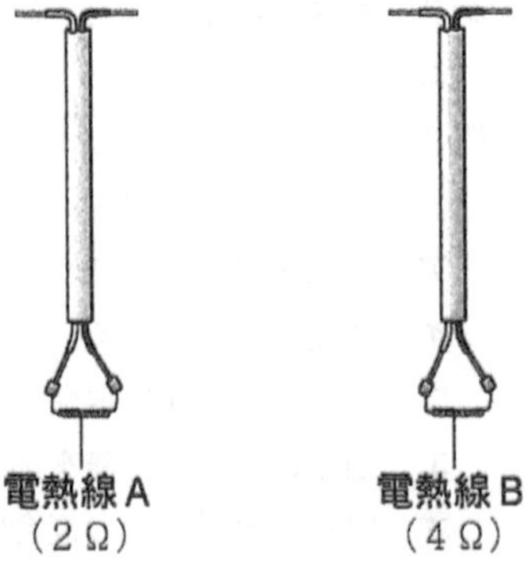

実験

図２（次のページ）のような装置をつくり，水を入れてしばらく放置した。スイッチを入れ，電熱線に加える電圧を６Ｖに調節して，水をゆっくりとかき混ぜながら，１分ごとに水温を測定した。図３（次のページ）は**実験**の結果をグラフに表したものである。ただし，電熱線で発生した熱は，

すべて水の温度上昇に使われたものとする。

図２

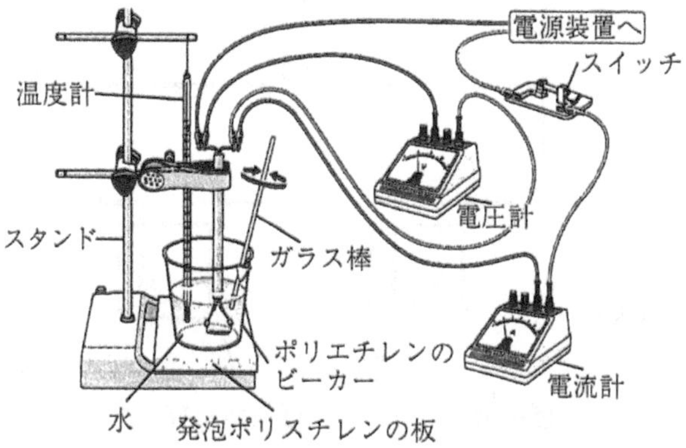

図３

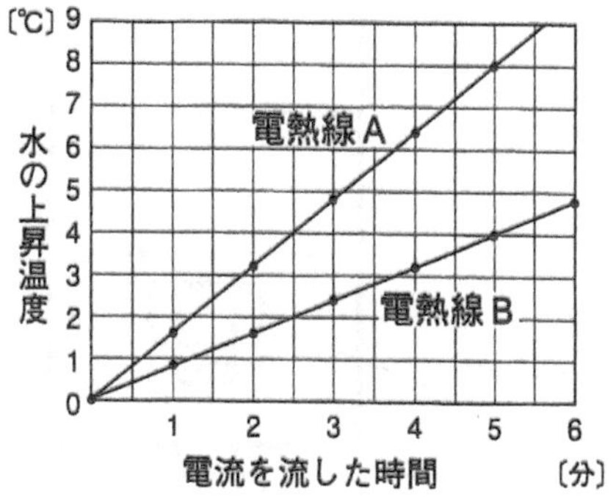

問１　電熱線を流れる電流は，電熱線に加える電圧に比例するが，この関係を表す法則を何というか，答えなさい。

問２　次の**文**は，電熱線Aと電熱線Bの電流の流れやすさと電力について説明したものである。**文**の（①），（②）にあてはまる語句の組み合わせとして，最も適切なものを，あとの**ア**～**エ**からひとつ選び，記号で答えなさい。

文

同じ電圧を加えたとき，電熱線Aと電熱線Bでは，（　①　）のほうが，電流が流れやすい。したがって，電熱線Aと電熱線Bに同じ電圧を加えたときの電力は，（　②　）のほうが大きい。

	（　①　）	（　②　）
ア	電熱線A	電熱線A
イ	電熱線A	電熱線B
ウ	電熱線B	電熱線A
エ	電熱線B	電熱線B

問３　この実験で，５分間電流を流したときの電熱線Aの発熱量は何Jか，答えなさい。

問４　電熱線Aに加える電圧を３Ｖにして，同様の実験を行った場合の，水の上昇温度と電流を流した時間との関係を表すグラフをかきなさい。

問５　次のページの図４は，電熱線Aと電熱線Bを用いてつくった，並列回路と直列回路を模式的に表したものである。**ビーカーⅠ～Ⅳ**にそれぞれ同じ温度で同じ量の水を入れ，回路に加える電圧を６Ｖに調節して同じ時間，電流を流したとき，水の上昇温度がそれぞれ異なった。**ビーカーⅠ～Ⅳ**を上昇温度の**大きい順**に並べ，Ⅰ～Ⅳの記号で答えなさい。

図4

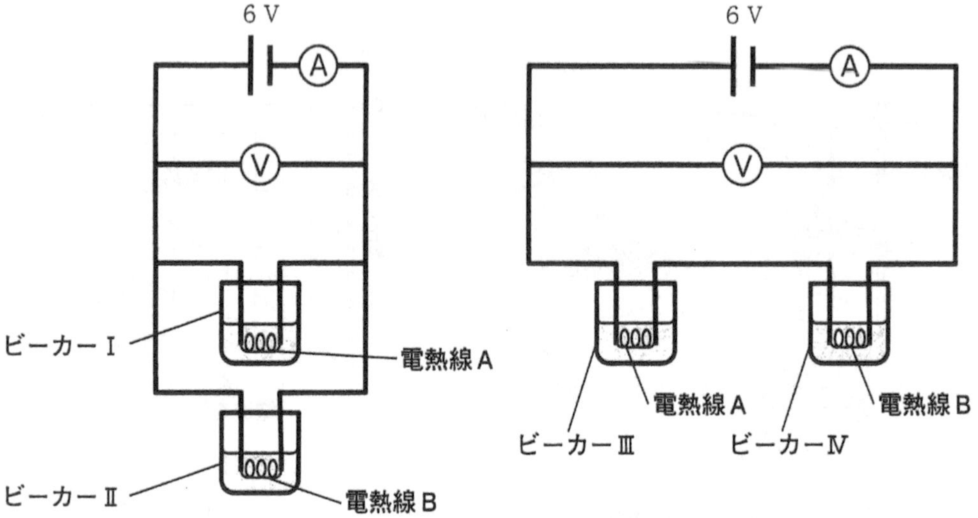

【問題4】　太陽が時間や季節によって，どのような動きをするか調べるために，次の**観測**を行った。あとの各問いに答えなさい。

観測

操作1　**図1**のように，日当たりのよい水平な場所に置いた厚紙の上に，透明半球と同じ直径の円をかき，円の中心Oを通り，直角に交わる線を引いた。透明半球を円に重ね，方位磁針を使って，2本の直線を，南北，東西の正しい方向に合わせた。

図1

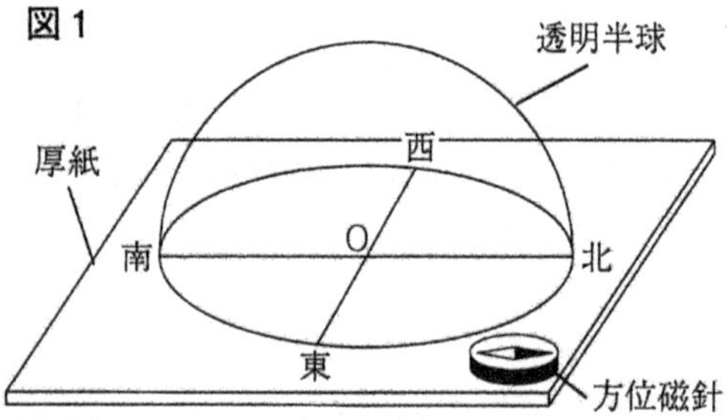

操作2　太陽の動きを記録するそれぞれの日に，1時間ごとにサインペンを透明半球に当て，サインペンの先の影が，円の中心Oにくるようにして，太陽の位置を透明半球上に点で記録した。

操作3　記録した各点をなめらかな曲線で結んで透明半球のふちと厚紙との交点までのばした線を引いた。

次の**図2**（次のページ）は，日本のある場所で春分の日，夏至の日，秋分の日，冬至の日の**観測**の結果をまとめたものである。また，**図3**（次のページ）は，この場所における，日の出と日の入りの時刻を調べ，1年間の昼間の長さの変化を表したものである。

図2

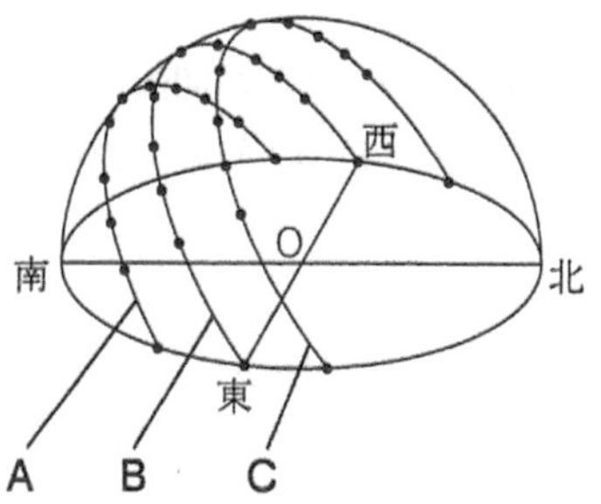

図3

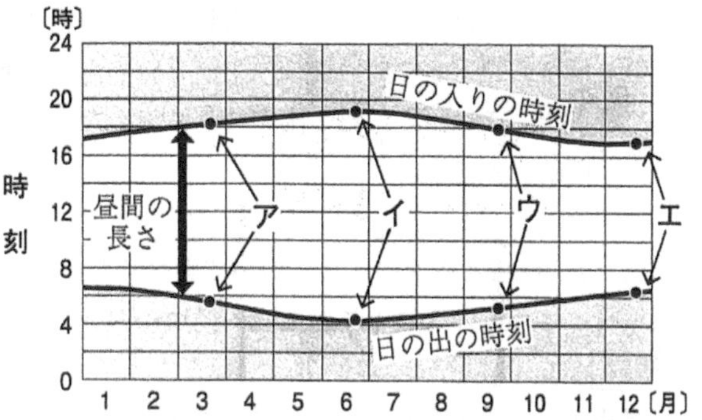

問1　この場所での，夏至の日の太陽の動きと，日の出，日の入りの時刻として，最も適切なものを，**図2**の**A**～**C**，**図3**の**ア**～**エ**からそれぞれひとつずつ選び，記号で答えなさい。

問2　同じ場所で太陽の動きを継続的に調べると，季節によって太陽の南中高度や日の出，日の入りの位置が変化し，昼間の長さも変化していることがわかる。1年間で，太陽の南中高度や昼間の長さが変化するのはなぜか，答えなさい。

問3　夏至の日に，鳥取県のある場所と沖縄県のある場所で，同じ長さの棒を水平な地面に垂直に立て，正午と午後4時にできる影の長さをそれぞれ測定した。このとき影の長さが一番長い測定場所と時刻として，最も適切なものを，次の**ア**～**エ**からひとつ選び，記号で答えなさい。

ア　鳥取県のある場所で正午に測定したとき

イ　沖縄県のある場所で正午に測定したとき

ウ　鳥取県のある場所で午後4時に測定したとき

エ　沖縄県のある場所で午後4時に測定したとき

問4　**図4**は，**観測**とは別の場所において，**観測**と同様の操作で，午前8時から午後4時まで，太陽の位置を透明半球上に1時間ごとに記録し，透明半球のふちと厚紙の交点を**D**，**E**としたものである。**図5**は，**図4**の点**D**，**E**を通る線にそって，透明半球上に紙テープを重ねて，記録した点を写しとったものである。あとの(1)，(2)に答えなさい。

図4

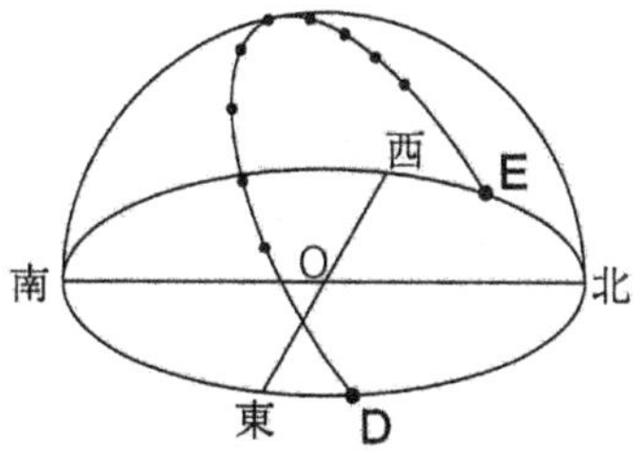

図5

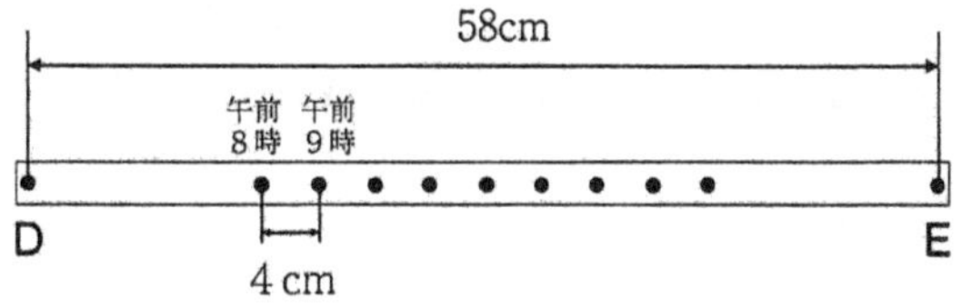

(1)　**図5**の紙テープに写しとった午前8時から午後4時までの点と点の間の長さは，ほぼ一定であることがわかった。その理由として，最も適切なものを，次の**ア**～**エ**からひとつ選び，記号で答えなさい。

ア　地球がほぼ一定の速さで公転しているため。

イ　地球がほぼ一定の速さで自転しているため。

ウ　太陽がほぼ一定の速さで公転しているため。

エ　太陽がほぼ一定の速さで自転しているため。

(2)　図5のDとEの間は58㎝，午前8時の点の位置と，午前9時の点の位置の間隔は，4㎝であった。この日の，日の出の時刻を求めなさい。なお，この日の，日の入りの時刻は，午後7時22分とする。

【問題5】　血管と血液の流れについて調べるために，ヒメダカを使い，次の**観察**を行った。また，**観察**後，ヒトの体のつくりと血液の循環について調べた。あとの各問いに答えなさい。

観察

操作1　図1のように，ヒメダカを水といっしょに小さなポリエチレンの袋に入れ，顕微鏡のステージにのせる。

操作2　尾びれを100～150倍の倍率で観察する。

操作3　観察したようすをスケッチする。

図2は，観察したようすをスケッチしたものである。

図1

図2

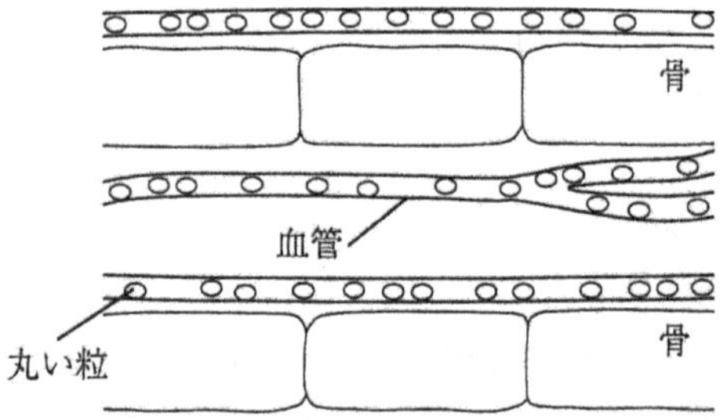

問1　**観察**の結果，**図2**のように，血管の中をたくさんの丸い粒が，同じ向きに流れていることが観察できた。この丸い粒の大部分は赤血球である。次の(1)，(2)に答えなさい。

(1)　赤血球に含まれていて，酸素の多いところでは酸素と結びつき，酸素の少ないところでは酸素をはなす性質のある物質の名称を答えなさい。

(2)　ヒメダカの器官のうち，(1)の物質が酸素と結びつく器官の名称を答えなさい。

問2　**図3**は，ヒトの血液の固形成分を模式的に表したものである。出血したとき，血液を固めるはたらきがある固形成分として，最も適切なものを，**図3**の**A**～**C**からひとつ選び，記号で答えなさい。また，その名称を答えなさい。

図3

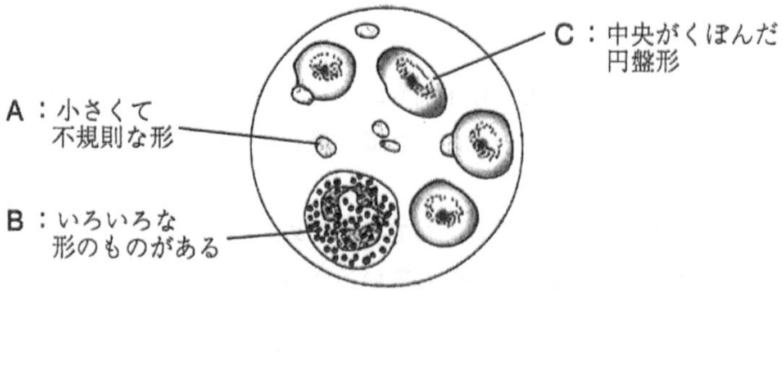

問3　図4は，ヒトの体のつくりと血液の循環を模式的に表したものである。図4のDの血管を流れる血液と，その血液が最初に入る心臓の部屋の組み合わせとして，最も適切なものを，次の**ア**～**エ**からひとつ選び，記号で答えなさい。

	血　液	心臓の部屋
ア	動脈血	右心房
イ	静脈血	右心房
ウ	動脈血	左心房
エ	静脈血	左心房

図4

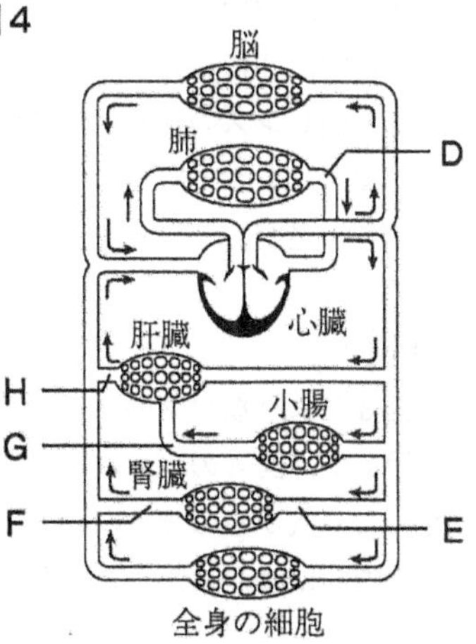

矢印（→）は，血液の流れる向きを示している。

問4　小腸の内側の壁にはたくさんのひだがあり，そのひだの表面には，柔毛という小さな突起が多数ある。柔毛の表面から吸収されて，毛細血管に入るものとして，適切なものを，次の**ア**～**オ**から**2つ**選び，記号で答えなさい。

ア　ブドウ糖　　**イ**　脂肪　　**ウ**　タンパク質　　**エ**　アミノ酸　　**オ**　デンプン

問5　図4のD～Hの血管のうち，尿素が最も少ない血液が流れている血管として，最も適切なものを，図4のD～Hからひとつ選び，記号で答えなさい。

【問題6】　凸レンズを用いた簡易型カメラをつくろうと考え，凸レンズによってできる像について調べるために，次の**実験1**，**実験2**を行った。あとの各問いに答えなさい。

実験1

図1のような実験装置を組み立て，凸レンズと矢印が直交した形の穴があいている物体を固定し，半透明のスクリーンの位置を光学台の上で動かすことができるようにしておく。半透明のスクリーンの位置を動かして，半透明のスクリーンにはっきりした像を映し，その像を半透明のスクリーンの後方から観察した。

図1

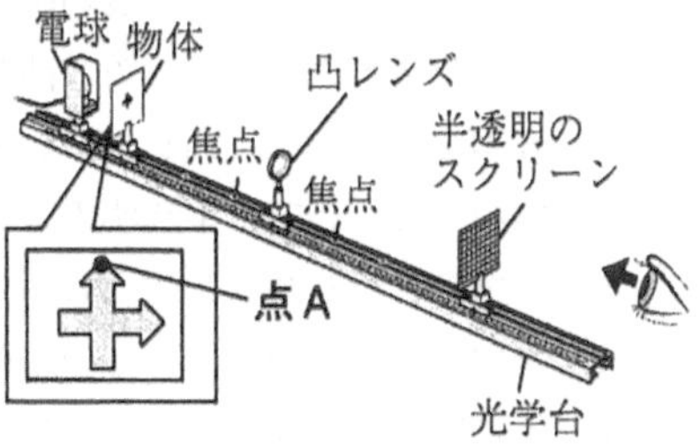

問1　**実験1**において，物体の上向きの矢印の先端を**点A**とする。次の図2は，**点A**から出た光の道すじを模式的に表したものである。**点A**から出た①，②の光が，凸レンズを通過した後の光の道すじをそれぞれかきなさい。

図2

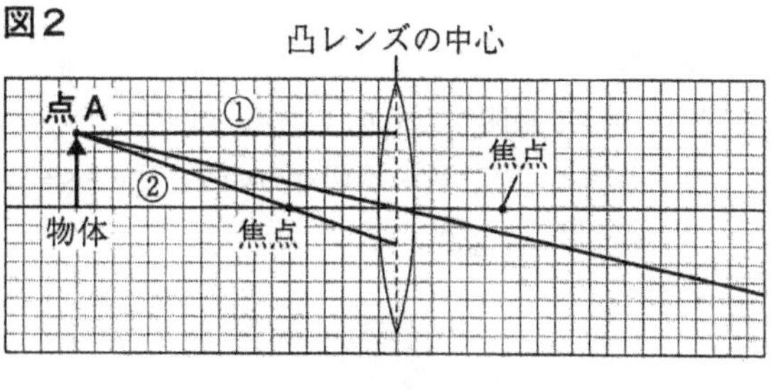

問2　半透明のスクリーンの位置を動かして，半透明のスクリーンにはっきりした像を映した。次の(1)，(2)に答えなさい。

(1)　凸レンズの中心と半透明のスクリーンとの距離は何cmか，答えなさい。ただし，**図2**の1マスは1cmとする。

(2)　半透明のスクリーンに映ったはっきりした像のことを何というか，答えなさい。

実験2

図3のようなクマの人形を映すために，凸レンズ，半透明のスクリーン，箱2つ（外箱，内箱）を用いて，**図4**のような簡易型カメラをつくった。半透明のスクリーンにはっきりした像を映すために，穴からのぞきながら，凸レンズと半透明のスクリーンを最も近づけた状態から内箱を矢印の方向に動かした。ただし，クマの人形の位置は，凸レンズの焦点より外側とする。

図3

図4

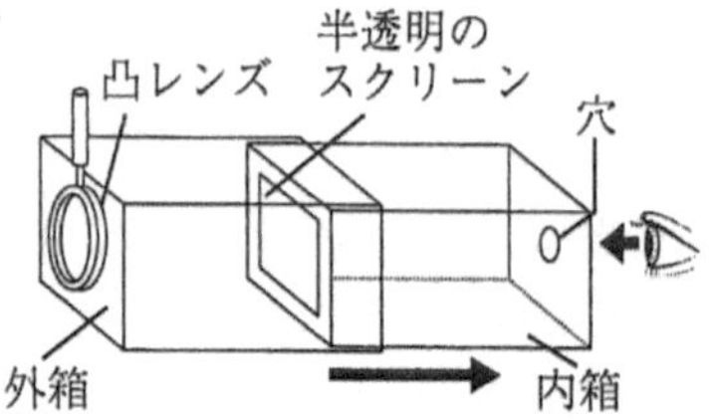

問3　**実験2**を行ったところ，**図5**のように内箱が外箱からはみ出し，半透明のスクリーンにはっきりした像が映らなかった。内箱が外箱からはみ出すことなく，半透明のスクリーンにはっきりした像を映すための方法として，適切なものを，あとの**ア**～**カ**から**すべて**選び，記号で答えなさい。ただし，半透明のスクリーンに映る像の大きさは問わない。

図5

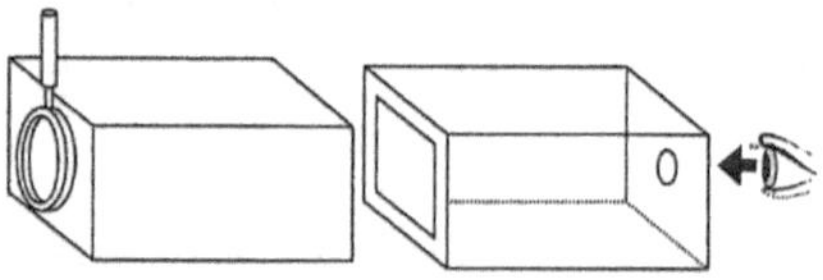

ア　凸レンズを焦点距離の長い凸レンズにかえる。

イ　凸レンズを焦点距離の短い凸レンズにかえる。

ウ　外箱を長くして，凸レンズと半透明のスクリーンとの距離を長くする。

エ　内箱を短くして，半透明のスクリーンと目との距離を短くする。

オ　クマの人形と凸レンズとの距離を長くする。

カ　クマの人形と凸レンズとの距離を短くする。

問4　半透明のスクリーンにはっきりした像が映るように，簡易型カメラを改良したところ，**図6**のように，半透明のスクリーンにはっきりした像が映った。その状態のまま，**図7**のように，簡易型カメラの凸レンズの下半分に，光を通さない厚紙を置いた。あとの**文**は，このときの結果について説明したものである。**文**の（①）にあてはまる語句と，（②）にあてはまる図の組み合わせとして，最も適切なものを，次のページの**ア**～**エ**からひとつ選び，記号で答えなさい。

図6

図7

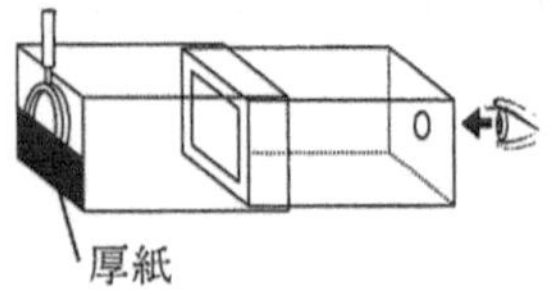

文

半透明のスクリーンを動かすことなく穴からのぞいてみると，半透明のスクリーンには，はっきりした像が，厚紙を置く前と比べて（　①　），（　②　）のように見えた。

	（　①　）	（　②　）
ア	同じ明るさで	
イ	同じ明るさで	
ウ	暗くなって	
エ	暗くなって	

【問題７】　水溶液に電流を通したときの変化について調べるために，次の**実験１**，**実験２**を行った。あとの**会話**は，**りょうさん**と**かなえさん**が**実験**１の結果について話し合ったものである。あとの各問いに答えなさい。

実験１

操作１　①硝酸カリウム水溶液で湿らせたろ紙を，スライドガラスにはりつけ，その中央に塩化銅水溶液のしみをつける。

操作２　図１のような装置をつくり，ろ紙の両端に約10Ｖの電圧を加える。

図１

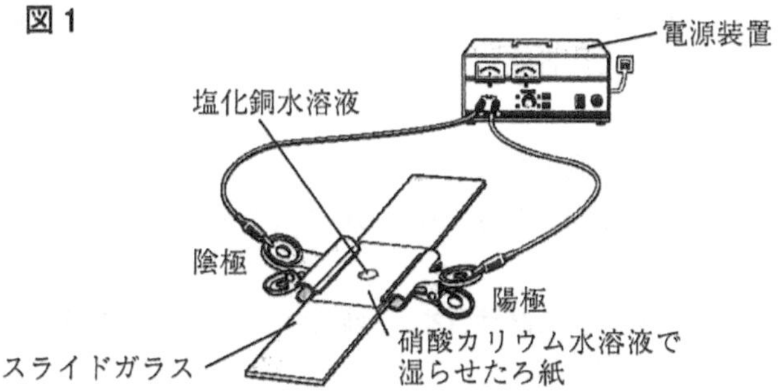

会話

りょうさん　ろ紙に電圧を加えたら，青色のしみが陰極側へ移動するのが見られたよ。なぜ，青色のしみは陰極側へ移動したのだろう。
かなえさん　この青色のしみは，②銅原子が電気を帯びたものだと思うよ。
りょうさん　反対の陽極側へ移動したものはないのかな。
かなえさん　では，陽極のようすを確認するために，別の実験をしてみよう。

問１　**操作１**の下線部①について，ろ紙を硝酸カリウム水溶液で湿らせるのはなぜか，理由を答えなさい。

問２　塩化銅水溶液は，塩化銅が電離しているため，電流を通す。塩化銅のように，水にとけると，水溶液が電流を通す物質を何というか，答えなさい。

問３　塩化銅の電離のようすを，化学式とイオン式を使って表しなさい。

問４　**会話**の下線部②について，銅原子が電気を帯びた理由として，最も適切なものを，次のページの**ア**～**エ**からひとつ選び，記号で答えなさい。

ア　銅原子が陽子を受けとったから　　**イ**　銅原子が陽子を失ったから
ウ　銅原子が電子を受けとったから　　**エ**　銅原子が電子を失ったから

実験２

操作１　図２のような装置をつくり，ビーカーに５％の塩化銅水溶液を100cm^3入れる。

操作２　電源装置につなぎ，６Ｖで電流を通す。

図２

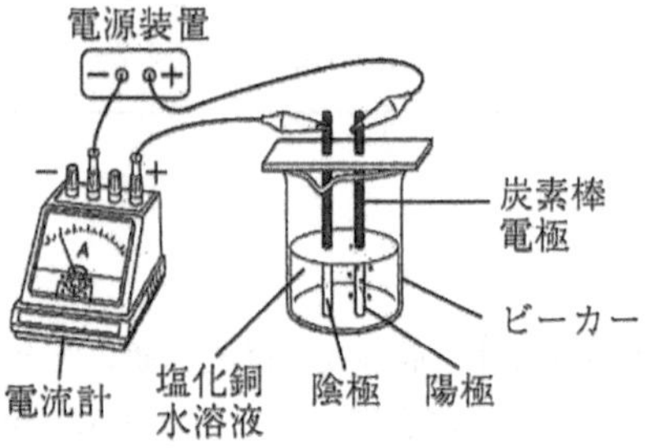

問５　**実験２**では，陽極付近から気体が発生した。この気体は，塩素Cl_2であることがわかった。陽極付近で発生した塩素Cl_2を分子のモデルで表しなさい。ただし，原子のモデルは◎，陽イオンのモデルは○$^+$，陰イオンのモデルは○$^-$ とし，必要なモデルを用いて表すこと。

【問題８】　部屋の窓ガラスに水滴がついていることに気づき，その原因が空気中の水蒸気にあるのではないかと考え，その部屋で次の**実験**を行った。あとの**表**は，空気の温度と飽和水蒸気量の関係を表したものである。あとの各問いに答えなさい。

実験

操作１　部屋の空気の温度を測定した。

操作２　部屋の空気の温度と同じ温度にしておいたくみ置きの水を，金属製のコップに半分程度入れた。

操作３　図１のように氷を入れた試験管を，金属製のコップの中でゆっくりと上下させ，金属製のコップの水の水温を下げていった。

操作４　水温を下げながら，金属製のコップの表面を観察した。

図１

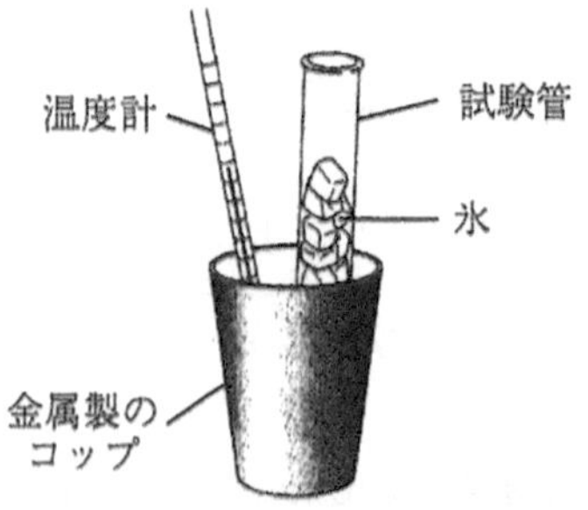

表　温度と飽和水蒸気量

温度〔℃〕	飽和水蒸気量〔g/m^3〕	温度〔℃〕	飽和水蒸気量〔g/m^3〕
0	4.8	16	13.6
2	5.6	18	15.4
4	6.4	20	17.3
6	7.3	22	19.4
8	8.3	24	21.8
10	9.4	26	24.4
12	10.7	28	27.2
14	12.1	30	30.4

問１　次の**文１**は，**実験**で，ガラス製のコップではなく，金属製のコップを用いた理由を説明したものである。**文１**の（　）にあてはまる内容を答えなさい。

文１

ガラスよりも金属の方が（　　　）ため，水温と金属製のコップ表面付近の空気の温度がほぼ等しくなるから。

問２　金属製のコップの表面がくもりはじめたのは，水温が14℃のときだった。このときの，部屋の空気の湿度は何％か，**小数第１位を四捨五入して，整数**で答えなさい。ただし，このときの部屋の空気の温度は20℃で，水温と金属製のコップ表面付近の空気の温度は等しいものとする。

問３　この**実験**を，同じ部屋で，空気の温度が24℃のときに行った場合，金属製の**コップがくもり始めたときの水温**とそのときの**部屋の空気の湿度**は，部屋の空気の温度が20℃のときと比べてどうなるか，最も適切な組み合わせを，次の**ア**～**カ**からひとつ選び，記号で答えなさい。

ただし，実験中は部屋の空気の温度に関わらず，部屋の空気中の水蒸気量に変化はないものとする。

	ア	イ	ウ	エ	オ	カ
コップがくもり始めたときの水温	上がる	同　じ	下がる	上がる	同　じ	下がる
部屋の空気の湿度	高くなる	高くなる	高くなる	低くなる	低くなる	低くなる

問４　次の**文２**は，自然界で雲ができるしくみについて説明したものである。**文２**の（①）～（④）にあてはまる語の組み合わせとして，最も適切なものを，あとの**ア**～**エ**からひとつ選び，記号で答えなさい。

文２

空気は，上昇するとまわりの気圧が（　①　）なるため（　②　）し，温度が下がる。温度が露点に達すると，空気中の（　③　）の一部が（　④　）などに変わり，雲ができる。

	（　①　）	（　②　）	（　③　）	（　④　）
ア	高　く	収　縮	水蒸気	水　滴
イ	高　く	収　縮	水　滴	水蒸気
ウ	低　く	膨　張	水蒸気	水　滴
エ	低　く	膨　張	水　滴	水蒸気

問５　次のページの**図２**は，地球環境で水が循環するようすを模式的に示したものである。地球上の水は，すがたを変えながら循環しているが，この循環を支えている主なエネルギー源は何か，答えなさい。

図2

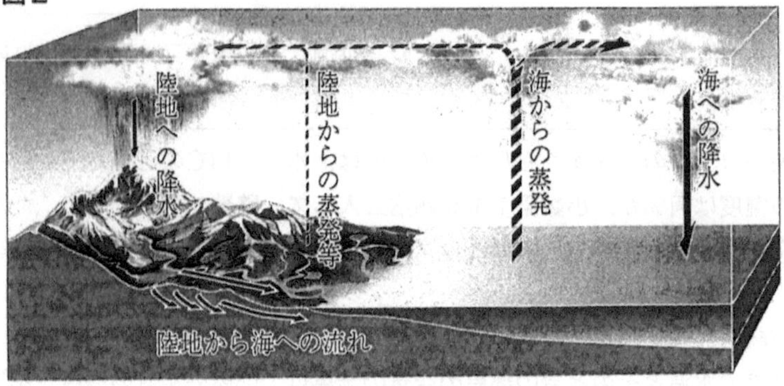

＜社会＞　時間　50分　満点　50点

【問題１】

問１　次の**会話**は，**あやこさん**たちが，インターネットを使って，外国に住んでいる友だちと，それぞれ自分の住んでいる国のようすについて紹介しているものである。また，あとの**地図**中の**あ**～**え**は，**会話**中の**かずみさん**，**たろうさん**，**じろうさん**，**ともきさん**の住んでいる国のいずれかを示したものである。これをみて，あとの各問いに答えなさい。

地図

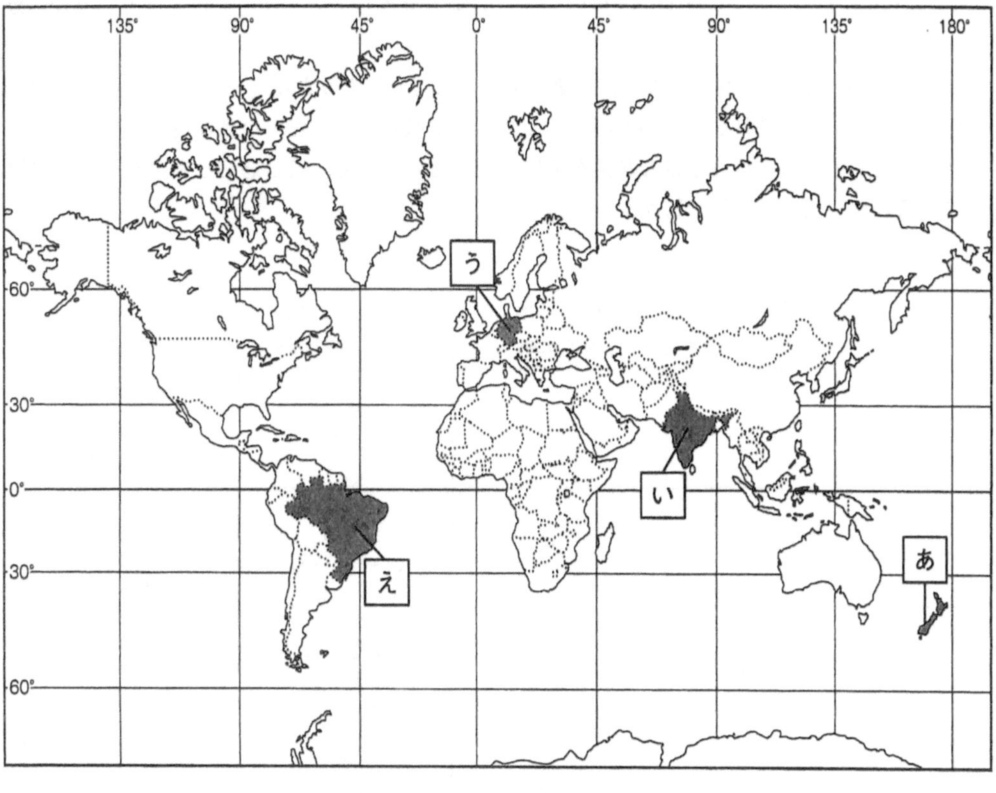

会話

あやこさん：私の住んでいる日本は，現在，１月１日の午前１時です。雪が降っていて，寒いです。みなさんの国は，１月１日になっていますか。

かずみさん：(a)私の住んでいる国は，１月１日になっています。暖かい日が続いていて，これからの季節はサーフィンを楽しむ人も増えてきます。

たろうさん：私の住んでいる国は，まだ１月１日になっていません。私の国では，(b)ヨーロッパ連合（EU）域内での共通通貨を使っていて，パスポートなしで国境をこえて買い物をする人がみられます。

じろうさん：(c)私の住んでいる国も，まだ1月1日になっていません。私の国は，カーニバルが有名で，たくさんの観光客が訪れます。また，世界で2番目に長いアマゾン川も有名です。

ともきさん：私の住んでいる国も，まだ1月1日になっていません。私の国を流れているガンジス川流域では，(d)川に身をひたして体を清め，いのりをささげる人々をよく見かけます。

(1) **会話**中の下線部(a)に関連して，**かずみさん**が住んでいる国として，最も適切なものを，**地図**中の**あ**～**え**からひとつ選び，記号で答えなさい。

(2) **会話**中の下線部(b)に関連して，**たろうさん**が住んでいる国は，ヨーロッパ連合（EU）に加盟している。ヨーロッパ連合（EU）域内の多くの国で導入している共通通貨を何というか，**カタカナ**で答えなさい。

(3) **会話**中の下線部(c)に関連して，次の**表**中の**ア**～**エ**は，**じろうさん**が住んでいる国，アメリカ，中国，ロシアのいずれかの国の人口，人口密度，生産しているおもな農作物，おもな輸出品を示したものである。**じろうさんが住んでいる国**のものとして，最も適切なものを，**表**中の**ア**～**エ**からひとつ選び，記号で答えなさい。

表

	人口 （万人）	人口密度 （人／km^2）	生産している おもな農作物	おもな 輸出品
ア	14587	9	大麦 てんさい	原油 石油製品 天然ガス
イ	21105	25	砂糖 コーヒー豆	大豆 鉄鉱石 機械類
ウ	32907	33	とうもろこし 大豆	機械類 自動車 石油製品
エ	143378	149	米 小麦	機械類 衣類 繊維品

「世界国勢図会2019／20年版」より作成

(4) **会話**中の下線部(d)に関連して，**ともきさん**の住んでいる国で，このような方法でいのりをささげ，最も多くの人が信仰している宗教として，最も適切なものを，次の**ア**～**エ**からひとつ選び，記号で答えなさい。

ア　ヒンドゥー教　　**イ**　イスラム教　　**ウ**　キリスト教　　**エ**　仏教

問2　次のページの**レポート**は，アフリカの産業の特色をまとめたものである。この**レポート**をみて，あとの各問いに答えなさい。

レポート

1　**グラフをみてわかったこと**

・エチオピアではコーヒー豆，コートジボワールではカカオ豆などの農産物を多く輸出している。

・ガーナでは金，ザンビアでは銅などの鉱産資源を多く輸出している。

↓

アフリカの多くの国は，特定の農産物や鉱産資源の輸出にたよった（A）経済の国となっている。

グラフ　アフリカ各国のおもな輸出品の内訳

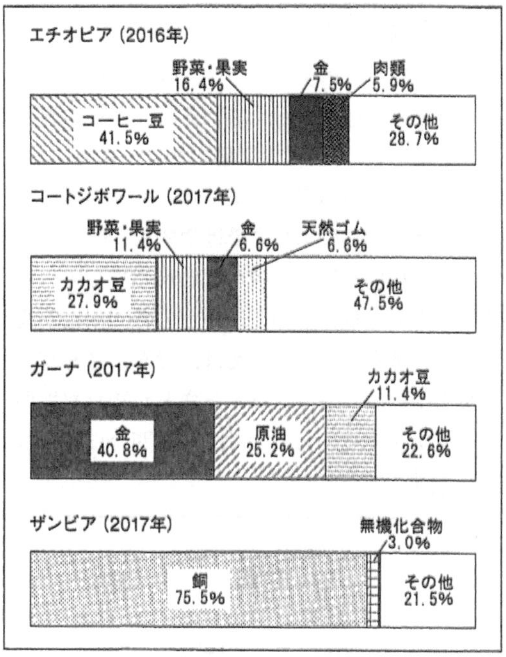

2　**調べてわかったアフリカの課題**

・農産物や鉱産資源は，天候や他国との関係の影響を受けやすく，年によって値段や売れる量が変わるため，国の収入が安定しない。

・鉱産資源を求める外国の企業が，広大な土地を購入して使うことで，もともとその土地に暮らしていた人々の生活がおびやかされている。

・アフリカの多くの国は，人口増加や干ばつなどの自然災害の影響による食料不足や，飢餓などの問題をかかえている。

・アフリカの多くの国では，どのようにすれば，もともとその土地に暮らしていた人々の生活を守りつつ開発ができるかが，大きな課題となっている。

3　**アフリカでおこなわれている課題解決に向けた取り組み**

・農産物の種類を増やす努力をする。

・工業化を進めるとともに，観光業などの新たな産業にも取り組む。

・先進国からの道路や水道，電気の整備などの開発援助や，技術支援をうける。

4　**学習のまとめ**

（B）

⑴　**レポート**中の（A）にあてはまる語句を，**カタカナ**で答えなさい。

⑵　**レポート**中の（B）にあてはまる内容として，最も適切なものを，次の**ア**～**エ**からひとつ選び，記号で答えなさい。

ア　アフリカの多くの国では，特定の農産物や鉱産資源の輸出にたよっているため，天候や他国との関係に影響を受けやすく，経済的に不安定であるが，人々の生活を守ることや課題解決に向けた取り組みを行っていない。

イ　アフリカの多くの国では，鉱産資源を求める外国の企業が，広大な土地を購入して使うことで，もともとその土地に暮らしていた人々の生活を守ることにつながっているので，人々の生活は安定している。

ウ　アフリカの多くの国は，人口増加や干ばつなどの自然災害の影響による食料不足や，飢餓などの問題をかかえているが，特定の農産物や鉱産資源の輸出にたよることで，収入は安定しており，「世界の工場」とよばれている。

エ　アフリカの多くの国では，特定の農産物や鉱産資源の輸出にたよっているため，天候や他国との関係の影響を受けやすく，経済的に不安定なので，工業化を進めたり，先進国による開発援助や技術支援が行われたりしている。

問3　日本の地理について，あとの各問いに答えなさい。

(1)　次の**地図1**中の**あ**～**え**は，**けんたさん**が訪れた場所を順に示したものである。また，あとの**文1**中の**A**～**D**は，**けんたさん**が訪れた場所のいずれかについて説明したものである。**地図1**と**文1**をみて，あとの①，②の問いに答えなさい。

地図1

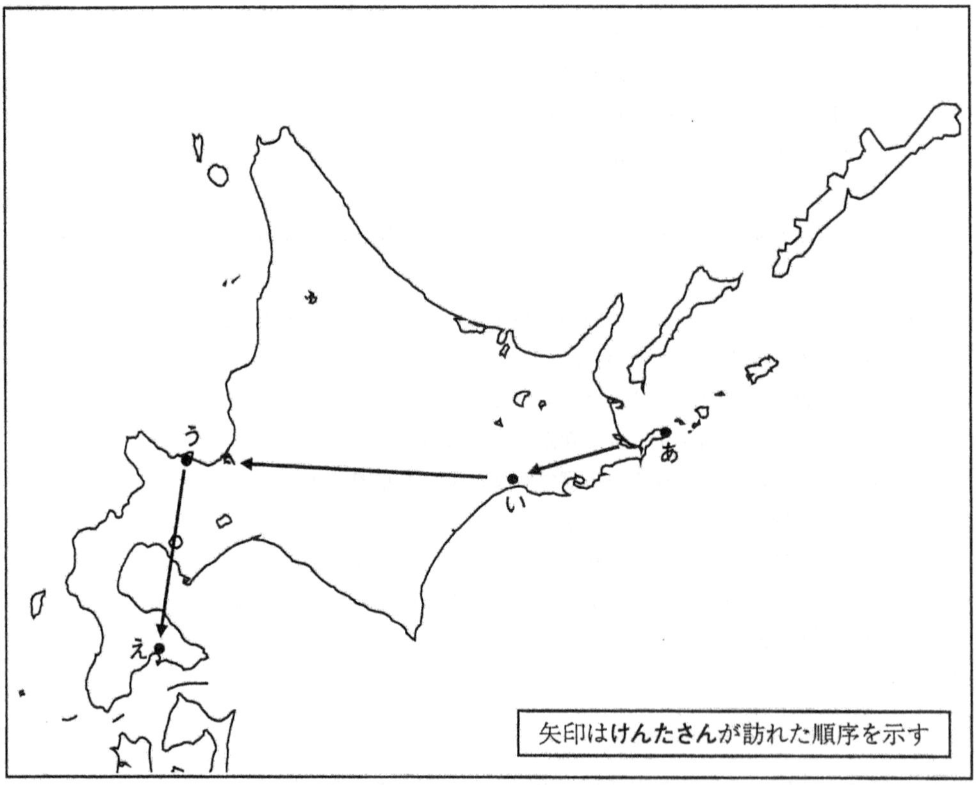

文1

A　大型船が出入りできる大きな港や倉庫群があり，かつて北海道最大の商業都市としてにぎわったころのおもかげが残っている。

B　納沙布《のさっぷ》岬の先には，歯舞群島《はぼまいぐんとう》がある。1990年代には，北方領土問題の解決に貢献することをめざした「ビザなし交流」が始まった。

C　日本で最初の開港地のひとつであり，外国文化の玄関口として栄えた。また，五稜郭《ごりょうかく》は，戊辰《ぼしん》戦争の最後の戦場となった。

D　日本で初めてのラムサール条約に登録された湿原があり，タンチョウなど，多くの動植物が生息している。

①　**文1**中の**A**～**D**を，**けんたさん**が訪れた順に並べ，記号で答えなさい。

②　**文1**中の**B**に関連して，次の**文2**は，領域と排他的経済水域について説明したものであり，あとの**写真1**は，日本の東端の島である。**文2**中の（**E**），（**F**）にあてはまる語句や数字の組み合わせとして，最も適切なものを，あとの**ア**～**エ**からひとつ選び，記号で答えなさい。

文2

一つの国の範囲を領域という。領域は陸地である領土，領土から一定の範囲である領海，領土と領海の上空である領空からなる。日本の東端は，東経153°59′に位置する（**E**）である。

排他的経済水域は，国連海洋法条約で，海岸線から（**F**）海里以内の範囲と定められている。

写真1

ア　（**E**）沖ノ鳥島　（**F**）12　　**イ**　（**E**）南鳥島　（**F**）12

ウ　（**E**）沖ノ鳥島　（**F**）200　　**エ**　（**E**）南鳥島　（**F**）200

⑵　日本の産業について，次の①～③の問いに答えなさい。

①　次の**写真2**は，新潟県で作られている洋食器，福井県で作られている眼鏡である。これらのように，古くから受け継がれてきた技術や，地元でとれる原材料などを生かし，地域と密接に結びついて発達してきた産業を何というか，解答欄の「産業」という言葉につながるように，**漢字2字**を答えなさい。

写真2

新潟県で作られている洋食器

「燕《つばめ》市広報つばめ」より

福井県で作られている眼鏡

「鯖江《さばえ》市観光公式ホームページ」より

② 次の**グラフ1**は，東北地方，関東地方，近畿地方における農業産出額の内訳を示したものであり，あとの**文3**は，**グラフ1**から読み取ることができることや，各地方の農業の特徴について説明したものである。**文3**中の（G），（H）にあてはまる語句の組み合わせとして，最も適切なものを，あとの**ア**～**エ**からひとつ選び，記号で答えなさい。

グラフ1 東北地方，関東地方，近畿地方における農業産出額の内訳

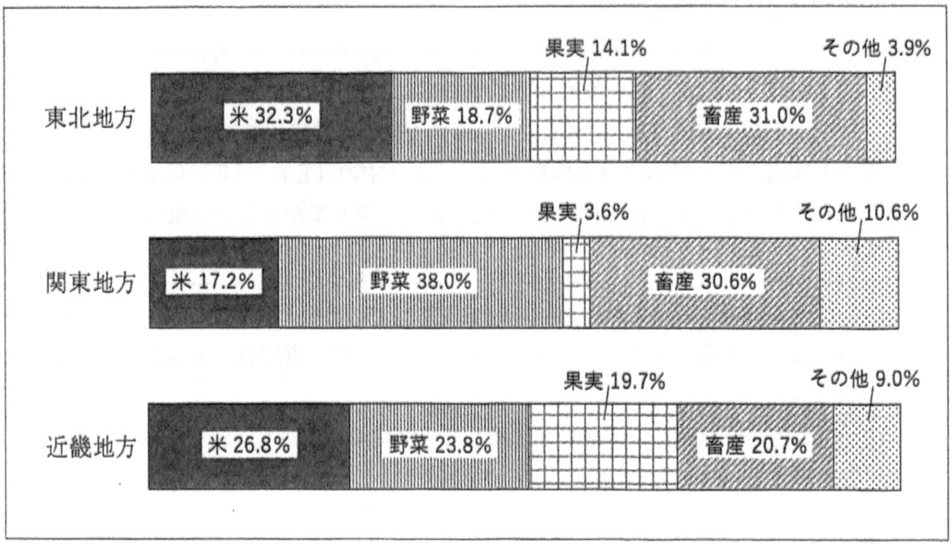

「生産農業所得統計（2018年）」より作成

文3

東北地方は，（G）の割合が最も高くなっており，「あきたこまち」など，産地が競って品質の優れた銘柄《めいがら》を生産している。一方，関東地方では，他の地方よりも野菜の割合が高くなっている。これは，関東地方に東京や横浜といった人口の多い大消費地があり，都市から距離の近い地域で行われる（H）がさかんなことが理由のひとつとなっている。

ア （G）米　（H）促成栽培
イ （G）米　（H）近郊農業
ウ （G）果実　（H）促成栽培
エ （G）果実　（H）近郊農業

③ 次のページの**表1**中の**ア**～**エ**は，東京都，愛知県，大阪府，福岡県のいずれかの産業別人口割合を示したものであり，次のページの**グラフ2**中の**ア**～**エ**は，東京都，愛知県，大阪府，福岡県のいずれかの製造品出荷額等割合を示したものである。**福岡県**にあてはまるものとして，最も適切なものを，**表1**および**グラフ2**中の**ア**～**エ**からひとつ選び，記号で答えなさい。なお，**表1**および**グラフ2**中の**ア**～**エ**の同じ記号には，同じ都府県が入る。

表1　東京都，愛知県，大阪府，福岡県の産業別人口割合

	第１次産業	第２次産業	第３次産業
ア	0.4％	23.8％	75.7％
イ	2.1％	32.7％	65.3％
ウ	2.8％	21.4％	75.8％
エ	0.5％	15.8％	83.7％

「データでみる県勢2020年版」より作成

＊内訳の合計が100％にならないところがある。

グラフ２　東京都，愛知県，大阪府，福岡県の製造品出荷額等割合

ア

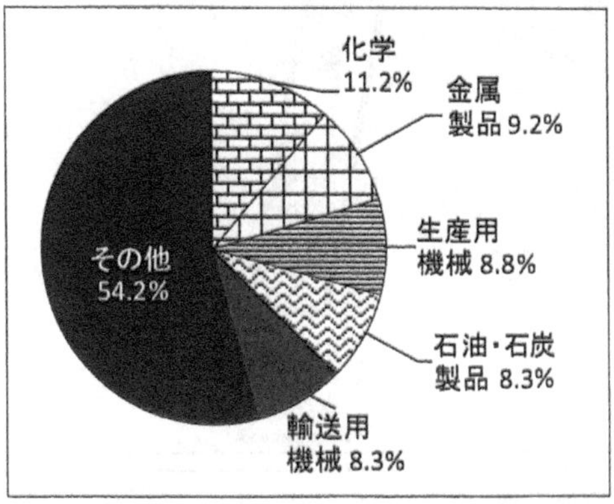

イ

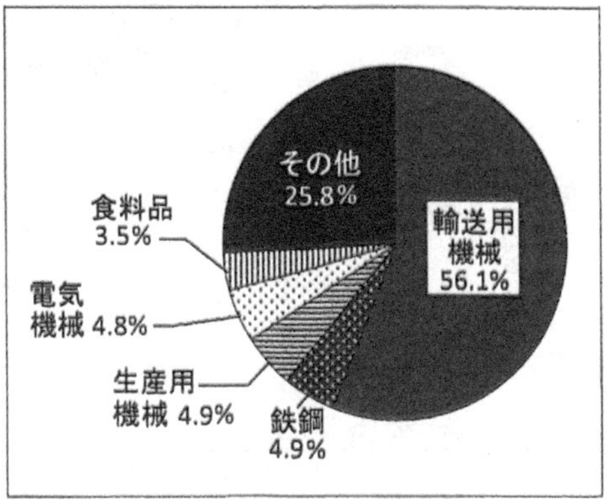

ウ

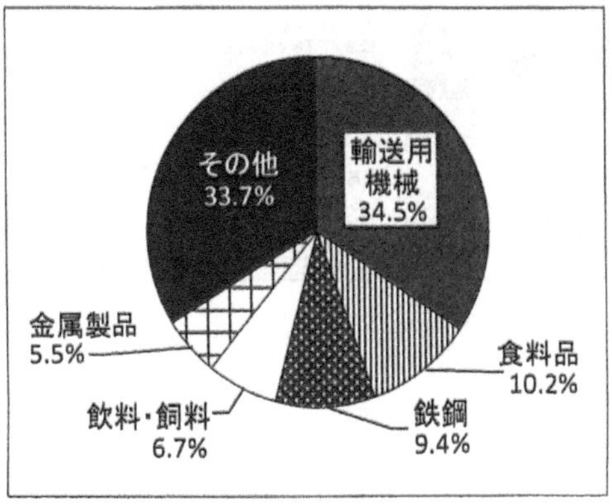

エ

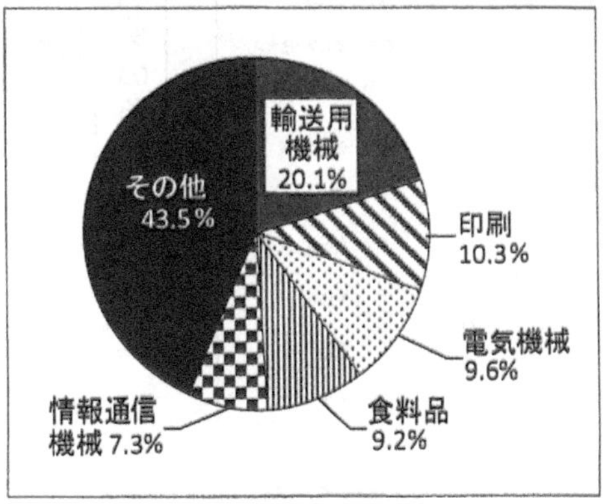

「データでみる県勢2020年版」より作成

(3)　自然災害への備えについて，次の①，②の問いに答えなさい。

①　次のページの**地図２**は，大雨によって河川が増水し，洪水になった場合に予想される浸水区域とその深さ及び避難所などを示したハザードマップである。あとの**写真３**は，**地図２**中の □ の道路の地下にある施設を撮影したものであり，**表２**は，この施設の完成前後の水害の状況を示したものである。この**写真３**の施設がつくられた理由について，施設の役割にふれて説明しなさい。

地図２

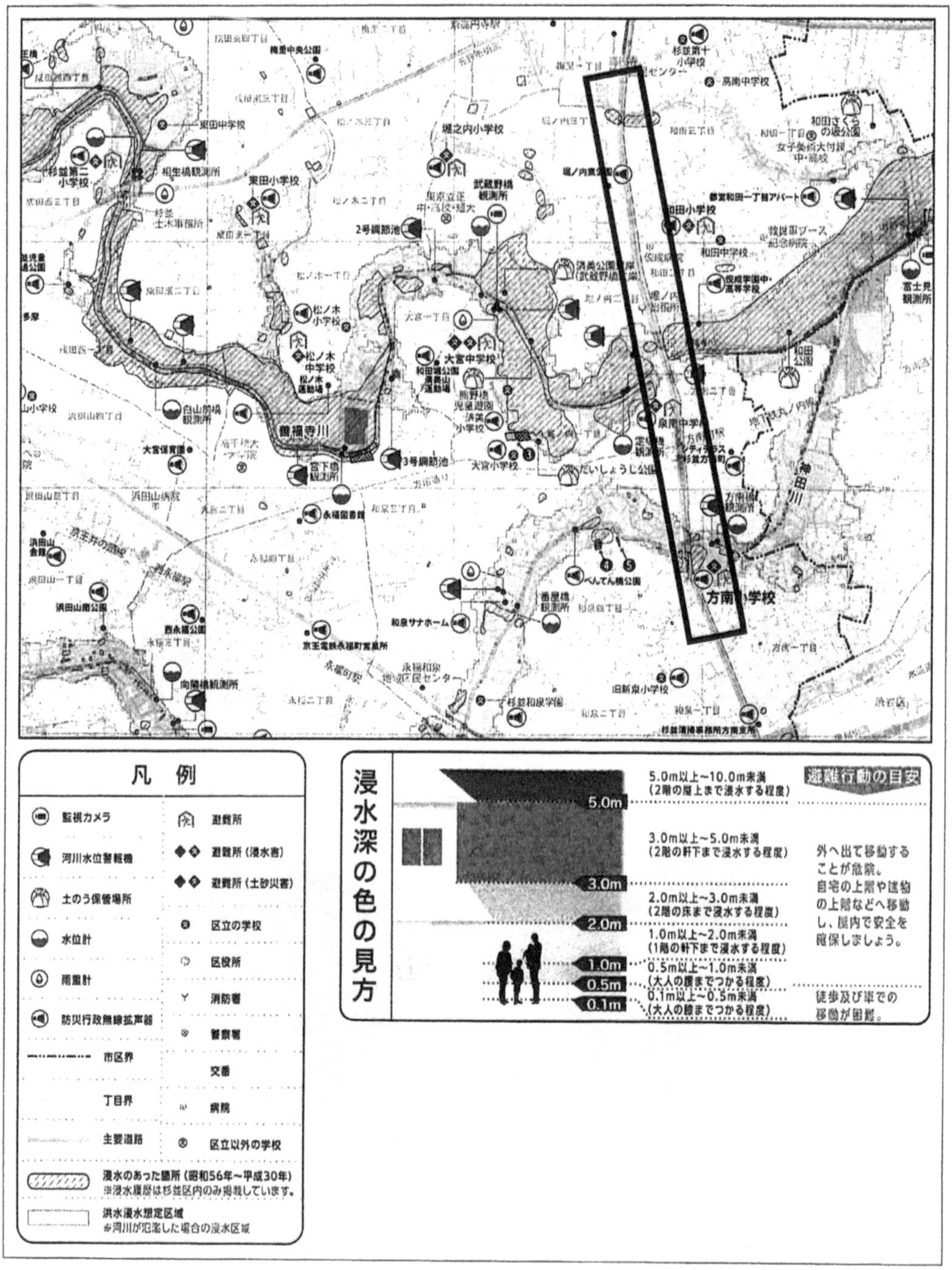

「東京都杉並区公式ホームページ」より作成

写真３

帝国書院　地理シリーズ「日本のすがた８」より

表２

	完成前	完成後
	台風11号 【平成５年８月27日】	台風22号 【平成16年10月９日】
総雨量 （時間雨量）	288㎜ （47㎜）	284㎜ （57㎜）
浸水面積	85ヘクタール*	４ヘクタール*
浸水家屋	3117棟	46棟

＊１ヘクタール＝100m×100m＝10000m^2

「東京都建設局ホームページ」より作成

② 次の**文４**は，災害への対応についてまとめたものである。**文４**中の（Ｉ），（Ｊ），（Ｋ）にあてはまる語句の組み合わせとして，最も適切なものを，あとの**ア**～**カ**からひとつ選び，記号で答えなさい。ただし，**文４**中の（Ｉ）には同じ語句が入るものとする。

文４

> 国や県，市町村などが災害時に被災者の救助や支援を行うことを（Ｉ）という。しかし，災害時には（Ｉ）にたよるだけでなく，自分自身や家族を守る（Ｊ）や，住民どうしが協力して助け合う（Ｋ）とよばれる行動をとることができるようになることが求められる。

ア（Ｉ）自助　（Ｊ）公助　（Ｋ）共助
イ（Ｉ）自助　（Ｊ）共助　（Ｋ）公助
ウ（Ｉ）公助　（Ｊ）自助　（Ｋ）共助
エ（Ｉ）公助　（Ｊ）共助　（Ｋ）自助
オ（Ｉ）共助　（Ｊ）自助　（Ｋ）公助
カ（Ｉ）共助　（Ｊ）公助　（Ｋ）自助

【問題２】

問１　次の**表**をみて，あとの各問いに答えなさい。

表

	時代	できごと
ア	飛鳥	(a) 十七条の憲法が定められる
イ	奈良	産物や地名の由来，伝承などを国ごとにまとめた（A）がつくられる
ウ	平安	唐風の文化を基礎にしながら日本独自の文化が生まれる
エ	(b) 鎌倉	戦乱などがあいつぎ，人々は仏教に新たな救いを求めるようになる
	室町・戦国	近江《おうみ》の馬借が中心となり，徳政令を要求して土一揆を起こす
	安土桃山	豊臣秀吉が全国統一を実現させて刀狩や（c）太閤検地を行う
	(d) 江戸	幕府と藩が全国の土地と人々を支配する体制がとられる

(1)　人々の暮らしのあり方や社会のしくみで，日本の時代を「原始」，「古代」，「中世」，「近世」，「近代」，「現代」と６つに分けたとき，「中世」を示す期間として，最も適切なものを，**表**中の**ア**～**エ**からひとつ選び，記号で答えなさい。

(2)　**表**中の下線部(a)の内容の一部を示したものとして，最も適切なものを，次の**ア**～**エ**からひとつ選び，記号で答えなさい。

ア　広く会議を興《おこ》し，万機公論《ばんきこうろん》に決《けっ》すべし。

イ　詔《みことのり》を承《うけたまわ》りては必ず謹《つつし》め。

ウ　喧嘩《けんか》の事，是非《ぜひ》に及《およ》ばず成敗《せいばい》を加ふべし。

エ　文武弓馬《ぶんぶきゅうば》の道，専《もっぱ》ら相嗜《あいたしな》むべき事。

(3)　**表**中の（A）にあてはまる語句を，**漢字**で答えなさい。

(4)　**表**中の下線部(b)の時代に世界で起こったできごとを説明した文として，最も適切なものを，次の**ア**～**エ**からひとつ選び，記号で答えなさい。

ア　スペインの援助を受けたコロンブスが，西インド諸島に到達した。

イ　マルクスが，労働者を中心に平等な社会をめざす社会主義の考えをとなえた。

ウ　始皇帝が，北方の遊牧民の侵入を防ぐために，各地の長城を修築させた。

エ　モンゴル高原にチンギス＝ハンが現れて，中央アジアを征服した。

(5)　次の**写真**は，**表**中の下線部(c)で使われたものと同じ大きさのますであり，**文**は，下線部(c)について説明したものである。**文**中の（B），（C）にあてはまる語句の組み合わせとして，最も適切なものを，次のページの**ア**～**エ**からひとつ選び，記号で答えなさい。ただし，**文**中の（B）には同じ語句が入るものとする。

（**写真**，**文**は次のページにあります。）

写真

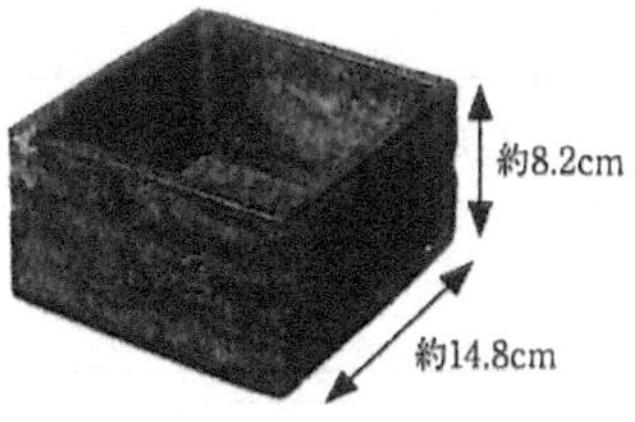

文

> 太閤検地によって，武士は自分の領地の（**B**）高に対して戦いに必要な人や馬などの確保を請《う》け負《お》った。**写真**の１杯分が１升で，100升で１（**B**）になる。また，検地帳には，検地の結果とその土地を実際に耕作している農民が記された。これによって，公家や寺社はそれまでの土地の権利を失い，（**C**）の制度は完全に崩れた。

ア　（**B**）石　（**C**）荘園　　**イ**　（**B**）石　（**C**）楽市

ウ　（**B**）尺　（**C**）荘園　　**エ**　（**B**）尺　（**C**）楽市

⑹　下線部⒟に関連して，次の**グラフ**は，1603年から1867年までの百姓一揆の発生件数を示したものである。**グラフ**から読み取ることができる内容として，最も適切なものを，あとの**ア**～**エ**からひとつ選び，記号で答えなさい。

グラフ

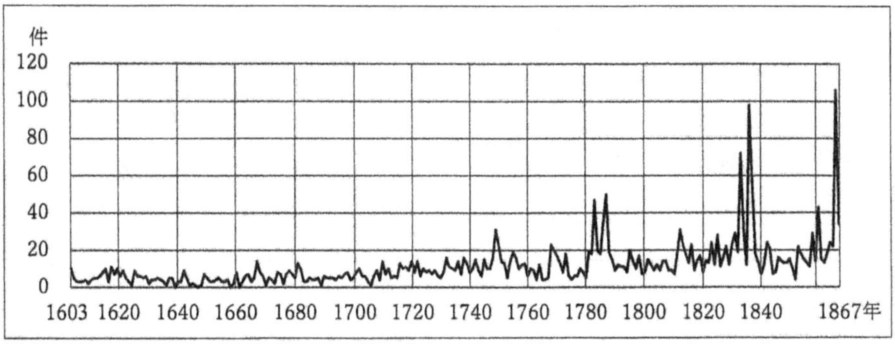

「百姓一揆総合年表」より作成

ア　17世紀は，百姓一揆がまったく発生していない。

イ　18世紀には，百姓一揆の発生件数が60件をこえた年がある。

ウ　19世紀には，百姓一揆の発生件数が100件をこえた年がある。

エ　17世紀は，18世紀よりも，百姓一揆の発生件数の総数が多い。

問２　右の**略年表**をみて，次のページの各問いに答えなさい。

略年表

年	できごと
1842	（**A**）戦争で，イギリスが清に勝利する
1854	日米和親条約が結ばれる・・・・・・・・・・**B**
1894	日清戦争が始まる
1904	日露戦争が始まる
1905	日《ひ》比《び》谷《や》焼き打ち事件が起こる・・・・・・・**C**
1914	第一次世界大戦が始まる・・・・・・・・・**D**
1929	世界恐慌が起こる・・・・・・・・・・・・・**E**
1945	国際連合が成立する・・・・・・・・・・・・**F**
	<**a**>
2011	東日本大震災が起こる

(1) **略年表**中の（A）にあてはまる語句を，**カタカナ**で答えなさい。また，（A）戦争の影響を受けて，幕府の対外政策が変化した。変化後の政策を示したものとして，適切なものを，次の**ア**，**イ**のどちらかひとつ選び，記号で答えなさい。

ア

外国船が難破《なんぱ》して漂流《ひょうりゅう》し，薪《まき》や水，食料を求めてきたとき，事情を考えず，いちずに打ち払っては失礼なので，よくようすを見て必要な品を与え，帰るように言い聞かせよ。ただし上陸させてはならない。

イ

どこの港でも，外国船が入港するのを見たなら，有無を言わさず，いちずに打ち払え。逃亡したら追う必要はない。もし強引に上陸したら，つかまえるか，または打ち殺してもかまわない。

(2) 次の**図**は，世界のおもなできごとを古いものから順に並べたものである。**略年表**中の**B**は，**図**中の**ア**～**エ**のどの時期にあてはまるか，最も適切なものを，**図**中の**ア**～**エ**からひとつ選び，記号で答えなさい。

図

イギリスで名誉革命が起こる	**ア**	アメリカ独立戦争が起こる	**イ**	フランス革命が起こる	**ウ**	インド大反乱が起こる	**エ**	清で辛亥革命が起こる

古い ――――――――――――→ 新しい

(3) **略年表**中の**C**に関連して，次の**資料1**は，日露戦争のころ，重税に苦しむ国民のようすを示したものであり，**資料2**は，日清戦争と日露戦争の比較を示したものである。**略年表**中の**C**が起こった理由を，**資料1**と**資料2**をふまえて説明しなさい。

資料1 重税に苦しむ国民

資料2 日清戦争と日露戦争の比較

	動員兵数	戦費	賠償金
日清戦争	約24万人	約２億円	２億両《テール》*
日露戦争	約109万人	約17億円	なし

＊当時の日本の国家予算の約3.6倍

(4) **略年表**中の**D**に関連して，第一次世界大戦中は，民主主義を広める動きが世界中に拡大した。これを受けて，次のページの**写真**の人物は，次のページの**資料3**のように，政治に民衆の考えを反映していこうと主張した。この人物の名前を答えなさい。

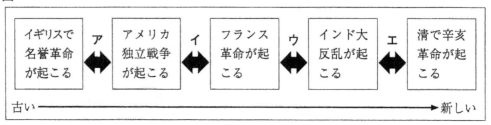

写真

資料3

> 民本主義といふ文字は，日本語としては極《きわ》めて新しい用例《ようれい》である。従来《じゅうらい》は民主主義といふ語を以《もっ》て普通に唱《とな》へられて居《お》ったやうだ。(中略)民本主義といふ比較的新しい用語が一番適当であるかと思ふ。

「詳説　日本史史料集」より作成

(5)　**略年表**中のＥに関連して，次の**会話**は，**ごろうさんとさくらさん**が，あとの**資料4～資料6**をみながら，長野県から現在の中国東北部にあたる「満州」への移民について，話し合ったものである。**会話**中の（Ｇ）にあてはまる適切な内容を答えなさい。

会話

ごろうさん： **資料4**をみると，「満州」への移民の数は，長野県が一番多いね。

さくらさん： そうだね。**資料5**をみると，世界恐慌の影響で，繭《まゆ》の価格が生産費の半分にもならないほど急に落ちて，養蚕《ようさん》農家の生活が苦しくなっていることがわかるよ。**資料6**（次のページ）の1930年の産業全体の生産額を見ても，世界恐慌の影響が大きかったことがわかるよ。特に，**資料6**のように，長野県は（Ｇ）から，深刻な影響を受けたんじゃないかな。苦しくなった生活からぬけ出すための一つの選択肢として，長野県から「満州」への移民が多かったのかもしれないね。

ごろうさん： そうだね。ただ，経済的な理由だけでは説明できないところもあるかもしれないし，当時の日本の政策も調べないといけないんじゃないかな。

資料4　「満州」への移民の多い上位３県

	都道府県	人数
1位	長野	37859人
2位	山形	17177人
3位	熊本	12680人

「戦争と民衆の現代史」より作成

資料5　当時の新聞記事

釣瓶《つるべ》落としの惨落《さんらく》*1で
遂に二円台現出《げんしゅつ》
生産費の半額にも
追いつかぬ繭値《まゆね》に
養蚕《ようさん》農家生色《せいしょく》*2を失う

＊1　値段が急にひどく落ちること
＊2　いきいきした元気な様子

資料6　1925年から1930年の長野県の産業全体の生産額と養蚕《ようさん》業と製糸業の生産額

年	産業全体の生産額（億円）	養蚕《ようさん》業と製糸業の生産額（億円）
1925	5.3	3.8
1926	4.4	3.2
1927	3.7	2.7
1928	3.9	2.8
1929	4.2	3.1
1930	2.5	1.7

「戦争と民衆の現代史」より作成

(6) **略年表**中の**F**に関連して，次の**文**は，第二次世界大戦後の世界のようすについて説明したものである。**文**中の（**H**），（**I**）にあてはまる語句の組み合わせとして，最も適切なものを，あとの**ア**～**エ**からひとつ選び，記号で答えなさい。

文

> 国際連合には，安全保障理事会が設けられ，アメリカ，イギリス（**H**），ソ連，中国（国民政府）が常任理事国となった。しかし，第二次世界大戦後の世界は，アメリカを中心とする資本主義諸国と，ソ連を中心とする社会主義諸国とに分かれて，直接には戦火をまじえない（**I**）とよばれる対立が起こった。

ア　（**H**）フランス　（**I**）湾岸戦争
イ　（**H**）フランス　（**I**）冷たい戦争
ウ　（**H**）ドイツ　（**I**）湾岸戦争
エ　（**H**）ドイツ　（**I**）冷たい戦争

(7) **略年表**中の＜**a**＞の期間に関連して，次の①，②の問いに答えなさい。

①　＜**a**＞の期間に活躍した人物と，その人物に関係するものの組み合わせとして，最も適切なものを，次の**ア**～**エ**からひとつ選び，記号で答えなさい。

ア　岡本太郎　－「羅生門」
イ　黒澤明　－「伊豆の踊子」
ウ　川端康成　－「太陽の塔」
エ　手塚治虫　－「鉄腕アトム」

②　＜**a**＞の期間に起こった次の**ア**～**エ**のできごとを，古いものから順に並べ，記号で答えなさい。

ア　サンフランシスコ平和条約が結ばれた
イ　京都議定書が採択された
ウ　沖縄が日本に復帰した
エ　第1回アジア・アフリカ会議が開催された

【問題３】

問１　次の**表**は，「鳥取県令和新時代創生戦略」の基本方針の一部を示したものである。この**表**をみて，あとの各問いに答えなさい。

表

豊かな自然でのびのび 鳥取らしく生きる	(a) 観光・交流　農林水産業　エコスタイル
人々の絆が結ばれた 鳥取のまちに住む	出会い・(b) 子育て　人財とっとり　(c) 支え愛
幸せを感じながら 鳥取の時を楽しむ	移住・定住　(d) 働く場　まちづくり

「第２期鳥取県総合戦略『鳥取県令和新時代創生戦略』」より作成

⑴　**表**中の下線部(a)に関連して，次の**図１**は，観光客について対立しているようすと，解決のための考え方を示したものである。**図１**中の（**A**），（**B**），（**C**）にあてはまる語句の組み合わせとして，最も適切なものを，あとの**ア**～**カ**からひとつ選び，記号で答えなさい。

図１

対立が発生

もっと観光客を増やすべきだ！

交通渋滞で生活が不便になるよ！

解決のために

たがいに納得し合い，受け入れることのできる解決策を求めて話し合い，（**A**）をめざします。そのためには，みんなの労力や時間などが無駄なく使われるように，（**B**）を重視することと，みんなが参加して決めること，特定の人が不当な制限などを受けないこと，といった（**C**）の考え方をふまえることが必要です。

ア　（**A**）公正　（**B**）効率　（**C**）合意
イ　（**A**）公正　（**B**）合意　（**C**）効率
ウ　（**A**）効率　（**B**）合意　（**C**）公正
エ　（**A**）効率　（**B**）公正　（**C**）合意
オ　（**A**）合意　（**B**）公正　（**C**）効率
カ　（**A**）合意　（**B**）効率　（**C**）公正

⑵　**表**中の下線部(b)に関連して，次のページの**グラフ１**は，鳥取県の人口の推移，次のページの**グラフ２**は，鳥取県の世帯数の推移，次のページの**グラフ３**は，鳥取県の１世帯あたりの家族構成の推移を示したものである。**グラフ１**～**グラフ３**から読み取ることができることとして，

最も適切なものを，あとのア～エからひとつ選び，記号で答えなさい。

グラフ１　鳥取県の人口の推移

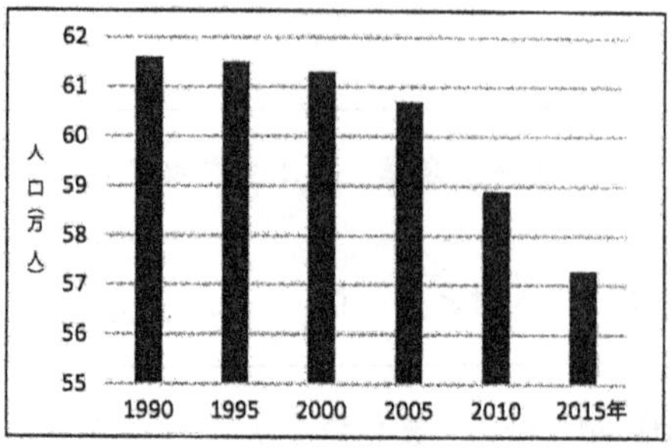

グラフ２　鳥取県の世帯数の推移

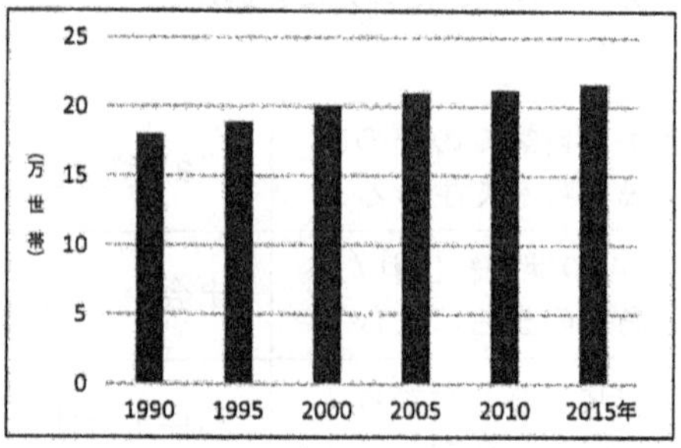

グラフ３　鳥取県の１世帯あたりの家族構成の推移

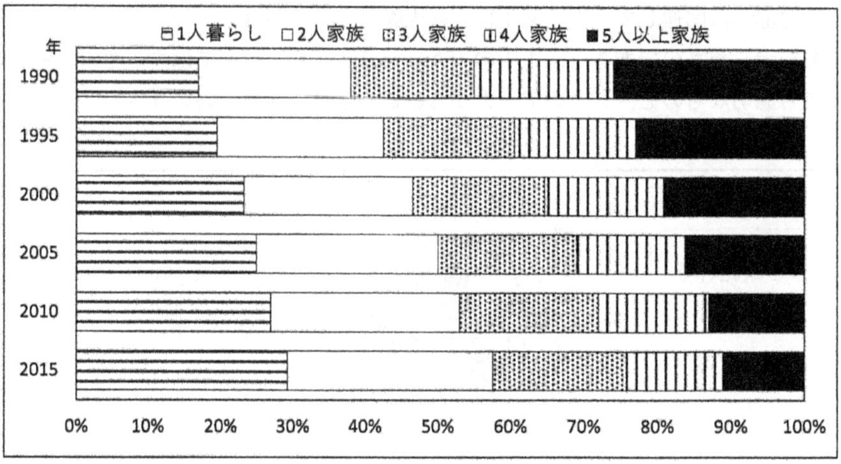

「鳥取県ホームページ」より作成

ア　近年，人口が増加し，世帯数が減少しているのは，４人家族や５人以上家族の割合の増加が理由のひとつであると考えられる。

イ　近年，人口が増加し，世帯数が減少しているのは，１人暮らしや２人家族の割合の増加が理由のひとつであると考えられる。

ウ　近年，人口が減少し，世帯数が増加しているのは，４人家族や５人以上家族の割合の増加が理由のひとつであると考えられる。

エ　近年，人口が減少し，世帯数が増加しているのは，１人暮らしや２人家族の割合の増加が理由のひとつであると考えられる。

(3)　**表**中の下線部(c)に関連して，次のページの**グラフ４**中の**ア**～**エ**は，アメリカ，イギリス，ドイツ，日本のいずれかの65歳以上の高齢者が人口に占める割合（高齢化率）の推移と将来の推計を示したものである。次のページの**会話**は，**あきらさん**と**かおりさん**が，**グラフ４**をみて話し合ったものである。**会話**を参考に，**日本**をあらわしたものとして，最も適切なものを，**グラフ４**中の**ア**～**エ**からひとつ選び，記号で答えなさい。

グラフ４　65歳以上の高齢者が人口に占める割合（高齢化率）の推移と将来の推計

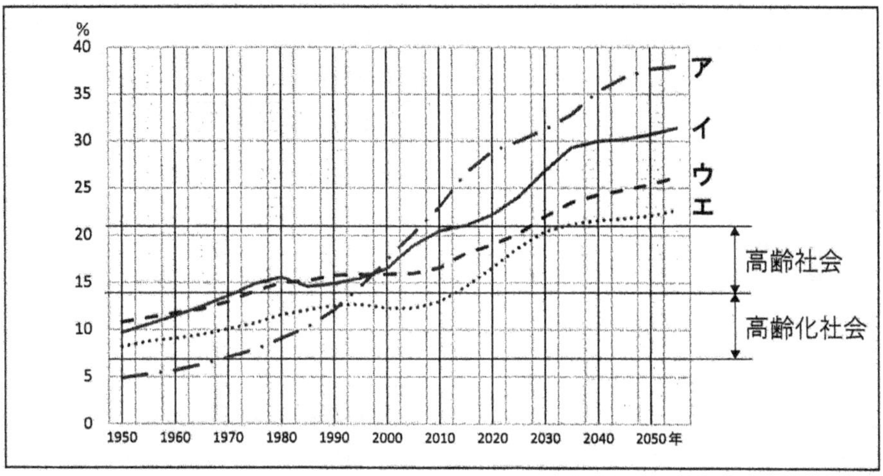

「内閣府ホームページ」より作成

会話

> あきらさん：1950年代の日本の高齢化率は，それほど高くないね。
> かおりさん：日本は1970年代には高齢化社会になっているよ。また，日本は他の国と比べて，最も急激に高齢化が進んだといえるね。
> あきらさん：2030年には，日本の人口の３割以上が65歳以上の高齢者になっていることが予測されているね。

⑷　**表**中の下線部(d)に関連して，次の**図２**は，「ワーク・ライフ・バランス」の実現に向けたシンボルマークとキャッチフレーズを示したものである。「ワーク・ライフ・バランス」の説明として，最も適切なものを，あとの**ア**～**エ**からひとつ選び，記号で答えなさい。

図２

「内閣府ホームページ」より作成

ア　年齢やその企業で働く年数に応じて，賃金があがっていくこと。
イ　仕事と家庭生活や地域生活との両立を図ること。
ウ　失業しても困らないように，生活保護の仕組みなどを整備していくこと。
エ　個人の能力や仕事の成果を基準として，賃金を決定すること。

問２　経済について，あとの各問いに答えなさい。

⑴　次のページの**図１**は，企業が利潤（利益）を得るまでの流れを示したものであり，次のページの**表**は，ある企業の売り上げ金と生産のためにかかった費用を示したものである。この企業の利潤（利益）はいくらになるか，答えなさい。

図1

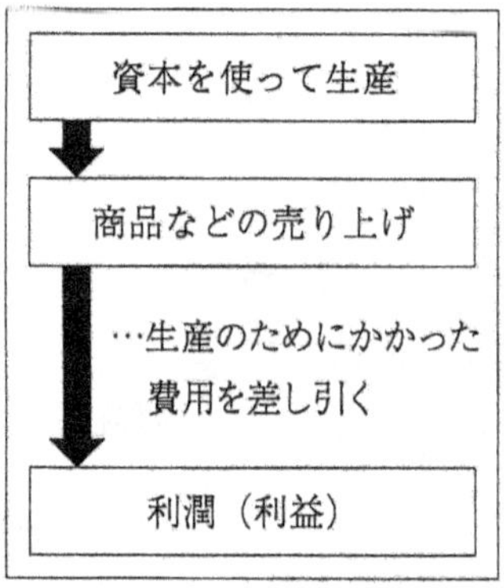

表

売り上げ金	1,000万円
原材料費	200万円
従業員の賃金	300万円
その他（光熱費，輸送費など）	200万円

(2) 次の**文**は，景気変動と物価の変化について説明したものである。**文**中の（**A**），（**B**），（**C**），（**D**）にあてはまる語句の組み合わせとして，最も適切なものを，あとの**ア**～**エ**からひとつ選び，記号で答えなさい。

文

好景気の時には需要量が（A）し，物価が持続的に（B）するインフレーションが生じやすい。不景気の時には需要量が（C）し，物価が持続的に（D）するデフレーションが生じやすい。

ア （A）増大　（B）上昇　（C）減少　（D）下落
イ （A）増大　（B）下落　（C）減少　（D）上昇
ウ （A）減少　（B）上昇　（C）増大　（D）下落
エ （A）減少　（B）下落　（C）増大　（D）上昇

(3) 次の**図2**は，日本銀行の金融政策について示したものである。**図2**中の［　　］にあてはまるものとして，最も適切なものを，次のページの**ア**～**エ**からひとつ選び，記号で答えなさい。

図2

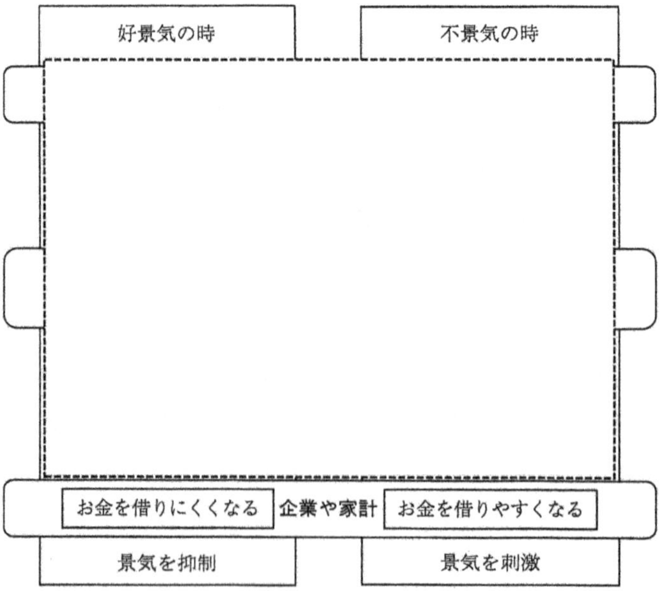

ア
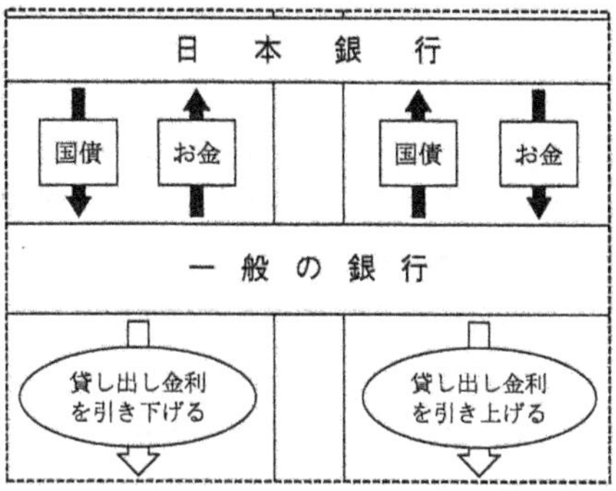

イ
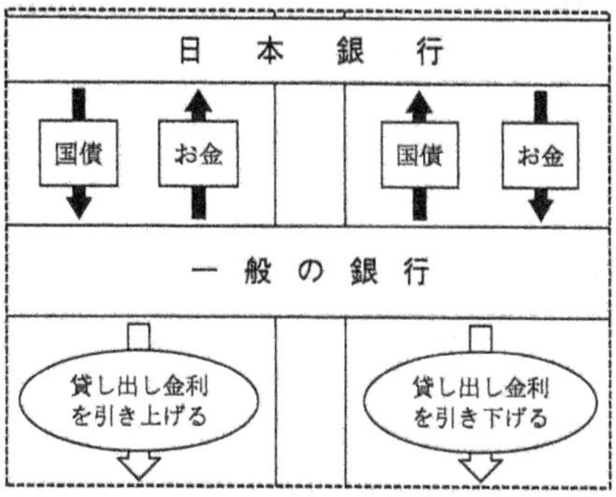

ウ
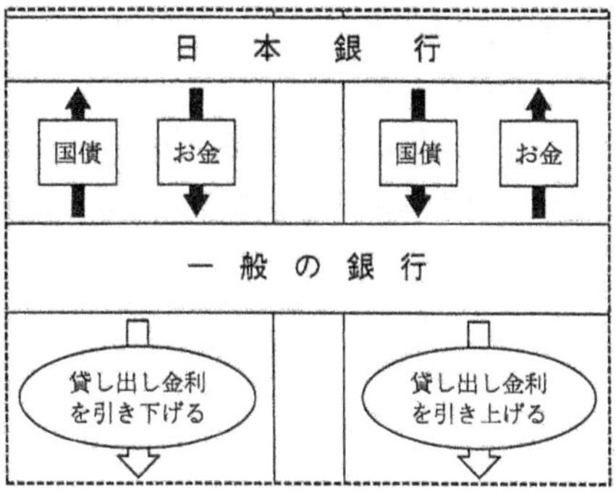

エ
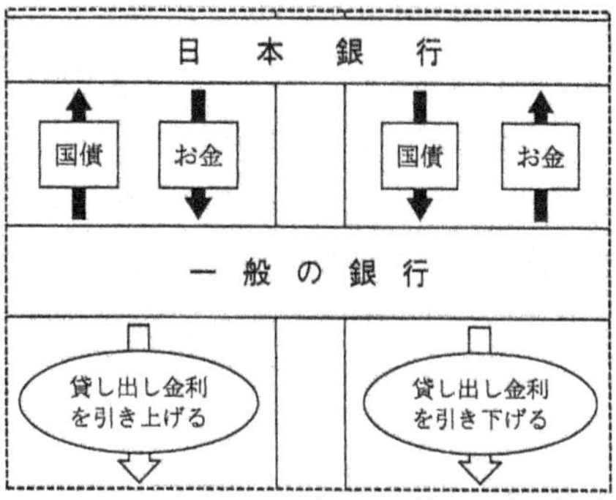

(4) 次の**グラフ1**は，鳥取県の歳入の内訳，**グラフ2**は，大阪府の歳入の内訳を示したものである。**グラフ1**と**グラフ2**をみて，鳥取県の歳入の特徴を説明したものとして，最も適切なものを，あとの**ア**～**エ**からひとつ選び，記号で答えなさい。

グラフ1　鳥取県の歳入の内訳（2019年度）

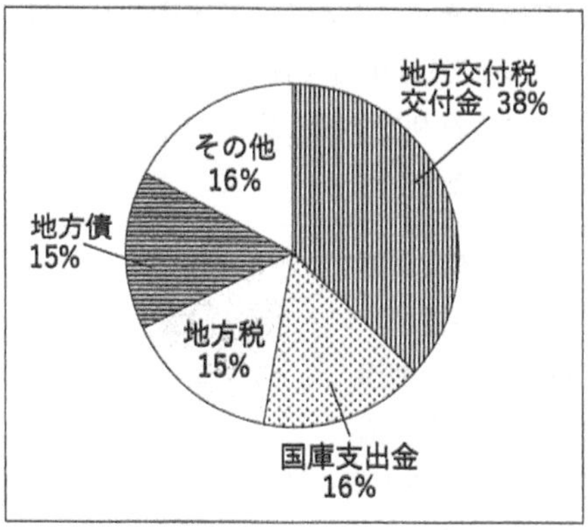

「鳥取県ホームページ」より作成

グラフ2　大阪府の歳入の内訳（2019年度）

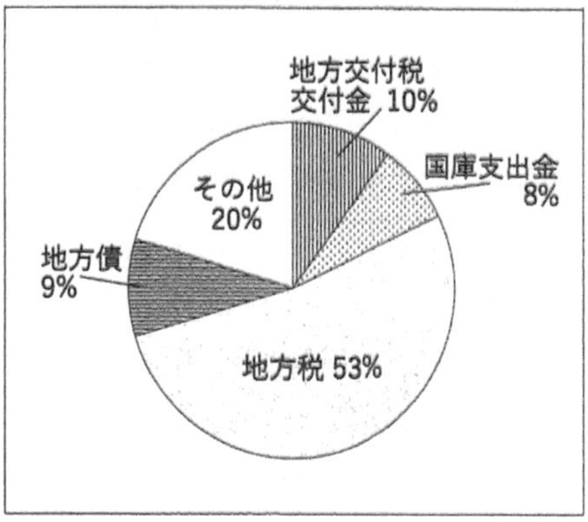

「大阪府ホームページ」より作成

ア　鳥取県は大阪府より，自主財源である地方債の割合が小さい。
イ　鳥取県は大阪府より，自主財源である国庫支出金の割合が大きい。
ウ　鳥取県は大阪府より，依存財源である地方税の割合が小さい。
エ　鳥取県は大阪府より，依存財源である地方交付税交付金の割合が大きい。

問３　次の**文１**は，人権という考え方のあゆみについてまとめたものである。**文１**をみて，あとの各問いに答えなさい。

文１

> 19世紀までの国家では(a)自由権が最も重要な権利だと考えられてきた。しかし，資本主義経済の発展により，貧富の差が広がり，低賃金での長時間労働に苦しむ労働者が増加した結果，普通選挙運動や，(b)労働運動が高まり，人々は参政権を求めて運動を行った。
> 20世紀になると，人間らしい生活を保障しようとする社会権が認められるようになった。世界で初めて社会権の考え方を取り入れたのは，ドイツの（Ａ）憲法だとされている。
> 憲法は，大きく分けて，「人権の保障」と「国の(c)政治の仕組み」の二つの部分から構成されている。

(1)　**文１**中の（Ａ）にあてはまる語句を，**カタカナ**で答えなさい。

(2)　**文１**中の下線部(a)に関連して，日本国憲法が定める自由権には，精神の自由，身体の自由，経済活動の自由がある。このうち，経済活動の自由にあてはまるものとして，最も適切なものを，次の**ア**～**エ**からひとつ選び，記号で答えなさい。

ア　居住・移転および職業選択の自由
イ　法定の手続きの保障
ウ　集会・結社・表現の自由
エ　学問の自由

(3)　**文１**中の下線部(b)に関連して，次の**文２**は，労働基本権について説明したものである。**文２**中の（Ｂ），（Ｃ），（Ｄ）にあてはまる語句の組み合わせとして，最も適切なものを，あとの**ア**～**エ**からひとつ選び，記号で答えなさい。

文２

> 労働者は，雇《やと》い主である使用者に対して弱い立場にあることから，日本国憲法では，労働基本権を保障している。労働基本権とは，労働者が労働組合を作る権利である（Ｂ），賃金や労働条件の改善などについて使用者と話し合う権利である（Ｃ），要求を実現させるためにストライキなどを行う権利である（Ｄ）の三つをいう。

ア　（Ｂ）団結権　　（Ｃ）団体行動権　　（Ｄ）団体交渉権
イ　（Ｂ）団体行動権　　（Ｃ）団体交渉権　　（Ｄ）団結権
ウ　（Ｂ）団結権　　（Ｃ）団体交渉権　　（Ｄ）団体行動権
エ　（Ｂ）団体行動権　　（Ｃ）団結権　　（Ｄ）団体交渉権

(4)　**文１**中の下線部(c)に関連して，次のページの**図１**は，内閣不信任決議後から内閣総理大臣の指名までの流れを示したものである。**図１**中の（Ｅ），（Ｆ）にあてはまる数字や語句を，それぞれ答えなさい。ただし，**図１**中の（Ｅ）には数字が，（Ｆ）には語句が入るものとし，同じ記号には，同じ数字や語句が入るものとする。

図1

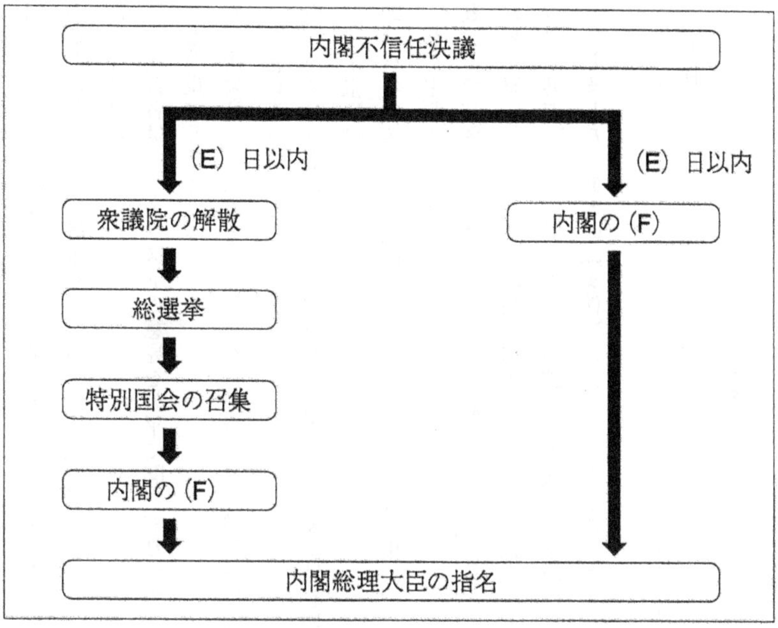

(5)　次の**図2**は，衆議院解散についての新聞記事の見出しをイメージしたものであり，**表**は，衆議院と参議院のしくみについて示したものである。**図2**と**表**を参考にして，衆議院の優越が認められている理由を，説明しなさい。

図2

表

	任期	解散
衆議院	4年	あり
参議院	6年（3年ごとに半数改選）	なし

ウ　他者の意見の問題点を指摘し、具体的な根拠を示して反論しているところ。

エ　他者の意見を肯定しつつ、自分の考えに結び付けてまとめ直しているところ。

問四　パネルディスカッションをよりよいものにするために気をつけることとして、**あてはまらないもの**を、次の**ア**～**エ**から一つ選び、記号で答えなさい。

ア　司会者は、パネリストの意見を公平に聞き取りつつ、少数意見も尊重すること。

イ　司会者は、論点を整理しながら進行し、課題解決に向けての話し合いを促すこと。

ウ　パネリストは、事前に用意した台本のせりふだけを述べ、自分の主張を貫くこと。

エ　パネリストは、説得するための資料を十分に集め、方法を工夫して主張すること。

問五　このパネルディスカッションのあと、下の**資料**（県外居住者を対象にして行った鳥取県に関するイメージ調査）をもとに「鳥取県の魅力」について考え、その課題と解決策を文章にまとめることにしました。あとの**【条件】**に従って、あなたの考えを書きなさい。

【条件】
① 二段落構成とし、内容は次のとおりとする。
・第一段落には、**資料**から課題を読み取って書くこと。
・第二段落には、第一段落で挙げた課題についての解決策を考えて書くこと。
② 自分の体験（見たこと聞いたことなども含む）を踏まえて書くこと。
③ 解答欄の八行以上、十行以内でまとめること。
④ 原稿用紙の正しい使い方に従うこと。
⑤ 数値を使う場合は、次の例に示した書き方で書くこと。

例　二十五％　または　二五％
二〇一四年

資料

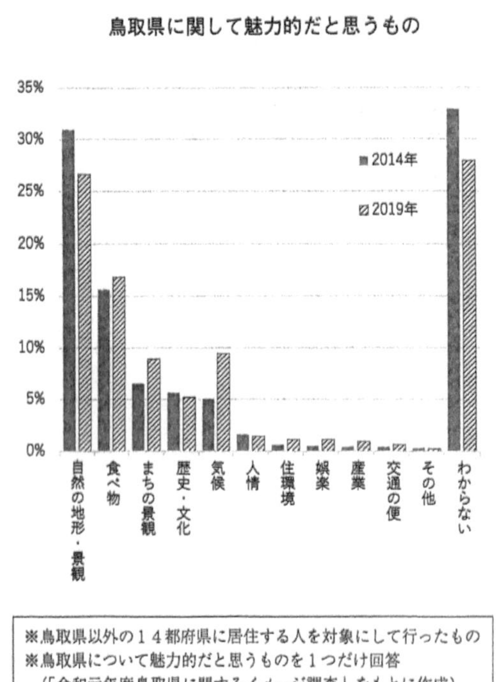

※鳥取県以外の１４都府県に居住する人を対象にして行ったもの
※鳥取県について魅力的だと思うものを１つだけ回答
（「令和元年度鳥取県に関するイメージ調査」をもとに作成）

とは、具体的にどのようなものですか。

Aさん　例えば、一日カフェはどうでしょうか。お客様が、豊かな自然の中で、特産物を1召し上がることで、自然と食を満喫することができます。

Cさん　[a]、そのようなイベントを開催すると、たくさんのお客さんが来ると思います。[b]、一日限りのイベントでは、地域の活性化にはつながらないのではないでしょうか。私は、鳥取県の住みやすさや魅力ある産業をホームページで紹介して、県外からの移住を呼びかける方がよいと思います。[c]、移住者が増えると、税収や消費などが増え、長期的な経済効果が期待できるからです。

Aさん　Bさんに質問です。なぜ、パンフレットを作るのがよいと思ったのですか。

Bさん　理由は二つあります。第一に、住んでいる私たち自身が地域について調べて知ることが、地域活性化の第一歩だと思ったからです。第二に、地域の方々がパンフレットを見ることで、地域の魅力を再認識することにつながると考えたからです。

Aさん　地域の魅力を再認識することが、地域の活性化につながるのでしょうか。

司会　それについて、何か意見がありますか。

Cさん　2そうですね。まず自分たちが地域の魅力を知り、地域に愛着と誇りを持つことは地域活性化の原動力になると思います。さらにそれをホームページに掲載して、県外の人にも広く知ってもらうと、観光客や移住者が増え、地域の活性化につながると思います。

場面Ⅲ　フロアも参加して全体討論

司会　それでは、ここからはフロアの皆さんにも参加していただき、議論を深めていきたいと思います。

（後略）

問一　「1召し上がる」と同じ種類の敬語を含む文を、次の**ア**～**エ**から一つ選び、記号で答えなさい。

ア　新年のあいさつを申し上げる。
イ　来週、図書館に本を返します。
ウ　資料をゆっくりとご覧になる。
エ　教授の家に、友人とうかがう。

問二　[a]～[c]にあてはまる言葉の組み合わせとして、最も適切なものを、次の**ア**～**エ**から一つ選び、記号で答えなさい。

ア　a　それでは　b　たとえば　c　したがって
イ　a　確かに　b　しかし　c　なぜなら
ウ　a　もちろん　b　だから　c　つまり
エ　a　ところで　b　けれども　c　しかも

問三　傍線部2の**Cさん**の発言にはどのようなよいところがありますか。最も適切なものを、次の**ア**～**エ**から一つ選び、記号で答えなさい。

ア　複数の意見の共通点と相違点を整理し、新たな意見を提案しているところ。
イ　聞く人が具体的にイメージできるように、自分の体験を補足しているところ。

イ　本物の白鷺の数はとても少ないので、絵のように多くの白鷺が飛び交うことはできないだろうということ。

ウ　絵に描かれている白鷺のような不自然な羽の使い方では、飛ぶことはできないだろうということ。

エ　絵に描かれているように白鷺が密集していては、羽がつかえて飛ぶのに支障がありそうだということ。

問三　「3絵描きこれを見て」の「これ」を説明したものとして、最も適切なものを、次の**ア**～**エ**から一つ選び、記号で答えなさい。

ア　亭主が話している様子。　イ　本物の白鷺が飛ぶ様子。

ウ　亭主が描いた白鷺の絵。　エ　他の絵師が描いた白鷺の絵。

問四　この話で筆者が批判しているのはどのようなことですか。最も適切なものを、次の**ア**～**エ**から一つ選び、記号で答えなさい。

ア　絵描きが、亭主の意見を聞き入れず、へ理屈をこねて絵の欠点を認めないこと。

イ　絵描きが、自分より上手に白鷺を描いた亭主の絵のうまさを素直に認めないこと。

ウ　亭主が、絵について注文をつけすぎて、絵描きの持つ力を発揮させてやれていないこと。

エ　亭主が、自分自身は何もしないのにもかかわらず、絵描きの批判ばかりしていること。

【問題五】　鳥取県の中学校のある学級で、「地域を活性化させるために私たちにできること」について、*パネルディスカッションを行いました。その様子を表した次の 場面Ⅰ ～ 場面Ⅲ を読んで、あとの問いに答えなさい。

（*注）　パネルディスカッション…あるテーマ（論題）について、異なる意見をもつパネリスト（発表者）が、フロア（聴衆）の前で討論した後、フロアも討論に加わって全体で議論を深める話し合い。

場面Ⅰ　**パネリストの意見発表**

司会　これから、パネルディスカッションを始めます。テーマは、「地域を活性化させるために私たちにできること」です。三人のパネリストに、それぞれの意見を発表してもらいます。それでは、お願いします。

Aさん　私は、地域の自然と食を同時に楽しめるようなイベントを企画するのがよいと思います。そうすれば、地域外からも多くの人が集まり、収益も出ると思います。

Bさん　私は、地域の歴史や文化、町の様子について調べて、パンフレットを作るのがよいと思います。パンフレットは地域の方々に配布したり、施設やお店に置いてもらったりして、たくさんの方に見ていただけるようにするとよいと思います。

Cさん　私は、町の産業や住環境について、私たちの目線で動画を作成して市のホームページに掲載してもらうのがよいと思います。そうすれば、県外から鳥取県への移住を考える人が増えると思います。

場面Ⅱ　**パネリストによる討論**

司会　ありがとうございます。三人の方から、それぞれの立場で意見発表がありました。それでは、質問や意見を出してください。

Cさん　Aさんに質問です。自然と食を同時に楽しめるイベント字で抜き出し、はじめと終わりの三字を答えなさい。

問五　「[5]二つの態度の本質的な違いは、物事が発展・展開するために必要な資質を備えているかということ」について、次の問いに答えなさい。

(1)　次の**表**は文中で述べられている「二つの態度」の特徴について、ある生徒がノートにまとめたものの一部です。なお、**表**の中の A ・ B にあてはまる内容を書きなさい。なお、 A については本文中から十字以内で抜き出し、 B については本文中の言葉を用いて、二十字以上二十五字以内で書きなさい。

表

科学的な態度		非科学的な態度
根拠となる事象の情報がオープンにされている ← [A]ができる	⇔	根拠となる現象が神秘性をまとって秘匿されている ← [A]ができない
[B]	⇔	客観性ではなく誰も反論できないことで感情に訴え、批判に対しては答えないあるいは批判自体を許さない。

(2)　「物事が発展・展開するために必要な資質」を備えた人間の態度とはどのような態度ですか。四十字以内で書きなさい。

【問題四】　次の文章を読んで、あとの問いに答えなさい。（出題の都合上、本文を一部改めた箇所がある）

ある者、座敷《ざしき》をたてて絵を描かする《座敷を作ってふすまに絵を描かせた》。白鷺《しらさぎ》の＊一色《いっしき》を望む《注文した》。絵描き、「心得たり」とて＊焼筆《やきふで》をあつる《焼き筆で下絵を描いた》。亭主のいはく、「いづれも[1]良ささうなれども、此《この》白鷺の飛びあがりたる、[2]羽づかひがかやうでは、飛ばれまい」といふ。絵描きのいはく、「いやいや此飛びやうが＊第一の出来物ぢや」といふうちに、本《ほん》の白鷺が四五羽うちつれて飛ぶ。亭主これを見て、「あれ見給へ。あのやうに描きたいものぢや」といへば、[3]絵描きこれを見て、「いやいやあの羽づかひではあつてこそ、それがしが描いたやうには、得《え》飛ぶまい」といふた。

（『浮世物語』による）

（＊注）　一色…他のものを交えないこと。ここは白鷺だけを描いた絵、の意。
焼筆…柳などの細長い木の端を焼きこがして作った筆。絵師が下絵を描くのに用いる。
第一の出来物…もっとも優れたところ。

問一　「[1]良ささう」を現代仮名遣いに直し、すべてひらがなで書きなさい。

問二　「[2]羽づかひがかやうでは、飛ばれまい」とは、どういうことを表していますか。最も適切なものを、次の**ア**～**エ**から一つ選び、記号で答えなさい。

ア　本物の白鷺は、羽にけがをしているので、絵のように大空に飛び立つことはできないだろうということ。

に訴える、批判に対して答えないあるいは批判自体を許さない――そういった特徴を持つものも、現代社会には分野を問わず（政治家等も含めて）、あまた存在している。

この5二つの態度の本質的な違いは、物事が発展・展開するために必要な資質を備えているかということである。科学的と呼ばれようが、非科学的と呼ばれていようが、この世で言われていることの多くは不完全なものである。だから、間違っていること、それ自体は大した問題ではない。間違いが分かれば修正すれば良い。ただ、それだけのことだ。

しかし、そういった修正による発展のためには情報をオープンにし、他人からの批判、つまり*淘汰《とうた》圧のようなものに晒《さら》されなければならない。最初はとんでもない主張であっても、真摯《しんし》に批判を受ける姿勢があれば、修正できるものは修正されていくだろうし、取り下げるしかないものは、取り下げられることになるだろう。この修正による発展を繰り返すことが科学の最大の特徴であり、そのプロセスの中にあるかどうかが、科学と似非科学の最も単純な見分け方ではないかと、私は思っている。（中屋敷均『科学と非科学　その正体を探る』による）

（*注）　シークエンサー…DNAの塩基配列等を自動的に決定する装置。
レーウェンフック…オランダの博物学者。歴史上はじめて顕微鏡を使って微生物を観察し、「微生物学の父」とも称せられる。
似非…似てはいるか、本物とは違っていること。
有象無象…世にたくさんある、くだらないもの。
胡散…疑わしいこと。あやしいこと。
秘匿…こっそりと隠すこと。
淘汰…悪いものを除き良いものを選び残すこと。

問一　「1現状の科学で認識できないことが、必ずしもこの世に存在しないことを意味しない」とはどのようなことですか。最も適切なものを、次の**ア**～**エ**から一つ選び、記号で答えなさい。

ア　この世に存在していないのであれば、現状の科学で認識できるはずがないということ。
イ　この世に存在していないものでさえ、現状の科学によって認識できるということ。
ウ　この世に存在していることならば、現状の科学はすべて認識できているということ。
エ　この世に存在はしているが、現状の科学で認識できていないこともあるということ。

問二　「2この領域」に含まれる内容として**あてはまらないもの**を、次の**ア**～**エ**から一つ選び、記号で答えなさい。

ア　認識できる情報の増加により、科学の支配が及んでいる領域
イ　科学的なのか非科学的なのか、判断を下せない未知の領域
ウ　西洋科学の体系には収まらず、科学と見なされていない領域
エ　将来、科学的真実になるものが存在している未知の領域

問三　「3石鹸の香り漂うような、清涼感溢れる考え方」という表現から、筆者のどのような思いがうかがえますか。最も適切なものを、次の**ア**～**エ**から一つ選び、記号で答えなさい。

ア　探究的な考え方に対する称賛
イ　情緒的な考え方に対する疑問
ウ　合理的な考え方に対する皮肉
エ　倫理的な考え方に対する敬意

問四　「4根拠のはっきりしないものを受け入れる」とありますが、これと**相反する内容**を表す部分を、傍線部**4**より後の部分から三十一

将来的に科学になる可能性はないのだろうか？＊レーウェンフックも、かつて「魔法使い」と言われていたそうではないか？

　実は、そうなのだ。これは非常に厄介な問題であり、ある意味、本質的な問いなのかも知れない。現在、科学の支配が及んでいない未知な領域にも、間違いなく〝この世の真実〟は存在している。実際、科学の最先端で試されている仮説の数々も、そういった未知領域に存在しているとも言えるし、長い歴史は持つものの、西洋科学の体系には必ずしも収まっていない東洋医学なんかも、少なくとも部分的にはそうだろう。また、「＊似非《えせ》科学」と非難めいた名称で呼ばれている分野も、その一部は2この領域の住人と言って良い。

　そういった「科学」とも「非科学」ともつかない〝未知領域〟は、この世にかなり広大に広がっているし、そこには＊有象無象《うぞうむぞう》の海の物とも山の物ともつかないようなものたちが蠢《うごめ》いている。それらのうちのいくつかは将来、科学の一部となっていくこともあるだろうが、だからと言って、味噌《みそ》も糞《くそ》も一緒で、本当に何でもありで良いのか、これもまた疑問である。

　この難問に対して、とても科学的な人たちは「科学的に実証されたものだけを信用すべき」という考え方をとり、それが科学者としてとるべき態度のように評されることも多い。私自身はそういった3石鹸《せっけん》の香り漂うような、清涼感溢《あふ》れる考え方に、どこか違和感を持ってしまう方ではあるが、「似非科学」と呼ばれるような＊胡散《うさん》の香り漂うものに傾倒する危険性も軽視できないことは理解している。

　その最大の問題点は、実証されたものに比べて、実証されていない領域ははるかに大きく、一旦、4根拠のはっきりしないものを受け入れる精神構造ができてしまうと、どこまでもその対象が広がり、根拠なき後退と言うか、根拠なき前進と呼ぶべきか、そのような「果てしなく飛躍する論理」とでも形容されるべきものに飲み込まれてしまいかねないことである。根拠が薄弱なものに対して、信じる／信じない、の二者択一や、「そうであったらいいな」的な、安易な希望的観測を持って傾倒していくことはやはり危険なことである。特に根拠を問うことが許されないような「神秘性」を強調するものには警戒が必要であろう。

　しかし一方、現在の科学の体系の中にあるものだけに自分の興味を限定してしまうことも、真の意味で科学的な態度ではないはずである。科学の根本は、もっと単純に自分の中にある「なぜ？」という疑問に自らの頭と情熱で挑むものではなかったろうか。その興味の対象が、現在「科学的」と呼ばれているかどうかなど、実に些細《ささい》な問題である。

　科学の歴史はこれまで述べてきたように、未知領域の中から新たな科学的真実が次々と付け加えられてきた歴史でもあり、それは挑戦と不確かな仮説に満ちたものだった。何を興味の対象としているかによって、科学と似非科学との間に境界線が引ける訳ではないのだ。

　もし、科学と似非科学の間に境界線が引けるとするなら、それは何を対象としているかではなく、実はそれに関わる人間の姿勢によるのみなのではないかと私は思う。「非科学的な研究分野」というものが存在するのかどうかは私には分からないが、「非科学的な態度」というのは明白に存在している。科学的な姿勢とは、根拠となる事象の情報がオープンにされており、誰もが再現性に関する検証ができること、また、自由に批判・反論が可能であるといった特徴を持っている。

　一方、根拠となる現象が神秘性をまとって＊秘匿されていたり、一部の人間しか確認できないなど、再現性の検証ができない、客観性ではなく「生命は深遠で美しい」のような誰も反論できないことで感情

点。

ウ　対象を感じたままに表現することで独自性が生じている点。

エ　洗練された色使いと繊細な筆運びが見事に調和している点。

問二　「[2]その日は、半分しか完成しなかった」とありますが、その理由を説明したものとして、最も適切なものを、次のア～エから一つ選び、記号で答えなさい。

ア　おざなりに描いていた絵を美術展に出すことになったので、今までの絵に対する心構えを改め、丁寧に仕上げようと思ったから。

イ　迷いなく描きたいように描いていた絵を、思いがけなく小池に褒められ、納得のいく絵に仕上げたいという思いが生まれたから。

ウ　美術展で自分の絵が認められると小池の評価も上がるので、選考委員が好みそうな色使いや筆運びになるよう工夫し始めたから。

エ　小池に褒められたことで、自分の隠れた絵の才能がようやく認められると気負い、入賞できそうな絵に仕上げたいと思ったから。

問三　[A]にあてはまる最も適切な言葉を、次のア～エから一つ選び、記号で答えなさい。

ア　嫌味　　イ　告白　　ウ　ひとりごと　　エ　言いわけ

問四　「[3]ダメだったからってダメだなんて考えなくていいぞ」とありますが、「小池」はどういうことを伝えたかったと考えられますか。二つの「ダメ」の違いがわかるように、四十字以内で説明しなさい。

問五　「[4]小池の言葉は嬉しかった。でも、同時に不安になった」とありますが、「ぼく」はどのようなことを嬉しく思い、どのようなことを不安に思ったのですか。六十字以内でわかりやすく説明しなさい。

問六　「[5]トロフィーみたいに眺めている」とありますが、ここでの「トロフィー」とは、どのようなものをたとえていると考えられますか。最も適切なものを、次のア～エから一つ選び、記号で答えなさい。

ア　傷ついた心を癒やし、不安を取り除いてくれた恩人の柔和な笑顔を懐かしく思い出させてくれるもの。

イ　何かを極めようと懸命に取り組んだ者に、その努力に裏付けられた自信と誇りをもたらしてくれるもの。

ウ　長い目で見れば、孤独や不安、競争に敗れたくやしさなどは小さなものだという真実を教えてくれるもの。

エ　他者との競争や世間の価値基準に左右されない、ありのままの自分の存在価値をたたえてくれるもの。

【問題三】　次の文章を読んで、あとの問いに答えなさい。（出題の都合上、本文を一部改めた箇所がある）

当たり前のことであるが、現在の科学が世界のすべてを把握している訳ではない。顕微鏡が考案されれば、今まで見えなかったものが見えてくる。＊シークエンサーが発明されれば、顕微鏡では見えない遺伝子に刻まれた生物進化の痕跡が見えてくる。そういった認識できる情報が増えれば増えるだけ、それに基づいた科学の常識、それが支配できる領域も変わっていく。

しかし、[1]現状の科学で認識できないことが、必ずしもこの世に存在しないことを意味しないのなら、では一体、何が〝科学的〟で、何が〝非科学的〟なものなのだろう？ＵＦＯや超能力や地底人だって、

「お、結果が気になってきたのか？」
「いえ別に……通りかかっただけです」
「一年の教室は隣の校舎だろう。すごい通りかかり方だな」
　ぼくの［　A　］をひとりで面白がってから、小池はいつも笑っているような顔を、ほんの少しだけ引きしめて言った。
「だめだった。俺も残念だよ。ま、選考委員は田舎画家ばっかりだから、しかたない。その気にさせてしまって悪いが、あきらめてくれ」
「はぁ」別に構わない。期待はしていなかったし。というのは嘘《うそ》。美術室のドアを開ける時までぼくは、「金賞だったよ」という言葉を心のどこかで期待していたのだ。
「でもな、3ダメだったからってダメだなんて考えなくていいぞ」
　黙ってうなずくことしかできなかった。意味がよくわからなかったからだ。
「俺はお前の絵が好きだ。なぜなら、俺には描けないから」
　小池は眼鏡の中の小さな目を、くるくる動かして言った。
「ま、誰のどんな絵でも、俺には描けないんだけどね。絵はその人それぞれのものだから。ただし、小手先がうまいだけなら、ほとんど同じものを、もっとうまく描ける。でも、お前みたいな色使いや筆運びは真似《まね》できない。いい絵だよ、これは。ふつうの人間にはできないな」
　小池の言葉には嘘がない気がした。「いい絵だよ、これは」と言いながら、髭《ひげ》の伸びた顎で、美術室の隅を指した。そこにはこの学校の出品作品が山積みになっていて、ぼくの絵だけが立てかけてあった。
　4小池の言葉は嬉《うれ》しかった。でも、同時に不安になった。
「ねぇ、先生、ぼくはふつうじゃないんでしょうか？」
　なぜそんなことを聞いたのか、自分でもわからない。トルソーの上に載っかった小池の首が、ギリシア神話に出てくる小太りの神様みたいだったからだろうか。
　小池がトルソーの上で首をかしげた。ぼくの言葉の意味を考えているようだった。首をもとに戻してから、ぼくの薄茶色の目を覗《のぞ》きこんできた。
「いいか南山、ふつうの人間なんて、どこにもいないんだよ。みんな少しずつ違う。確かに地球の上から見下ろせば、お前の存在は何十億分の一でしかない。俺もそう。ちっぽけなもんだ。世間で言う『地球より重い』なんてたいそうなものじゃない。だけど、考えてみろよ。何十億分の一にしろ、お前はこの世にお前しかいないんだぜ」
　その答えをぼくはとても気に入った。いまでも胸の中にしまってあって、ときどき取りだして、5トロフィーみたいに眺めている。
　もっと言えば、こうだ。
　人類の歴史から考えると、ぼくの存在は何十億どころか、何百億分の一だろうけれど、この地球の歴史においても、ぼくという人間は、ぼくしかいないのだ。
　＊県大会で四位どまりでも、美術展で落選しても、そう考えると、なんだか誇らしい気分だった。
（荻原浩『四度目の氷河期』による）

（＊注）　トルソー…頭や手足のない胴体だけの彫像。
　県大会で四位どまり…以前「ぼく」が優勝を目指して臨んだ陸上の県大会で四位に終わったことを指す。

問一　「1強いな、お前の絵は」とありますが、「小池」は「ぼく」の絵のどういう点を評価していますか。最も適切なものを、次の**ア**～**エ**から一つ選び、記号で答えなさい。
ア　現実とかけ離れた空想の世界の楽しさにあふれている点。
イ　観察眼と写実性にもとづき物事の様子を巧みに再現している

の意味として最も適切なものを、次の**ア**～**エ**から一つ選び、記号で答えなさい。

ア　細心の注意を払わなければ、失敗は避けられない。
イ　他人への思いやりがなければ、信頼は得られない。
ウ　危険を冒さなければ、大きな成功は収められない。
エ　長い時間をかけなければ、何事も成し遂げられない。

【問題二】　次の文章を読んで、あとの問いに答えなさい。（出題の都合上、本文を一部改めた箇所がある）

三学期の創作画の授業の時だった。

ぼくはクロの絵を描いていた。名前はクロだけれど、クロは黒犬じゃないから、いろんな色を塗ってみた。茶色や白、太陽の光を浴びた時の黄色。泥んこになった時の土色。

背景は真っ赤な夕日だ。手前は川で、これは銀色。夏の日差しの強い日には、こんな色に見える。

いつのまにか小池が後ろに立っていて、ぼくにこう言ったのだ。

「1強いな、お前の絵は」

「は？」最初は褒められていることに気づかなかった。絵に強いとか弱いとかがあるなんて、その時まで聞いたことがなかったから。筆圧が強すぎるって注意されたのかと思った。

「それ、美術展に出してみないか」

小池の顔はふつうにしていても笑っているように見えるから、この言葉も初めは冗談だと思った。

「これを？」

いましがた両隣のクラスメートから笑われたばかりだ。小池だってそれを聞いていたはずなのに。

「冗談でしょ？」

「いいや、本気。俺、授業中と職員室じゃ冗談を言わないことにしてるんだ」

「だけど、自分で言うのもなんだけど、変な絵です」

小池は笑って言った。

「だいじょうぶ、俺にはいい絵なんだから。正直に言って、入選は難しいだろうけど、誰かに見せてやりたくなる絵なんだよ」

授業で描き終えられなかった場合は宿題になる。どんな教科であれ宿題が嫌いなぼくは、いつもならさっさと授業中に描いてしまうのだけれど、2その日は、半分しか完成しなかった。小池に褒められてから、急に使う色やかたちを迷いはじめたせいだと思う。

夕日は本当に赤なんだろうか。

赤は本当に赤なんだろうか。

四角は確かに四角なのか。

丸はやっぱり丸なのか。

その日、ぼくは家に帰ってからも、ずっと絵に色を塗っていた。赤の上に黒を塗り、黄色を重ね、また赤に戻す。そんなことの繰り返し。

次の授業の時、小池は完成したぼくの絵を見て、ひとことだけ言った。

「芸術だ」

県の学生美術展の発表があった翌日、ぼくは美術室に足を向けた。授業がない時、小池はいつもそこにいるのだ。

ノックをして部屋へ入ると、思ったとおり＊トルソーに顎《あご》を載せて煙草《たばこ》を吸っていた。

＜国語＞

時間　五〇分　　満点　五〇点

【注意】【問題二】から【問題五】において、答えに字数制限がある場合には、句読点やその他の符号も字数に数えることとします。

【問題一】　次の各問いに答えなさい。

問一　次の（１）～（４）の傍線部について、漢字は読み方をひらがなで、カタカナは漢字に直して、それぞれ楷書で丁寧に書きなさい。必要があれば、**送り仮名**もつけて答えなさい。

（１）　国民の期待を担う。　　（２）　重要な職務を遂行する。
（３）　人形を器用にアヤツル。　（４）　彼はオンコウな人柄だ。

問二　「落葉」という熟語を、次のように行書で書きました。①、②の部分において、楷書で書いたときと比べて、どのような特徴が現れていますか。その組み合わせとして、最も適切なものを、あとのア～エから一つ選び、記号で答えなさい。

ア　①　点画の連続　②　筆順の変化
イ　①　点画の省略　②　筆順の変化
ウ　①　点画の連続　②　点画の省略
エ　①　筆順の変化　②　点画の省略

問三　次のア～オの四字熟語のうち、「悪戦苦闘」のように、意味の似た二字熟語を重ねたものを**すべて**選び、記号で答えなさい。

ア　公明正大　イ　自画自賛
ウ　起承転結　エ　意気消沈
オ　唯一無二

問四　次の文について、あとの問いに答えなさい。

> [1]ある人が発した言葉が、今でも忘れられ[2]ない。

（１）　次のア～エの傍線部のうち、「[1]ある」と同じ品詞の言葉を一つ選び、記号で答えなさい。

ア　かなり遠くの街まで行く。
イ　大きな絵を壁に掛ける。
ウ　新しい本が出版される。
エ　きれいな星空を眺める。

（２）　「[2]ない」の品詞を、次のア～エから一つ選び、記号で答えなさい。

ア　動詞　イ　形容詞　ウ　助詞　エ　助動詞

問五　「不入虎穴不得虎子」という漢文の一節について、次の問いに答えなさい。

（１）　この一節の書き下し文「虎穴《こけつ》に入《い》らずんば、虎子《こじ》を得ず。」に従って、返り点を正しくつけたものを、次のア～エから一つ選び、記号で答えなさい。

ア　不レ入二虎穴一、不レ得二虎子一。
イ　不レ入レ虎穴、不レ得二虎子一。
ウ　不レ入二虎穴一、不レ得レ虎子。
エ　不レ入レ虎穴、不レ得レ虎子。

（２）　「不入虎穴不得虎子」（「虎穴に入らずんば、虎子を得ず。」）

MEMO

大切なことはメモしておこうネ！

2021年度

解　答　と　解　説

《2021年度の配点は解答用紙集に掲載してあります。》

＜数学解答＞

【問題1】 問1　(1)　-2　(2)　$\frac{1}{2}$　(3)　$6\sqrt{6}$　(4)　$5x-y$　(5)　$\frac{3}{2}ab$
問2　$9x^2-6xy+y^2$　問3　-3　問4　$(x+6)(x-1)$　問5　$x=1$
問6　$x=\frac{1\pm\sqrt{5}}{2}$　問7　$\frac{27}{4}$cm　問8　(1)　$a=\frac{1}{3}$　(2)　$0\leqq y\leqq\frac{16}{3}$
問9　記号　ア(理由は解説参照)　問10　解説参照

【問題2】 問1　a　5　b　1(ヒストグラムは解説参照)　問2　31℃　問3　ウ，オ

【問題3】 ア　12　イ　8　ウ　6　エ　15　オ　10　カ　7　キ　36
ク　24　ケ　14

【問題4】 問1　$10a+8b+40$　問2　28分
問3　(1)　(例)$\begin{cases} y=1.6x \\ 6x+4y+8\times4+40=320 \end{cases}$　(2)　20分

【問題5】 問1　$\frac{81\sqrt{3}}{4}$cm^2　問2　1　イ　2　エ　3　1組の辺とその両端の角が，それぞれ等しい　問3　28cm　問4　$\frac{27\sqrt{3}}{28}$cm^2

【問題6】 問1　毎分500cm^3　問2　5分後　問3　(1)　解説参照　(2)　$\frac{38}{5}$分後

＜数学解説＞

【問題1】 (小問群―数と式の計算，根号を含む計算，文字式の計算，式の展開，式の値，因数分解，一次方程式，二次方程式)

問1　(1)　$3+(-5)=3-5=-2$

(2)　$-\frac{2}{3}\times\left(-\frac{3}{4}\right)=\frac{2}{3}\times\frac{3}{4}=\frac{1}{2}$

(3)　$5\sqrt{6}-\sqrt{24}+\frac{18}{\sqrt{6}}\times\frac{\sqrt{6}}{\sqrt{6}}=5\sqrt{6}-2\sqrt{6}+3\sqrt{6}=6\sqrt{6}$

(4)　$3(x+y)-2(-x+2y)=3x+3y+2x-4y=5x-y$

(5)　$-4ab^2\div(-8a^2b)\times3a^2=4ab^2\times\frac{1}{8a^2b}\times3a^2=\frac{12a^3b^2}{8a^2b}=\frac{3}{2}ab$

問2　**$(x\pm y)^2=x^2\pm2xy+y^2$の展開公式を利用**して，$(3x-y)^2=(3x)^2-2\times3x\times y+y^2=9x^2-6xy+y^2$

問3　$a^2+4a=(-3)^2+4\times(-3)=9-12=-3$

問4　**足して5，掛けて-6となる2つの数字は-1と6**なので，$x^2+5x-6=(x-1)(x+6)$

問5　$\frac{5-3x}{2}-\frac{x-1}{6}=1$　の両辺に6をかけると，$3(5-3x)-(x-1)=6$　これを解いていくと，$15-9x-x+1=6$　$-10x=-10$　$x=1$

問6　二次方程式の解の公式を用いて，$x=\frac{-(-1)\pm\sqrt{(-1)^2-4\times1\times(-1)}}{2\times1}=\frac{1\pm\sqrt{5}}{2}$

問7　立体アは円すいなので，体積は$4\times4\times\pi\times h\times\frac{1}{3}=\frac{16}{3}\pi h$(cm^3)　立体イは球なので，体積は$\frac{4\pi\times3^3}{3}=36\pi$(cm^3)　2つの立体の体積が等しいので，$\frac{16}{3}\pi h=36\pi$　これを解くと，$h=36\times$

$\frac{3}{16}=\frac{27}{4}$(cm)

問8　(1)　$y=ax^2$に$(x,\ y)=(6,\ 12)$を代入すると，$12=36a$　よって，$a=\frac{1}{3}$

(2)　$y=\frac{1}{3}x^2$のグラフは下に凸の放物線となるので，$-4\leqq x\leqq 2$において$x=-4$のとき，yの値は最大で$y=\frac{16}{3}$であり，$x=0$のときyの値は最小で$y=0$　したがって，求めるyの変域は$0\leqq y\leqq\frac{16}{3}$

問9　(理由)　(例)12未満になる確率が$\frac{19}{36}$で，12以上になる確率$\frac{17}{36}$より大きいから。

問10　次の手順で作図すればよい。　①　直線OAをひく。

②　点Aを通り直線OAに垂直な直線をひく。すると，右図のようになる。

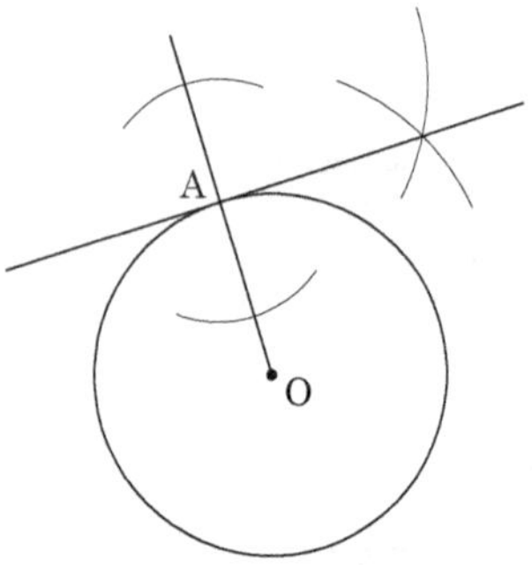

【問題2】 (資料の整理と代表値―度数分布表，ヒストグラム)

問1　表Ⅰからあてはまる数値を数え上げる。36℃以上38℃未満は5日あり，38℃以上40°未満は1日あるので，右のようなヒストグラムとなる。

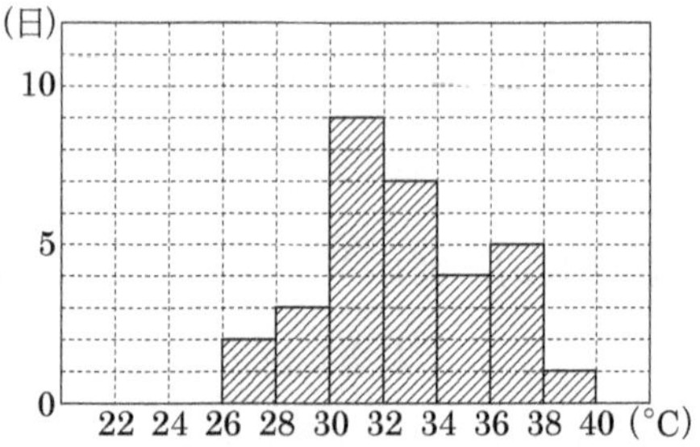

問2　最頻値は30℃以上32℃未満の階級にあるので，その階級値である31℃となる。

問3　ア　26℃以上28℃未満が2日あることはわかるが，そのなかに26℃以上27℃未満の日があるかどうかは不明。　イ　A市の度数が4である階級の階級値は35℃である。　ウ　A市の中央値は32℃以上34℃未満の階級にあり，B市の中央値は30℃以上32℃未満の階級にあるので，正しい。　エ　B市の分布の範囲は不明である。　オ　B市の30℃以上32℃未満の階級の相対度数は，$\frac{8}{31}=0.258\cdots$ なので，0.25より大きいことから正しい。

【問題3】 (立体の切断と辺・頂点・面の数，数学的思考力をはかる問題)

ア・イ・ウ　立方体の辺の数は12本，頂点の数は8個，面の数は6個である。

エ・オ・カ　3点P，Q，Rを通る平面で立方体を切断した場合，辺の数は3本増えるので，$12+3=15$(本)　頂点の数は1個減って3個増えるので，$8-1+3=10$個　面の数は1個増えるので，$6+1=7$個となる。

キ・ク・ケ　立方体のすべての頂点を切断した場合，エオカで求めたことが8カ所で行われるので，辺の数は$3\times8=24$本増えるので，$12+24=36$本　頂点の数は1個減って3個増えることが8回行われると考えて，全部で$(-1+3)\times8=16$個増えるので，$8+16=24$個　面の数は$1\times8=8$個増えるので，$6+8=14$個となる。

【問題4】 (規則性の読み取りと数学的思考，文字式の利用，連立方程式の応用)

問1　10試合行うとき，試合と試合の間は9回ある。そのうち，1回は昼休憩40分であり，残り8回がチームの入れかわり時間なので，最初の試合開始から最後の試合が終了するまでにかかる時間は，$a\times10+40+b\times8=10a+8b+40$(分)

問2　午前9時から午後3時まで6時間＝360分である。したがって，問1から$b=5$とすると，最初の試合開始から最後の試合が終了するまでにかかる時間は，$10a+8\times5+40=10a+80$(分)　これ

が，360分となればよいので，$10a+80=360$　これを解いて，$a=28$(分)

問3 (1) ソフトボール1試合の試合時間は，サッカー1試合の試合時間の1.6倍なので，$y=1.6x$ …① また，午前9時から午後2時20分まで5時間20分，すなわち，320分であり，サッカーの試合は6試合，ソフトボールの試合は4試合あるので，試合に係る時間は$6x+4y$(分)　試合と試合の間に4分であり，これが$5+3=8$回あるので，4×8(分)　昼休憩が40分　合わせると，$6x+4y+4\times8+40=320$…②

(2) ②より，$6x+4y+72=320$　$3x+2y=124$　これに，①より$y=1.6x$を代入して，$3x+3.2x=124$　これを解くと，$6.2x=124$　$x=20$(これがサッカー1試合の時間)

【問題5】 (平面図形―正三角形の面積求値，三角形が合同であることの証明，四角形の周の長さの求値，三角形の面積の求値)

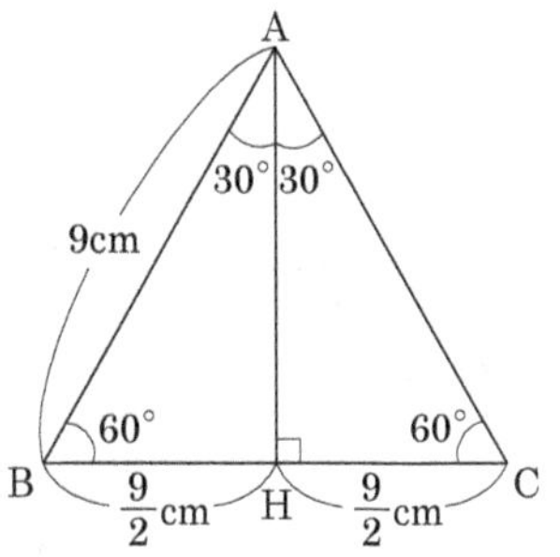

問1 △ABCは1辺の長さが9cmの正三角形であるので，頂点Aから辺BCに垂線AHを下ろしたとすると，Hは辺BCの中点となるので，$BH=CH=\frac{9}{2}$cm　さらに，$\angle ABH=60°$，$\angle BAH=30°$なので，△ABHにて三平方の定理より$BH:AB:AH=1:2:\sqrt{3}$の比となるので，$AH=BH\times\sqrt{3}=\frac{9\sqrt{3}}{2}$(cm)　したがって，$\triangle ABC=9\times\frac{9\sqrt{3}}{2}\times\frac{1}{2}=\frac{81\sqrt{3}}{4}$(cm²)

問2 1 $\overset{\frown}{PC}$に対する円周角は等しいことを利用するので，**同じ弧でできる円周角**を探し，$\angle PAC=\angle PBC$

2 $\angle ABC=60°$であるので，$\angle ACD=60°-\angle BCD$　同様に，$\angle BCP=60°-\angle BCD$とする。

3 ①，②，③より，「1組の辺とその両端の角が，それぞれ等しい」という合同条件に当てはまる。

問3 問2より，**△ADC≡△BPCより，対応する辺はすべて等しい**ので，$AD=BP$かつ$CD=CP$　さらに，円周角の定理より，$\angle APC=\angle ABC=60°$なので，△CPD**はCP=CDの二等辺三角形であり，かつ，底角である∠CPD=60°なので正三角形**とわかる。したがって，$CP=PD$　よって，$BP+PC=AD+PD=AP=10$(cm)となるので，四角形ABPCの周の長さは，$AB+BP+PC+CA=AB+10+CA=9+10+9=28$(cm)

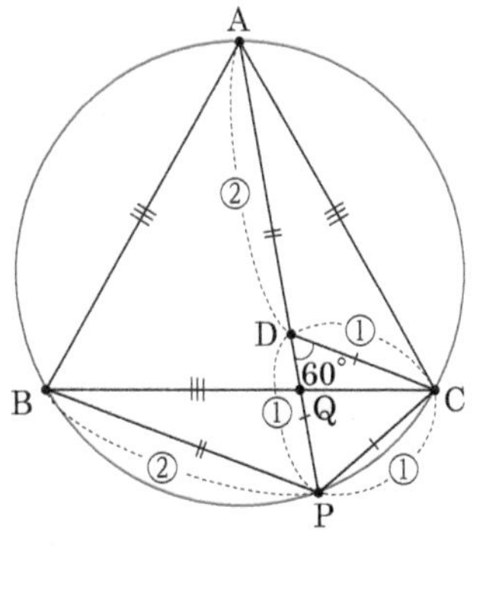

問4 問3と同様に考えると，$BP=AD$かつ$CP=PD$　したがって，$AD:DP=2:1$…④　また，円周角の定理より$\angle APB=\angle ACB=60°$，かつ，△CPDは正三角形なので$\angle CDP=60°$　よって，$\angle DPB=\angle CDP=60°$となり，**錯角が等しいことからBP//CD**

よって，**平行線の性質を利用すると△QCD∽△QBP**とわかり，対応する辺の比はすべて等しく，$QD:QP=CD:BP=CP:BP=1:2$…⑤　④，⑤より，$AD:DQ:QP=6:1:2$…⑥とわかり，さらに，$CQ:BQ=CD:BP=1:2$…⑦なので，⑥，⑦より，$\triangle CDQ=\triangle ABC\times\frac{CQ}{BC}\times\frac{DQ}{AQ}=\frac{81\sqrt{3}}{4}\times\frac{1}{1+2}\times\frac{1}{1+6}=\frac{81\sqrt{3}}{4}\times\frac{1}{3}\times\frac{1}{7}=\frac{27\sqrt{3}}{28}$(cm²)

【問題6】 (数学的思考力の利用)

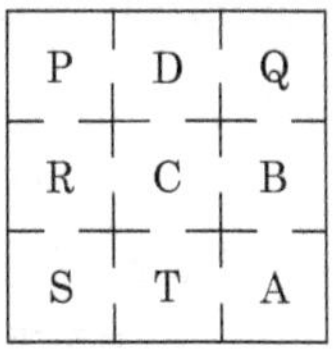

問1 図のように部屋に名前を付けて考える。1分間でAの部屋の水面の高さが10cmに到達したことから，蛇口は毎分1000cm³の水を入れることができるとわかる。図ⅢのAの部屋の水面の高さが10cmになった後，Aの部屋からB

の部屋とTの部屋に同じ量の水が流れ込むので，1000÷2＝500(cm^3)

問2　水を入れ始めてからの動きを考える。入れ始めてから1分後までAに1000cm^3の水が入る。1分後～3分後まで，A→BとA→Tに500cm^3の水が入る。3分後～5分後まで，B→QとB→CとT→CとT→Sに250cm^3ずつの水が入り，5分後にCが満水になる。

問3　(1)　問2と同様に考えると，5分後～7分後まで，B→QとC→DとC→RとT→Sに250cm^3ずつの水が入り，7分後にQとSが満水になる。7分後～8分後まで，Q→DとC→DとC→RとS→Rに250cm^3ずつの水が入り，8分後にDとRが満水になる。したがって，右のグラフのようになる。

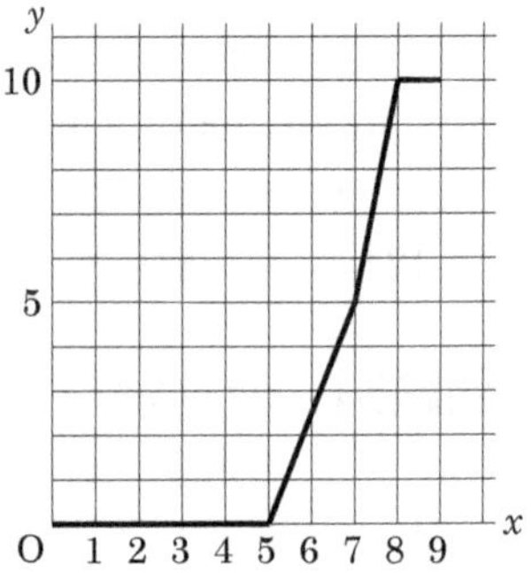

(2)　グラフより，$7 \leqq x \leqq 8$において直線のグラフの式は，$y=5x-30$となるので，$y=8$を代入すると$8=5x-30$　これを解いて，$x=\frac{38}{5}$(分後)

＜英語解答＞

【問題1】 問1　No. 1　イ　No. 2　ア　No. 3　エ　問2　No. 1　イ　No. 2　エ
問3　イ→エ→ウ→ア　問4　①　(例)excited [glad]　②　third
③　(例)What Japanese food do you like(?)

【問題2】 問1　No. 1　How　No. 2　turn　No. 3　drink　問2　No. 1　エ
No. 2　イ　問3　a temple which was built

【問題3】 問1　①　(例)Where is Mt. Daisen [Where is it](?)　②　(例)What will you do [Which do you want to choose](?)　問2　(例)I want to clean the park near my house because it will make the park nicer for people to enjoy.

【問題4】 問1　エ　問2　イ　問3　same　問4　(例)(グラフ中の4か国のうち,)インドの人々が出すプラスチックごみの量はなぜ少ないのかという(こと。)　問5　エ
問6　ウ

【問題5】 問1　(例)sad [alone]　問2　イ　問3　ウ　問4　ア　問5　(例)以前のようにはピアノを弾けなくなったが，ルークと出会い再び弾けるようになった(から。)　問6　(例)I learned that we should not give up our dreams.

＜英語解説＞

【問題1】 (リスニング)

放送台本の和訳は，72ページに掲載。

【問題2】 (文法・語句の問題：疑問詞，一般動詞，不定詞，動名詞，接続詞，関係代名詞，受け身)

問1　No.1　店員：こんにちは。いらっしゃいませ。／ジョン：はい，Tシャツを買いたいのですが。／店員：この青いのはいかがでしょうか？／**<How about～?>**「～はいかがですか？」

No.2　男性：すみません。一番近い駅への道を教えていただけますか？／かおり：いいですよ。この道をまっすぐ行って，次の角を右に曲がってください。左側にありますよ。／男性：ありが

とうございます。／turn「曲がる」。**連語＜turn right at～＞「～を右に曲がる」**

No.3　ケイト：今日はとっても暑いね。飲み物が欲しいな。／母親：いいわよ。ここにオレンジジュースがあるわよ。／ケイト：ありがとう。／**＜something to ＋動詞の原形…＞「何か…するもの」不定詞の形容詞的用法**

問2　No.1「エリカは図書館のとなりの店で買い物をすることが好きである。なぜならそこにあるものは値段が高くないからだ」／**＜like＋動名詞…＞「…することが好き」**／No.2「私は昨日，あのテレビ番組を見たかった。でも，それを見る時間がなかった」／空所のカッコをはさんで，**前後が逆接の関係。**

問3　ともき：あの建物は何ですか？　古そうですけど，とても美しいですね。／メアリー：ああ，それは300年前に建てられた寺院です。／Oh, it is a temple which was built three hundred years ago／**関係代名詞whichからagoまでの部分がa templeという名詞を修飾している。**whichの後ろに，**「～された」という意味の受け身＜be動詞＋過去分詞＞**が続いている。

【問題3】（条件英作文）

［絵1］　スティーブ：やあ，かずお。何を読んでいるの？
　　　　かずお　　：こんにちは，スティーブ。大山でのサマーキャンプに行くつもりなんだ。これがそのチラシだよ。

［絵2］　スティーブ：(①(例)　大山はどこにあるの？)
　　　　かずお　　：鳥取県の西部にあるんだよ。

［絵3］　スティーブ：そのチラシを見ていい？
　　　　かずお　　：もちろん。さあどうぞ。

［絵4］　スティーブ：わあ，たくさんのおもしろいことをやるんだね。(②(例)　君は何をやるの？/君はどれを選びたいと思っているの？)
　　　　かずお　　：僕は乗馬したり，ハイキングに行ったりするつもりなんだ。君もこのサマーキャンプに関心がある？

問1　上記英文の訳を参照。それぞれの場面の**質問と応答が自然につながるか**確認しよう。

問2　(発表の訳)　夏休みのあいだ，私はスティーブとサマーキャンプに行きました。乗馬したり，ハイキングに行ったりしました。私はそこである高校生に会いました。彼女の名前はともこです。彼女はボランティアで，私たちが活動するときに助けてくれました。私は彼女に尋ねました，「あなたはなぜボランティアとして働くことに決めたの？」。　彼女は答えました，「他の人のために何か役立つことをしたかったんだ」。

ボランティアの仕事をすることは良い経験となり，社会の一員になるのに役立つことだと思います。皆さんはどう思いますか？　皆さんはどんな種類のボランティアの仕事をしたいですか？

(解答例日本語訳)　私は自分の家の近くの公園をきれいにしたいと思います。なぜならそれによって，人々が楽しめるようにその公園をもっと素敵にできるからです。

【問題4】（会話文読解問題：グラフを用いた問題，適語補充，日本語で答える問題，内容真偽など）

(全訳)　なおや：来週の英語の授業のスピーチで，君は何について話す予定にしているの？

ジョン：プラスチックの問題について話すつもりだよ。僕たちは毎日，買い物バッグや水のボトルのようなプラスチックをたくさん使っている。それを投げ捨てると，川に行くものもあり，それはやがて海へ行ってしまう。小さく砕かれたプラスチックは魚たちに食べ物のように見えてしまうので，そのプラスチックを食べてしまう魚がたくさんいる。

なおや：それは大きな問題だね！　どれくらいの量のプラスチック廃棄物が捨てられているのかな？

ジョン：①これらの2つのグラフを見て。グラフ1は，2010年にこれら4つの国が出したプラスチック廃棄物量を示しているよ。グラフ2は，2010年にこれらの国の一人あたりどれくらいの量のプラスチック廃棄物を出したかを示しているんだ。国別では，中国がプラスチック廃棄物を最も多く出したんだ。アメリカは2番目だね。毎年，およそ800万トンのプラスチック廃棄物が海に流れ込んでいると言われているよ。

なおや：日本が出しているプラスチック廃棄物の量と②同じだね！

ジョン：その通りだね。

なおや：インドは国民の一人当たりのプラスチック廃棄物の量が一番少ないね。なぜなのか知りたいな。

ジョン：僕もだよ。③インターネットで調べて，そのことについてもっと学びたいと思う。それから，今週末にスピーチの原稿を書き終えるよ。君はスピーチで何について話すつもりなの，なおや？

なおや：僕もプラスチックについて話すつもり。プラスチックは僕らの生活を便利にしているけど，深刻な環境問題を生じさせているよね。何かする必要があると思う。僕はビニール袋について話すつもりにしているよ。

[スピーチ]

皆さんは買い物に行くときビニール袋を使いますか？　もしお店でそれが欲しければ，現在ではお金を支払わなければいけません。私は，それは良いことだと思います。環境のためにプラスチック廃棄物を減らすためビニール袋の使用をやめる必要があるからです。今では多くの人が自分のバッグをお店に持っていきます。私も自分のバッグを持って行き始めるようになったところです。

しかしながら，まだビニール袋を使う人がいます。それらの人々は，「ビニール袋は世界で排出されるプラスチック廃棄物のわずか2パーセントにすぎません。④エ　なぜビニール袋の使用をやめなければいけないのですか」と言います。

私の答えは以下のようなものです。ビニール袋の使用をやめるなら，小さな違いを生み出すことになります。それは小さな一歩ですが，私たち皆が環境をより良いものとするための小さな一歩を踏みだせば，大きな一歩となることでしょう。全人類と動物にとって，世界はより良い場所となるでしょう。

問1　エ「魚たちは海の中のプラスチックを食べ物だと思ってしまう」　ジョンの最初の発言最終文を参照。

問2　(A)，(B)　ジョンの2番目の発言最後から2文目と3文目を参照。　(C)　なおやの3番目の発言を参照。

問3　空所を含む文の主語It(それは)は，直前のジョンの発言の最終文にある‘about 8 million tons'を表している。したがって，その数字は，Graph 1の日本のプラスチック廃棄物量と同じであるとわかる。**<the same ～>**「同じ～」

問4　下線部にある指示語(代名詞it)が何を指すか考える。直前のなおやの発言を参照。

問5　エ「私たちはなぜビニール袋の使用をやめなければいけないのでしょうか？」次の段落の2文目の応答文を参照。それに対応する質問文の選択肢を選ぼう。

問6　ア　私たちはプラスチックについて心配する必要はない。なぜなら環境問題のほんの一部にすぎないからだ。(×)　イ　プラスチックの問題はとても難しいので，何をすべきかについて考えるのをやめるべきだ。(×)　ウ　店に自分のバッグを持って行くことはできる小さなことの一つかもしれないが，みんながそれをすれば違いが生まれる。(○)「スピーチ」の文の最終段落2，3文目を参照。　エ　人々はビニール袋の使用をやめることができないだろうから，もう手遅れで環境のために何かをすることはできない。(×)

【問題5】 (長文読解問題・物語文：表を用いた問題，日本語で答える問題，語句解釈，条件英作文など)

(全訳)　メアリーとルークは有名なミュージシャンである。彼らの演奏する音楽は美しく，彼らは特別である。何が特別なのだろうか？

ルークはオーストラリアの高校生であった。ピアノを弾くのが彼の大好きなことだった。週末には，彼はよく5，6時間，ピアノを弾いた。ある日，彼は登校中に交通事故にあい，病院へ運ばれた。4か月後，彼は帰宅できたが，彼の生活は変化した。体の左側が動かせなくなったのだ。彼は何度も左手を動かそうとしたのが，左手は動かなかった。彼は思った，「もうピアノは弾けないな」彼は自分のすべての世界が終わったと感じた。彼はとても①悲しく/孤独だと感じた。

メアリーはピアノ教師になりたいと思っていたオーストラリアの学生であった。彼女は自分の夢を実現するために毎日ピアノを練習した。彼女が15歳のとき病気になり，3か月間入院しなければならなかった。医師は彼女に言った，「あなたの体の右側が弱っています。最善を尽くしますが，あなたは右手が使えなくなるかもしれません」②彼女にとってその医師の言葉を信じることはとても難しかった。彼女はそれでもなおピアノ教師になりたいと思った。

数年後，彼女はコミュニティーセンターに行った。彼女は自分にできることを見つけたかった。センター長が彼女を案内していた時，彼女はピアノの美しい音色を耳にした。③彼女は泣き出してしまった。「大丈夫ですか？」と，センター長は尋ねた。「ピアノが記憶をよみがえらせました。私が持っていた将来の夢をよみがえらせました」センター長は彼女の右手を見た。そして言った，「メアリーさん，私と一緒に来てください。あなたにある人と会ってほしいのです」彼女は，片手だけでピアノを上手に弾いている男性を見て驚いた。「こちらはルークさんです」と，センター長は言った。「彼は交通事故で体の左半分を動かせませんが，ピアノを弾くことへの彼の愛情は決して変わりませんでした」

メアリーはルークのところへ歩み寄って，言った，「はじめまして，ルークさん。私はメアリーです」「ポロネーズ第7番幻想はご存知ですか？」とメアリーはルークに尋ねた。「はい，大好きです」と，彼は答えた。「私とそれを弾きませんか？」と，ルークは尋ねた。④彼らは一緒にピアノを弾き始めた。彼らの奏でる音楽は美しかった。彼らはもう⑤悲しくは/孤独ではなかった。

メアリーは言う，「ひとつの扉が閉まったとき，別の扉が開きます。私は自分の音楽を失いましたが，ルークさんを見つけました。今私には自分の音楽がまたあります」ルークは言う，「人生には難しい時があります。でも自分の夢をあきらめなければ，自分が本当にしたいと思うことを見つけることができます」

問1　上記全訳を参照　sad「悲しい」，alone「一人で，孤独で」

問2　イ「なぜなら彼女は自分の夢をあきらめたくなかったからです」直後の文を参照。

問3　下線部の2文後ろ，および3文後ろの文を参照。

問4　ルークさんについて：第2段落最後から4文目を参照。メアリーさんについて：第3段落最後から3文目を参照。

問5　直後の2文を参照。

問6　質問「あなたはこの物語から何を学びましたか？」

（解答例訳）　私たちが夢をあきらめるべきではないということを，私は学びました。

2021年度英語　リスニングテスト

〔放送台本〕

これから放送による聞き取りの問題を行います。用意はいいですか。【問題1】には，問1，問2，問3，問4があります。問1，問2は1回のみ放送します。問3，問4は，2回ずつ放送します。聞きながらメモをとってもかまいません。

では，問1を始めます。これから放送するNo. 1，No. 2，No. 3の英文を聞き，それぞれの英文の内容を最もよく表しているものを，次のア，イ，ウ，エからひとつずつ選び，記号で答えなさい。では，始めます。

No. 1　A tennis racket is in the bag.

No. 2　Saki usually does her homework after dinner. But yesterday, she didn't. After dinner, she listened to music.

No. 3　This graph shows what the students in Hiromi's class like to do in their free time. The students in her class like playing games the best. They like watching TV better than reading comic books.

〔英文の訳〕

No. 1　カバンの中にテニスラケットがある。

No. 2　サキはたいてい夕食後に宿題をする。しかし昨日はしなかった。夕食後に音楽を聞いた。

No. 3　このグラフは，ヒロミのクラスの生徒が自由時間に何をするのが好きなのかを示している。クラスの生徒はゲームをするのが一番好きだ。彼らはマンガを読むよりもテレビを見るのが好きだ。

〔放送台本〕

続いて，問2を始めます。これから放送するNo. 1．No. 2の会話を聞き，それぞれの英語の質問に対する答えとして，最も適切なものを，次のア，イ，ウ，エからひとつずつ選び，記号で答えなさい。では，始めます。

No. 1　〈学校に新しくやってきた留学生と女子生徒の会話〉

James:　Do we have English club in the computer room?
Maki:　No. Mr. White said, "We will use Room 7 today."
James:　Really? Where is it?
Maki:　It's next to the music room.

No. 2　〈道端で出会った友達同士の会話〉

Ellen:　Hi, Bob. Where are you going?
Bob:　I'm going to the park to play tennis with Takeshi
Ellen:　Oh, my brother and I are going to play tennis too. Can we join you?
Bob:　Of course!

〔英文の訳〕

No. 1　ジェームズ：英語クラブはコンピューター室でやりますか？
マキ　　　：いいえ。ホワイト先生は，「今日は7号室を使用します」と言ってました。
ジェームズ：ほんとう？　どこにあるのですか？
マキ　　　：音楽室のとなりです。
質問：今日，英語クラブはどこで行うか？
答え：イ　7号室。

No. 2　エレン：こんにちは，ボブ。どこに行くの？
ボブ　：武とテニスをするために公園に行くところ。
エレン：あら，弟と私もテニスをするつもりなの。あなたたちと一緒にできるかな？
ボブ　：もちろん！
質問：何人がテニスをする予定か？
答え：エ　4人

〔放送台本〕

続いて，問3を始めます。これから放送する，中学生のけんじ(Kenji)さんと，イギリスから来た中学生のクリスティー(Christy)さんとの会話を聞き，二人が話した内容の順番にあうように，次のア，イ，ウ，エのイラストを並べかえ，記号で答えなさい。では，始めます。

Christy: Hi, Kenji. Are you going to visit America next month?
Kenji: Yes. My father's friend, David, lives in New York City. He called my father last month and invited us to visit him during summer vacation.
Christy: Wow! That's wonderful. How long are you going to stay in New York City?
Kenji: For four days.
Christy: What are you going to do there?
Kenji: On the first day, we are going to have dinner with David. Then we will go to a piano concert. On the next day, David will take us to a famous park.
Christy: I see. What are you going to do on the third day?
Kenji: On the third day, David is going to take us to Chinatown.
Christy: What? Is there a place called Chinatown in New York City?
Kenji: Yes. A lot of Chinese people live there. There are many good Chinese restaurants. We'll also visit another part of the city called Little Italy. I want to eat pizza there.
Christy: Wow, you will visit China and Italy in America.
Kenji: Yes, I'm so excited and I can't wait. Yesterday, David sent me an e-mail and asked me about other places that I wanted to visit. I'm going to look for interesting places for sightseeing on the Internet.

〔英文の訳〕

クリスティー：こんにちは，けんじ。あなたは来月アメリカに行くの？
けんじ　　　：うん。父の友人のデイビッドさんがニューヨーク市に住んでいるんだ。先月，彼が父に電話して，夏休み中に彼を訪問するよう僕たちを招待してくれたんだ。

クリスティー：わあ！　すごいわ。ニューヨーク市にどれくらい滞在するの？
けんじ　　　：4日間。
クリスティー：そこで何をする予定なの？
けんじ　　　：1日目は，デイビッドさんと夕食をとって，それからピアノコンサートに行く予定だよ。翌日は，デイビッドさんが僕たちを有名な公園に連れて行ってくれるんだ。
クリスティー：なるほど。3日目は何をする予定？
けんじ　　　：3日目に，デイビッドさんは僕たちをチャイナタウンに連れて行ってくれる予定だよ。
クリスティー：何？　ニューヨーク市にチャイナタウンと呼ばれる場所があるの？
けんじ　　　：うん。たくさんの中国人がそこに住んでいるんだ。中華料理のおいしいチャイニーズレストランがたくさんあるんだよ。リトルイタリーと呼ばれる，市にある別の場所も訪れる予定。僕はそこでピザを食べたいな。
クリスティー：わあ，君はアメリカにある中国とイタリアを訪問するんだね。
けんじ　　　：そうだね。わくわくして，待ち遠しいよ。昨日，デイビッドさんが僕にメールをくれて，訪れたい他の場所があるか尋ねてくれたよ。おもしろい見物箇所をインターネットで探すつもりなんだ。

〔放送台本〕

続いて，問4を始めます。カナダ人の中学生のマイケル(Michael)さんは，鳥取県に住む中学生のなおみ(Naomi)さんの家にホームステイをしています。ある日，カナダに住むマイケルさんの友人のトム(Tom)さんから，マイケルさんに電話がありました。その電話の内容についてのマイケルさんとなおみさんの会話を聞き，次の会話の内容の一部の(①)，(②)にあてはまる最も適切な英語を書きなさい。また，なおみさんとの会話のあと，マイケルさんはトムさんに電話をかけ，質問をしました。あとの質問の(③)に入る適切な表現を，英語4語以上の一文で書きなさい。では，始めます。

Michael: Hi, Naomi. Tom called me last night and said that he and his family were going to come to Japan next month. They want to visit me.
Naomi: Wow, that's great! You told me that Tom was a good basketball player in Canada. So I really want to play with him. When will Tom and his family come to Tottori?
Michael: They will arrive in Tokyo on August first, and spend two nights there. After that, they will come to Tottori.
Naomi: I see. I'd like to have a welcome party at my house for them. What do you think?
Michael: That's a good idea! They'll be very happy. Thank you.
Naomi: I want to cook Japanese food for them. What Japanese food does Tom like?
Michael: I don't know, but I'll ask him.

〔英文の訳〕

マイケル：やあ，なおみ。トムが昨晩電話をしてきて，彼と家族は来月日本に来るつもりだと言っていたんだ。彼らは僕を訪問したいんだ。
なおみ　：わあ，いいわね！　トムさんはカナダでバスケットボールが上手なプレーヤーだとあなたは私に言っていたわね。だから私は彼とバスケを是非したいわ。トムさんと家族はいつ鳥取に来るの？

マイケル：彼らは8月1日に東京に着いて，そこで2泊するんだ。その後，鳥取に来るよ。

なおみ　：なるほど。彼らのために我が家で歓迎会を開きたいな。どう思う？

マイケル：それはとてもいいアイディアだね！　彼らはとても喜ぶよ。ありがとう。

なおみ　：彼らのために和食を作りたいと思っているわ。トムさんはどんな和食が好きかしら？

マイケル：わからないな。尋ねてみるよ。

「会話の内容の一部」

・なおみはトムさんが鳥取に来る予定と聞いて①わくわくして〔喜んで〕いる。

・トムさんと家族は8月②3日に鳥取に着く予定だ。

「質問」

トム，質問があるんだ。③君はどんな和食が好きなの？　友だちのなおみが知りたがっているんだ。

＜理科解答＞

【問題1】 問1　エ　　問2　ア，イ　　問3　蒸散
問4　(1)　ウ　　(2)　イ

【問題2】 問1　(例)水が試験管に逆流するのを防ぐため。
問2　(例)加熱　　問3　ウ，オ
問4　(1)　右図1　　(2)　100(cm^3)

【問題3】 問1　オーム(の法則)　　問2　ア　　問3　5400〔J〕　　問4　右図2　　問5　Ⅰ＞Ⅱ＞Ⅳ＞Ⅲ

【問題4】 問1　(太陽の動き)　C　　(日の出，日の入りの時刻)　イ　　問2　(例)地球の地軸が公転面に垂直な方向に対して傾いたまま公転しているため。
問3　ウ　　問4　(1)　イ　　(2)　午前4時52分

【問題5】 問1　(1)　ヘモグロビン　　(2)　え　ら
問2　(記号)　A　　(名称)　血小板　　問3　ウ
問4　ア，エ　　問5　F

【問題6】 問1　下図3　　問2　(1)　9(cm)　　(2)　実像
問3　イ，ウ，オ　　問4　エ

【問題7】 問1　(例)電流を通しやすくするため。
問2　電解質　　問3　$CuCl_2 \rightarrow Cu^{2+} + 2Cl^-$
問4　エ
問5　◎◎

【問題8】 問1　(例)熱が伝わりやすい
問2　70(％)
問3　オ　　問4　ウ
問5　(例)太陽

図1

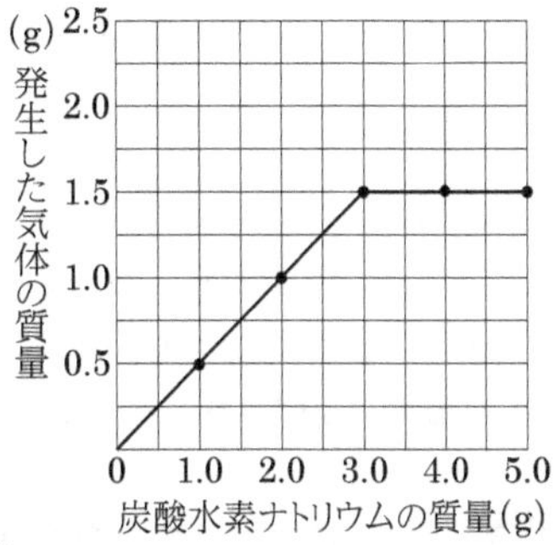

図2

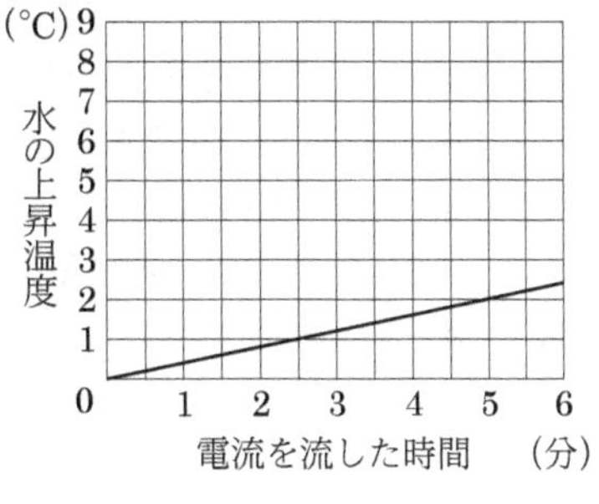

図3

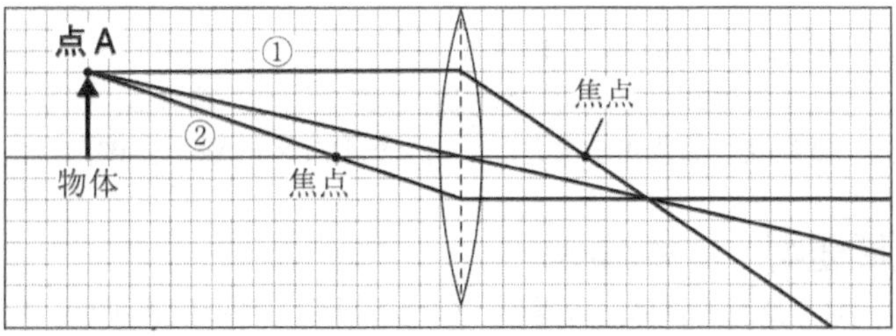

＜理科解説＞

【問題1】 (植物の体のつくり)

問1　ルーペは目に近づけて持つ。観察するものが動かせるときは観察するものを動かし，観察するものが動かせないときは，自分が動いてピントを合わせる。

問2　**合弁花**を選ぶ。エンドウ，アブラナは離弁花である。

問3　蒸散では，根から吸い上げた水が気孔から水蒸気として放出される。

問4　(1)　袋Cは，袋Aとホウレンソウの葉の条件のみが異なっているので，袋Aの対照実験であるといえる。袋Bとは条件が2つ(葉と光)異なっているので，袋Bの対照実験にはならない。

(2)　光合成は葉に光が当たっているときだけ行われるが，呼吸は一日中行われている。

【問題2】 (化学変化と物質の質量)

問1　ガラス管を水そうから出さずに火を消すと，水そう内の水が加熱した試験管に逆流し，試験管が割れる恐れがある。

問2　②と④では，ともに炭酸水素ナトリウムに熱を加えている。

問3　二酸化炭素の発生方法を選ぶ。アとイは酸素，エは水素が発生する。

問4　(1)　発生した気体の質量は，次の表のようになる。(反応前のうすい塩酸とビーカーの質量〔g〕＋炭酸水素ナトリウムの質量〔g〕－反応後の全体の質量〔g〕)によって求める。

炭酸水素ナトリウムの質量〔g〕	1.0	2.0	3.0	4.0	5.0
発生した気体の質量〔g〕	0.5	1.0	1.5	1.5	1.5

(2)　(1)の表より，うすい塩酸50cm^3と過不足なく反応する炭酸水素ナトリウムの質量は3.0gであることがわかる。炭酸水素ナトリウム6.0gと過不足なく反応するうすい塩酸の体積を$x$$cm^3$とすると，$50:3.0=x:6.0$　$x=100$〔cm^3〕

【問題3】 (電気とそのはたらき)

問1　ある電熱線に加わる電圧と流れる電流の大きさは比例する。これを，**オームの法則**という。

問2　電力は，**電流と電圧の積**で表されるので，同じ電圧を加えた場合，より大きな電流が流れる電熱線のほうが，消費する電力は大きくなる。

問3　電熱線Aに6Vの電圧を加えたときに流れる電流は，**電流〔A〕＝電圧〔V〕÷抵抗〔Ω〕**より，6〔V〕÷2〔Ω〕＝3〔A〕　**発熱量〔J〕＝電力〔W〕×時間〔s〕**より，(6×3)〔W〕×(5×60)〔s〕＝5400〔J〕

問4　オームの法則より，電圧を半分にすると回路を流れる電流も半分になるため，消費する電力は4分の1に減少する。発熱量は電力に比例するので，電力が4分の1になれば，発熱量，水の温度上昇もそれぞれ4分の1になる。

問5　発熱量が大きくなるほど水の温度上昇も大きくなる。発熱量は，消費する電力が大きくなるほど大きいので，ビーカーⅠ～Ⅳ内の電熱線が消費する電力をそれぞれ求める。　(ビーカーⅠ)　6〔V〕×(6÷2)〔A〕＝18〔W〕　(ビーカーⅡ)　6〔V〕×(6÷4)〔A〕＝9〔W〕　(ビーカーⅢ)　回路の全抵抗は2＋4＝6〔Ω〕なので，回路に流れる電流は，6〔V〕÷6〔Ω〕＝1〔A〕　よって，ビーカーⅢの電熱線が消費する電力は，(1×2)〔V〕×1〔A〕＝2〔W〕　ビーカーⅣ…(1×4)〔V〕×1〔A〕＝4〔W〕

【問題4】 (太陽の動き)

問1　夏至の日は，太陽の日の出・日の入りの位置が1年のうちで最も北寄りになり，昼の長さが最も長くなる。

問2 **地球は地軸を傾けたまま公転している**ため，南中高度が変化し，それによって昼の長さが変化する。

問3 影の長さは，太陽の高度が低くなるほど長くなるので，正午と午後4時では，午後4時のほうが影が長くなる。また，夏至の日，同じ時刻で比べると緯度が高くなるほど太陽の高度が低くなるので，沖縄県と鳥取県で比べると，緯度の高い鳥取県のほうが影の長さが長くなる。

問4 (1) 地球の自転の速さが一定であるために，天球上で太陽が動く速さが一定になる。

(2) 太陽は，1時間で天球上を4cm動くので，58cm動くのにかかる時間は，58÷4＝14.5〔時間〕よって，日の出の時刻は，日の入りの時刻の14時間30分前である。

【問題5】 (動物の体のつくり)

問1 (1) 赤血球に含まれているヘモグロビンが，酸素と結びついて全身の細胞に酸素を運んでいる。 (2) 魚類はえらで呼吸を行う。

問2 Aは血小板である。Bは白血球で異物を分解する。Cは赤血球で全身に酸素を運ぶ。

問3 Dを流れる血液は，肺で取り入れた酸素を多く含むため動脈血である。肺静脈を流れた血液は，心臓の左心房に入る。

問4 柔毛の内部には，毛細血管とリンパ管がある。このうち，毛細血管にはブドウ糖とアミノ酸，リンパ管には脂肪が吸収される。

問5 血液中の尿素は，じん臓で血液中から取り除かれる。

【問題6】 (光の性質)

問1 光軸に平行に進んだ光は，凸レンズを通過したあと，焦点を通る。また，凸レンズの手前の焦点を通過した光は，凸レンズを通過したあと，光軸に平行に進む。

問2 (1) 問1の作図より，3本の光の交点の凸レンズからの距離を求める。 (2) スクリーンに映し出すことができる像を，**実像**という。

問3 焦点距離の短い凸レンズのほうが，実像ができる位置が比較的凸レンズに近くなる。また，実験2から，実像ができる位置は図5よりもさらに遠いと考えられるので，外箱を長くしてもよい。また，実像のできる位置を凸レンズにできるだけ近づけたい場合は，物体を凸レンズからなるべく離して置けばよい。

問4 凸レンズを通過する光の量が減少するために，像の明るさは暗くなる。

【問題7】 (イオン)

問1 電解質の水溶液を用いないと，装置に電流が流れない。また，用いる電解質の水溶液は実験の結果に影響しないように，中性である必要がある。

問2 電解質の物質は，水に溶けると**陽イオン**と**陰イオン**に電離する。

問3 塩化銅が1つ電離すると，銅イオンが1個，塩化物イオンが2個生じる。

問4 銅原子がイオンになるとき，電子を2個放出して2価の陽イオンとなる。

問5 塩素は，塩素原子が2個結びついてできている。

【問題8】 (空気中の水蒸気)

問1 金属は熱を伝えやすいため，コップの表面は，中の水の温度とほぼ同じになっている。

問2 露点が14℃であることから，この空気1m^{3}中に含まれている水蒸気量は，12.1gとなる。20℃における飽和水蒸気量は17.3g/m^{3}であることから，

$\text{湿度〔\%〕} = \dfrac{\text{空気中の実際の水蒸気量〔g/m}^3\text{〕}}{\text{その温度での飽和水蒸気量〔g/m}^3\text{〕}} \times 100$ より，$\dfrac{12.1\text{〔g/m}^3\text{〕}}{17.3\text{〔g/m}^3\text{〕}} \times 100 = 69.9\cdots\text{〔\%〕} \rightarrow 70\%$

問3　空気中の水蒸気量は変わらないので露点も変わらない。よって，コップがくもり始めるときの水温は変化しない。また，空気の温度が高くなると飽和水蒸気量が大きくなるので，飽和水蒸気量に対する水蒸気量の割合が低くなる。よって，湿度は低くなる。

問4　気圧が低くなると，空気が膨張して温度が下がる。温度が下がると空気は露点に達しやすくなり，水蒸気が凝結して雲ができる。

問5　水の循環を起こすエネルギーは，太陽によりもたらされている。

<社会解答>

【問題1】　問1　(1)　あ　(2)　ユーロ　(3)　イ　(4)　ア　問2　(1)　モノカルチャー　(2)　エ　問3　(1)　①　B→D→A→C　②　エ
(2)　①　(例)地場(産業)　②　イ　③　ウ　(3)　①　(例)大雨などの際に，一時的に水をためておくことで，洪水による浸水被害を防ぐため。　②　ウ

【問題2】　問1　(1)　ウ　(2)　イ　(3)　風土記　(4)　エ　(5)　ア　(6)　ウ
問2　(1)　(語句)　アヘン(戦争)　(記号)　ア　(2)　ウ　(3)　(例)重い税や負担に苦しみながら戦争に協力したにもかかわらず，賠償金が得られないことが分かり，政府のロシアに対する弱腰の姿勢に不満が高まったから。
(4)　吉野作造　(5)　(例)産業全体の生産額に占める養蚕業と製糸業の生産額の割合が高く，養蚕業と製糸業への依存度が高かった　(6)　イ　(7)　①　エ
②　ア→エ→ウ→イ

【問題3】　問1　(1)　カ　(2)　エ　(3)　ア　(4)　イ　問2　(1)　300万円
(2)　ア　(3)　イ　(4)　エ　問3　(1)　ワイマール　(2)　ア
(3)　ウ　(4)　E　10　F　総辞職　(5)　(例)任期が短く，解散もあり，国民の意見を反映しやすいから。

<社会解説>

【問題1】　(地理的分野―世界地理－地形・気候・人々のくらし・人口・産業・貿易・資源，―日本地理－日本の国土・地形・工業・農林水産業)

問1　(1)　あ国はニュージーランド，い国はインド，う国はドイツ，え国はブラジルである。日本が1月1日なら，かずみさんの住んでいる国は季節が逆で夏になるので，**南半球**にあるニュージーランドかブラジルとなる。地球は24時間で360度自転するので，**経度15度で1時間の時差**となる。日本の**標準時子午線**は，東経135度であるから，西経45度のブラジルは，時差が12時間となり，まだ1月1日になっていない。東経約180度のニュージーランドとの時差は，約3時間となり，ニュージーランドはすでに1月1日になっている。正解は，あ国のニュージーランドである。
(2)　**ヨーロッパ連合(EU)**加盟国で2002年から使用されている共通の通貨は**ユーロ**であり，19か国が使用している。2021年4月現在1ユーロは約130円である。なお，EU加盟国でユーロを利用していない国もある。　(3)　じろうさんの住んでいる国は，ブラジルである。問題の4か国のうち，**人口**がもっとも多いのは中国であり，エが中国である。4か国のうち最も**人口密度**が低いのはロシアであり，アがロシアである。残るイ・ウのうち，大豆・鉄鉱石の輸出が盛んな方の

イがブラジルである。ブラジルは**世界第1位の大豆輸出国**である。 (4) ともきさんの住んでいる国は，インドであり，インドの国民の80%が信仰しているのが，**ヒンドゥー教**である。残りは**イスラム教**や**キリスト教**などで，インドで生まれた**仏教**の信者は極めて少ないことに注意したい。

問2 (1) 数種類の鉱産資源や農産物の輸出に依存している国の経済状態を，**モノカルチャー経済**という。**カカオ豆**に依存する**コートジボワール**や，**銅**輸出に大きく依存する**ザンビア**など，**アフリカ州**の国に多く見られる。農産物は気候の影響を受けやすく，特定の産物に頼っていると経済が不安定になりやすい。また，その農産物や資源の価格や，他国との関係によって輸出量の変動が起こり，経済が左右されやすい。 (2) ア アフリカの多くの国々では，モノカルチャー経済からの脱却を目指すなど，課題解決に向けた取り組みを行っている。 イ 鉱産資源を求める外国の企業が広大な土地を購入していることはない。 ウ アフリカが世界の工場と呼ばれていることはない。ア・イ・ウのどれも誤りであり，エが正しい。

問3 (1) ① Bは納沙布岬である。Dは釧路湿原である。Aは小樽である。Cは函館である。地図上の訪れた順番に並べると，B→D→A→Cとなる。 ② 日本の国土の**最東端**は，東京都の**南鳥島**である。また，海岸線から12海里(約22km)の領海に接し，海岸線から200海里(約370km)までの海域を，**排他的経済水域**という。 (2) ① 特定の地域にその立地条件を生かして定着した産業で，古くから受け継がれてきた技術や，地元でとれる原材料などを生かし，特産品を製造している産業を，**地場産業**という。問題の新潟県燕市の洋食器や福井県鯖江市の眼鏡の他，愛知県瀬戸市の陶磁器，岩手県の南部鉄器など，全国各地に多くの例がある。 ② グラフ1に見られるように，東北地方は米の割合が32.3%と，最も高くなっている。一方，関東地方では，大消費地となる東京の周辺で，大都市に新鮮な農産物を通年的に供給することを目的として，野菜や花などの商品作物を栽培・出荷しており，これを**近郊農業**という。 ③ 化学・金属製品が多いのは，大阪府の特徴であり，アが大阪府である。 イ 国内最大の自動車メーカーの本拠地を含んでいる愛知県は，出荷額のうち輸送用機械が突出して多い。イが愛知県である。なお，全国の都道府県のうち，**製造品出荷額**が日本第1位なのは愛知県である。 エ 東京は出版社が多いことから印刷業の割合が多く，印刷業の製造品出荷額は，日本全体の6分の1程度になる。エが東京都である。残るウが福岡県である。 (3) ① 写真3が，大雨や豪雨の際に一時的に雨水を貯めておく**雨水貯留管**を示していることに触れる。各地につくられている**雨水調整池**も同じ働きをする。一時的に水を貯めておくことで，周辺地域の**洪水**による**浸水被害**を防ぐ目的であることを指摘する。 ② 国や地方公共団体，消防・警察・自衛隊による救助活動や支援物資の提供など，公的支援のことを**公助**という。**地域**の災害時要援護者の避難に協力したり，地域の人々と消火活動を行うなど，周りの人たちと助け合うことを**共助**といい，その重要性が注目されている。自分自身や家族を守るのが**自助**である。

【問題2】 **(歴史的分野―日本史時代別－古墳時代から平安時代・鎌倉時代から室町時代・安土桃山時代から江戸時代・明治時代から現代，―日本史テーマ別－政治史・法律史・文化史・経済史・社会史・外交史，―世界史－政治史・世界史総合)**

問1 (1) 平安後期の**院政**の時代から，鎌倉時代・室町時代を経て戦国時代までを，**中世**という。記号のウが中世にあたる。安土桃山時代からが**近世**である。なお，中世の始まりには諸説ある。 (2) イが**十七条の憲法**の第3条である。**詔**とは天皇の命令である。なお，アは明治初期の「**五か条の誓文**」の一節，ウは戦国時代の**分国法**の一節，エは江戸時代の**武家諸法度**の一節である。 (3) 奈良時代に，地方の文化・風土や地勢等を，国ごとに記録編さんして，天皇に献上させた報告書を「風土記」という。　(4)　ア　コロンブスはイタリアで生まれ，西回りでインドに到達する事を計画し，スペインのイサベラ女王の援助を得て出発した。新大陸に到達したのは，15世紀末のことである。　イ　マルクスが「資本論」を著したのは，19世紀の中期のことである。　ウ　始皇帝が万里の長城を築かせたのは，紀元前3世紀のことである。ア・イ・ウのどれも別の時代のことである。エが正しい。モンゴル民族のチンギス＝ハンが中央アジアを征服したのが，13世紀のことである。　(5)　太閤検地では石高制がとられ，土地はそこから収穫される米によって測られることになった。武士は自分の領地の石高に対して，軍役を負担した。1石とは，100升のことである。この太閤検地によって一地一作人の原則が確立され，長い間続いた荘園制が解体した。　(6)　ア・イ・エのどれもグラフを正しく読み取っていない。ウが正しい。19世紀には百姓一揆が100件を超えた年がある。幕末に各地で頻発した「世直し一揆」がそれである。

問2　(1)　語句　清国のアヘン禁輸を発端とするイギリスと清との戦争が，アヘン戦争である。戦争はイギリスの勝利に終わり，1842年に南京条約が締結され，中国の半植民地化の起点となった。　記号　アは薪水給与令，イは異国船打払令である。幕府は1825年の異国船打払令から，1842年に薪水給与令へと政策を変更した。幕府が，このように強硬策から柔軟策へ政策を転向したのは，アヘン戦争が，イギリスの勝利に終わったことに脅威を覚えたためである。

(2)　フランス革命は，1789年に起こった。インド大反乱は，1857年から1858年の間にインドで起きた，イギリスによる植民地支配に対する民族的抵抗運動である。日米和親条約が締結された1854年はこの2つの事件の間なので，ウの時期にあたる。　(3)　資料2から読み取れるように，日露戦争の戦費は日清戦争に比べてはるかに大きく，その戦費は外債と大増税によってまかなわれた。ところが，ポーツマス条約の内容に賠償金の支払いがなかったことから，国民の不満が爆発し，日比谷焼き打ち事件が起こったことを簡潔に説明すればよい。　(4)　写真の人物は吉野作造である。大日本帝国憲法の枠内で，民意に基づいて政治を進め，民衆の福利を実現することが望ましいという「民本主義」を提唱したのが，東京帝国大学で教壇に立っていた吉野作造である。民本主義を説く論文は，雑誌『中央公論』に発表され，吉野作造は，大正デモクラシーの理論的リーダーの一人となった。　(5)　長野県は，資料6に見られるように，産業全体の生産額に占める養蚕業と製糸業の生産額の割合が7割から8割で，養蚕業と製糸業への依存度が高かったため，世界恐慌の影響を受け，繭・生糸価格が暴落し，生産者は困窮したことをまとめて述べればよい。　(6)　国際連合の安全保障理事会の常任理事国は，アメリカ・イギリス・フランス・ソ連・中国の5か国である。なお，安全保障理事会では，5か国ある常任理事国が1か国でも反対すると，決議ができないことになっている。常任理事国は拒否権を持っていることになる。第二次世界大戦後の，世界を二分した，西側諸国のアメリカを中心とする資本主義陣営と，東側諸国のソ連を中心とする社会主義陣営との対立を，冷たい戦争(冷戦)という。　(7)　①　ア　芸術家の岡本太郎は，大阪で開かれた万国博覧会のシンボルとして「太陽の塔」を制作した。

イ　黒澤明は映画監督として「羅生門」を制作した。　ウ　小説家の川端康成は「伊豆の踊子」を著し，のちにノーベル文学賞を受賞した。ア・イ・ウのどれも組み合わせに誤りがあり，エが正しい。漫画家手塚治虫の作品「鉄腕アトム」は，のちの漫画界に大きな影響を与えた。

②　ア　第二次世界大戦の講和条約であるサンフランシスコ平和条約が締結されたのは，1951年である。　イ　地球温暖化防止会議が行われ京都議定書が採択されたのは，1997年である。

ウ　27年間アメリカの占領下にあった沖縄が日本に復帰したのは，1972年のことである。

エ　第1回アジア・アフリカ会議がインドネシアで開催されたのは，1955年のことである。したがって，年代の古い順に並べると，ア→エ→ウ→イとなる。

【問題3】 (公民的分野―国民生活・経済一般・財政・地方自治・基本的人権・憲法の原理・国の政治の仕組み，地理的分野―日本地理－人口，その他)

問1　(1)　時間・費用・労力の面で無駄を省く考え方が「**効率**」である。この問題の場合，Bが効率である。手続き・機会や結果において公平を期す考え方が「**公正**」である。この問題の場合，Cが公正である。残るAが「合意」である。正答はカである。　(2)　グラフ1によれば，鳥取県では1990年から2015年にかけて，**人口**は4万人程度減少している。にもかかわらず**世帯数**が増加しているのは，グラフ2に見られるように，1人暮らしや2人暮らしの世帯が，1990年から2015年にかけて40％弱から60％弱まで増加しているためである。正答はエである。　(3)　日本では1947年から1949年にかけて，**第一次ベビーブーム**があり，1950年代ではまだ高齢化率は高くなかったが，1970年には**高齢化社会**になり，その後は他国と比べて急激に高齢化が進んだ。これを表すのは，グラフのアである。　(4)　「**ワーク・ライフ・バランス**」とは，「**仕事と生活の調和**」のことをいう。充実感を持って働きながら，家庭生活や地域生活も充実させられること，またはそのための取り組みのことである。

問2　(1)　企業において，売上金から原材料費・従業員の賃金・その他(光熱費・輸送費・地代・利子など)のすべての費用を差し引いた残りの金額を**利潤**という。問題の場合，1000万円から原材料費200万円，従業員の賃金300万円，その他200万円を引いた300万円が利潤となる。

(2)　**自由競争**が行われている市場では，**好景気**の時には，市場に出回っている通貨量が多いために，商品の**需要量**が**供給量**を上回り続け，**物価**が上がり続ける現象が起こる。これが**インフレーション**である。**不景気**で需要量が減少し物が売れず，物価が下がり続ける状態を**デフレーション**という。デフレーションが悪循環に陥り，抜け出せなくなる状況をデフレスパイラルという。

(3)　**日本銀行**は，景気の良いときには，**国債**などを銀行に売る**公開市場操作**を行い，一般の銀行が保有する資金量を減らす。これを**売りオペレーション**という。一般の銀行は貸し出し金利を引き上げ，市場に通貨が出回りにくくなる。これによって景気を抑制することができる。逆に不景気の時には，銀行が持つ国債などを買い上げ，一般の銀行が保有する資金量を増やす。これを**買いオペレーション**という。一般の銀行は貸し出し金利を引き下げ，市場に通貨が出回りやすくする。これによって，景気を刺激することができる。このような日本銀行の働きが，日銀の**金融政策**である。　(4)　ア　鳥取県は大阪府よりも，**地方債**の割合が大きい。　イ　**国庫支出金**は国の基準に基づき交付される収入で，**依存財源**である。　ウ　地方税は**自主財源**である。ア・イ・ウのどれも誤りであり，エが正しい。

問3　(1)　1919年に**第一次世界大戦**の敗戦国ドイツで制定されたのが，ワイマール憲法である。当時世界で最も先進的な憲法といわれ，世界で初めて国家が最低限の生活を保障する**社会権**を規定した憲法である。　(2)　イ　**日本国憲法**第31条は「何人も，法律の定める手続によらなければ，その生命若しくは自由を奪はれ，又はその他の刑罰を科せられない。」と規定しており，この法定手続きの保障は，**身体の自由**である。　ウ　日本国憲法第21条は「**集会，結社及び言論，出版**その他一切の**表現の自由**は，これを保障する。」と規定しており，これは**精神の自由**である。エ　日本国憲法第23条は「学問の自由は，これを保障する。」としており，これは**精神の自由**である。イ・ウ・エのどれも他の自由権についての説明である。アが**経済活動の自由**にあたる。

(3)　日本国憲法第28条で，労働者が集団となることで，使用者と対等な立場で交渉できるよう，以下の**労働三権**を保障している。**団結権**とは，労働者が労働組合を結成する権利である。**団体交渉権**とは，使用者と団体で交渉する権利である。**団体行動権**とは，要求を実現するために，**ストライキ**などを行う権利である。団体行動権は，**争議権**ともいう。労働三権は，**労働基本権**ともいう。　(4)　E　日本国憲法第69条は「内閣は，**衆議院**で**不信任の決議案**を可決し(中略)たときは，十日以内に**衆議院が解散**されない限り，総辞職をしなければならない。」と定めている。F　内閣は，不信任決議から**10日以内**に，総辞職するか，衆議院を解散するか選ばなければならない。総辞職をしなかった場合でも，総選挙後に**特別国会**が召集される時には総辞職をしなければならない。いずれを選んでも，不信任案を可決された内閣は総辞職することになる。

(5)　**衆議院の優越**の理由としては，**参議院**が**6年任期**なのに対して，衆議院は**4年**と任期が短く，解散もあるため**選挙**も頻繁になり，その時点での国民の意思をより直接に反映する機関であるからと考えられている。以上を簡潔にまとめればよい。

<国語解答>

【問題一】　問一　(1)　にな(う)　(2)　すいこう　(3)　操る　(4)　温厚　問二　ア　問三　ア・オ　問四　(1)　イ　(2)　エ　問五　(1)　ア　(2)　ウ

【問題二】　問一　ウ　問二　イ　問三　エ　問四　(例)他人から評価されなくても，自分の絵の良さを否定しなくてもよいということ。　問五　(例)小池に自分の表現の独自性を認められたことをうれしく思うと同時に，自分はふつうの人間とは違うのではないかと不安になった。　問六　エ

【問題三】　問一　エ　問二　ア　問三　ウ　問四　(はじめ)現在の　(終わり)しまう　問五　(1)　A　再現性に関する検証[再現性の検証]　B　(例)客観性にもとづき，自由に批判や反論が可能である。　(2)　(例)情報をオープンにし，真摯に批判を受け，間違いが分かれば修正するという態度。

【問題四】　問一　よさそう　問二　ウ　問三　イ　問四　ア

【問題五】　問一　ウ　問二　イ　問三　エ　問四　ウ

問五　(例1)　私は，鳥取県の魅力について「わからない」と答える人が多いのが課題だと考えます。

この課題の解決策として，SNSを活用して，一人一人が実感している鳥取県の良さを，たくさんの人に知ってもらうのがよいと考えます。私は，毎朝眺める大山の美しさや，新鮮な野菜のおいしさに感動します。このような身近にある鳥取県の魅力を，写真や動画を使って発信すれば，多くの人に知ってもらうことができると思います。

(例2)　課題は，鳥取県の産業を魅力的だと思う人が少ないということだ。しかし，情報通信技術が発達した今日，大都市のオフィスにいなくてもできる仕事が増えた。都市で働く私の兄も，帰省した際，テレワークをしていた。

そこで，廃校や空き家をワーキングスペースとして整備し，県外の企業を呼び込むのがよいと考える。自然豊かな暮らしを楽しみながら，都市にいるのと同様の仕事ができることは，大きな魅力になると思う。

(例3)　鳥取県に関して魅力的だと思うものとして「交通の便」を挙げる人が少ない。確かに，祖母も，バスの便数が少なくて病院や買い物に行くのに苦労すると言っていた。

このことを解決するために，乗り合わせの交通システムを作るのがよいと考える。予約された時間と場所を調整し，相乗りで目的地に送迎することにより，必要に応じた効率的な移動手段を確保し，不便を解消することができるのではないだろうか。

＜国語解説＞

【問題一】（漢文・知識―内容吟味，漢字の読み書き，熟語，品詞・用法，古文の口語訳，表現技法，書写）

問一　(1)　この場合の「**担う**」は，引き受けるという意味。　(2)　「**遂行**」は，物事を最後までやり通すこと。　(3)　「**操**」の音読みは「ソウ」で，「操作」「体操」などの熟語を作る。　(4)　「**温厚**」は，優しくて穏やかな性質を言う。

問二　①の部分は，楷書では3画で書くところを**連続**して書いている。②は，楷書では1画目になるところが3画目になっており，**筆順が変化**している。したがって，両方を満たすアが正解となる。

問三　アは，「**公明**」が公平で隠し事をしないこと，「**正大**」が正しくて堂々としていることなので，意味の似た二字熟語を重ねたものである。イは「自画」(＝自分で描いた絵)を「自賛する」(＝自分でほめる)という意味なので，あてはまらない。ウは，漢詩や文章の組み立てを表す言葉で，二字熟語を重ねたものではない。エは，「意気」(＝さかんな気持ち)が「消沈する」(＝なくなる)という意味なので不適当。オは，「**唯一**」がただ一つ，「**無二**」が他にないということなので，意味の似た二字熟語を重ねたものである。

問四　(1)　傍線部1「ある」は**連体詞**。ア「かなり」は副詞，イ「**大きな**」は連体詞，ウ「新しい」は形容詞，エ「きれいな」は形容動詞「きれいだ」の連体形である。　(2)　傍線部2「ない」は，前の「忘れ」「られ」に付いて文節を作り，活用するので，**助動詞**である。

問五　(1)　「不入虎穴，不得虎子」の漢字を読む順序は「虎穴入(不)，虎子得(不)」である。前半は，「虎穴」を「入」より先に読むので，「**穴**」に**一点**，「**入**」に**二点**をつける。「入」を「不」より先に読むので，「**不**」に**レ点**をつける。後半も同様に，「**子**」に**一点**，「**入**」に**二点**，「**不**」に**レ点**をつける。アが正解。　(2)　「虎穴に入らずんば，虎子を得ず」は，虎の穴に入らなければ虎の子どもを手に入れることはできないということから，**危険を冒さなければ大きな成功を収められない**という意味になる。ウが正解。

【問題二】（小説－情景・心情，内容吟味，脱文・脱語補充）

問一　本文の後半で「小池」が「**お前みたいな色使いや筆運びは真似できない**」と言っていることから，「小池」が「ぼく」の絵の**独自性**を評価していることがわかる。正解はウ。「ぼく」は犬のクロを描いているから，「空想の世界」と説明するアは誤り。「ぼく」の絵は「両隣のクラスメートから笑われた」とあるので，「巧み」と説明するイや，「見事に調和」と説明するエは不適切である。

問二　「**小池に褒められてから，急に使う色や形を迷いはじめた**」とあり，「ぼく」が帰宅後も試行錯誤しながら色を塗っていた様子と合致するのは，イである。「ぼく」は授業中絵を「おざなり」に描いていたのではないし，変化のきっかけは「美術展」ではないので，アは不適切。「小池の評価」を気にしたり，「選考委員」の好みに合わせて絵を描いたりしたのではないから，ウは不適切。エの「絵の才能」はそれまで意識したことはなく，「認められるという気負い」は不適切な説明である。

問三　「通りがかっただけ」は，「ぼく」が美術室に行ったことを正当化するための苦しい**言い訳**である。「ぼく」は自分の絵に自信をもっていたわけではなかったが，入選することをかすかに期待していた。

問四　「ダメだった」は**自分が他人から評価されなかった**こと，「ダメだ」は自分で**自分の良さを否定する**ことを指す。「小池」は，他人の評価と自分の評価は別だということを伝えたかったのである。この内容を40字以内で説明する。

問五　「ぼく」は，美術教師の「小池」に「お前みたいな色使いや筆運びは**真似できない**」「**いい絵だよ**」と褒められたことは嬉しかったが，「ふつうの人間にはできない」と言われたことで自分が**ふつうの人間ではない**のかもしれないと不安になったのである。この内容を60字以内で説明する。

問六　トロフィーは優勝者や入賞者を**たたえ**，記念として与えられるものである。「ぼく」は，「小池」の「**お前はこの世にお前しかいない**」という言葉を思い出すたびに**自分の存在がほめたたえられている**ように感じた。正解はエ。「小池」の言葉は，「小池」の存在を超えて「ぼく」に働きかける力をもっていたので，アは不十分。イの「何かを極めよう」は，美術の授業で絵を描くことの説明としては大げさすぎる。ウの「孤独や～真実」は，本文から読み取れないので，不適切である。

【問題三】 (論説文—情景・心情，内容吟味，文脈把握，，指示語の問題)

問一　「必ずしも～ない」という表現に注意する。傍線部1は「現状の科学で認識できないことでも，**この世に存在する場合がある**」という意味なので，これと同じ内容のエを選ぶ。アは「存在していないことは認識できない」，ウは「存在していることは認識できる」という説明なので不適切。イは「存在していなくても認識できる」という説明になっており，傍線部1とは逆の内容である。

問二　**あてはまらないもの**を選ぶことに注意する。傍線部2「この領域」は「現在，科学の支配が及んでいない未知の領域」を指しているので，アの「**科学の支配が及んでいる領域**」を選ぶ。

問三　「石鹸」「清涼感」という語句から，傍線部3の比喩が**余分なものを取り除いたすっきりした考え方**を表すことが読み取れるが，後に「**違和感**を持ってしまう」とあることから，筆者がこの考え方に賛成していないことがわかる。考え方を「合理的」とまとめ，筆者の思いを「皮肉」とするウが正解。アの「賞賛」，エの「敬意」は筆者の思いと合わない。イの「情緒的」は，考え方の説明として不適切である。

問四　**相反する内容**であるから，「根拠のはっきりしているものだけを受け入れる」という内容が書いてある部分を探す。傍線部4を含む段落の次の段落から「**現在の科学の体系の中にあるものだけに自分の興味を限定してしまう**」を抜き出し，はじめと終わりの3字を答える。

問五　(1)　傍線部5の2つ前の段落に，「科学的な姿勢とは，根拠となる事象の情報がオープンにされており，だれもが**再現性に関する検証**ができること，また，**自由に批判や反論が可能である**といった特徴を持っている」と説明されている。Aは，「再現性に関する検証」(9字)，または同じ内容を言い換えた「再現性の検証」(6字)を抜き出す。Bは，表の「非科学的な態度」の説明と対比する形で，「自由に批判や反論が可能である」に「**客観性**がある」という内容を付け加えて，「客観性にもとづき，自由に批判や反論が可能である。」(24字)などとまとめる。　(2)　傍線部5の後に「**間違いが分かれば修正すれば良い**」とあることから，物事が発展・展開するためには，間違いが分かったら修正する態度が必要であることが読み取れる。また，最終段落には「修正による発展のためには**情報**を**オープン**にし，他人からの**批判**～に晒されなければならない」とある。この2つの部分をもとにして，「～という態度。」という形で40字以内で書く。

【問題四】 (古文—内容吟味，指示語の問題，仮名遣い)

〈口語訳〉　ある者が，座敷を作ってふすまに絵を描かせた。白鷺だけを描いた絵を注文した。絵描きは，「わかりました」と言って，焼き筆で下絵を描いた。亭主が言うことには，「どれも良さそうだけれども，この白鷺が飛び上がっているのは，羽の使い方がこのようでは飛べないだろう」と言う。絵描きが言うことには，「いやいや，この飛び方がもっとも優れたところだ」と言ううちに，本物の白鷺が4，5羽連れだって飛ぶ。亭主はこれを見て，「あれを見てください。あのように描きたいものだ」と言うと，絵描きはこれを見て，「いやいや，あの羽の使い方では，私が描いたようには飛べないだろう」と言った。

問一　後の「**さ**」を「**そ**」に直し，すべてひらがなで「**よさそう**」と書く。

問二　「羽づかひがかようでは」は「羽の使い方がこのようでは」という意味。亭主は**絵に描かれた白鷺の羽の使い方が不自然だ**と言っているのである。正解はウ。アの「本物の白鷺は羽にけがをしている」，イの「本物の白鷺の数はとても少ない」は，本文に根拠がなく，不適切。エの「白鷺が密集」している様子を描いた絵かどうかも，本文からは読み取れない。

問三　「絵描きこれを見て」の「これ」は，前の「亭主これを見て」の「これ」と同様，「**本の白鷺が四五羽うちつれて飛ぶ**」を指しているので，イが正解となる。

問四　筆者が批判しているのは，**本物の白鷺が飛ぶのを見て亭主の意見が妥当であることが明らかなのに，自分の絵が正しいと言い張る絵描き**である。このことを説明したアが正解。イは「亭主の絵のうまさ」とあるが，亭主は絵を描いていないので誤り。ウの「絵について注文をつけすぎて」，エの「絵描きの批判ばかりしている」は，本文の亭主の態度と合わない。

【問題五】（会話・議論・発表―内容吟味，接続語の問題，作文，敬語，その他）

問一　「召し上がる」は「食べる」の**尊敬語**。アの「申し上げる」は「言う」の謙譲語，イの「返します」は丁寧語，ウの「**ご覧になる**」は「見る」の尊敬語，エの「うかがう」は「訪問する」の謙譲語。

問二　aは，前のAさんの言葉を肯定する内容が後に続くので「**確かに**」が入る。bは，前の「たくさんのお客さんが来る」から予想されることとは逆の「地域の活性化にはつながらない」と言う内容が続くので「**しかし**」が入る。cは，前の「県外からの移住をよびかける方がよい」の理由を後に述べているので，「**なぜなら**」が入る。したがって，このすべてを満たすイが正解となる。

問三　Cさんは，はじめに「そうですね」と**他者の意見を肯定**してから，「ホームページに掲載する」という**自分の考え**に結び付けて意見をまとめ直しているので，エが正解。「複数の意見の共通点と相違点」を整理してはいないので，アは誤り。「自分の体験」は述べていないので，イは誤り。傍線部2では，他者の意見に対して「問題点を指摘」したり，「反論」したりしていないので，ウは不適切である。

問四　**あてはまらないもの**を選ぶことに注意する。アとイは司会者が気をつけることとして適切である。しかし，パネリストがウのように「**事前に用意した台本のせりふだけを述べ，自分の主張を貫く**」のであれば，ディスカッションをする意味はない。パネルディスカッションは，パネリストが意見を交換する過程で予定とは異なる形で内容が深まったり，主張を修正したりすることで，よりよいものとなる。したがって，ウがあてはまらないものである。エは，パネリストの態度として適切である。

問五　**【条件】に従って書く**こと。第一段落は，資料から読み取った**課題**を書く。(例1)は「鳥取県の魅力について『わからない』と答える人が多いこと」，(例2)は「鳥取県の産業」，(例3)は「交通の便」に言及している。第二段落は，課題の**解決策**を，自分の**体験**を踏まえて書く。制限字数は161～200字。原稿用紙の使い方に従い，書き始めは1マス空けること。書き終わったら**必ず読み返して**，誤字・脱字や表現の不自然なところは書き改める。

MEMO

大切なことはメモしておこうネ！

鳥取県公立高等学校

2020年度

★★★★★★★★★★★★★★★★★★★★★★★

入　試　問　題

●くわしい解説……61ページ

＜数学＞

時間　50分　　満点　50点

【注意】
1　答えが分数になるときは，それ以上約分できない分数で答えなさい。
2　答えに$\sqrt{}$が含まれるときは，$\sqrt{}$をつけたままで答えなさい。なお，$\sqrt{}$の中の数は，できるだけ小さい自然数にしなさい。また，分数の分母に$\sqrt{}$が含まれるときは，分母を有理化しなさい。
3　円周率は，πを用いなさい。

【問題１】 次の各問いに答えなさい。

問１　次の計算をしなさい。

(1)　$2-(-5)$

(2)　$\frac{2}{3}\div\left(-\frac{2}{15}\right)$

(3)　$6\sqrt{3}-\sqrt{27}-\sqrt{12}$

(4)　$3(2x-y)-2(x+y)$

(5)　$3a^2b\times 4ab^2\div 2ab$

問２　$(2a-3)^2$ を展開しなさい。

問３　$a=-2$のとき，$-a^2-2a-1$ の値を求めなさい。

問４　$x^2-3x-10$ を因数分解しなさい。

問５　次の表は，yがxに反比例する関係を表したものである。yをxの式で表しなさい。また，表のアにあてはまる数を答えなさい。

表

x	…	-1	0	1	2	…
y	…	-12	×	12	ア	…

問６　二次方程式 $x^2-3x-1=0$ を解きなさい。

問７　右の図Ⅰのように，底面の半径が３cm，母線の長さが６cmである円錐の側面積を求めなさい。

図Ⅰ

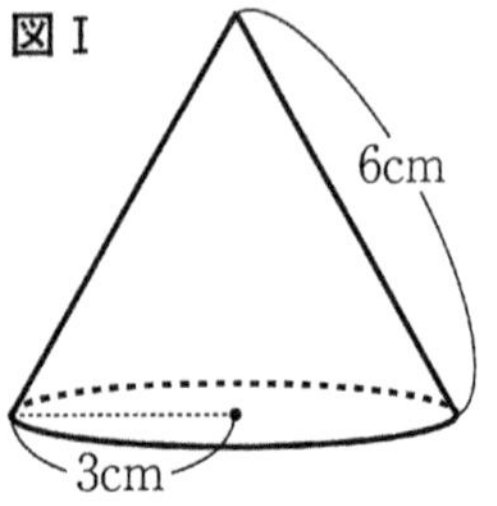

問８　ある養殖池にいるニジマスの総数を調べるために，次の実験をした。

網ですくうと50匹とれ，その全部に印をつけて池にもどした。数日後，再び同じ網ですくうと48匹とれ，印のついたニジマスが６匹いた。

この池にいるニジマスの総数を推測しなさい。

問９　右の図Ⅱにおいて，３点A，B，Cを通る円の中心Oを作図しなさい。

ただし，作図に用いた線は明確にして，消さずに残しておき，作図した円の中心Oには記号Oを書き入れなさい。

図Ⅱ

問10　右の図Ⅲのように，平行四辺形ABCDがある。点Eは辺ADの中点とし，直線BAと直線CEの交点をFとする。

このとき，△AEF≡△DECであることを次のように証明した。

に証明の続きを書き，証明を完成しなさい。

図Ⅲ

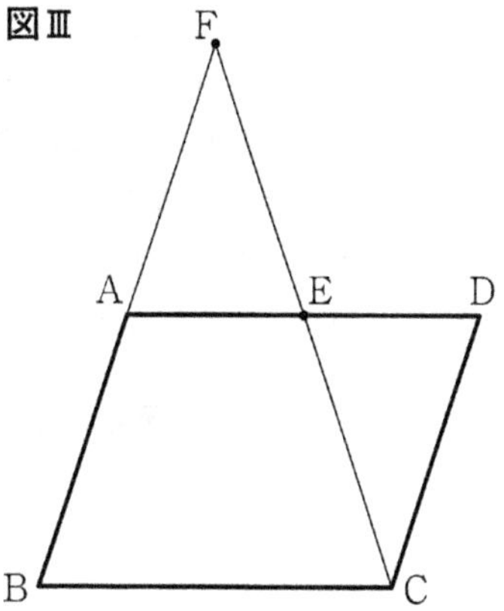

(証明) △AEF と△DEC で，

△AEF≡△DEC　　(証明終)

問11 ある中学校では，次の**ルール**で行われる的当て大会が開催される。

ルール

・右の図Ⅳのような的に向かって，ボールを１人が３回ずつ投げる。

・ボールが的に当たった場合，当たった場所の数を得点とする。

・ボールが的に当たらなかった場合，得点は０点とする。

・３回のうちの最高得点を競い，最も高い得点であった人の勝ちとする。

図Ⅳ

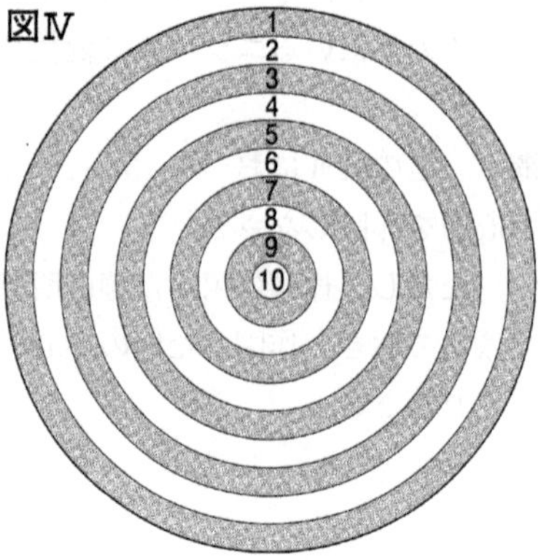

３年１組では，クラス代表１名を決めるため，１人が10回ずつ的に向かってボールを投げ，その得点を計測した。その結果，**そらさん**と**あずまさん**のどちらかを選ぶことになった。２人の得点分布は次の図Ⅴ，図Ⅵのとおりであった。

あずまさんを代表として選ぶとき，その理由を**平均値**，**中央値**，**最頻値**のいずれかを根拠として使い，説明しなさい。

図Ⅴ　そらさんの得点分布（平均値5.9点）

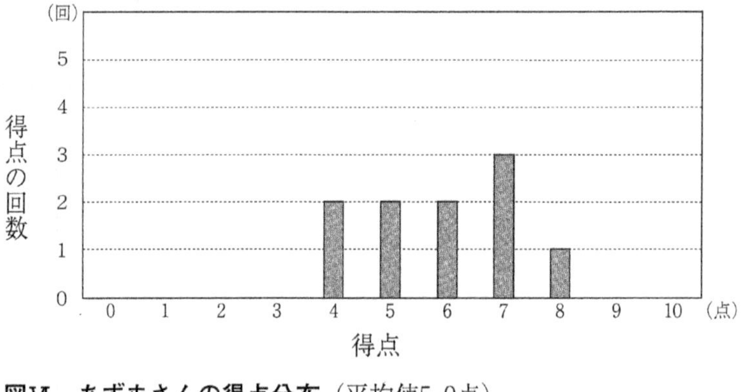

図Ⅵ　あずまさんの得点分布（平均値5.9点）

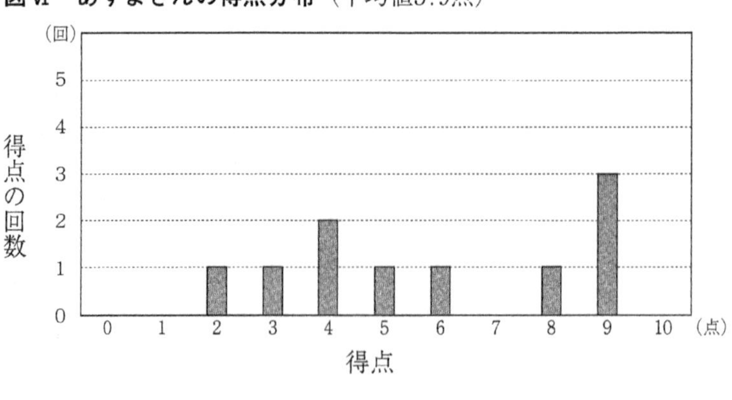

【問題２】 右の図Ⅰのように，立方体の６つの面に，１の目が１面，２の目が２面，３の目が３面ある特殊なさいころが，大小２つある。次の**会話**は，**みほさんとゆういちさん**が，これらの２つのさいころを同時に投げたとき，出た目の数の和について話し合ったものである。

図Ⅰ

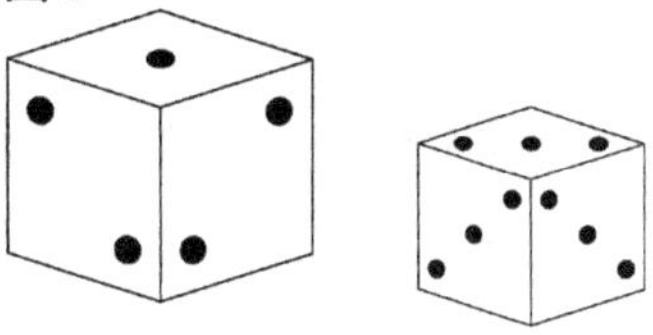

このとき，あとの各問いに答えなさい。

ただし，これらの２つのさいころは，６つのどの面が出ることも同様に確からしいものとする。

会話

みほさん：	これらの２つのさいころを投げたとき，出た目の数の和は，２，３，４，５，６のいずれかだね。
ゆういちさん：	そうだね。その中で，出た目の数の和が［ア］になる確率が最も小さく，その確率は［イ］だね。
みほさん：	それでは，出た目の数の和がいくらになる確率が最も大きいのかな。
ゆういちさん：	<u>出た目の数の和が６になる確率が最も大きい</u>と思うよ。これらの２つのさいころは，両方とも３の目が出やすいよね。だから，出た目の数の和は６になりやすいはずだよ。

問１　**会話**のア，イにあてはまる数を，それぞれ求めなさい。

問２　**会話**の**下線部**の予想は誤っている。その理由を，確率を使って説明しなさい。

問３　これらの２つのさいころを同時に投げたとき，大きいさいころの出た目の数を m，小さいさいころの出た目の数を n とする。右の図Ⅱのように，平面上に点A（m, n）をとり，点Aを通るような関数 $y = ax^2$ のグラフをかくとき，a が整数である確率を求めなさい。

図Ⅱ

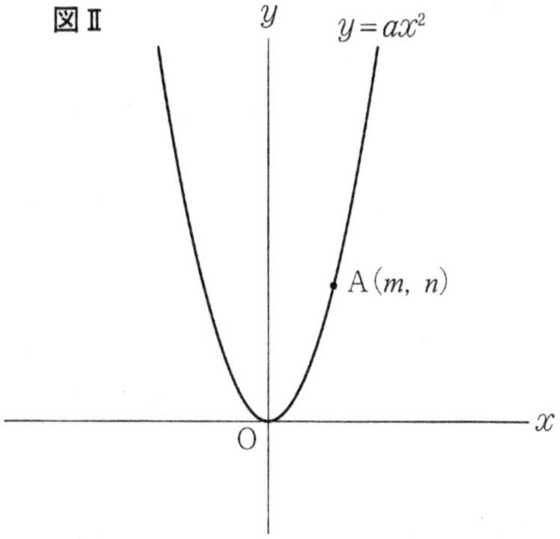

【問題３】 **こういちさん**は，池の周りを１周する１周10kmのコースを使って運動を行っている。次の各問いに答えなさい。

問１　**こういちさん**が時速６kmで15分歩いたとき，歩いた道のりは何kmか求めなさい。

問２　**こういちさん**がこのコースを１周するとき，最初は時速６kmで歩き，途中から時速10kmで走ると，あわせて$\frac{6}{5}$時間かかった。このとき，次の(1)，(2)に答えなさい。

(1) **こういちさん**が，このときの走った道のりと時間を求めようと考えたところ，次の**考え１**，**考え２**のように２通りの連立方程式をつくることができた。

次の①，②にあてはまるものを，あとの**ア**～**オ**からそれぞれひとつ選び，記号で答えなさい。

考え１

こういちさんが

①

とおくと，次の連立方程式が得られる。

$$\begin{cases} x+y=10 \\ \frac{x}{6}+\frac{y}{10}=\frac{6}{5} \end{cases}$$

考え２

こういちさんが

②

とおくと，次の連立方程式が得られる。

$$\begin{cases} 6x+10y=10 \\ x+y=\frac{6}{5} \end{cases}$$

ア 走った道のりをx km，走った時間をy時間
イ 歩いた道のりをx km，走った道のりをy km
ウ 走った道のりをx km，歩いた道のりをy km
エ 歩いた時間をx時間，走った時間をy時間
オ 走った時間をx時間，歩いた時間をy時間

(2) **こういちさん**が走った道のりと時間を求めなさい。

問３ **こういちさん**は，このコースを時速10kmで１周走ることにした。

スタート地点にいる**お父さん**は，**こういちさん**が走り始めてからt時間後に，自動車に乗って時速40kmで**こういちさん**の様子を見に行くこととする。このとき，次の(1)，(2)に答えなさい。

(1) **お父さん**がこのコースを**こういちさん**と同じ向きに進むとき，**お父さん**が出発してから**こういちさん**に会うまでの時間をa時間とする。このとき，**こういちさん**が進んだ道のりと**お父さん**が進んだ道のりの関係を，a，tを用いて表しなさい。

(2) **お父さん**がこのコースを**こういちさん**と同じ向きに進んだときの方が，反対の向きに進んだときよりも**こういちさん**に早く会えるのは，**こういちさん**が走り始めてから何時間後までに**お父さん**が出発したときか，求めなさい。

【問題４】 **あかりさん**は，夏休みの研究で，家庭の電気使用料金を調べることにした。電力会社のホームページをみると，次のページのような３つの**プラン**をみつけた。また，**あかりさん**の家庭の電気使用量を調べたところ，６月の電気使用量は220kWhであった。なお，電気使用料金は，基本料金と電気使用量によって定まる料金をあわせたものである。

このとき，あとの各問いに答えなさい。

問１ **あかりさん**の家庭の６月の電気使用料金について，**プラン１**の場合と**プラン２**の場合で，それぞれいくらになるか求めなさい。

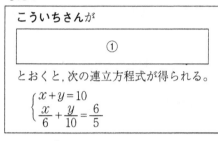

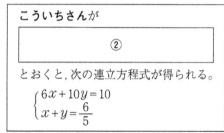

プラン1

1か月あたりの電気使用料金		
○　基本料金　2500円		
○　電気使用量0kWhから100kWhまで		0円
○　電気使用量100kWhを超えた分の電気使用量	1kWhあたり	25円

プラン2

1か月あたりの電気使用料金		
○　基本料金　1000円		
○　電気使用量0kWhから50kWhまで		0円
○　電気使用量50kWhを超えた分の200kWhまでにおける電気使用量	1kWhあたり	20円
○　電気使用量200kWhを超えた分の電気使用量	1kWhあたり	35円

プラン3

1か月あたりの電気使用料金		
○　基本料金　500円		
○　土日祝日における電気使用量	1kWhあたり	15円
○　平日昼以外における電気使用量	1kWhあたり	15円
○　平日昼における電気使用量	1kWhあたり	35円
※　昼：9時から21時まで		

問2　右の図は，電気使用量をx kWh，電気使用料金をy円として，**プラン2**の電気使用量が0kWhから50kWhまでのxとyの関係を表すグラフである。**プラン2**の電気使用量が50kWhを超えるときのxとyの関係を表すグラフをかき入れ，**プラン2**のグラフを完成しなさい。

図

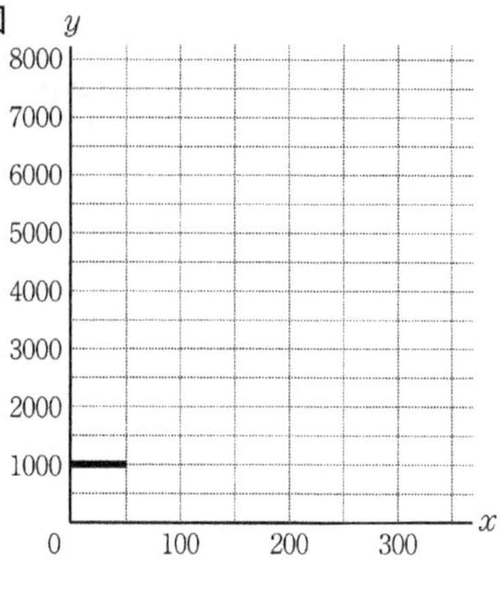

問3　**プラン1**と**プラン2**を比較したとき，**プラン2**の方が電気使用料金が安いのは，電気使用量が何kWh未満のときか求めなさい。

問4　**あかりさん**の家庭の6月の電気使用量220kWhについて，平日昼の電気使用量がa kWhだったとき，**プラン2**を選んだときよりも**プラン3**を選んだときの方が電気使用料金が安くなった。このとき，**プラン2**と**プラン3**の電気使用料金の関係を不等式で表しなさい。ただし，この不等式は，必ずしも整理する必要はありません。

【問題５】 右の図において，４点Ａ，Ｂ，Ｃ，Ｄを通る円があり，直線ＤＡと直線ＣＢは点Ｅで，直線ＡＢと直線ＤＣは点Ｆで，それぞれ交わっている。

また，∠ＢＣＤ＝90°，ＢＣ＝ＣＤ＝２㎝，ＥＢ：ＢＣ＝２：１とする。

このとき，次の各問いに答えなさい。

問１　この円の直径を求めなさい。

問２　∠ＡＢＥと大きさが等しい角を，次の**ア～オ**から**２つ**選び，記号で答えなさい。

ア　∠ＤＡＢ
イ　∠ＡＢＤ
ウ　∠ＥＤＣ
エ　∠ＤＢＣ
オ　∠ＣＢＦ

図

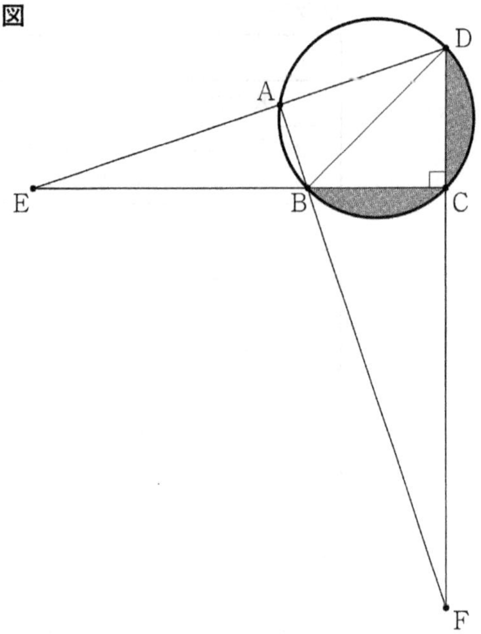

問３　線分ＡＢの長さを求めなさい。

問４　図の色のついた部分（　　部分）を，直線ＢＤを回転の軸として１回転させてできる立体の体積を求めなさい。

問５　３点Ａ，Ｃ，Ｅを通る円を円Ｐとする。円Ｐの直径を求めなさい。

数学解答用紙

得点

問題1

問1									
(1)		(2)		(3)		(4)		(5)	

問2	問3	問4	問5
			式
問6	**問7**	**問8**	
$x=$	cm²	およそ　　匹	ア

問9	問10
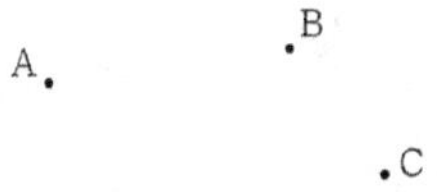	（証明）△AEF と△DEC で， △AEF≡△DEC　（証明終）

問11

【問題1】

問題2

問1		問2
ア	イ	
問3		

【問題2】

問題3

問1	問2			
	(1)		(2)	
km	①	②	道のり　　km	時間

問3	
(1)	(2)　　時間後まで

【問題3】

問題4

問1		問2
プラン1　　円	プラン2　　円	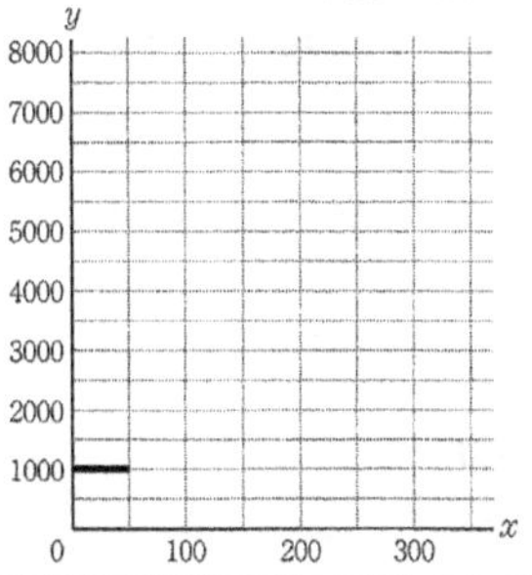
問3	**問4**	
kWh 未満のとき		

【問題4】

問題5

問1	問2		問3
cm			cm
問4		**問5**	
cm³		cm	

【問題5】

受検番号		総得点	

※この解答用紙は164％に拡大していただきますと，実物大になります。

＜英語＞ 時間 60分 満点 50点

【問題１】 放送を聞いて，次の各問いに答えなさい。

問１ No.1 ～ No.3 の英文を聞き，それぞれの英文の内容を最もよく表しているものを，次のア～エからひとつずつ選び，記号で答えなさい。

No. 1

ア

イ
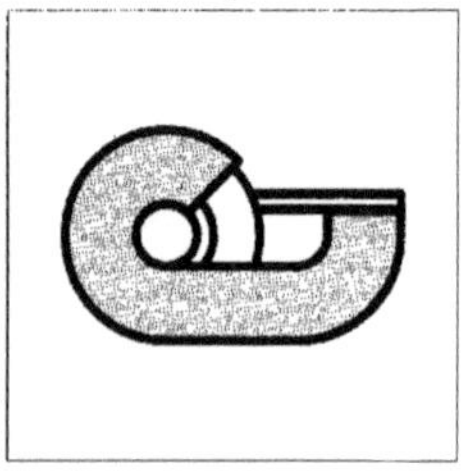

ウ

エ

No. 2

ア

イ

ウ

エ

No. 3

ア

イ
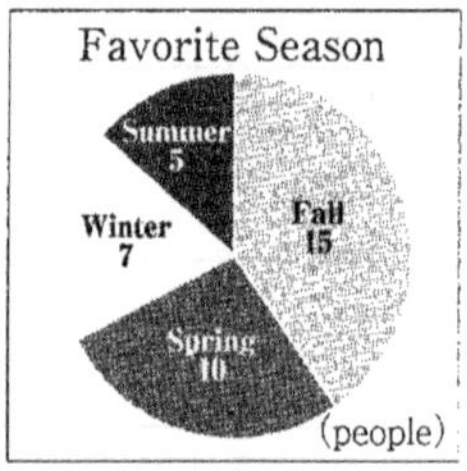

ウ

エ

問２ No.1，No.2 の会話を聞き，それぞれの英語の質問に対する答えとして，最も適切なものを，次のア～エからひとつずつ選び，記号で答えなさい。

No.1 How many students are in the group?

ア Two.

イ Three.

ウ Four.

エ Five.

No.2 What kind of food does the man eat?

ア He eats Chinese food.

イ He eats Japanese food.

ウ　He eats Chinese and Japanese food.

エ　He hasn’t decided yet.

問３　中学生のゆうすけ（Yusuke）さんとALTのメアリー（Mary）先生との会話を聞き，**二人が話した内容の順番にあう**ように次のア～エのイラストを並べかえ，記号で答えなさい。

ア

イ

ウ

エ

問４　アメリカから来た中学生のリサ（Lisa）さんは，鳥取県に住む中学生のめぐみ（Megumi）さんの家にホームステイをしています。ある日，アメリカにいるリサさんのお母さんが，リサさんの携帯電話に電話をしましたが，つながらなかったので，伝言メッセージを残しました。その伝言メッセージを聞き，次の**メッセージの内容の一部**の（①），（②）にあてはまる適切な**英語**を書きなさい。また，リサさんは，メッセージを聞いたあと，めぐみさんに**質問**をしました。あとの**質問**の（③）に入る適切な表現を，**英語４語以上の一文**で書きなさい。なお，（①）には同じ語が入ります。

メッセージの内容の一部

・Megumi’s birthday :（　①　）twelfth
・Lisa’s mother is going to come to Japan on（　①　）（　②　）.

質問

Megumi, I have a question.（　　③　　)? My mother wants to know.

【問題2】 次の各問いに答えなさい。

問1 次の No.1 ～ No.3 の会話を読み，（ ）にあてはまる適切な英語を，それぞれ1語で答えなさい。

No.1 Hanako : Hi, John. Happy New Year!
John : Hi, Hanako. Thank you (　　) your New Year's card. It was very beautiful.
Hanako : You are welcome.

No.2 Alice : Yukiko, this is a picture of my dog.
Yukiko : Wow, your dog is very cute! Is the dog in America?
Alice : Yes. My family is (　　) care of him for me. I really want to see him.

No.3 A man : Excuse me. How (　　) does it take to get to the Tottori Museum?
Kumi : It takes about 15 minutes by car from here.
A man : Thank you.

問2 次の No.1，No.2 の英文を読み，（ ）にあてはまる最も適切な語を，次の**ア**～**エ**からひとつずつ選び，記号で答えなさい。

No.1 Molly came home and was very hungry, (　　) dinner was not ready.
ア since　**イ** or　**ウ** but　**エ** if

No.2 Kenta wants to be a (　　), so he practices the guitar every day.
ア doctor　**イ** musician　**ウ** cook　**エ** writer

問3 次の会話の下線部について，（ ）内の語を並べかえ，意味のとおる英文にしなさい。

Mr. Evans : Hi, Hiroko. What did you do last night?
Hiroko : I watched a TV program about (people / abroad / working / Japanese).
Mr. Evans : Oh. really? Was it interesting?
Hiroko : Yes. I am now interested in teaching Japanese in Africa.

【問題3】 中学生のさとし（Satoshi）さんが，放課後に学校で過ごしていると，さとしさんと同じクラスにいるカナダ人留学生のエミリー（Emily）さんがやってきました。次のページの**絵1**～**絵4**は，そのときの二人の会話の様子を上から順に示したものです。これらの会話を読み，あとの各問いに答えなさい。

問1 **絵1**の（①），**絵3**の（②）に入る英文を，**それぞれ2語以上の一文**で書きなさい。ただし，I'm のような短縮形は1語として数え，符号（，や ．など）は語数に含めないこととします。

問2 14ページの英文は，後日，さとしさんが，英語の授業で，学校新聞の内容の一部を英語に直して発表したものです。これを読み，文中の呼びかけに対するあなたの考えを，あとの**条件**に従って**20語程度の英語**で書きなさい。ただし，I'm のような短縮形は1語として数え，符号（，や ．など）は，**(例)** のように書き，語数に含めないこととします。

絵1

Hi, Satoshi!
What are you doing?
学校新聞
砂山小学校が閉校
80年の歴史に幕
Oh, hi, Emily.
(　　①　　).

絵2

Is there any interesting news?
学校新聞
砂山小学校が閉校
80年の歴史に幕
Yes! Look at this picture.

絵3

(　　②　　)?
学校新聞
砂山小学校が閉校
80年の歴史に幕
It is an old elementary school which was closed last month. People in our town want to find a good way to reuse the building*.

(注) building　建物

絵4

That's interesting!
Please tell me more about
the story.
学校新聞
砂山小学校が閉校
80年の歴史に幕
OK. I will!

> In Japan, many schools are closing because there are not enough children. In our town, Sunayama Elementary School was closed last month, and the local* people are thinking about how to reuse the school building. For example, someone said that we could reuse it as a hospital.
> If you have any ideas, please tell us about it.

(注) local 地元の

条件

- **主語・動詞を含む文**で書くこと。
- 自分の考えについて，その**理由や良い点**についても書くこと。
- 文中で述べられている例以外の内容とすること。

(例) 符号をつける場合の書き方：～ a boy , Tom .

【問題4】 次の英文は，中学生のたろう (Taro) さん，あきこ (Akiko) さん，けいこ (Keiko) さんとALTのジェイミー (Jamie) 先生が，ある日の放課後，英語クラブで，SDGs (Sustainable Development Goals) のポスター (Poster) を見ながら話をしたときの会話です。また,あとの**発表**は，けいこさんが次の週に英語クラブで行ったスピーチの内容と，そのときに使用したグラフ (Graph) です。これらを読み，あとの各問いに答えなさい。ただしポスターに書かれている英語の文字を読む必要はありません。

Jamie :We will talk about SDGs* today. Look at this poster. There are 17 SDGs. Which goal are you most interested in?

Taro :I am interested in Goal 6, clean water to everyone. In Japan, we can drink clean water at any time. But some people in the world can't.

Poster

「国際連合広報センターHP」より

They have to drink unclean* water, so (①). I think new technology* is the key to saving these people.

Jamie :Thank you, Taro. How about you, Akiko?

Akiko :I think Goal 7, using more clean energy, is the most important. We use a lot of fossil fuels* every day. But, at the same time, we produce a lot of greenhouse gases*. The gases are making the Earth warmer. My house has solar panels* on the roof*. The panels make energy from the sun. Some houses around my house also have them on their roofs. To be good to the Earth, more people should use solar energy at (②).

Jamie :I like your idea, Akiko. How about you, Keiko?

Keiko :I am very interested in Goal 2, "Zero Hunger". The world is now producing more than enough food for all of the people in the world. But there are still a lot of hungry people. Why are there so many people who don't have enough food? It's a big problem.

Taro :That's true. I want to know more about that, too.

Akiko :Me too.

Jamie :Keiko, can you give a short speech about it next week?

Keiko :OK. I'll do my best.

（注） SDGs　2030年までに達成すべき持続可能な開発目標（2015年の国際サミットで採択）
unclean　不衛生な　　technology　科学技術　　fossil fuels　化石燃料
greenhouse gas(es)　温室効果ガス　　panel(s)　パネル　　roof(s)　屋根

発表

Why are there so many hungry people in the world? I think that food loss* is one of the reasons. Do you know a lot of food is lost and wasted* in the world each year? ③ Why do people lose and waste so much food? For example, in developed countries*, farmers* throw away a lot of fruits and vegetables when their size or color is not good for selling. In developing countries, people throw away a lot of food because they can't keep them in good condition*. Also, most food thrown away goes bad* and produces greenhouse gases. It is another big problem.

Look at this graph. Before I found this graph, I thought there was much* more industrial food loss* than food loss from homes. But when I looked at it, I was surprised. It shows that (④). It means that we can do something. If we reduce* food loss in our homes, we can make a big difference. Let's make the world a better place.

Graph

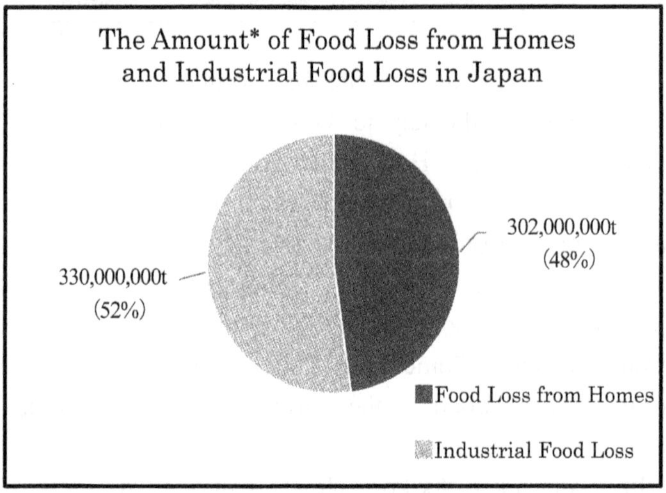

「農林水産省 食品ロスの削減とリサイクルの推進に向けて（平成28年7月）」より作成

（注） food loss 廃棄される食品　wasted waste「無駄にする」の過去分詞形
developed countries 先進国　farmer(s) 農業者　condition 状態　go(es) bad 腐る
much はるかに　industrial food loss 事業所等で廃棄される食品　reduce 減らす
amount 量

問1 会話の内容から判断して，（①）にあてはまる最も適切な英文を，次の**ア**～**エ**からひとつ選び，記号で答えなさい。

ア a lot of children are in good health
イ most of the children can live in nice places
ウ a lot of children become sick and die every day
エ a lot of children don't have to buy water

問2 会話の内容から判断して，（②）にあてはまる適切な英語を，1語で答えなさい。

問3 発表の下線部③について，けいこさんが例として述べていることを，次の**表**のようにまとめました。**表**の（A），（B）にあてはまる内容を，日本語で書きなさい。

表

developed countries	developing countries
たくさんの（　　A　　）という場合に廃棄されている。	たくさんの（　　B　　）という理由で廃棄されている。

問4　発表の内容から判断して，(④) にあてはまる最も適切な英文を，次のア～エからひとつ選び，記号で答えなさい。

ア　industrial food loss is smaller than food loss from homes

イ　industrial food loss is much larger than food loss from homes

ウ　food loss from homes is almost twice the amount of industrial food loss

エ　food loss from homes is almost as large as industrial food loss

問5　会話や発表の内容に一致する英文として適切なものを，次のア～オから２つ選び，記号で答えなさい。

ア　Taro thinks that some people in the world need a new way to get clean water.

イ　Akiko thinks that it is necessary for us to use more fossil fuels.

ウ　Jamie asked Keiko to give a speech on clean energy, such as solar power.

エ　The students have been worried about their future jobs and talked about them.

オ　Keiko thinks that one thing we can do is to reduce food loss from homes.

【問題５】 次の英文は，中国で砂漠の緑化活動に貢献した，元鳥取大学名誉教授の遠山正瑛 (Toyama Seiei) さんについて述べている文章です。これを読み，あとの各問いに答えなさい。

Toyama was born in Yamanashi on December 14th, 1906. When he was a child, his family was poor. They didn't have enough food. He always thought, "If I grow* more vegetables, I can help my family." When he was a university* student, he studied farming*. In 1935, he went to China to study Chinese farming. In China, he saw a desert* for the first time. Two years later, however, a war began between Japan and China, and he had to go back to Japan.

In 1942, he started to teach at Tottori University. It was during World War Ⅱ *, and many people in Tottori did not have enough food. Tottori had large sandy* lands. They were not good for growing vegetables because they couldn't keep water even for a few hours. Toyama thought, "If I can find vegetables which can grow well on sand*, I can help many people in Tottori." He worked hard to find such vegetables and studied how to grow food on sandy lands. Finally, he found vegetables which grow well on sand, such as yams*. They saved a lot of people's (①) in Tottori.

In 1972, he left Tottori University. At that time, a lot of people got sick and died in some parts of the world because they didn't have enough food. He wanted to help such people. ② He remembered the large desert in China. He thought, "If we can change deserts into green fields*, we will have more food and be able to save a lot of people around the world."

7 years later, he visited China again. He said to the local* people, "We can change the deserts into green fields." But ③ they didn't believe him and said, "He is a strange old man." Toyama walked hundreds of* kilometers in the desert and worked hard to find good land for farming. He found some good lands and

planted* a lot of trees. However, the trees soon died because there was not enough water. He was disappointed*, but he never gave up. He always said, "If you stop trying, you will lose. If you never give up, you will be able to do it someday." He visited China many times and kept planting trees. The local Chinese people saw his efforts, and they understood that he was working hard for them. Then ④ they began to help him. At last the desert became green, and the local people started farming on the desert. In 1991, he decided to move to Kubouti Desert*. In the end, with a lot of people's help, he was able to plant three million* trees.

On February 27th, 2004, Toyama died in Tottori City. He has been respected* in China as a great Japanese person who changed the desert into green fields. Now, his way of farming on sandy lands is used in many parts of the world. ⑤ What do you think about him and why?

（注） grow 育てる，育つ　university 大学　farming 農業　desert(s) 砂漠
World War Ⅱ 第二次世界大戦　sandy 砂地の　sand 砂　yams 長いも　field(s) 畑
local 地元の　hundreds of 何百もの　planted plant「植える」の過去形
disappointed がっかりした　Kubouti Desert クブチ砂漠　million ～百万の
respected respect「尊敬する」の過去分詞形

問1　次の**年表**は，本文の内容をふまえて遠山さんの生涯をまとめたものです。**年表**の（A），（B）にあてはまる**年（数字）**を答えなさい。

年表

Year	The History of Toyama Seiei
1906	Born in Yamanashi
1935	Went to China to study Chinese farming
（ A ）	Came back to Japan from China
1942	Started teaching in Tottori
	Started to study farming in sandy lands
1972	Left Tottori University
（ B ）	Visited China again
1991	Moved to Kubouti Desert to plant trees
2004	Died in Tottori City

問2　本文の内容から判断して，遠山さんが幼い頃に抱いていた思いとして，最も適切なものを，次の**ア**～**エ**からひとつ選び，記号で答えなさい。

ア　故郷の山梨県に農業を広めたい。

イ　貧しい自分の家族を野菜作りで助けたい。

ウ　将来，中国の砂漠で野菜作りを始めたい。

エ　日本と中国との戦争を農業でやめさせたい。

問3　本文の内容から判断して，（①）にあてはまる適切な英語を，1語で答えなさい。

問4　本文の内容から判断して，下線部②の理由として最も適切なものを，次の**ア**～**エ**からひと

つ選び，記号で答えなさい。

ア It was his dream to travel in the desert with his family.

イ He believed Chinese people wanted him to come back and stop the war between Japan and China.

ウ He thought he could use his experience at Tottori University in China to help a lot of people.

エ Everything he did in Tottori made people sad, so visiting China would be a good chance for him.

問5 本文の内容から判断して，下線部③から下線部④のように中国の人々が遠山さんに対する態度を変えた理由を，解答欄の「～から。」に続くように，**35字以内の日本語**で答えなさい。ただし，句読点も１字に数えることとします。

問6 下線部⑤について，本文の内容をふまえて，あなたの考えを**10語程度の英語**で書きなさい。ただし，I'm のような短縮形は１語として数え，符号（, や . など）は，（例）のように書き，語数に含めないこととします。

（例）符号をつける場合の書き方：～ a boy , Tom .

英語解答用紙

得点

問題1						
問1	No.1		No.2		No.3	
問2	No.1		No.2			
問3	→ → →					
問4	①	(　　　)	②	(　　　)		
	③	(　　　)?				

【問題1】

問題2						
問1	No.1		No.2		No.3	
問2	No.1		No.2			
問3	I watched a TV program about (　　　).					

【問題2】

問題3		
問1	①	(　　　).
	②	(　　　)?
問2	(10) (20)	

【問題3】

問題4	
問1	
問2	
問3	たくさんの (A　　　) という場合に廃棄されている。
	たくさんの (B　　　) という理由で廃棄されている。
問4	
問5	

【問題4】

問題5		
問1	(A)	
	(B)	
問2		
問3		
問4		
問5	(10) (20) (30) (35) から。	
問6	(10)	

【問題5】

受検番号	

総得点	

※この解答用紙は161%に拡大していただきますと，実物大になります。

＜理科＞

時間　50分　　満点　50点

【問題１】 **まことさん**は，ナシの果実（梨）がカキノキの果実（柿）のようすと少しちがうことに疑問をもち，梨農園を訪れて話を聞いた。**図**は，ナシの果実とカキノキの果実の断面写真である。あとの**会話**は，**まことさん**と梨農家の**山田さん**とのものである。あとの各問いに答えなさい。

図

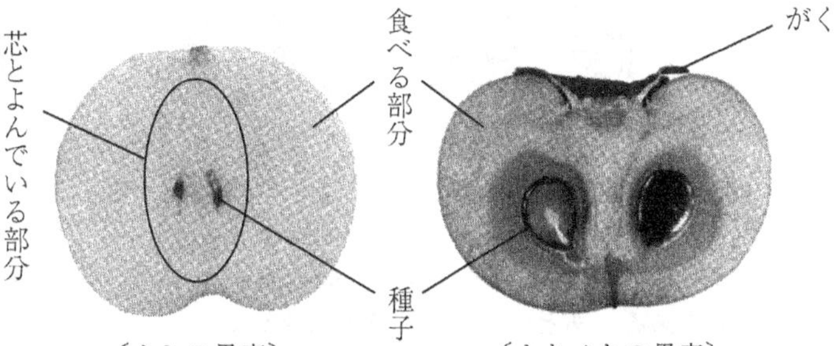

〔ナシの果実〕　〔カキノキの果実〕

会話

まことさん	柿にはがくがついているのに，梨にはがくがついていないので，梨と柿では，花のつくりのそれぞれちがう部分が成長して，食べる部分になっていると思ったのですが，どうですか。
山田さん	いいところに気づきましたね。
まことさん	柿の食べる部分は，花のつくりの（　①　）が成長したもので，種子は，花のつくりの（　②　）が成長したものですよね。
山田さん	その通りです。しかし，梨では，花のつくりの（　①　）が成長したものは，芯とよんでいる部分で，食べる部分は，おしべやめしべを支えている部分が大きくなったものなのですよ。
まことさん	そうだったのですね。

問１　**会話**の（①），（②）にあてはまる花のつくりは何か，それぞれ答えなさい。なお，（①）には同じ語が入るものとする。

問２　次の**文**は，果実などにたくわえられる栄養分について，説明したものである。あとの⑴～⑶に答えなさい。

文

果実などにたくわえられる栄養分は，光合成とよばれるはたらきにより，水と（　③　）からつくり出したデンプンがもととなっている。光合成は，葉の内部の細胞の中にある（　④　）で行われる。<u>葉でつくられたデンプンは（　⑤　）性質をもつ物質に変わって，果実や根，茎などに運ばれ</u>，再びデンプンに変わってたくわえられる。

⑴ **文**の（③），（④）にあてはまる，最も適切な語をそれぞれ答えなさい。

⑵ **文**の下線部について，デンプンはどのような性質をもつ物質に変わるか，（⑤）にあてはまる内容を答えなさい。

⑶ ナシの枝には，植物の体の中で物質を運ぶための２種類の管が通っている。葉でつくられた栄養分が運ばれる管が集まっている部分をぬりつぶした模式図として，最も適切なものを，次の**ア**～**エ**からひとつ選び，記号で答えなさい。なお，ナシの葉脈は網状脈である。

ア

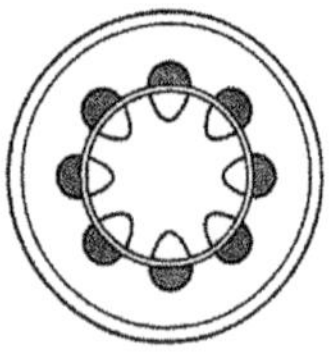

イ

ウ

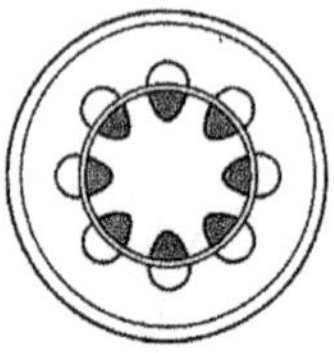

エ

【問題２】 プラスチックの種類を区別するために，次の**実験**を行った。あとの**会話１**，**会話２**は，班で話し合ったものである。あとの各問いに答えなさい。

実験

操作１　身のまわりの容器などに使われている４種類のプラスチック**Ａ**～**Ｄ**の小片（約１㎝四方）を用意する。

操作２　ビーカーに水を入れ，**図１**のように，プラスチック**Ａ**の小片をピンセットではさみ，水中に入れて静かにはなして，小片の動きを観察し，浮いたか沈んだかを判断する。プラスチック**Ｂ**～**Ｄ**の小片についても同様の操作を行う。

操作３　**操作２**について，水のかわりに飽和食塩水を使用し，同様の操作を行う。

図１

次の**表１**は，**実験**の結果をまとめたものである。

表１

プラスチック	Ａ	Ｂ	Ｃ	Ｄ
水（密度1.0g/cm^3）	沈んだ	浮いた	沈んだ	浮いた
飽和食塩水	浮いた	浮いた	沈んだ	浮いた

問１　**操作３**で使用する飽和食塩水を10cm^3取り出して質量をはかると，12ｇであった。この飽和食塩水の密度は何ｇ/cm^3か，答えなさい。

問２　次のページの**表２**は，**実験**で使用した４種類のプラスチックとその密度を示したものである。プラスチックAとして最も適切なものを，表2のア～エからひとつ選び，記号で答えなさい。

表2

	プラスチックの種類	密度（g/cm^3）
ア	ポリプロピレン	0.90
イ	ポリエチレン	0.95
ウ	ポリスチレン	1.06
エ	ポリエチレンテレフタラート	1.40

会話1

あきらさん　この結果では，プラスチックBとDを区別することができないね。これらを区別するためには，どんな実験をすればいいのかな。

なおこさん　プラスチックBとDで浮き沈みの結果にちがいが出る液体を使って調べればいいよ。

まさとさん　それでは，まだ区別できていないプラスチックの密度が（　①　）g/cm^3と（　②　）g/cm^3だから，飽和食塩水のかわりに，密度が（　①　）g/cm^3よりも大きくて（　②　）g/cm^3よりも小さい液体を使えばいいね。

問3　会話1の（①），（②）にあてはまる，最も適切な数字をそれぞれ答えなさい。
なお，（①）および（②）にはそれぞれ同じ数字が入るものとする。

会話2

あきらさん　プラスチックにはさまざまな種類があり，その性質に応じていろいろな製品に利用されているね。

なおこさん　プラスチックを廃棄する際には，プラスチック以外の物質と分けたり，種類別に回収したりしているね。

まさとさん　そのために，③プラスチック製品には，リサイクルのための識別マークがついているものがあるよね。

あきらさん　リサイクルすることは，資源の有効利用や環境保全という点で重要だよね。

なおこさん　そういえば，ニュースでもプラスチックの小さな破片が，海にすむ生物に影響を与えていると伝えていたよ。

まさとさん　最近では，④微生物のはたらきによって分解されるプラスチックも使われはじめているらしいよ。

問4　会話2の下線部③について，図2はプラスチック製品に記されている識別マークのひとつである。この識別マークが示すプラスチックは，衣類などの繊維製品にリサイクルされていることがわかった。このプラスチックの種類は何か，次のア～エからひとつ選び，記号で答えなさい。

図2

ア　ポリプロピレン　　イ　ポリエチレン
ウ　ポリスチレン　　エ　ポリエチレンテレフタラート

問5　会話2の下線部④について，このようなプラスチックを何というか，答えなさい。

【問題３】 次の**図１**は，ある地震が発生した時刻からの，**地点Ａ**，**Ｂ**における地震計の記録を表したものである。この地震の震源からの距離は，**地点Ａ**は96km，**地点Ｂ**は120kmである。**図１**に示した①，②は**地点Ａ**，**Ｂ**で初期微動がはじまった時刻を，③，④は**地点Ａ**，**Ｂ**で主要動がはじまった時刻をそれぞれ示しており，あとの**表**は，**図１**に示した①～④の時刻を表している。なお，この地震のＰ波，Ｓ波はそれぞれ一定の速さで伝わるものとする。あとの各問いに答えなさい。

図１

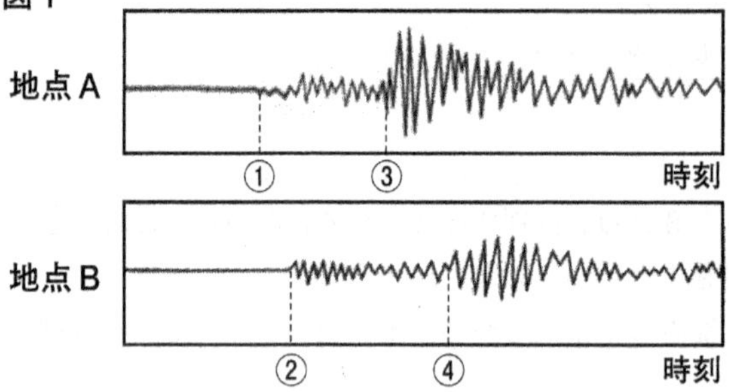

表

①	15時23分01秒
②	15時23分05秒
③	15時23分17秒
④	15時23分25秒

問１　地震は，地下の岩石に巨大な力がはたらいて，その力に岩石がたえきれなくなると起こる。このとき地下の岩石は破壊され，大地に断層とよばれるずれができる。中でも，くり返し活動した証拠があり，今後も活動して地震を起こす可能性がある断層を何というか，答えなさい。

問２　**図１**および**表**から，この地震が発生した時刻を答えなさい。

問３　この地震において，震源からの距離が60kmである**地点Ｃ**における地震計の記録として，最も適切なものを，次の**図２**の**ア**～**エ**からひとつ選び，記号で答えなさい。なお，**図２**は**図１**と同じ時間帯に記録したものであり，**地点Ａ**，**Ｂ**，**Ｃ**において土地のつくりやようすにちがいはないものとする。

図２

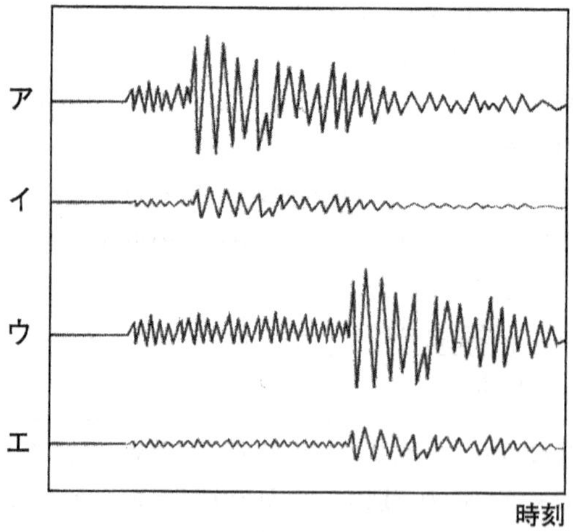

問４　緊急地震速報は，地震が発生したときに，震源に近い地震計でＰ波を感知し，その情報をもとに瞬時に各地のＳ波の到達時刻やゆれの大きさを予測して，可能な限りすばやく知らせる気象庁のシステムである。次の⑴，⑵に答えなさい。

⑴　緊急地震速報には，大きく分けて「警報」と「予報」の２種類がある。緊急地震速報（警

報）は，最大震度が5弱以上と予測された場合に発表される。震度5弱のゆれや被害のようすを説明した文として，最も適切なものを，次の**ア**～**エ**からひとつ選び，記号で答えなさい。

ア　屋内で静かにしている人のなかには，ゆれをわずかに感じる人がいる。

イ　大半の人が恐怖を覚え，物につかまりたいと感じる。たなの食器類や本が落ちることがある。

ウ　屋内にいるほとんどの人がゆれを感じる。たなの食器類が音を立てることがある。

エ　立っていることができず，はわないと動くことができない。補強されていないブロック塀の多くがくずれる。

⑵　**図1**に表される地震において，震源から12㎞の距離にある地震計でP波を感知し，その5秒後に緊急地震速報（警報）が発表された。緊急地震速報（警報）が発表されてから10秒後にS波が到達するのは，震源から何㎞の地点か，答えなさい。なお，緊急地震速報（警報）は瞬時に各地域に伝わるものとする。

【問題4】

電流と磁界の関係を調べるために，次の**実験1**，**実験2**，**実験3**を行った。あとの各問いに答えなさい。

実験1

操作1　**図1**のような装置をつくり，導線のまわりに方位磁針を置き，導線に電流を**a**の向きに流して，磁界の向きを調べる。

操作2　**操作1**の後，**図2**のように方位磁針を電流が流れている導線から遠ざけていき，方位磁針の針がさす向きの変化を調べる。

操作3　**操作2**の後，方位磁針を遠ざけたまま，導線に流れる電流の向きは変化させず，電流の大きさをしだいに大きくしていき，方位磁針の針がさす向きの変化を調べる。

図1

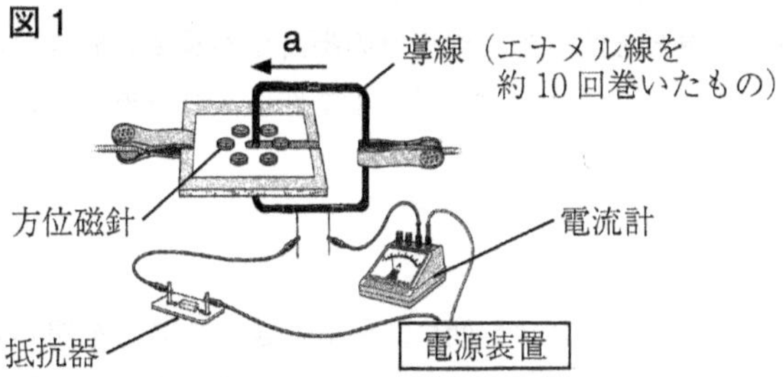

図2

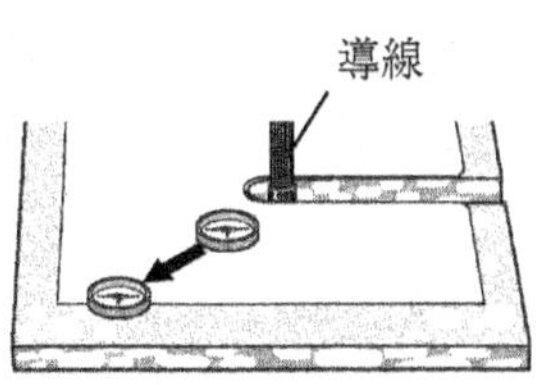

問1　**実験1**について，次の⑴，⑵に答えなさい。

⑴　**操作1**について，方位磁針を上から見たときのようすを模式的に表したものとして，最も適切なものを，次の**ア**～**エ**からひとつ選び，記号で答えなさい。なお，**図3**は**実験1**で使用した方位磁針を表したものである。

図3

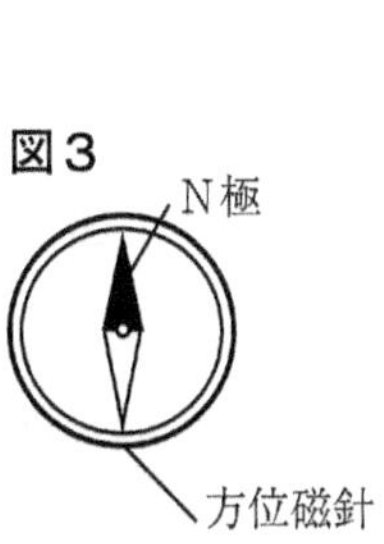

ア

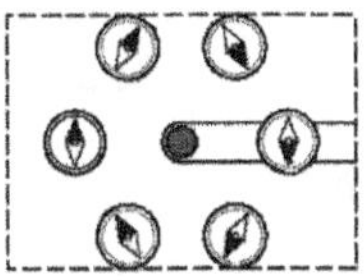

イ

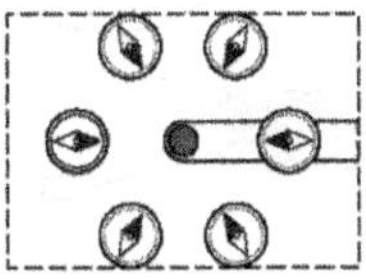

ウ

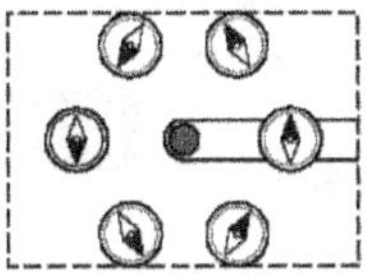

エ

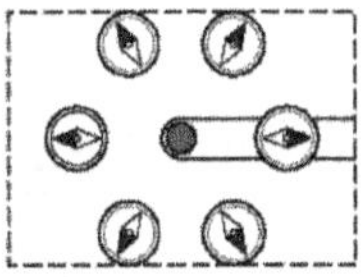

(2) **操作2**では，方位磁針のN極はしだいに北をさすようになり，**操作3**では，しだいに**操作1**と同じ向きをさすようになった。これらのことから，導線を流れる電流と磁界の強さの関係についてわかることとして，最も適切なものを，次の**ア**～**エ**からひとつ選び，記号で答えなさい。

ア　磁界の強さは，電流が大きいほど強くなるが，導線との距離には関係がない。

イ　磁界の強さは，導線に近いほど強くなるが，電流の大きさには関係がない。

ウ　磁界の強さは，電流が大きいほど，また導線に近いほど，強くなる。

エ　磁界の強さは，電流の大きさや導線との距離には関係がない。

実験2

図4のように**コイルA**と検流計をつないだ装置をつくり，棒磁石のN極を**コイルA**の左側から入れ，**コイルA**の中で静止させたところ，検流計の指針は，はじめ右に振れ，その後，0の位置に戻り止まった。

図4

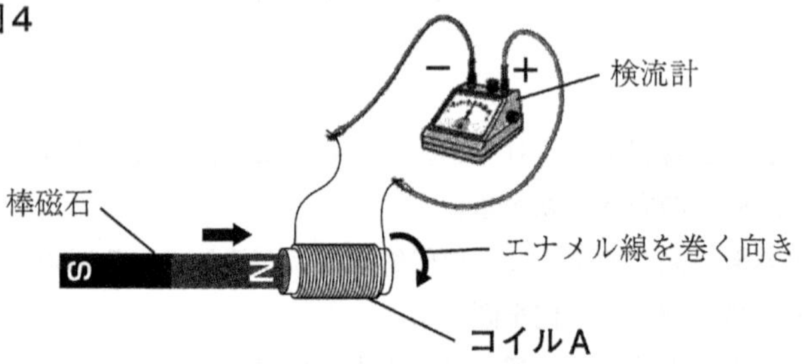

問2　**実験2**の結果について，棒磁石を**コイルA**の中で静止させたとき，検流計の指針が0の位置に戻り止まった理由を「**磁界**」という語を用いて，説明しなさい。

問3　**実験2**と同じ装置および同じ棒磁石を使って，検流計の指針が**実験2**の振れ幅よりも**大きく左**に振れるようにするには，どのようにすればよいか，「**コイルAの左側から**」という書き出しに続けて答えなさい。

実験3

実験2の**コイルA**と同じ向きに巻いた**コイルB**を使い，**図5**のような装置を組み立てた。その後，電源装置にスイッチを入れ，一定の大きさの直流電流を流し続けて，検流計の指針の動きを観察した。

図5

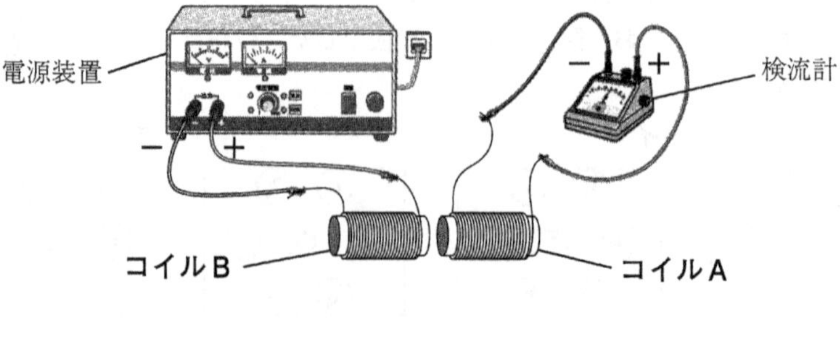

問4　**実験3**について，検流計の指針の動きはどのようになるか，最も適切なものを，次の**ア**～**エ**からひとつ選び，記号で答えなさい。

ア　左に振れ，その位置で止まった。

イ　右に振れ，その位置で止まった。

ウ　はじめ左に振れ，その後，0の位置に戻り止まった。

エ　はじめ右に振れ，その後，0の位置に戻り止まった。

【問題5】　銅と酸化銅のそれぞれの変化について調べるために，A～Dの班ごとに，次の**実験1**，**実験2**を行った。あとの各問いに答えなさい。

実験1

操作1　銅の粉末を3.2gはかりとり，**図1**のようにステンレス皿にうすく広げるように入れ，皿をふくめた全体の質量をはかる。

操作2　**図2**のように，強い火で皿ごと5分間加熱する。

操作3　加熱をやめ，皿がじゅうぶん冷めてから，**図3**のように皿をふくめた全体の質量をはかる。質量をはかった後，粉末をよくかき混ぜる。

操作4　質量の変化がなくなるまで，**操作2**と**操作3**を繰り返す。

図1

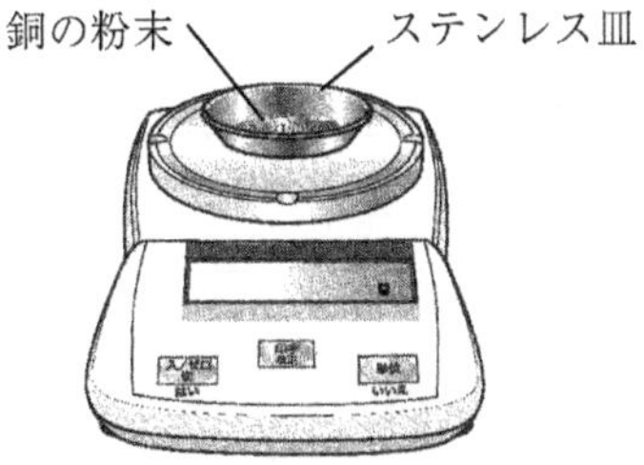

図2

図3

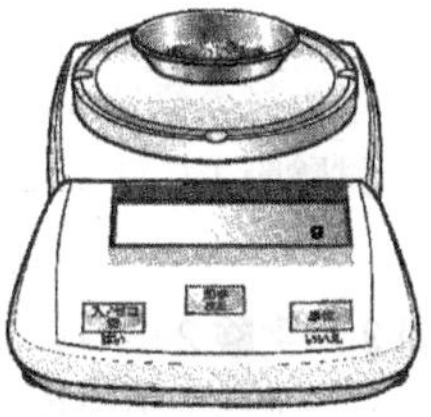

問1　**実験1**の結果，粉末はすべて酸化銅となり，その質量は4.0gであった。このとき，銅の質量と，化合した酸素の質量の比として，最も適切なものを，次の**ア**～**エ**からひとつ選び，記号で答えなさい。

ア　5：4　　**イ**　4：5　　**ウ**　4：1　　**エ**　1：4

問2　**実験1**の銅の反応のように，物質が空気中の酸素と化合する化学変化が起こるものとして，最も適切なものを，次の**ア**～**エ**からひとつ選び，記号で答えなさい。

ア　酸化銀を加熱する。

イ　二酸化マンガンにうすい過酸化水素水を加える。

ウ　塩化アンモニウムと水酸化バリウムを混ぜ合わせる。

エ　鉄粉に活性炭と少量の塩化ナトリウム水溶液を加え，混ぜ合わせる。

実験2

実験1で得られた酸化銅4.0gに，班ごとに質量を変えた活性炭（粉末）をよく混ぜ合わせ，**図4**のように，**試験管Ⅰ**に入れて加熱した。しばらくすると，気体が発生して**試験管Ⅱ**の中の石灰水が白くにごった。気体の発生が終わった後，ガラス管を石灰水から引きぬき，火を消した。

その後，目玉クリップでゴム管を閉じて，**試験管Ⅰ**がじゅうぶん冷めてから**試験管Ⅰ**に残った物質の質量をはかった。

図4

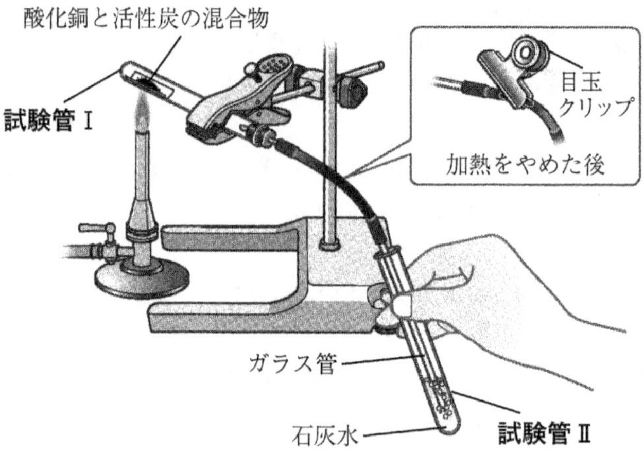

次の表は，**実験2**の結果をまとめたものである。なお，**B**班では，**試験管Ⅰ**の中の酸化銅と活性炭がすべて反応し，赤色の物質だけが残っていた。この赤色の物質は銅であった。

表

班	A	B	C	D
活性炭の質量（g）	0.15	0.30	0.45	0.60
試験管Ⅰに残った物質の質量（g）	（　①　）	3.20	3.35	3.50

問3　**実験2**について，次の(1)～(3)に答えなさい。

(1)　下線部の操作を行った理由を答えなさい。

(2)　酸化銅と活性炭を混ぜ合わせて加熱したときの化学変化を，化学反応式で表しなさい。

(3)　**表**の（①）にあてはまる数字を答えなさい。なお，**試験管Ⅰ**の中では，酸化銅と活性炭との反応以外は起こらないものとする。

【問題6】　ヒメダカの行動について調べるために，次の**実験**を行った。あとの**会話1**，**会話2**は，**みゆきさん**と**岡本先生**が話し合ったものである。あとの各問いに答えなさい。

実験

円形の水そうにヒメダカを数ひき入れ，**操作1**～**操作3**の刺激を与えてヒメダカの反応を観察した。次のページの**表**は，**実験**の結果をまとめたものである。なお，何も刺激を与えなかったときには，ヒメダカはそれぞれ自由に泳ぎ回っていた。

会話1

みゆきさん　ヒメダカは，**操作1**と**操作3**ではおもに目で受けとった刺激に反応していますね。一方，**操作2**ではおもに体の表面で受けとった刺激に反応したと言っていいのでしょうか。

岡本先生　**操作2**では，水流をつくった後に，ガラス棒を引き上げてから観察したので，目で受けとったガラス棒の動きは刺激になっていません。したがって，おもに体の表面で受けとった刺激に反応したと言っていいと思います。

みゆきさん　なぜヒメダカは，**操作2**で水の流れと（　①　）に泳いだのですか。

岡本先生　ヒメダカのような川魚には，今の位置を保とうとする本能があるからです。

みゆきさん　だから**操作3**では，水は流れていないのに，目で受けとった刺激によって，その位置にとどまろうと，縦じま模様の紙が回転する向きと（　②　）に泳いだのですね。

岡本先生　そう考えられますね。

表

	操作1	**操作2**	**操作3**
刺激を与える方法	棒の先につけた鳥の模型を，すばやく水そうのふちにおく。	ガラス棒で一定方向に水をかき回して水流をつくる。	水の流れがない状態で，水そうの外側で縦じま模様の紙を一定方向に回転させる。
ヒメダカの反応	ヒメダカは，模型から遠ざかるように水そうの底に移動した。	ヒメダカは，水の流れと（　①　）に泳いだ。	ヒメダカは，縦じま模様の紙が回転する向きと（　②　）に泳いだ。

問1　目や耳などのように，外界からの刺激を受けとる器官を何というか，答えなさい。

問2　**図1**は，魚の目の断面を，**図2**は，ヒトの目の断面を模式的に表したものであり，基本的なつくりは似ている。なお，**図1**と**図2**の**a**～**d**は，それぞれ同じはたらきをする部分を示している。光を刺激として受けとる細胞がある部分として，最も適切なものを，図の**a**～**d**からひとつ選び，記号で答えなさい。また，その名称を答えなさい。

図1

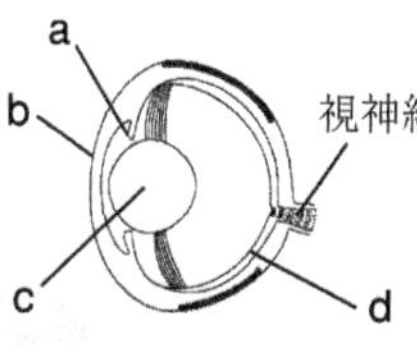

図2

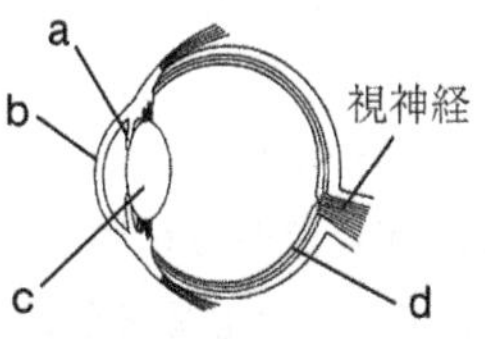

問3　**表**と**会話1**の（①），（②）にあてはまるヒメダカの反応として，最も適切な組み合わせを，次のページの**ア**～**エ**からひとつ選び，記号で答えなさい。なお，**表**と**会話1**の（①）および（②）にはそれぞれ同じ語句が入るものとする。

	（ ① ）	（ ② ）
ア	同じ向き	同じ向き
イ	同じ向き	逆向き
ウ	逆向き	同じ向き
エ	逆向き	逆向き

会話２

みゆきさん　ヒメダカを長く飼育するには，水そうに，何を入れたらいいですか。

岡本先生　光合成をする水草を入れるといいですね。また，水そうの底に砂などをしいて，③生物の遺骸やふんなどから栄養分を得ている生物が生活できる環境にするとさらにいいですね。

みゆきさん　わかりました。飼育を続けて，いろいろとヒメダカの行動を観察してみます。

問４　会話２の下線部③のような生物は「分解者」とよばれる。「分解者」とよばれる生物を，次の【語群】から２つ選び，答えなさい。

【語群】　モグラ，ムカデ，ミミズ，クモ，ダンゴムシ，トカゲ

【問題７】　斜面をのぼり下りする力学台車の運動を調べるために，次の**実験１**，**実験２**を行った。あとの各問いに答えなさい。

実験１

図１のように傾きの大きい斜面上の点ａと点ｂで，ばねばかりと糸でつないだ力学台車を斜面に平行に引き，静止させた。この状態でばねばかりの値を測定した。次に，図２のように，図１より斜面の傾きを小さくして，斜面上の点ａで同様に測定した。なお，図１と図２の点ｏから点ａまでの距離は同じである。また，糸の重さや伸び縮み，摩擦や空気の抵抗は考えないものとする。

図１

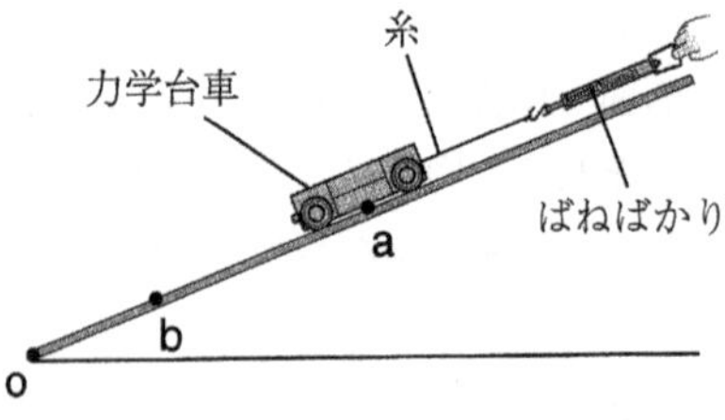

図２

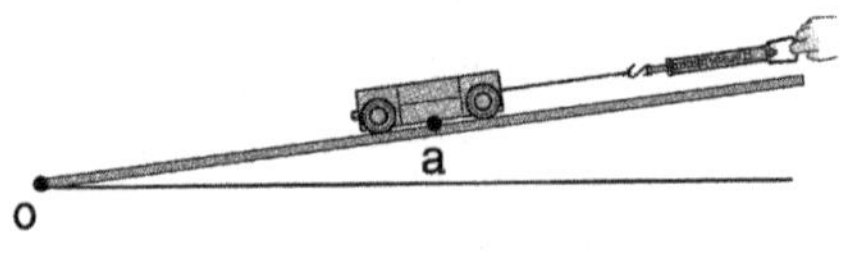

問１　**実験１**について，次の⑴，⑵に答えなさい。

⑴　図３は**実験１**の図１の点ａにおいて，斜面上で静止している力学台車にはたらく重力を矢印で表したものである。ばねばかりにつなげた糸が力学台車を引く力を，点Ｐからはじまる矢印で表しなさい。

図３

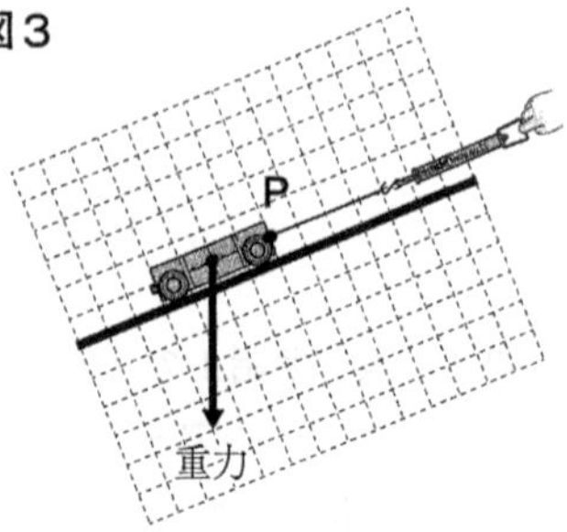

⑵　図１の斜面上の点ａ，ｂでばねばかりが示した値をそれぞれ F_1，F_2 とし，図２の斜面上の点ａでばねばかりが示した値を F_3 とするとき，F_1 と F_2，F_1 と F_3 の大小関係を式で表すとどうなるか，次の（ア），（イ）にあてはまる，等号または不等号を答えなさい。

F_1（　ア　）F_2　　　F_1（　イ　）F_3

実験２

図４のような装置において，力学台車を斜面上の点Ａから手で一瞬で押し出したところ，力学台車は斜面をのぼり，点Ｅで停止した。そのようすを発光間隔0.1秒のストロボ写真で記録し，各時間における力学台車の点Ａからの距離を調べた。なお，点Ａ～Ｅは各時間における力学台車の位置を示している。また，摩擦や空気の抵抗は考えないものとする。

図４

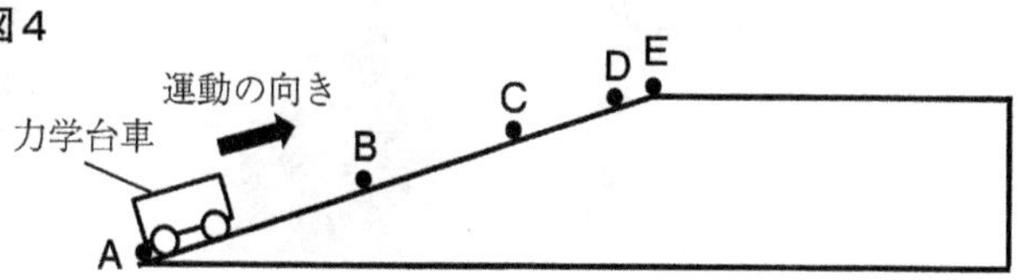

次の**表**は，**実験２**の結果をまとめたものである。

表

力学台車の位置	A	B	C	D	E
時間［s］	0	0.1	0.2	0.3	0.4
点Ａからの距離［cm］	0	7.0	12.0	15.0	16.0

問２　**実験２**の点Ａ～Ｅについて，**表**からAB間，BC間，CD間，DE間の各区間における力学台車の平均の速さをそれぞれ求め，各区間の中央の時間に点（・）を用いて記入し，時間と力学台車の速さの関係を表すグラフをかきなさい。

問３　次の**文**は，**実験２**の力学台車の運動について説明したものである。**文**の①，②の（　）のア，イのうち，適切な語をそれぞれひとつずつ選び，記号で答えなさい。

文

力学台車が斜面をのぼるときは，速さはしだいに①（ア　大きく，　イ　小さく）なっていく。これは，力学台車にはたらく重力の分力のうち，斜面に平行な分力が，力学台車の運動の向きと②（ア　同じ，　イ　反対）向きにはたらくからである。

問４　**実験２**の後，**図４**の点Ｅで力学台車を下向きに静止させ，その後静かに手をはなし，斜面を下りる力学台車の運動のようすを**実験２**と同様にストロボ写真で記録した。このとき，力学台車が動きはじめてから0.3秒までの，各時間における力学台車の点Ｅからの距離を表したものとして，最も適切なものを，次の**ア**～**エ**からひとつ選び，記号で答えなさい。

	時間［s］	0	0.1	0.2	0.3
ア	点Ｅからの距離［cm］	0	1.0	2.0	3.0
イ	点Ｅからの距離［cm］	0	2.0	4.0	6.0
ウ	点Ｅからの距離［cm］	0	1.0	4.0	9.0
エ	点Ｅからの距離［cm］	0	2.0	6.0	12.0

【問題８】 けいたさんは，月と金星の動きを調べるために，１月のある日，鳥取市において明け方の南東の空のようすを観測した。図１は，このとき観測した空のようすを模式的に表したものである。なお，○と●は月と金星の位置を表しており，大きさと形は表していない。あとの各問いに答えなさい。

図１

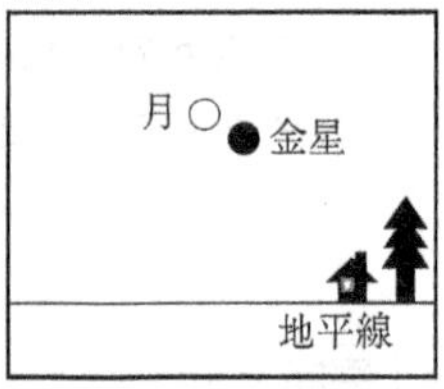

問１　太陽系の惑星のうち，太陽に近い４個の惑星（水星，金星，地球，火星）は，小型で平均密度が大きい。このような惑星を何というか，答えなさい。

問２　このとき観測された月の見え方として，最も適切なものを，次のア～エからひとつ選び，記号で答えなさい。なお，白色の部分が月の見え方を表している。

ア　　イ　　ウ　　エ

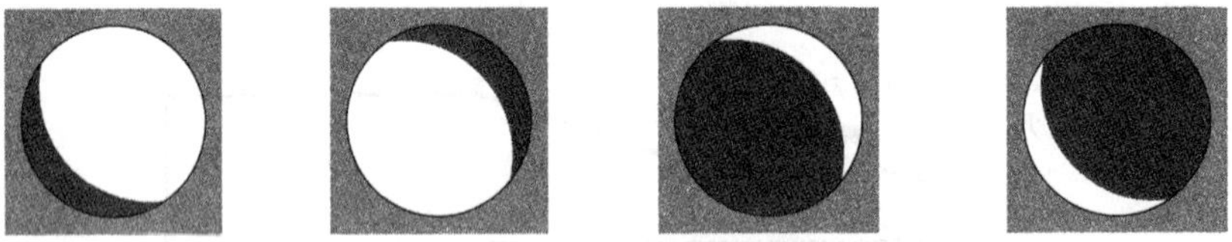

問３　けいたさんはこの翌日の同じ時刻に，同じ場所で，同じ方位の空のようすを観測した。このとき観測した空のようすを模式的に表したものとして，最も適切なものを，次のア～エからひとつ選び，記号で答えなさい。

ア　　イ　　ウ　　エ

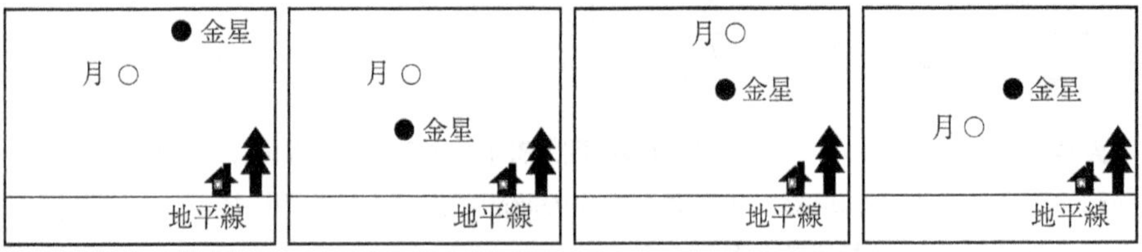

問４　図２は，けいたさんがはじめに観測した日の太陽，金星，地球の位置を模式的に表したものである。この後，２か月間観測を続けていくと，金星の見え方はどのように変化していくか，最も適切なものを，次のア～エからひとつ選び，記号で答えなさい。なお，図２は地球の北極側から見た模式図であり，金星の公転周期は約0.62年である。

図２

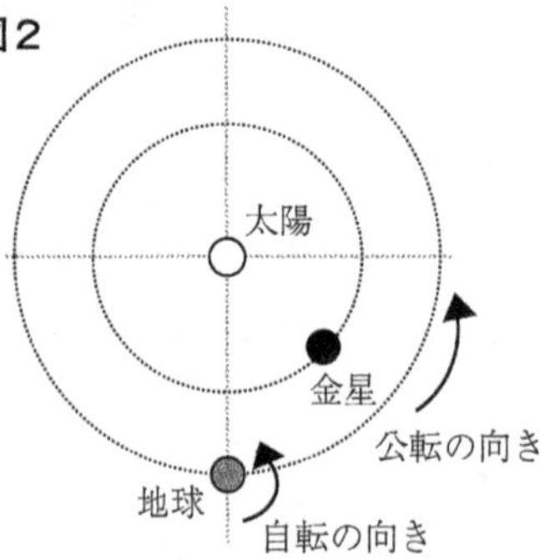

ア　形は満ちていき，大きく見えるようになる。
イ　形は満ちていき，小さく見えるようになる。
ウ　形は欠けていき，大きく見えるようになる。
エ　形は欠けていき，小さく見えるようになる。

問５　金星は，地球からは真夜中に観測することはできない。その理由を「公転」という語を用いて，説明しなさい。

理科解答用紙

得　点

問題1	問1	①	②	
	問2	(1) ③	④	
		(2)	(3)	

【問題1】

問題2	問1	g/cm³	問2
	問3	①	②
	問4		問5

【問題2】

問題3	問1		問2	時　分　秒
	問3		問4	(1)　(2)　km

【問題3】

問題4	問1	(1)	(2)
	問2		
	問3	コイルAの左側から	
	問4		

【問題4】

問題5	問1		問2
	問3	(1)	
		(2)	
		(3)	

【問題5】

問題6	問1		問2	記号　名称
	問3		問4	

【問題6】

問題7

問1 (1)

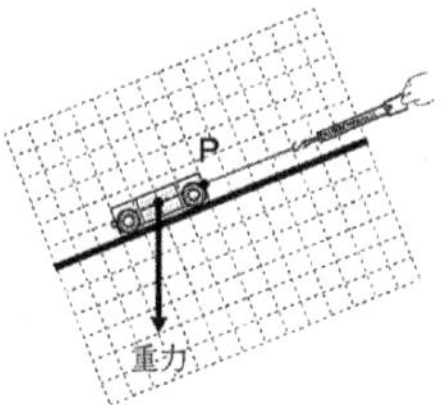

(2) ア　イ

問2

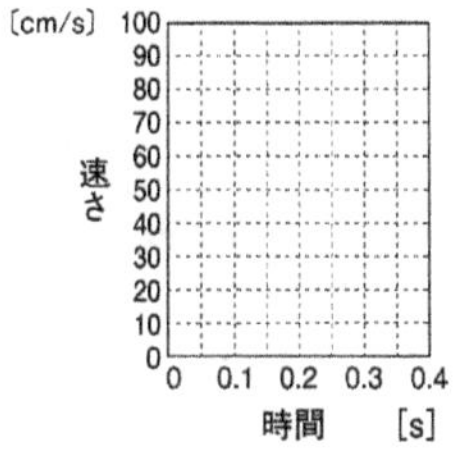

問3	①	②	問4	

【問題7】

問題8	問1		問2		問3		問4
	問5						

【問題8】

受検番号		総得点	

※この解答用紙は159%に拡大していただきますと，実物大になります。

＜社会＞

時間　50分　　満点　50点

【問題1】

問1　次の**地図**は，東京からの距離と方位が正しい地図である。この**地図**をみて，あとの各問いに答えなさい。

地図

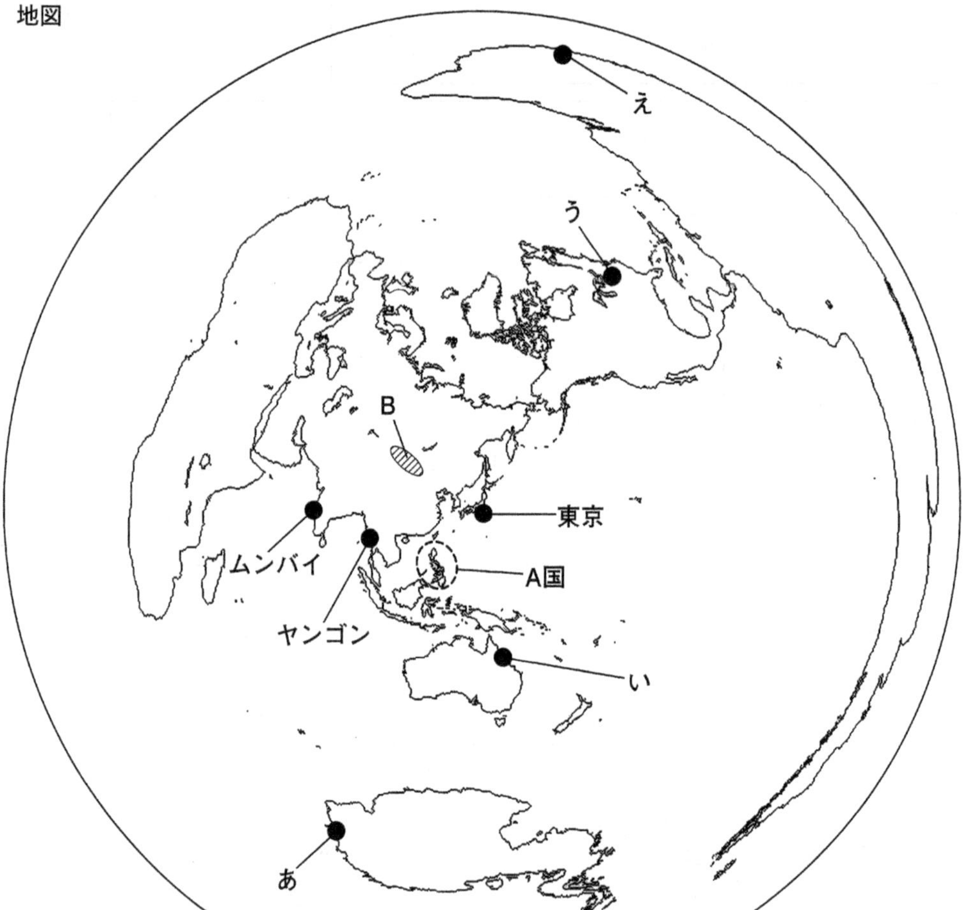

(1)　**地図**中の**あ**～**え**のうち，東京から最も遠い地点をひとつ選び，記号で答えなさい。

(2)　**地図**中の（　）で囲まれた**A国**で，最も多くの人々から信仰されている宗教は何か，答えなさい。

(3)　次のページの**写真**は，自然環境やその地域の人々の生活と関わりが深い家屋を撮影したものである。**地図**中の**B**の地域で撮影した写真として，最も適切なものを，あとの**ア**～**エ**からひとつ選び，記号で答えなさい。

写真

ア　土でつくられた家

イ　草でつくられた家

ウ　動物の毛でつくられた家

エ　石づくりの家

「地球生活記」より

(4)　次の**表**は，**地図**中の**ヤンゴン**と**ムンバイ**の１月と７月の降水量と年降水量をそれぞれ示したものである。**ヤンゴン**，**ムンバイ**とも１月より７月の降水量が多くなっている理由として，最も適切なものを，あとの**ア**～**エ**からひとつ選び，記号で答えなさい。

表

	1月の降水量（mm）	7月の降水量（mm）	年降水量（mm）
ヤンゴン	0.2	459.8	2107.7
ムンバイ	0.9	729.3	2181.9

「理科年表2019」より作成

ア　海からの季節風により，７月は雨季となるから。

イ　海からの偏西風により，７月は雨季となるから。

ウ　大陸からの季節風により，７月は雨季となるから。

エ　大陸からの偏西風により，７月は雨季となるから。

問２　世界の地理について，あとの各問いに答えなさい。

(1)　次のページの**図**は，インドネシア，アメリカ合衆国，ブラジル，オーストラリアのいずれかの国の国土面積と，領海および排他的経済水域の面積の関係を示したものである。このうち，**ブラジル**にあてはまる図として，最も適切なものを，あとの**ア**～**エ**からひとつ選び，記号で答えなさい。なお，は国土面積，は領海および排他的経済水域の面積を示している。

図

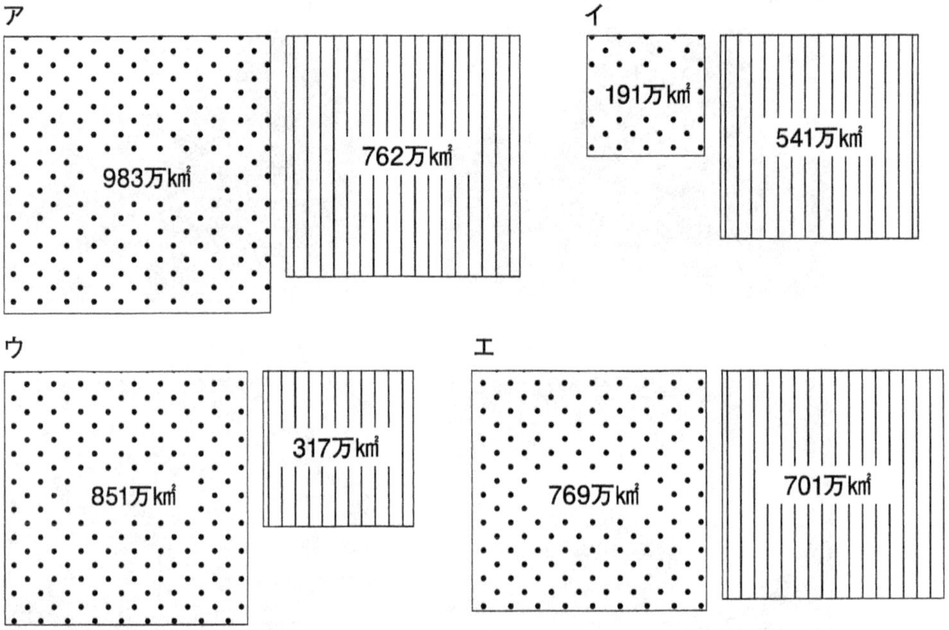

「海洋白書2009」より作成

(2)　ヨーロッパの国または地域における農業の特色を説明した文として，最も適切なものを，次の**ア**～**エ**からひとつ選び，記号で答えなさい。

ア　アルプス山脈より北の地域では，じゃがいもなど食料の栽培に特化した混合農業が行われている。

イ　デンマークやオランダでは，乳牛を飼い，バターやチーズを生産する酪農がさかんである。

ウ　アルプス山脈より南の地域では，一年中湿潤な気候を生かした地中海式農業が行われている。

エ　ドイツは，ヨーロッパ連合（ＥＵ）最大の農業国で，世界一の小麦の輸出国となっている。

問３　日本の地理について，あとの各問いに答えなさい。

(1)　次のページの**グラフ１**は，右の**地図**中の**鳥取**，**彦根**《ひこね》，**大阪**，**潮岬**《しおのみさき》のいずれかの雨温図である。**彦根**の雨温図として，最も適切なものを，あとの**ア**～**エ**からひとつ選び，記号で答えなさい。

地図

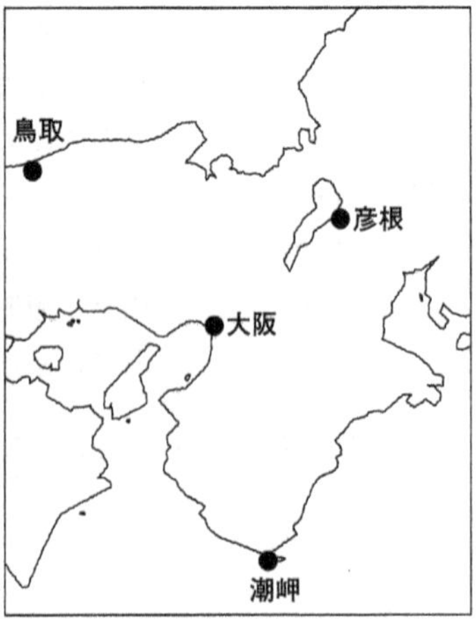

グラフ1

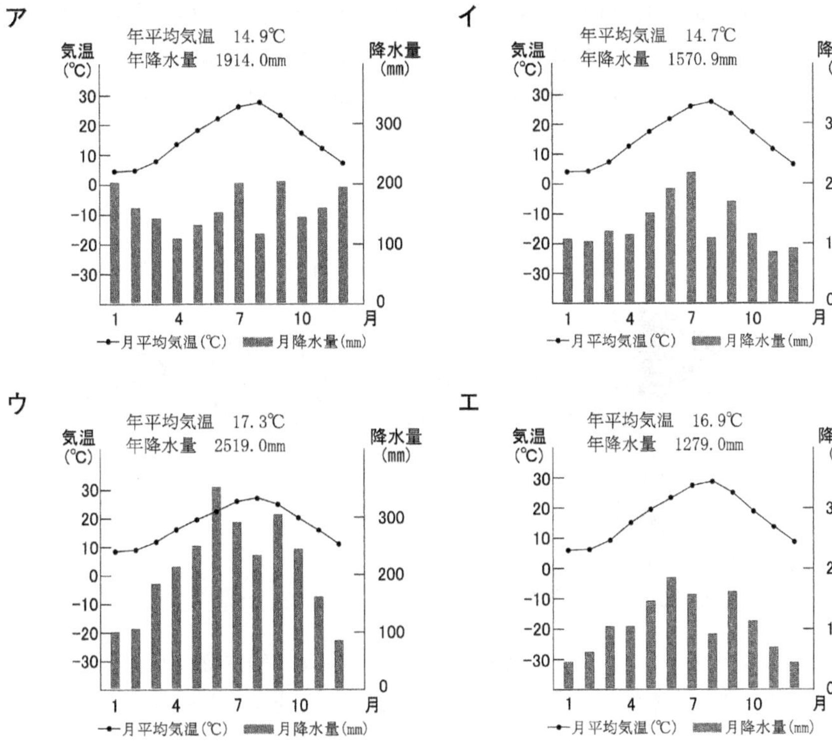

「理科年表2019」より作成

(2) 地理の学習では，都道府県をいくつかまとめて，北海道地方，東北地方，関東地方，中部地方，近畿地方，中国・四国地方，九州地方に分ける7地方区分がよく使われる。次の**ア**～**エ**は，その7地方区分のうち，4つの地方について説明した文章である。**中部地方**にあてはまる文章として，最も適切なものを，次の**ア**～**エ**からひとつ選び，記号で答えなさい。

ア　中央部には巨大なカルデラがあり，その南にはけわしい山々がつらなっている。また，西部や南部には火山があり，現在も活発に活動していて，たびたび噴火する。

イ　北部にはなだらかな山地が続き，南部にはけわしい山地がある。北部や南部では山地が海岸までせまっており，海岸線が複雑に入り組んだリアス海岸が広がっている。

ウ　中央には山脈がはしり，太平洋側には高地，日本海側には山地が広がっている。太平洋側にはリアス海岸がみられるのに対して，日本海側には砂浜が続く海岸線がみられる。

エ　中央部には3000m級の山脈があり，火山も点在している。山々からは多くの河川が流れ出し，土砂を運び堆積《たいせき》させることにより，多くの盆地や平野をつくっている。

(3) 次の**表**は，三重県，京都府，大阪府，和歌山県のいずれかの人口に関する統計をまとめたものである。**表**中の**ア**にあてはまる府県名を答えなさい。

表

府県名	人口（万人）	人口密度（人/km²）	老年人口の割合（%）	産業別人口にしめる第2次産業人口の割合（%）
ア	180	312	29.0	32.3
イ	882	4631	27.2	23.8
ウ	260	564	28.6	23.6
エ	94	200	32.2	21.0

「データでみる県勢2019」より作成

⑷　次の**グラフ２**は，日本の公園・遊園地・テーマパーク業務の都道府県別の売上高の割合を示したものであり，**グラフ２**中の**A**にあてはまる県が全国第一位である。この県は，鳥取県と同様に，日本なしの生産が多く，生産量が全国第一位（2016年）である。この県のおよその形を示した略地図として，最も適切なものを，次の**ア**～**エ**からひとつ選び，記号で答えなさい。

グラフ２

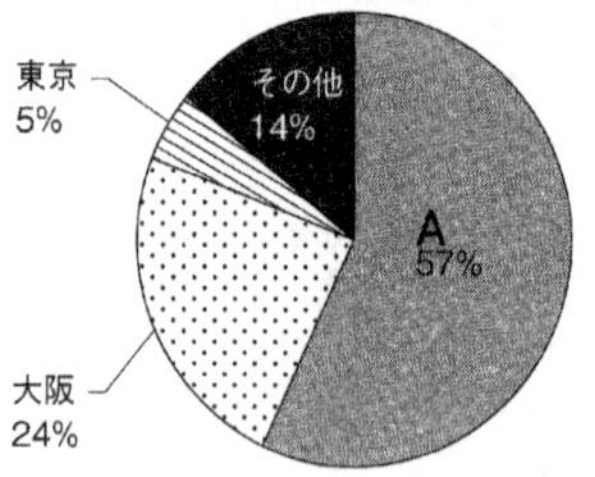

「経済産業省 特定サービス産業実態調査報告書（2015年）」より作成

ア　　**イ**　　**ウ**　　**エ**

⑸　次の**グラフ３**は，パルプ・紙・紙加工品，印刷業，輸送機械工業，鉄鋼業のいずれかについての，都道府県別の工業生産額の割合（2016年）を示したものである。**印刷業**にあてはまるグラフとして，最も適切なものを，次の**ア**～**エ**からひとつ選び，記号で答えなさい。

グラフ３

ア

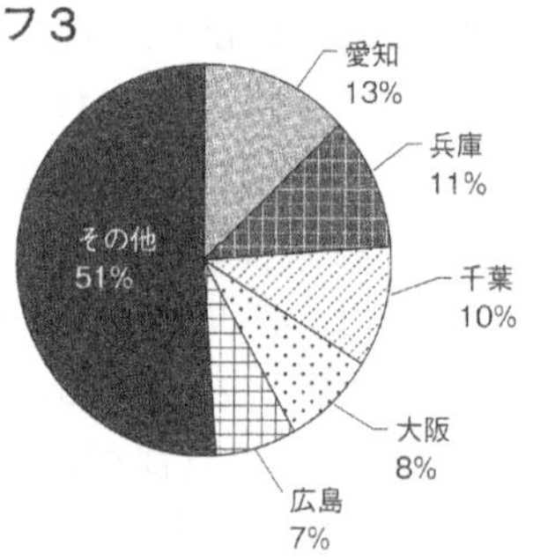

イ

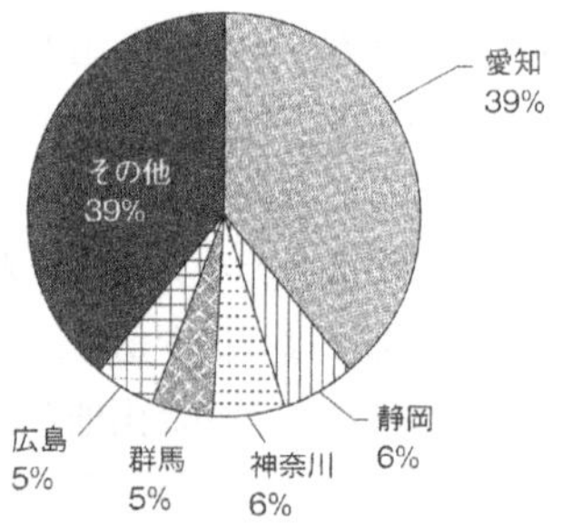

ウ

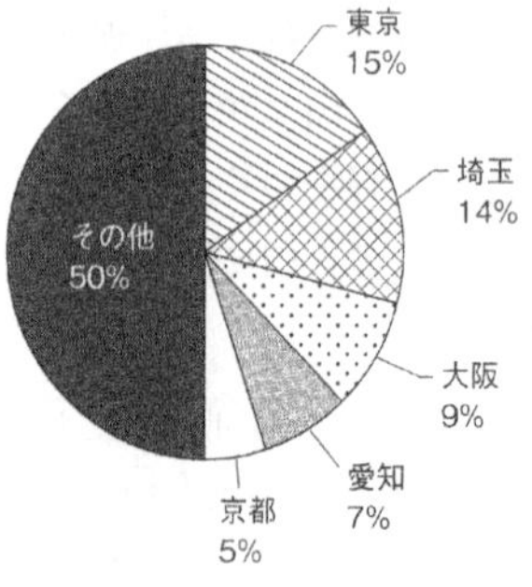

エ

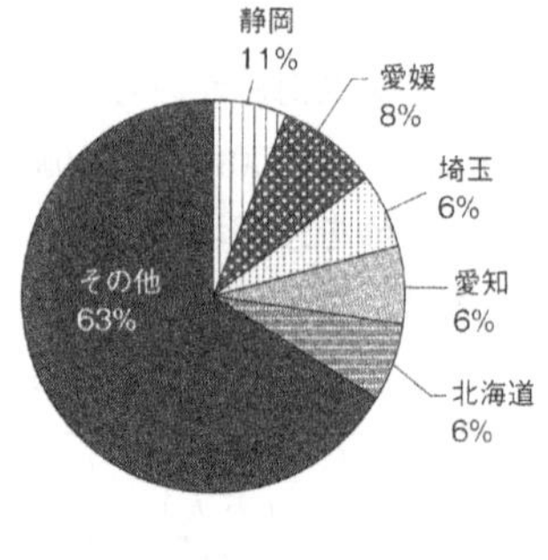

「経済産業省ホームページ」より作成

(6)　右の**写真**は，2004年に起きた新潟・福島豪雨での実績浸水深《じっせきしんすいしん》を示す看板である。このような看板が設置されるようになった理由を，次の**条件**に従って説明しなさい。

条件

・「過去の災害を知ることにより，」という書き出しに続けて答えること。

写真

(7)　次のページの**文**は，下の**地形図**をもとに，しょうたさんが総合的な学習の時間に訪問した施設（建物）までの，学校からの道のりを説明したものである。しょうたさんが訪問した施設（建物）として，最も適切なものを，あとの**ア**～**エ**からひとつ選び，記号で答えなさい。

地形図

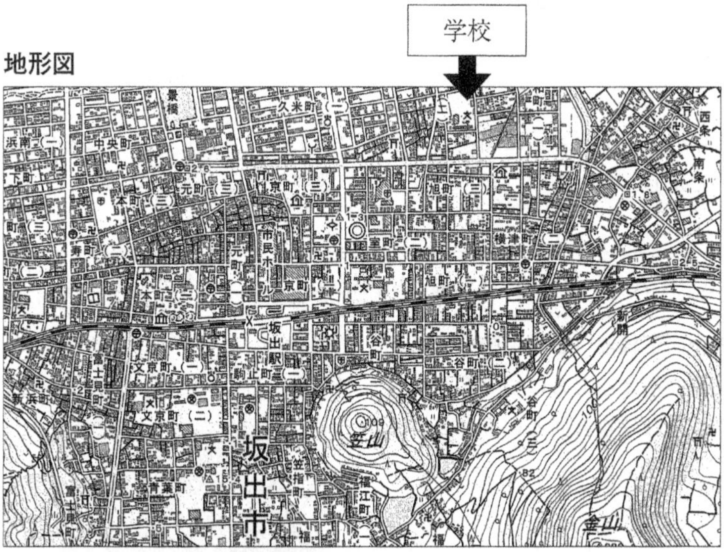

国土地理院　平成30年発行　1：25000　地形図「丸亀」より作成

1:25, 000

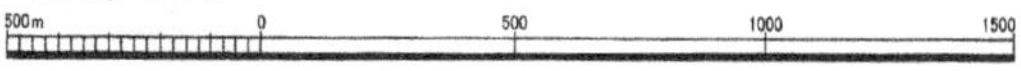

文

私の学校の東側の道を南へ進むと，丁字路《ていじろ》（T字路）につきあたります。その丁字路を西へ約500m進むと，交差点があり，その交差点を南へ進むと，左側に市役所があります。そのまま進み，市役所からひとつめの交差点を西へ約750m進んだ後，南へ約200m進むと，左側に目的の施設（建物）があります。

ア　図書館　　イ　博物館・美術館　　ウ　老人ホーム　　エ　病院

【問題２】

問１　次の**略年表**をみて，あとの各問いに答えなさい。

略年表

日本の時代区分	年（西暦）	鳥取県に関連するできごと
原始・古代	紀元前後	(b) 妻木晩田遺跡《むきばんだいせき》に人が住み始める
	(a) 759	(c) 因幡国庁《いなばこくちょう》で国司であった大伴家持《おおとものやかもち》が歌をよむ
中世	1258 ↕ (d)	伯耆国東郷荘《ほうきのくにとうごうのしょう》の荘園が分割される
(e) 近世・近代	1617 ↕ (f) 1868	池田光政《いけだみつまさ》が鳥取藩主に任ぜられる 鳥取藩士が官軍として戊辰戦争《ぼしんせんそう》に参加する

「鳥取県中学校歴史資料集」より

⑴　**略年表**中の下線部（a）に関連して，次の**文１**中の（A），（B）にあてはまる数字を答えなさい。ただし，**文１**中の（A）には，同じ数字が入るものとする。

文１

759年は（　A　）世紀で，（　A　）世紀は（　B　）年から始まる。

⑵　**略年表**中の下線部（b）に関連して，収穫した稲を蓄えるためにつくられた右の**写真**のような建物を何というか，答えなさい。

写真

「とっとりのーと」ホームページより

⑶　**略年表**中の下線部（**c**）に関連して，この頃の日本のできごとを説明した文として，最も適切なものを，次の**ア**～**エ**からひとつ選び，記号で答えなさい。

ア　日本独自の絵画（やまと絵）が生まれ，貴族の住居として寝殿造が完成した。

イ　戦いの拠点であった城が急速に発達し，山城から平山城や平城へと変化した。

ウ　権威を示す象徴であった古墳にかわり，法隆寺などの寺院が重視されるようになった。

エ　仏教の力で国を守り，不安を取り除くため，都に東大寺が建てられた。

⑷　**略年表**中の（**d**）の期間に活躍した人物について説明した文として，最も適切なものを，次の**ア**～**エ**からひとつ選び，記号で答えなさい。また，その人物名を答えなさい。

ア

> 私は，京都で禅《ぜん》の修行をしながら水墨画を学び，明《みん》にわたり，帰国後，「秋冬山水図」など，大胆な画風による作品を生み出しました。

イ

> 私は，たび重なる渡航の失敗によって失明しましたが，日本に正式な戒律《かいりつ》（修行のきまりごと）を授け，のちに，唐招提寺《とうしょうだいじ》を開きました。

ウ

> 私は，日宋《にっそう》貿易に力を入れ，航路の安全を確保するために瀬戸内海の航路を整え，大輪田泊《おおわだのとまり》を修築しました。

エ

> 私は，小野妹子《おののいもこ》らを遣隋使《けんずいし》としてつかわし，隋《ずい》の進んだ政治のしくみや文化を取り入れるため，正式な国交を目指しました。

⑸　**略年表**中の下線部（**e**）に関連して，次の**文２**は，江戸時代の交通の整備について説明したものである。**文２**中の（**A**），（**B**）にあてはまる語句の組み合わせとして，最も適切なものを，あとの**ア**～**エ**からひとつ選び，記号で答えなさい。

文２

> 陸上交通では，大名が参勤交代をすることなどから，五街道が定められた。地方の街道もしだいに整備され，（　A　）。水上交通では，東北地方の米などを，日本海沿岸・瀬戸内海をまわって（　B　）へ運ぶ西廻《にしまわ》り航路などがひらかれた。

ア　（A）惣（惣村）がつくられた　　（B）大阪

イ　（A）宿場町や門前町が発達した　　（B）大阪

ウ　（A）惣（惣村）がつくられた　　（B）江戸

エ　（A）宿場町や門前町が発達した　　（B）江戸

⑹　**略年表**中の(f)の期間に起こった次の**ア**～**エ**のできごとを，古いものから順に並べ，記号で答えなさい。

ア　アメリカの東インド艦隊司令長官，ペリーが浦賀に来航した。

イ　幕府は，ポルトガル船の来航を禁止し，大名に沿海の警備を命じた。

ウ　幕府は，異国船打払令を出して，外国船を追いはらう方針を示した。

エ　長州藩が関門海峡を通る外国船を砲撃し，翌年，報復攻撃を受けた。

問２　次の**略年表**をみて，あとの各問いに答えなさい。

略年表

年（西暦）	日本のできごと
1885	（a）<u>内閣制度</u>ができる
↕（b）	
1918	（c）<u>原敬《はらたかし》</u>内閣の成立
↕（d）	
1960	池田勇人《いけだはやと》内閣の成立
↕（e）	
1972	田中角栄《たなかかくえい》内閣の成立
↕（f）	
2012	安倍晋三《あべしんぞう》内閣（第二次）の成立

⑴　次の**文１**は，**略年表**中の下線部（ａ）に関連する人物について説明したものである。この人物の名前を答えなさい。

文１

> 長州藩（山口県）の出身で，幕末には倒幕運動で活躍しました。1882年ごろから政治のトップリーダーとなり，大日本帝国憲法をつくりました。そして，憲法作成のためのヨーロッパへの留学経験などが評価され，初代の内閣総理大臣になりました。

⑵　次の**文２**は，**略年表**中の（ｂ）の期間に，日本が日露戦争に勝利し，欧米諸国との条約改正が達成されたことを説明したものである。**文２**中の（Ａ），（Ｂ）にあてはまる語句の組み合わせとして，最も適切なものを，あとの**ア**～**エ**からひとつ選び，記号で答えなさい。

文２

> 1911年，（　Ａ　）外務大臣のもと，日米間などで新たな通商航海条約が結ばれ，日本は（　Ｂ　）に成功し，欧米諸国との条約改正が達成された。

ア　（Ａ）小村寿太郎　（Ｂ）関税自主権の回復
イ　（Ａ）小村寿太郎　（Ｂ）領事裁判権の廃止
ウ　（Ａ）陸奥宗光　　（Ｂ）関税自主権の回復
エ　（Ａ）陸奥宗光　　（Ｂ）領事裁判権の廃止

⑶　次のページの**文３**は，**略年表**中の下線部（ｃ）の人物が組織した内閣の特徴について説明したものである。また，あとの**図**は，大正デモクラシーの時期の政治のようすを表したものである。**文３**中の（Ａ）および**図**中の（Ａ）に共通してあてはまる語句を答えなさい。

文３

米騒動で示された民衆の力の大きさを背景に，立憲政友会《りっけんせいゆうかい》の原敬は内閣を組織した。原内閣は，大部分の閣僚《かくりょう》を衆議院の第一党である立憲政友会の党員がしめる，初めての本格的な（　A　）内閣であった。

図

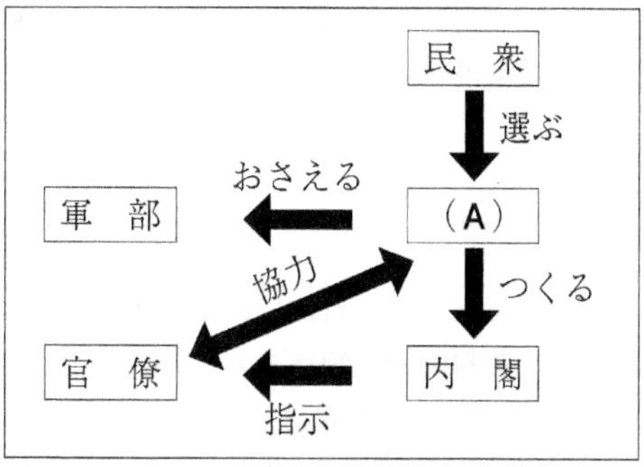

(4)　次の**表**は，**略年表**中の（ d ）の期間の自作地・小作地の割合を示したものである。1949年の自作地の割合が，1941年に比べて増えている理由を，あとの**条件**に従って説明しなさい。

表

	自作地（%）	小作地（%）
1941年	53.8	46.2
1949年	86.9	13.1

条件

- 「農地改革が行われ，」という書き出しに続けて，**20字以上30字以内**で答えること。
- 句読点も字数に数えること。

(5)　**略年表**中の（ e ）の期間の日本について説明した文として，最も適切なものを，次の**ア**～**エ**からひとつ選び，記号で答えなさい。

ア　日本の国民総生産（GNP）は，資本主義国のなかでアメリカにつぐ第２位になった。

イ　ガス・水道・電気が家庭にも普及し，ラジオ放送も始まった。

ウ　株価や地価が異常に高くなり，景気が良くなったが，バブル経済が崩壊した。

エ　官営の八幡製鉄所がつくられ，鉄鋼の生産を始めるなど，重工業が発達した。

(6)　**略年表**中の（ f ）の期間に起こった次の**ア**～**エ**のできごとを，古いものから順に並べ，記号で答えなさい。

ア　冷戦の終結　　**イ**　石油危機　　**ウ**　イラク戦争　　**エ**　ヨーロッパ連合(EU)発足

【問題３】

問１　次の**資料**を読み，あとの各問いに答えなさい。

資料

今日，(a)国際社会は，頻発《ひんぱつ》する地域・民族間紛争《ふんそう》に加え，貧困，持続可能な開発，気候変動，人権などに関して克服すべき新たな(b)地球規模の課題を抱えています。こうした課題には一国では対処できません。国際社会は，＊国連という普遍性《ふへんせい》のある場を最大限活用することで，これらの課題を解決していく必要があります。…（略）…日本は単に財政的に貢献するばかりでなく，国連の活動の三本柱である①平和と安全，②開発，③(c)人権を始めとする様々な分野において国際社会をリードするとともに，人的貢献も行ってきました。…（略）…日本は国連加盟国中最多の11回目となる安全保障理事会（安保理）の

(A)の任期を務めました。安保理において日本は，…（略）…貢献しました。特に，…（略）…(d)国連平和維持活動(PKO)及び平和構築に向けた貢献，安保理の作業方法の改善などが挙げられます。

＊…国際連合のこと

外務省「日本と国連」より

(1) **資料**中の（A）にあてはまる語句は何か，答えなさい。

(2) **資料**中の下線部（a）に関連して，次の**図**は，ボーイング787の機体の製造分担について示したものである。この**図**にみられるように，各国が得意な分野の生産に取り組み，貿易によってそれらを交換し合うことを何というか，答えなさい。

図

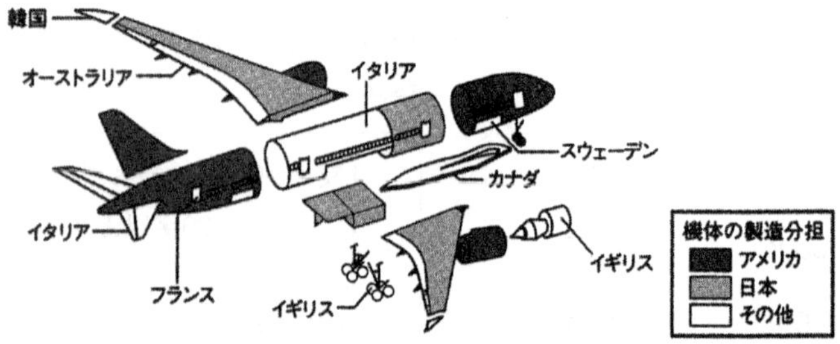

帝国書院「新詳資料　地理の研究」より作成

(3) **資料**中の下線部（b）に関連して，世界の多くの国々は，経済発展の過程で環境問題に直面している。日本の四大公害病のうち，イタイイタイ病を説明した文として，最も適切なものを，次の**ア**～**エ**からひとつ選び，記号で答えなさい。

ア　被害地域は新潟県阿賀野川《あがのがわ》流域で，主な原因はメチル水銀化合物による水質汚濁《おだく》であった。

イ　被害地域は三重県四日市《よっかいち》市で，主な原因は亜硫酸《ありゅうさん》ガスによる大気汚染《おせん》であった。

ウ　被害地域は富山県神通川《じんづうがわ》流域で，主な原因はカドミウムによる水質汚濁であった。

エ　被害地域は熊本県・鹿児島県八代海《やつしろかい》沿岸で，主な原因はメチル水銀化合物による水質汚濁であった。

(4) **資料**中の下線部（c）に関連して，次のⅠ，Ⅱに答えなさい。

Ⅰ　刑事裁判では，強い力を持つ警察や検察による捜査に行きすぎがないように，人権に対する配慮が特に必要である。刑事裁判における被疑者や被告人の権利について説明した文として，**適切ではないもの**を，次の**ア**～**エ**からひとつ選び，記号で答えなさい。

ア　警察は，警察署長の出す令状がなければ，原則として逮捕や捜索《そうさく》ができない。

イ　拷問《ごうもん》は禁止されていて，拷問などによる自白は証拠として使うことはできない。

ウ　被疑者や被告人には，質問に対して答えを拒み，黙っていることが認められている。

エ　被告人は，有罪の判決を受けるまで無罪と推定される。

Ⅱ　医療のインフォームド・コンセントの考え方があてはまる権利として，最も適切なものを，次の**ア**～**エ**からひとつ選び，記号で答えなさい。

ア　プライバシーの権利　　**イ**　自己決定権　　**ウ**　請願権　　**エ**　生存権

(5) **資料**中の下線部（d）に関連して，国際平和協力法（PKO協力法）制定の過程に関する次の**文**を読み，あとのⅢ，Ⅳに答えなさい。

文

内閣は法案を国会へ提出し，これを審査するために衆議院において特別委員会が設置された。この委員会では，専門家を招いて　当時の国際情勢や今後の日本の国際貢献のあり方　憲法問題などについて意見を聴く会を設けるなどして慎重な審査が行われ，1992年，国際平和協力法（PKO協力法）が制定された。

Ⅲ　**文**中の下線部のような，関係者や学識経験者から意見を聴取《ちょうしゅ》する会を何というか，答えなさい。

Ⅳ　**文**中の下線部中の「憲法問題」に関連して，次の**憲法改正の手続き**中の（ **B** ）にあてはまる最も適切な語句を答えなさい。

憲法改正の手続き

憲法改正原案が国会に提出されると，衆議院と参議院で審議される。それぞれ総議員の３分の２以上の賛成で可決されると，国会は国民に対して憲法改正の発議をする。その後，国民投票が行われ，有効投票の（　**B**　）の賛成を得ると，憲法が改正される。

問２　次の**グラフ１**は，日本の発電電力量の推移を示したものである。ななみさんは，**グラフ１**をみてわかったことを，あとの**ノート１**にまとめた。あとの各問いに答えなさい。

グラフ１　日本の発電電力量の推移

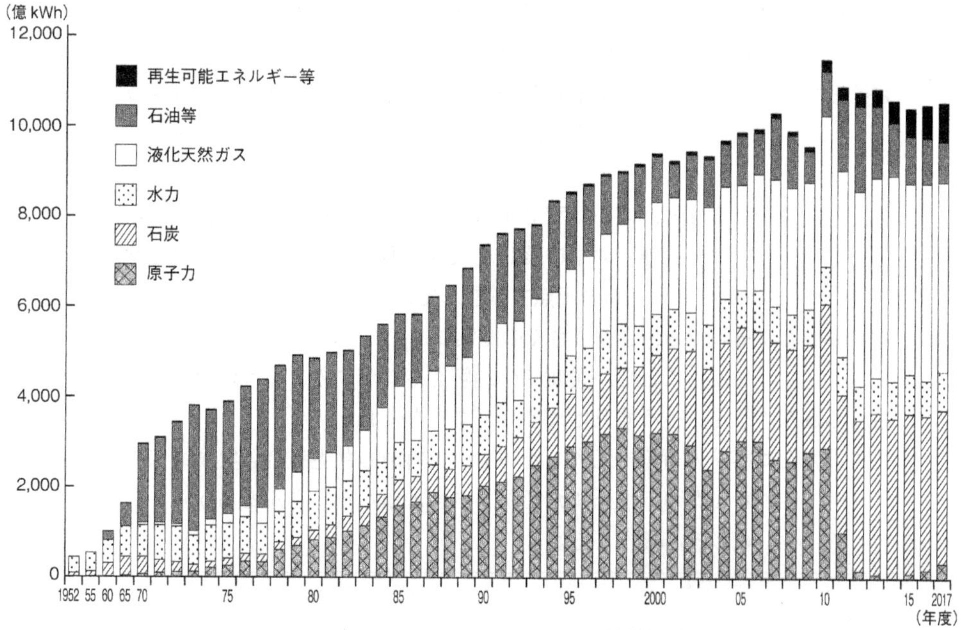

資源エネルギー庁「エネルギー白書2019」より作成

ノート1

①　1960年度まで：水力が最も多かった。
②　1970年代　　：（　A　）が最も多かった。
③　2011年度から：2011年度に（　B　）が前年度の半分以下になったのは，東日本大震災の影響だと考えられる。また，2017年度の（　C　）は，2011年度と比べると約3倍になった。

⑴　ノート1中の（A），（B），（C）にあてはまる語句の組み合わせとして，最も適切なものを，次のア～エからひとつ選び，記号で答えなさい。

ア　（A）石炭　　（B）原子力　　（C）再生可能エネルギー等
イ　（A）石炭　　（B）水力　　（C）液化天然ガス
ウ　（A）石油等　　（B）水力　　（C）液化天然ガス
エ　（A）石油等　　（B）原子力　　（C）再生可能エネルギー等

⑵　ノート1中の下線部に関連して，次の会話は，災害発生時に学校が避難所となった場合の利用に関するルールについて，ななみさんのクラスで話し合った内容である。会話中の（D）には語句，（E）にはマークがあてはまる。それらの組み合わせとして，最も適切なものを，あとのア～エからひとつ選び，記号で答えなさい。

会話

たくみさん：ぼくは，動物を伴《ともな》う屋内避難には反対だよ。避難者の中には動物に対する恐怖心をもつ人もいるし，騒音や衛生上の問題もあるからね。

ななみさん：でも，飼い主にとっては，ペットの安全も大切だよ。ペットが避難所に入れないことも問題だと思う。

さくらさん：では，「屋内の居住スペースは人間のみの利用とし，屋外のグラウンドや屋根のある渡り廊下，駐輪場などに動物用の避難スペースを設ける」というルールはどうかな。

先　　生：なるほど，よい提案ですね。ただし，さくらさんが提案したルールのままでは，避難者の中に著《いちじる》しく人権を損《そこ》なわれる人がでる可能性がありませんか。（　D　）の視点で検討してみましょう。

ななみさん：それなら，さくらさんの提案に加えて，校舎や体育館の入り口に（　E　）をはることで，避難者の理解をうながすのはどうかな。

さくらさん：うん。そうすれば理解しやすくなるね。

たくみさん：事前の対策や工夫しだいで，災害時も共生社会の実現を目指すことができるんだね。まだまだ解決すべき課題がたくさんあるから，これからも考え続ける必要があるね。

ア　（D）効率　（E）

イ　（D）効率　（E）

ウ　（D）公正　（E）

エ　（D）公正　（E）

⑶　次のグラフ２は，2010年から2016年にかけての，円のドルに対する為替相場《かわせそうば》の推移（年平均）を示したものである。ななみさんは，グラフ２をもとに，日本の輸出における為替の影響について，あとのノート２にまとめた。ノート２中の（Ｆ），（Ｇ）にあてはまる語句の組み合わせとして，最も適切なものを，あとのア～エからひとつ選び，記号で答えなさい。

グラフ２　円のドルに対する為替相場の推移（年平均）

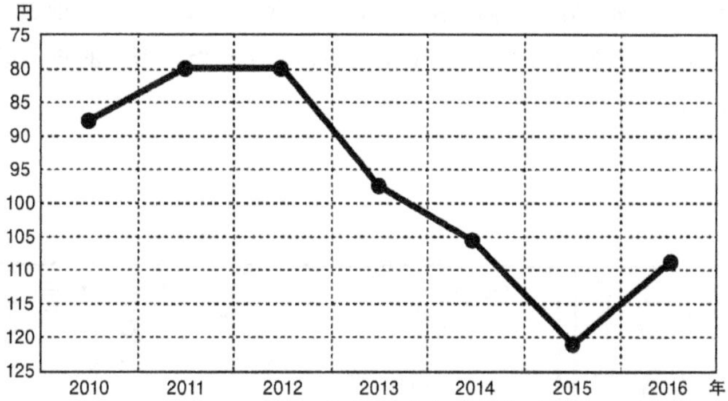

日本銀行「時系列統計データ 検索サイト」より作成

ノート２

グラフ２をみると，2012年と比べて2015年が（　Ｆ　）であったことがわかる。2015年は，2012年と比べて，日本の輸出企業にとっては，（　Ｇ　）な状況であったと考えられる。

ア　（Ｆ）円高　（Ｇ）有利
イ　（Ｆ）円高　（Ｇ）不利
ウ　（Ｆ）円安　（Ｇ）有利
エ　（Ｆ）円安　（Ｇ）不利

⑷　2010年から2016年までの日本の輸出額と輸入額の推移を示したグラフとして，最も適切なものを，ノート１とノート２を参考に，次のア～エからひとつ選び，記号で答えなさい。

ア
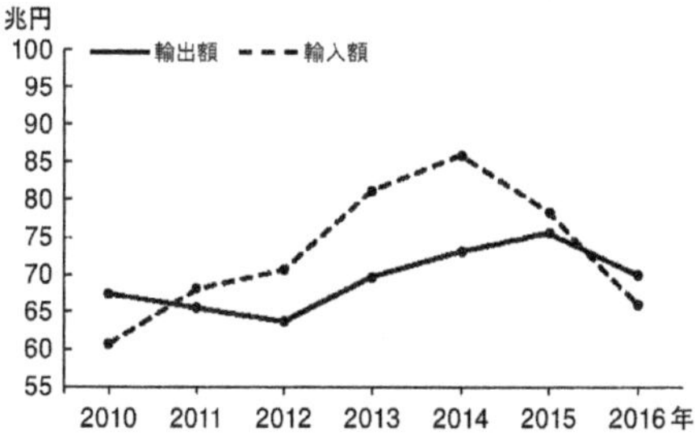

イ
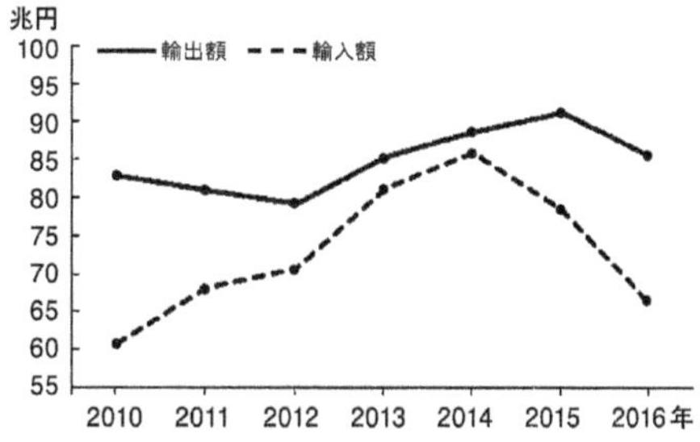

ウ
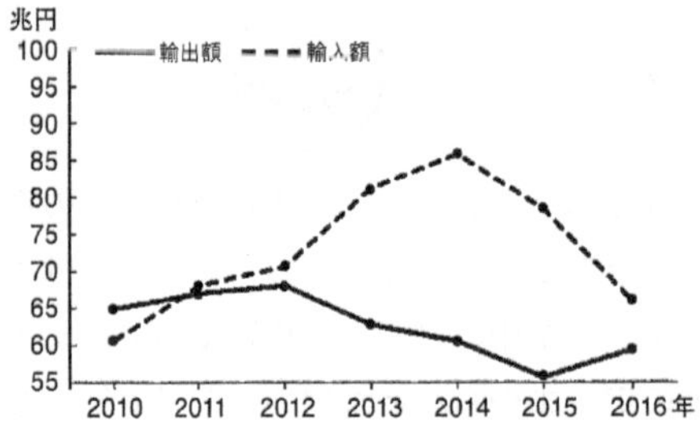

エ
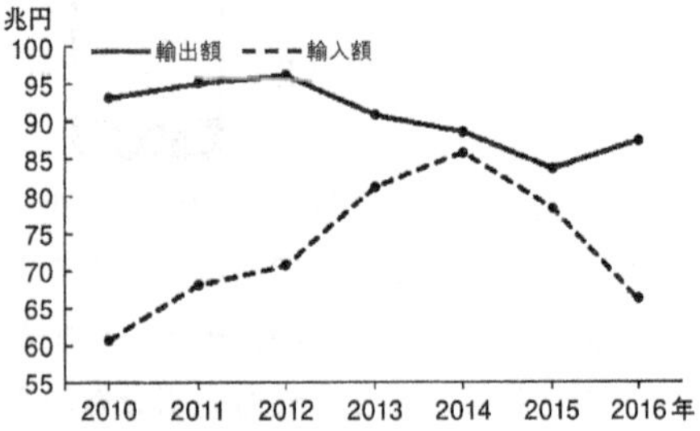

問３　鳥取県では，産業界・学術機関・官庁・県民が，様々な形で地域活性化に関する取り組みを行っている。次の**資料**は，６次産業化について示したものである。**資料**を読み，あとの各問いに答えなさい。

資料

「鳥取県成長戦略冊子」より抜粋

⑴　**資料**中の６次産業化のような，生産活動の改善努力のうち，影響の大きな発明などを表す語句として，最も適切なものを，次の**ア**～**エ**からひとつ選び，記号で答えなさい。

ア　財政政策　　**イ**　技術革新　　**ウ**　規制緩和　　**エ**　行政改革

⑵　次のページの**図**は，６次産業化のイメージ図である。６次産業化を進めることは，**図**中の生産者にとってどのような利点があると考えられるか，説明しなさい。

図

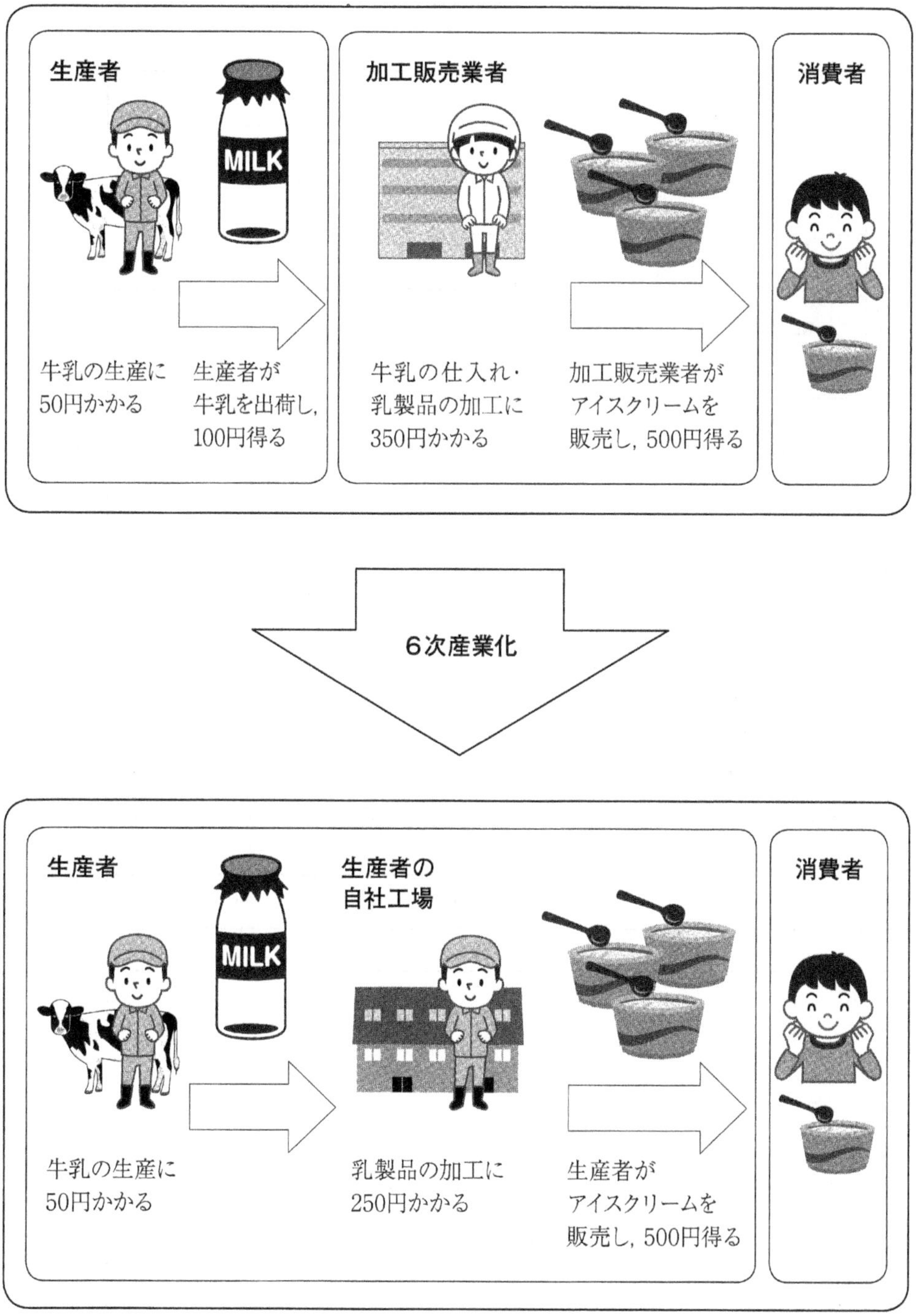
生産者
MILK
牛乳の生産に50円かかる
生産者が牛乳を出荷し，100円得る
加工販売業者
牛乳の仕入れ・乳製品の加工に350円かかる
加工販売業者がアイスクリームを販売し，500円得る
消費者
6次産業化
生産者
MILK
生産者の自社工場
牛乳の生産に50円かかる
乳製品の加工に250円かかる
生産者がアイスクリームを販売し，500円得る
消費者

社会解答用紙

得点

問題1	問1	(1)		(2)		(3)		(4)
	問2	(1)		(2)				
	問3	(1)		(2)		(3)		
		(4)		(5)				
		(6)	過去の災害を知ることにより,					
		(7)						

【問題1】

問題2	問1	(1)	A	B		(2)		
		(3)		(4)	記号		人物	
		(5)		(6)	→ → →			
	問2	(1)		(2)		(3)		
		(4)	農地改革が行われ, (10) (20) (30)					
		(5)		(6)	→ → →			

【問題2】

問題3	問1	(1)		(2)		(3)		
		(4)	Ⅰ	Ⅱ				
		(5)	Ⅲ	Ⅳ				
	問2	(1)		(2)		(3)		(4)
	問3	(1)						
		(2)						

【問題3】

受検番号		総得点	

※この解答用紙は161%に拡大していただきますと，実物大になります。

国語解答用紙

得点

【問題一】

問一　(1)　わる　(2)　(3)　(4)

問二　問三　問四

問五　(1)　主語　述語　(2)

問六

【問題二】

問一　(1)　(2)　問二　問三

問四　30　40

問五

【問題三】

問一　問二　問三

問四　35　40

問五

問六　問七　問八　(1)　(2)

問九　60　80

【問題四】

問一

問二　問三　問四

問五　八行目　十行目

【問題一】

【問題二】

【問題三】

【問題四】

総得点

受検番号

※この解答用紙は167％に拡大していただきますと、実物大になります。

イ　聴衆全体に自分の声が届いているか確かめながら、声の大きさを調節するとよい。

ウ　目標を列挙するだけではなく、その目標を実現するための手段も説明するとよい。

エ　自分への投票のお願いや、印象に残るような表現で演説を締めくくるとよい。

問五　**鳥取星子さん**は選挙ポスターを、あとのA・Bから一つ選ぶことにしました。あなたは、**鳥取星子さん**の選挙ポスターとして、どちらのポスターがよいと思いますか。次の【条件】に従って書きなさい。

【条件】

①　一段落構成とし、内容は次のとおりとする。

・A・Bどちらのポスターを選んだのかを明確に示すこと。

・選んだポスターの特徴とその効果を挙げるとともに、もう一方のポスターの問題点も指摘すること。

・演説の**【原稿】**の内容を踏まえること。

②　解答欄の八行以上、十行以内でまとめること。

③　原稿用紙の正しい使い方に従うこと。

A

みんなの笑顔のために！
生徒会長立候補者
2年1組
鳥取 星子

B

もともと道はない
私達が道を創る
生徒会長立候補者
二年一組
鳥取 星子

【問題四】

ある中学校の**鳥取星子さん**は、生徒会役員選挙で生徒会長に立候補しました。次は、その演説の**【原稿】**です。これを読んで、あとの問いに答えなさい。

【原稿】

　みなさん、こんにちは。このたび、生徒会長に立候補した二年一組の鳥取星子です。吹奏楽部で部長を務めています。

　1本校生徒会は、楽しさの中にも規律ある学校をめざしていますが、楽しさの中にも規律ある学校を実現するのは簡単ではありませんが、私は必ずやりとげたいと思い立候補しました。

　私が生徒会長になったら、自分たちで規律を守れるようにしたり、きれいで心地よい校舎にしたりしたいです。また、委員会活動を見直して、自治的な活動を企画したいです。あと、この学校には地域の方がたくさん2来られます。だから、地域から愛される学校をつくりたいです。学校の中だけではなく、地域全体に目を向けていきたいです。

　3＊魯迅《ろじん》は『故郷』で「もともと地上には道はない。歩く人が多くなれば、それが道になるのだ。」と言っています。私も、新しいことにチャレンジして、新たな伝統を築いていきたいです。

　みなさんが笑顔になれるような学校をめざしてがんばります。

（＊注）　魯迅…中国の小説家。『故郷』は魯迅の作品。

問一　「1本校生徒会は、楽しさの中にも規律ある学校をめざしていますが、楽しさの中にも規律ある学校を実現するのは簡単ではありませんが、私は必ずやりとげたいと思い立候補しました。」の一文がわかりやすくなるように、次の**【条件】**に従って書き直しなさい。

【条件】
・一文を二文に分けること。その際、二文目のはじめに、接続詞を用いること。
・繰り返し使われている言葉を指示語に置き換えること。

問二　「2来られます」について、「来られる」は尊敬語を含んだ表現ですが、「来られる」を他の尊敬語に言い換えなさい。

問三　「3魯迅は『故郷』で『もともと地上には道はない。歩く人が多くなれば、それが道になるのだ。』と言っています」とありますが、この一文を演説の中で聞き手にとってわかりやすいものとするための工夫を述べているものとして、最も適切なものを、次の**ア**〜**エ**から一つ選び、記号で答えなさい。

ア　「魯迅」や『故郷』を知らない聞き手もいるので、どのような小説家でどのような小説だったのかを詳しく説明する。

イ　「魯迅」や『故郷』を含む文節に対して、文末にある述語がそれぞれ正しく対応していないので、文のねじれを正しく整える。

ウ　「魯迅」の『故郷』から引用した部分が長いため鳥取さんが伝えたい内容がわかりにくくなるので、引用の二文目を省略する。

エ　「魯迅」や『故郷』を、音声で聞くだけだと意味が伝わりにくいので、小説家や小説の題名であることを付け加える。

問四　**鳥取星子**さんの**【原稿】**や演説についてのアドバイスとして、**あてはまらないもの**を次の**ア**〜**エ**から一つ選び、記号で答えなさい。

ア　読み間違いをしないように、原稿だけをしっかりと見つめながら演説するとよい。

ア　『徒然草』は、ことばの共有によって読者の共感を誘いつつ、その上に独自の見方を盛り込むことで個性を際立たせている。

イ　『徒然草』は、過去の作品の表現を積み重ねることによって新しい価値を作り出しており、古典文学の真髄となっている。

ウ　『徒然草』は、古典文学の伝統を保つために、常套的表現の持つ共同性と自己の内省的態度を示す個性をあわせ持っている。

エ　『徒然草』は、使い古された表現を今までとは異なる新しい意味で用いることにより、ことばの持つ可能性を広げている。

文章Ⅱ

ひとり灯火《ともしび》のもとに[1]文をひろげて、[2]見ぬ世の人を友とするぞ、こよなう慰《なぐさ》むわざなる。（この上なく心がなごむ、楽しいことだ。）文は、*文選《もんぜん》のあはれなる巻々、*白氏文集《はくしもんじふ》、*老子《らふし》のことば、*南華《なんくわ》の篇《へん》。[3]この国の博士《はかせ》ども（日本の博士たち）の書ける物も、いにしへのは、あはれなること多かり。

（『徒然草』による）

（*注）文選…中国南北朝時代に梁《りょう》の昭明太子によって編さんされた詩文集。
白氏文集…中国唐《とう》代の文学者、白楽天《はくらくてん》の詩文集。
老子…中国周代の思想家。
南華…『荘子《そうじ》』のこと。中国戦国時代の思想家である荘子の著書。

問六　「[1]文」の意味として最も適切なものを、次の**ア**～**エ**から一つ選び、記号で答えなさい。

ア　手紙　**イ**　日記　**ウ**　書物　**エ**　学問

問七　「[2]見ぬ世の人」の意味として最も適切なものを、次の**ア**～**エ**から一つ選び、記号で答えなさい。

ア　亡くなった旧友　**イ**　遠い昔の人
ウ　中国から来た人　**エ**　未来を生きる人

問八　「[3]この国の博士どもの書ける物も、いにしへのは、あはれなること多かり」について、次の問いに答えなさい。

（1）「いにしへ」を現代仮名遣いに直し、すべてひらがなで書きなさい。

（2）「この国の博士どもの書ける物も、いにしへのは、あはれなること多かり」とはどういうことを表していますか。最も適切なものを、次の**ア**～**エ**から一つ選び、記号で答えなさい。

ア　日本の博士たちが書いたものよりも、中国の古典の方がすぐれたものが多いということ。

イ　日本の博士たちが書いたものも、古典はすぐれたものが多いということ。

ウ　日本の博士たちが書いたものは、中国の古典よりももの悲しいものが多いということ。

エ　日本の博士たちが書いたものも中国の古典も、もの悲しいものが多いということ。

問九　**文章Ⅰ**、**文章Ⅱ**は、古典文学の魅力について述べていますが、あなたは、古典の魅力または古典を学ぶ意義をどのようなものだと考えますか。古典に触れた経験や学習を踏まえ、具体例を挙げて、六十字以上八十字以内で書きなさい。

生とは何か」「生きるとは何か」という問いかけが、時に正面切って、時に斜《しゃ》に構えながら発動していきます。それこそ兼好が文学的に達した高みであったと思うのです。そして、人生の意味、人間の存在を思念的に考察しようとする姿勢の深まりという、この作品の本質を象徴的に表しているのが「ものぐるほし」なのです。

（中略）

『徒然草』の序文は、和泉式部をはじめ平安時代にしばしば用いられた常套的な表現を下敷きとしつつ、そこに自己の内省的態度を示す「ものぐるほし」ということばを付加することによって、常套的表現の持つ共同性を基盤に個性を表出しようとしました。共同性を有することで、読者の共感を増幅させ、かつ個性の部分の差異化もはかられます。個性も際《きわ》立ってくるのです。詳しくは本論で触れたいのですが、共同性と個性が補完的に紡《つむ》ぎ出されていくことのなかに古典文学の真髄が見え隠れしていると言ってよいでしょう。

（鈴木健一『知ってる古文の知らない魅力』による）

（＊注）常套…ありふれた仕方。

問一 A・B にあてはまる接続詞の組み合わせとして最も適切なものを、次の**ア**～**エ**から一つ選び、記号で答えなさい。

ア　A　しかし　　B　つまり
イ　A　だから　　B　なぜなら
ウ　A　けれども　B　そして
エ　A　ところで　B　また

問二 「[1]和泉式部の歌集（宸翰本和泉式部集）に次のような表現があります」とありますが、筆者が和泉式部の歌集の表現を引用したのは何のためですか。次の【**説明**】の（①）～（③）にあてはまる語句の組み合わせとして最も適切なものを、あとの**ア**～**エ**の中から一つ選び、記号で答えなさい。

【**説明**】

『徒然草』の序文は（　①　）ではなく、（　②　）があるということを（　③　）するため。

ア　①　兼好の執筆　②　共通する表現　③　比較
イ　①　兼好の独創　②　先行する表現　③　例示
ウ　①　兼好の盗作　②　独創的な表現　③　強調
エ　①　兼好の創作　②　盗作的な表現　③　否定

問三 C には具体例が示されています。その具体例を説明したものとして、最も適切なものを、次の**ア**～**エ**から一つ選び、記号で答えなさい。

ア　兼好法師が『徒然草』以降に書いた作品で、『徒然草』の序文と共通する表現が含まれる例
イ　『徒然草』以外の兼好法師の作品で、和泉式部の書いた文章と共通する表現が含まれる例
ウ　平安時代に書かれた和泉式部以外の作品で、『徒然草』の序文と共通する表現が含まれる例
エ　平安時代に書かれた和泉式部の作品で、『徒然草』の序文と共通する表現が多数含まれる例

問四 「[2]『徒然草』序文の場合、新しい価値とは何でしょうか。それは、『ものぐるほしけれ』という部分だと思います」について、「ものぐるほしけれ」が「新しい価値」といえるのはどうしてですか。本文中の言葉を用いて四十字以内で書きなさい。

問五 本文の内容と一致するものとして最も適切なものを、次の**ア**～**エ**から一つ選び、記号で答えなさい。

文章は、『徒然草』序文のかなりの部分と重なり合っています。

同じ和泉式部の歌集（和泉式部正集）には、次のような詞書もあります。

いとつれづれなる夕暮れに、端《はし》に臥《ふ》して、前なる前栽《せんざい》どもを、唯《ただ》に見るよりはとて、物に書きつけたれば、いとあやしうこそ見ゆれ。さばれ人やは見る（後略）。

（これといってすることがない夕暮れ時に、縁側に横になって目の前にあるいろいろな植え込み〈前栽〉を、ただ眺めているよりはましだと思って、歌に詠んで紙に書きつけてみると、たいそう妙だと感じられる。えい、どうとでもなれ、ほかの人が見たりはしないのだから。）

ここでは、「つれづれ」「書きつく」「あやし」が『徒然草』と共通しています。

和泉式部はすぐれた和歌を数多く詠んでおり、歌人でもあった兼好が、その歌集を読まなかったとは思えません。

B、一個人の独創であるかに見える名文にも、このように先行する表現があって、すべてが新見というわけではないのです。

現代だったら、これは盗作として問題になるのかもしれません。盗作とまではいかなくても、似ている語句が多いという理由によって、個性に乏しいとされてしまうかもしれません。

しかし、古典文学ではそんなことはないのです。先人の用いたことばを取り込むことで自己表現が豊かになる。そういう考え方が支配的だったからです。三百年という時間の隔たりはあっても、「ことばを共有する」という意識によって和泉式部と『徒然草』は強く結ばれています。このことの意義がどんなに大きいかということを、本書を読み進めながら実感していただきたいと思います。

そして、この「ことばの共有」は二人の歌人の単線的な関係にとどまりません。

たとえば、C　つまり、平安時代にしばしば用いられた*常套《じょうとう》的な表現を『徒然草』序文は下敷きにしているのです。繰り返しますがこれはこっそり盗んだとか、そういう話ではないのです。

かつてしばしば用いられ人々になじみ深いことばを表現の中に取り込むことで、自分自身も歴史的な流れとの一体感を味わい、そして読者もすんなりと文章を読み進めていくことができるという、じつに前向きな姿勢なのだと言えるでしょう。

（中略）

文学作品は、過去の作品表現の集積によって成り立っている。すぐれた作品はその上に新しい価値を付与したものだ。

本書では、まず第一にこのことについて考えてみたいのです。

2『徒然草』序文の場合、新しい価値とは何でしょうか。それは、「ものぐるほしけれ」という部分だと思います。

（中略）

「心にうつりゆくよしなしごとを、そこはかとなく書きつ」けていると、それで心の中のもやもやしたものがおさまっていくかと思いきや、そうではなく、ますますなにか異常な感じが高まってしまって、自分ではどうしようもない状況だというのです。

そのように内省的な態度をどこまでも突き詰めていくこと、それが『徒然草』のオリジナリティーでした。

『徒然草』では、日常の出来事や四季折々の自然に触発されて、「人

ア　これまで私が友人からの偏見に傷ついていたことを見抜き、気づかれないように慰めようと思っている。

イ　家業を恥じるだけではなく文学を学ぶことにも嫌気がさしていたと知り、そんな私を意外に思っている。

ウ　文学に情熱を持っていた私が、国の発展にも貢献したいと考えていたことを知り、感心だと思っている。

エ　自分への羞恥や劣等感でいたたまれなくなった私の心中を察して、さりげなく励ましたいと思っている。

問四　「4君たちはそのことを、よく心に留めておかなければいけません」とありますが、先生は学生たちに、どういうことを伝えたかったと考えられますか。三十字以上四十字以内で書きなさい。

問五　本文の内容と表現について説明したものとして、最も適切なものを、次のア～エから一つ選び、記号で答えなさい。

ア　回想の場面を入れて現在と過去を対比することで、読者が話の展開に引き込まれやすくなっている。

イ　先生と私の発言を通して、それぞれの考え方の違いを示し、二人の人生観の相違を明確にしている。

ウ　登場人物の心情や会話を「　」を付けて表現し、それぞれの心情を読み取りやすくしている。

エ　私の視点から描写することで、私の内面に抱える苦悩や葛藤がわかりやすく描き出されている。

【問題三】　次の 文章Ⅰ 、あとの 文章Ⅱ は、古典文学の魅力について述べたものです。文章Ⅰ ・ 文章Ⅱ を読んで、あとの各問いに答えなさい。（出題の都合上、本文を一部改めた箇所がある）

文章Ⅰ

つれづれなるままに、日ぐらし、硯《すずり》にむかひて、心にうつりゆくよしなしごとを、そこはかとなく書きつくれば、あやしうこそものぐるほしけれ。

（これといってすることがないのにまかせて、一日中、硯に向かいながら、心に次々と浮かんでくる、とりとめもないことを、あてもなく書きつけていると、不思議にわけのわからない気分になってくる。）

この一文は、日本人にとってきわめてなじみ深いものと言えるでしょう。『徒然草』は古文の教材としてよく取り上げられますので、冒頭のこの文章を教室で習わなかった人はほとんどいないと思います。そして、兼好があまりにも高名なこの一文を創作したことに疑問を持つことは、あまりありません。

　A　、すべてを兼好個人が考えついたものではないのです。

『徒然草』が執筆されたのは、十四世紀前半。その約三百年ほど前、『源氏物語』が執筆されたのと同じ頃に活躍した女流歌人、1和泉式部《いずみしきぶ》の歌集（宸翰《しんかん》本和泉式部集）に次のような表現があります。和歌の前に記される詞書《ことばがき》の全文です。

つれづれなりし折、よしなしごとにおぼえし事、世の中にあらまほしきこと。

（これといってすることがない時に、とりとめもなく思いついたこと、世の中にあってほしいと思うこと〈を詠《よ》んで〉。）

何をするということもない所在ない様子を表す「つれづれ」、そしてとりとめもないことという意味の「よしなしごと」という語を含むこののように少し微笑《ほほえ》んだ。

「私も国のためになるようなことはしたことがないな」

と先生は言った。「それにね、蒔田さん。文学は確かに、餡をこねること自体には必要ないものかもしれない。だが、餡をこねる貴女《あなた》自身には、必要という言葉では足らないほどの＊豊穣《ほうじょう》をもたらしてくれるものではないですか」

うつむけていた顔を上げ、思わず先生の姿を正面から見た。粗末な木の椅子に腰かけた先生の、若々しい目には情熱が溢《あふ》れていた。

「私たちは一緒に＊ブロンテ姉妹の作品を読みました。蒔田さんは特に、『嵐が丘』についての熱心な発表をした」

先生を取り囲むようにして集った私たちは、先生の講義に聞き入った時と同じように、先生から迸《ほとばし》る文学への愛情にいつしか耳を傾けていたのであった。

「あの作品の舞台は、荒野とそこに建つ二軒の家しかないと言っていいでしょう。だがその世界を狭いと感じる人がいるでしょうか。いや誰もいない。そこにはすべてがあります。愛と憎しみが、策謀と和解が、裏切りと赦《ゆる》しが、その他ありとあらゆる、人間のすべてが嵐が丘にはある」

先生はそう言って、私たちをゆっくりと見回した。

「[4]君たちはそのことを、よく心に留めておかなければいけません」

（三浦しをん『骨片』による）

（＊注） 畢竟…結局。
職業婦人…就職して働く女性のこと。
憚る…気兼ねしてやめる。遠慮する。
生業…暮らしを立てるための仕事。
怯懦…臆病で意気地のないこと。
煽る…物事に勢いをつける。
豊穣…穀物が豊かに実ること。豊かさ。
ブロンテ姉妹…作家の姉妹。『嵐が丘』はエミリー・ブロンテの作品。

問一 「[1]卒業証書の入った筒を握りしめるばかりの私」について、次の問いに答えなさい。

（1） この時の「私」の心情の説明として最も適切なものを、次の**ア**～**エ**から一つ選び、記号で答えなさい。

ア 先生や友人との別れをつらく思い、これでもう皆と会う機会はなくなるのだと別れの悲しみにひたっている。

イ これから社会で活躍しようとしている友人たちに対して引け目を感じ、自分の進路に恥ずかしさを感じている。

ウ 卒業する学生たちの中で女子は自分だけであったので、多くの男子学生の中で肩身のせまい思いをしている。

エ 周囲の学生たちは早々に就職先を決めているのに、自分だけ進路が決まっておらず、とまどい、あせっている。

（2） この時の「私」の心情が、大きく変化することがうかがえる一文を抜き出し、その最初の五字を書きなさい。

問二 「[2]白眼視する」の意味として最も適切なものを、次の**ア**～**エ**から一つ選び、記号で答えなさい。

ア 哀れみの目で見る

イ 尊敬のまなざしで見る

ウ 冷たい目で見る

エ 怒りをこめて見る

問三 「[3]先生はそれには気づかなかったかのように少し微笑んだ」とありますが、この時の先生の心情の説明として最も適切なものを、次の**ア**～**エ**から一つ選び、記号で答えなさい。

イ　以レ五レ十レ歩笑レ百レ歩、則何如。

ウ　以二五十歩一笑レ百レ歩、則何如。

エ　以二五十歩一笑二百歩一、則何如。

【問題二】　次の文章を読んで、あとの問いに答えなさい。（出題の都合上、本文を一部改めた箇所がある）

　生きている先生と最後に会ったのは、大学の卒業式の日であった。春というには肌寒いその日、私たち学生は卒業証書を手にいつまでも去りがたく、薄闇があたりを覆うまで先生の研究室で語らっていた。

　学部全体で見ても、女子学生は十数名しかいなかった。*畢竟《ひっきょう》、その全員と私は顔見知りであったわけだが、*職業婦人になる者もあれば嫁ぎ先が決まっている者もあり、女でありながら大学を出て、その結果郷里で家業を手伝うしかない者など私ぐらいのものだった。

　その年の卒業生で先生の直接の教え子は五人あり、そのうちで女は私一人であった。仲間の男子学生たちはそれぞれ、卒業の喜びと若干の不安に胸震わせ、明日から漕《こ》ぎ出していく社会への責任感に顔を輝かせていた。私はつい昨日までの友人であった彼らがふいに遠くへ行ってしまうような、自分だけが取り残される心持ちがして、研究室の中で一人、うつむきがちであった。

「蒔田《まきた》さんはこれからどうするんだったかな」

　先生は至極穏やかに、1卒業証書の入った筒を握りしめるばかりの私に話しかけた。

「家業を手伝いますの。兄が家を継いでおりまして、今までずいぶん無理を聞いて私を学校にやってくれましたから」

　私は自尊の感情からくる羞恥で息苦しくなりながら、ようよう答えたものだった。

「お家《うち》は何をやっておられるの」

「あんこ屋です」

　これまで私は、そのことを友人たちの誰にも言ったことはなかった。何を恥ずかしがることがあるものか。家の者は誇りを持って仕事をしているし、これまで私が学問に打ち込むことを嫌な顔一つせずに応援してきてくれたではないか。いくらそう言い聞かせても、高い志を語る友を前にしては、女の身で大学にまで来た私が、医者や外交官や大きな商家の娘ではなく、菓子の材料を作る小さな店の娘であることを言うのは*憚《はばか》られた。

　その部屋にいた学生たちの誰も、私の家の職業を聞いて笑う者などいなかった。先生の下に集う学生たちは皆、心根の涼やかで誠実な人間ばかりだったし、貧しい村から上京し、奨学金を得て苦学する者がいることを私は現に知ってもいたのだ。それなのに私は自分の生まれた家の*生業を恥じた。女の身で勉学など、ましてや文学などなんの腹の足しにもならぬことをしてなんになる。これまで何度となく言われ続けた言葉が、投げかけられ続けた視線が、私の*怯懦《きょうだ》と卑屈な心を*煽《あお》った。そしてまた、そんな周囲の偏見に挫《くじ》け、家業を、身につけた学歴を、恥じ続ける自分を恥じた。ここには私を2白眼視する人間など誰もいないにもかかわらず、すべてを恥じている。そんな自分を恥じた。

「明日からは餡《あん》をこねるのです」

　わずかな沈黙さえも耐えがたく思われ、私は早口でしゃべった。

「文学とも、ましてや国の発展とも関係のない毎日で……」

　私の言葉は掠《かす》れて途切れたが、3先生はそれには気づかなかったか

〈国語〉

時間 五〇分 満点 五〇点

【注意】 答えに字数制限がある場合には、句読点やその他の符号も字数に数えることとします。

【問題一】 次の各問いに答えなさい。

問一 次の（1）～（4）の傍線部について、漢字は読み方をひらがなで、カタカナは漢字に直して楷書で、それぞれ書きなさい。必要があれば**送り仮名**もつけて答えなさい。

（1） 将来は教育に携わる仕事をしたい。

（2） 抑揚をつけてトランペットを吹く。

（3） 失敗をしてもマッタク問題はない。

（4） どんなコンナンも乗り越えていく。

問二 次の**ア**～**オ**の行書で書かれた漢字を、楷書で書いた場合、**部首の画数が三画**になるものを**すべて**選び、記号で答えなさい。

ア 宇　イ 村　ウ 防　エ 迫　オ 熱

問三 次の**ア**～**エ**の熟語のうち、上の漢字が下の漢字を修飾しているものを一つ選び、記号で答えなさい。

ア 黒板　**イ** 屈伸　**ウ** 学習　**エ** 帰郷

問四 次の**ア**～**エ**の四字熟語のうち、**〈漢字〉**・**〈読み方〉**・**〈意味〉**がいずれも正しいものを一つ選び、記号で答えなさい。

	〈漢字〉	〈読み方〉	〈意味〉
ア	言語道断	げんごどうだん	あまりにひどくて何とも言いようがないこと
イ	無我無中	むがむちゅう	ある物事に熱中して自分を忘れてしまうさま
ウ	以心伝心	いしんでんしん	言葉にしなくても相手と心が通じあうこと
エ	温故知新	おんこちしん	古い考えを捨てて新しい考えを取り入れること

問五 次の文について、あとの問いに答えなさい。

> 今日はとてもよい天気になったので、私の妹は近くの公園へ遊びに行った。

（1） 主語と述語を、それぞれ抜き出して書きなさい。

（2） 次の**ア**～**エ**の傍線部のうち、「とても」とは品詞が**異なる**ものを一つ選び、記号で答えなさい。

ア いつもより少し明るい夜だ。

イ 部屋の外で大きな声を出す。

ウ 空でカラスがカアカア鳴く。

エ 赤ちゃんがにっこりと笑う。

問六 『孟子』に「以五十歩笑百歩則何如」という一節があります。この一節の書き下し文「五十歩を以《も》つて百歩を笑はば、則ち何如《いかん》。」に従って、返り点を正しくつけたものを、次の**ア**～**エ**から一つ選び、記号で答えなさい。

ア 以レ 五 十 歩 笑レ 百 歩、則 何 如。

2020年度

解　答　と　解　説

《2020年度の配点は解答用紙集に掲載してあります。》

＜数学解答＞

【問題1】 問1　(1)　7　　(2)　−5　　(3)　$\sqrt{3}$　　(4)　$4x-5y$　　(5)　$6a^2b^2$

問2　$4a^2-12a+9$　　問3　−1　　問4　$(x+2)(x-5)$

問5　式　$y=\dfrac{12}{x}$　　ア　6　　問6　$x=\dfrac{3\pm\sqrt{13}}{2}$　　問7　$18\pi\,\mathrm{cm}^2$

問8　およそ400匹　　問9　解説参照　　問10　解説参照　　問11　解説参照

【問題2】 問1　ア　2　　イ　$\dfrac{1}{36}$　　問2　解説参照　　問3　$\dfrac{1}{6}$

【問題3】 問1　$\dfrac{3}{2}$km　　問2　(1)　①　イ　　②　エ　　(2)　道のり7km，$\dfrac{7}{10}$時間

問3(1)　$10(t+a)=40a$　　(2)　$\dfrac{3}{8}$時間後まで

【問題4】 問1　プラン1　5500円　　プラン2　4700円　　問2　解説参照

問3　300kWh未満のとき　　問4　(例)$500+35a+15(220-a)<4700$

【問題5】 問1　$2\sqrt{2}$cm　　問2　ウ，オ　　問3　$\dfrac{2\sqrt{10}}{5}$cm　　問4　$\dfrac{4\sqrt{2}}{3}\pi\,\mathrm{cm}^3$

問5　$6\sqrt{2}$ cm

＜数学解説＞

【問題1】 (小問群―数と式の計算，式の値，因数分解，反比例の関係，二次方程式，円錐の側面積，標本調査，作図，三角形が合同であることの証明，資料の活用)

問1　(1)　$2-(-5)=2+5=7$

(2)　$\dfrac{2}{3}\div\left(-\dfrac{2}{15}\right)=-\dfrac{2}{3}\times\dfrac{15}{2}=-5$

(3)　(与式)$=6\sqrt{3}-3\sqrt{3}-2\sqrt{3}=\sqrt{3}$

(4)　(与式)$=6x-3y-2x-2y=4x-5y$

(5)　(与式)$=\dfrac{12a^3b^3}{2ab}=6a^2b^2$

問2　**$(x+y)^2=x^2+2xy+y^2$の展開公式を利用して**，$(2a-3)^2=(2a)^2+2\times2a\times(-3)+(-3)^2=4a^2-12a+9$

問3　$-a^2-2a-1=-a(a+2)-1$に$a=-2$を代入すると，(与式)$=-(-2)\times(-2+2)-1=-1$

問4　**足して−3，掛けて−10となる2つの数字は2と−5**なので，(与式)$=(x+2)(x-5)$

問5　**yがxに反比例するので，aを定数として，$y=\dfrac{a}{x}$と表せる。**これに$x=1$，$y=12$を代入すると，$12=a$となり，xとyの関係式は$y=\dfrac{12}{x}$となる。したがって，$x=2$のとき$y=6$なので，アは6

問6　解の公式を用いて，$x=\dfrac{-(-3)\pm\sqrt{(-3)^2-4\times1\times(-1)}}{2\times1}=\dfrac{3\pm\sqrt{13}}{2}$

問7　$6^2\pi\times\dfrac{2\times3\times\pi}{2\times6\times\pi}=36\pi\times\dfrac{1}{2}=18\pi\,\mathrm{cm}^2$

問8　ニジマスの総数をx匹と考えると，$x:50=48:6$　これより，$6x=50\times48$　$x=\dfrac{50\times48}{6}=400$
よって，およそ400匹

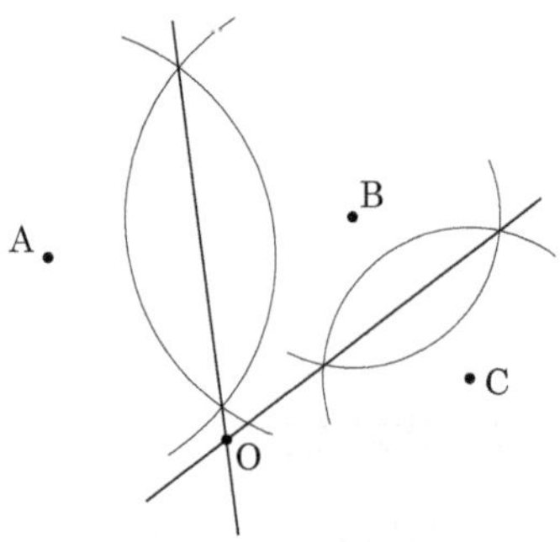

問9　次の手順で作図すればよい。　①　線分ABの垂直二等分線をひく。　②　線分BCの垂直二等分線をひく。　③　①，②でひいた2つの垂直二等分線の交点が円の中心Oである。そもそも**線分の垂直二等分線とは，線分の両端の2点から距離の等しい点の集まり**と考えられるので，中心Oは3点A，B，Cから距離の等しい点となる。

問10　(証明)(例)△AEFと△DECで，仮定より，点Eは辺ADの中点だから，AE＝DE…①　対頂角は等しいから，∠AEF＝∠DEC…②　BF//CDから，平行線の錯角は等しいので，∠EAF＝∠EDC…③　①，②，③から，1組の辺とその両端の角が，それぞれ等しいので，△AEF≡△DEC

問11　(例)最頻値を比べると，そらさんが7点，あずまさんが9点であり，そらさんよりもあずまさんの方が最頻値が大きいから。

【問題2】 (確率―さいころを用いた確率，$y=ax^2$のグラフとの融合問題)

問1　出た目の数の和が2となるのは，大小2つのさいころがともに「1」の目が出たときのみ。よって，その目の組み合わせは1通りしかない。そもそも2つのさいころの目の出方は全部で36通りあるので，出た目の数の和が2となる確率は$\frac{1}{36}$となり，これが最も小さい確率である。

問2　(例)「出た目の数の和が6になる確率は$\frac{1}{4}$であり，5になる確率$\frac{1}{3}$よりも小さいから。」ちなみに，出た目の数の和が6になる目の組み合わせは(大，小)＝(3，3)のみで，2つのさいころはともに「3」の目が3つずつあるので，目の出方は3×3＝9通り。対して、出た目の数の和が5になる目の組み合わせは(大，小)＝(2，3)，(3，2)の2組あり，2つのさいころはともに「2」の目が2つずつ，「3」の目が3つずつあるので，目の出方は，2×3＋3×2＝12通りである。

問3　$n=am^2$より，$a=\frac{n}{m^2}$となる。これより，aが整数となる$(m,\ n)$の組み合わせは，$(m,\ n)$＝(1，1)，(1，2)，(1，3)の3組。さいころの目の2を2A，2B，3を3A，3B，3Cと区別すると，$(m,\ n)$＝(1，1)，(1，2A)，(1，2B)，(1，3A)，(1，3B)，(1，3C)の6通りの目の出方があり，出る目は全部で36通りあるので，求める確率は，$\frac{6}{36}=\frac{1}{6}$

【問題3】 (連立方程式の文章題)

問1　歩いた**道のりは，(速さ)×(時間)**で求めることができるので，単位に注意して，
$6\times\frac{15}{60}=\frac{3}{2}$km

問2　(1)　①は歩いた道のりを$x$km，走った道のりを$y$kmとすると，池の周りは1周10kmなので，$x+y=10$　また，歩く速さは6km，走る速さは10kmなので，それぞれかかる**時間は(距離)÷(速さ)**より，歩いた時間が$\frac{x}{6}$時間，走った時間が$\frac{y}{10}$時間でこれを合計すると，$\frac{x}{6}+\frac{y}{10}=\frac{6}{5}$となる。したがって，イを選ぶ。②は歩いた時間を$x$時間，走った時間を$y$時間とすると、池を1周するのに$\frac{6}{5}$時間かかるので，$x+y=\frac{6}{5}$　また，歩く速さは6km，走る速さは10kmなので，それぞれ進んだ**距離は(速さ)×(時間)**より，歩いた距離が6$x$km，走った距離が10$y$kmでこれを合計すると，$6x+10y=10$となる。したがって，エを選ぶ。

(2)　(1)の連立方程式のどちらかを解けばよい。例えば「考え1」による連立方程式を解く。
$x+y=10$…①　$\frac{x}{6}+\frac{y}{10}=\frac{6}{5}$…②とおいて，①×3−②×30より，$-2x=-6$　$x=3$　①より，

$y=7$　したがって，走った道のりは7kmとなり，その時間は$7\div10=\frac{7}{10}$時間

問3　(1)　こういちさんが進んだ時間は$(t+a)$時間，お父さんが進んだ時間はa時間であり，2人が進んだ距離は等しいので，$10(t+a)=40a$

(2)　(1)より同じ向きに進んだときは，$10(t+a)=40a$　これをaについて整理すると，$a=\frac{1}{3}t$…③　また，反対向きに進んだとき，2人が出会うまでに合計で池1周分の10km進むことになるので，$10(t+a)+40a=10$　これをaについて整理すると，$a=\frac{1-t}{5}$…④　③，④より，同じ向きに進んだときと反対の向きに進んだときの出会うまでの時間が等しくなるのは，$\frac{1}{3}t=\frac{1-t}{5}$　これを解いて，$t=\frac{3}{8}$　よって，出会うまでの時間が等しいのは，こういちさんが走り始めてから$\frac{3}{8}$時間後にお父さんが出発したときである。これよりも遅く出発すると反対向きに進む方が早く会えることになるので，$\frac{3}{8}$時間後までは同じ向きに進んだ方が早く会えるとわかる。

【問題4】(数学的思考と関数の利用―文章の読み取りとその利用，関数のグラフの作成とその利用，不等式の立式)

問1　あかりさんの家庭の6月の電気使用料金は，電気使用量が220kWhなので，プラン1：$2500+25\times(220-100)=2500+3000=5500$円　プラン2：$1000+20\times150+35\times(220-200)=1000+3000+700=4700$円

問2　プラン2の電気使用料金のxとyの関係を表すグラフは右図1のようになる。

図1

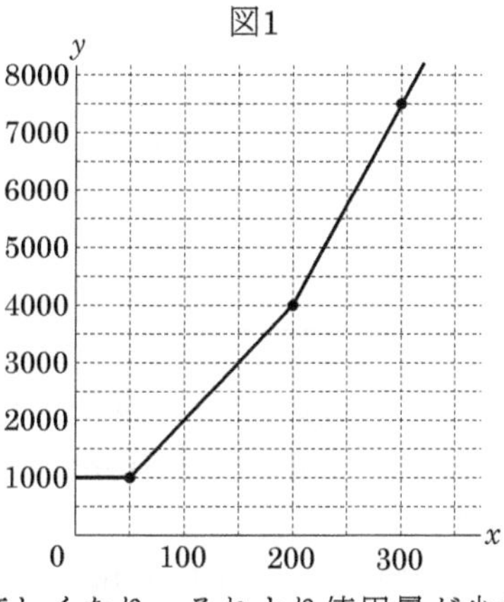

図2

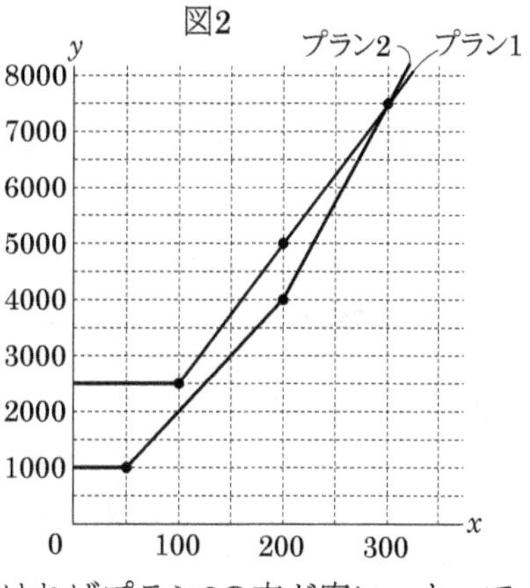

問3　プラン1の電気使用料金のグラフを問2のグラフに加えると右図2のグラフのようになる。よって，$x=300$のときプラン1とプラン2の料金は等しくなり，それより使用量が少なければプラン2の方が安い。よって，300kWh未満のとき。

問4　プラン3の電気使用料金は，$500+35a+15(220-a)$円となるので、これがプラン2よりも安くなるとき次の不等式ができる。$500+35a+15(220-a)<4700$

【問題5】(平面図形―円の直径の求値，円の性質の利用と角度の求値，線分の長さの求値，回転体の体積の求値)

問1　$\angle BCD=90^\circ$より，線分BDは円の直径となる。さらに，BC＝CD＝2cmより，△BCDは直角二等辺三角形となり，$BD=BC\times\sqrt{2}=2\times\sqrt{2}=2\sqrt{2}$ cm

問2　円に内接する四角形の外角は，そのとなり合う内角の対角と等しいので，$\angle ABE=\angle ADC=\angle FBC$　したがって，∠ABEと大きさが等しい角は，∠EDCと∠CBF

問3　BDは円の直径なので，$\angle BAD=90^\circ$　よって，$\angle EAB=90^\circ$　よって，$\angle EAB=\angle ECD=90^\circ$　かつ$\angle EBA=\angle EDC$より2組の角がそれぞれ等しく，△EBA∽△EDC　よって，対応する辺の比は等しいので，EB：ED＝AB：CD…①　EB：BC＝2：1より，EB＝4cmであり，△ECD

において三平方の定理より，$ED^2=EC^2+CD^2$なので，$ED=\sqrt{6^2+2^2}=\sqrt{40}=2\sqrt{10}$cmであるので，①より，$4:2\sqrt{10}=AB:2$　これを整理して解いていくと，$2\sqrt{10}\times AB=8$　$AB=\frac{8}{2\sqrt{10}}=\frac{2\sqrt{10}}{5}$cm（右図参照）

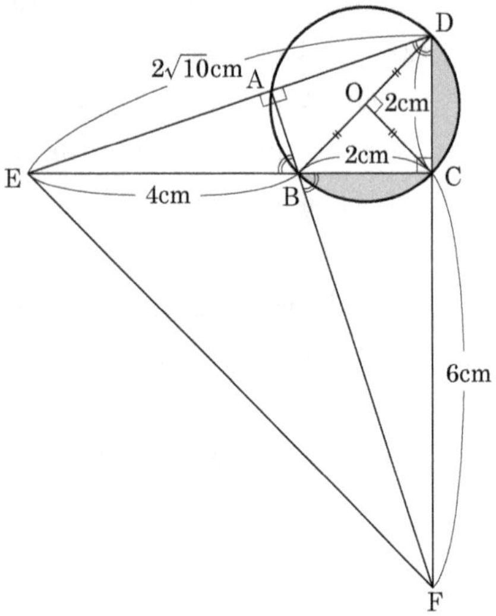

問4　右図のように点Cから線分BDに垂線COを下ろしたとすると，点Oは円の中心であるので，$OB=OC=OD=\sqrt{2}$ cm　したがって，求める体積は，**（半径$\sqrt{2}$ cmの球の体積）から（半径$\sqrt{2}$ cmの円を底面積として高さをBD$=2\sqrt{2}$ cmとした円すいの体積）を引いたものなので，**$\frac{4\times\pi\times(\sqrt{2})^3}{3}-(\sqrt{2})^2\pi\times2\sqrt{2}\times\frac{1}{3}=\frac{8\sqrt{2}}{3}\pi-\frac{4\sqrt{2}}{3}\pi=\frac{4\sqrt{2}}{3}\pi\,cm^3$

問5　∠EBA＝∠FBCかつ∠EAB＝∠FCB＝90°なので，△EBA∽△FBC　よって，**∠BEA＝∠BFCとわかり，円周角の定理の逆から，4点A，C，E，Fは同一円周上にある**とわかる。よって，その円が円Pとなり，円Pの直径は線分EFである。したがって，線分EFの長さを求めればよい。△ECDと△FCBにおいて，∠ECD＝∠FCB＝90°かつCD＝CB＝2cmかつ∠EDC＝∠FBCより，1組の辺とその両端の角が等しいことから，△ECD≡△FCB　よって，EC＝FC＝6cm　したがって，△ECFはEC＝FC＝6cmの直角二等辺三角形となり，$EF=6\sqrt{2}$ cmとわかる。（適宜図を参照すること）

＜英語解答＞

【問題1】　問1　No.1　ウ　　No.2　ア　　No.3　エ　　問2　No.1　エ　　No.2　ア
問3　ア→ウ→エ→イ　　問4　①　July　　②　tenth　　③　（例）What do you want for your birthday?

【問題2】　問1　No.1　for　　No.2　taking　　No.3　long　　問2　No.1　ウ
No.2　イ　　問3　（I watched a TV program about）Japanese people working abroad（.）

【問題3】　問1　①　（例）I'm reading the school newspaper（.）　　②　（例）What is this（?）　　問2　（例）I want to use it as a hotel. More people will come to stay at the hotel and enjoy sightseeing.

【問題4】　問1　ウ　　問2　home　　問3　たくさんの（A　（例）果物や野菜が，大きさや色が売るのに適さない）という場合に廃棄されている。／たくさんの（B　（例）食べ物が，良い状態で保存することができない）という理由で廃棄されている。
問4　エ　　問5　ア　オ

【問題5】　問1　（A）　1937　　（B）　1979　　問2　イ　　問3　（例）lives　　問4　ウ
問5　（例）彼の努力する姿を見て，自分達のために一生懸命働いていることが理解できた（から。）　　問6　（例）I respect him because he worked hard for many people.

<英語解説>

【問題1】（リスニング）

放送台本の和訳は，68ページに掲載。

【問題2】（文法・語句の問題：前置詞，現在進行形，疑問詞，接続詞，名詞，分詞の形容詞的用法）

問1　No.1　はなこ：こんにちは，ジョン。あけましておめでとう！／ジョン：やあ，はなこ。年賀状をありがとう。とてもきれいだったよ。／はなこ：どういたしまして。／**<Thank you for ～>「～をありがとう」**　No.2　アリス：ゆきこ，これ，私の犬の写真よ。／ゆきこ：わー，あなたのワンちゃんとってもかわいい！　そのワンちゃんはアメリカにいるの？／アリス：そうなの。家族が私のためにこの子を世話しているの。彼に本当に会いたいなあ。／現在進行形<be動詞＋動詞の～ing形>「～している」。**連語<take care of～>「～の世話をする」**
No.3　男性：すみません。鳥取博物館までどれくらいかかりますか？／くみ：ここから車で15分くらいですよ。／男性：ありがとう。　**<How long does it take…？>「どれくらい（時間が）かかるか？」**

問2　No.1「モリーは家に帰ってとてもお腹がすいていた。でも夕食はできていなかった」　空所のカッコをはさんで，前後が逆接の関係。　No.2「けんたはミュージシャンになりたがっている。だから，彼は毎日ギターの練習をしている」　接続詞so「だから」が自然に続く選択肢を考えよう。

問3　エバンズ先生：こんにちは，ひろこ。昨夜は何をしましたか？／ひろこ：海外で働いている日本人についてのテレビ番組を見ました。／エバンズ先生：本当？　面白かったかい？／ひろこ：はい。今，私はアフリカで日本語を教えることに関心があります。　I watched a TV program about Japanese people working abroad. **現在分詞working（働いている）とabroad（海外で）のまとまりが，Japanese people（日本人）を修飾して説明。**現在分詞の形容詞的用法。

【問題3】（条件英作文）

絵1　エミリー：こんにちは，さとし！　何してるの？
　　　さとし　：あっ，やあ，エミリー。（①　（例）ぼくは学校新聞を読んでいるんだ。）
絵2　エミリー：何かおもしろいニュースはあるの？
　　　さとし　：あるよ！　この写真を見て。
絵3　エミリー：（②　（例）これは何？）
　　　さとし　：先月，閉校した古い小学校だよ。町の人たちはこの建物を再利用する方法を見つけたがっているんだ。
絵4　エミリー：それは興味深いわね。その話についてもっと教えて。
　　　さとし　：うん，いいよ。教えてあげる。

問1　上記英文の訳を参照。それぞれの場面の**質問と応答が自然につながるか**確認しよう。

問2　（英文の訳）　日本では，たくさんの学校が閉校になっています。なぜなら子供たちが十分にいないからです。私たちの町では，砂山小学校が先月閉校し，地元の人々は，学校の建物を再利用する方法について考えています。例えば，ある人は，病院としてそれを再利用できると言っていました。
もしあなたにアイディアがあれば，私たちに教えてください。

（解答例日本語訳）　私はそれをホテルとして利用したいです。もっと多くの人がそのホテルに泊まりに来て，観光を楽しむでしょう。

【問題4】　**(会話文読解問題：文補充，適語補充，日本語で答える問題，グラフを用いた問題，内容真偽)**

（全訳）　ジェイミー：私たちは今日，2030年までに達成すべき持続可能な開発目標（SDGs）について話し合います。17個のSDGsがあります。どの目標に一番関心がありますか？？

たろう　　：僕は6番目の目標，すべての人にきれいな水を，に関心があります。日本ではきれいな水をいつでも飲めます。でも，世界にはそうできない人もいます。彼らは不衛生な水を飲まなければいけないので，（①　ウ　毎日，たくさんの子どもたちが病気になり，死んでいます。）新たな科学技術がこれらの人たちを救うカギだと思います。

ジェイミー：ありがとう，たろう。あきこ，あなたはどう？

あきこ　　：私は7つ目の目標，クリーンなエネルギーを使うこと，が一番大切だと思います。私たちは毎日，たくさんの化石燃料を使っています。しかし同時に，大量の温室効果ガスを産み出しています。温室効果ガスは地球をさらに温めています。私の家は，屋根にソーラーパネルがあります。そのパネルで，太陽からエネルギーを作り出します。屋根にパネルを付けている家が私の家の周りにも何軒かあります。地球に優しくするために，もっと多くの人々が（②　家で）ソーラーエネルギーを使用すべきです。

ジェイミー：あなたの考えが私は気に入ったわ，あきこ。あなたはどう，けいこ？

けいこ　　：私は2つ目の目標，「飢餓ゼロ」にとても関心があります。世の中は，世界中のすべての人のための十分な食料よりも多くを現在生産しています。でもいまだに多くの飢えた人々が大勢います。十分な食べ物がない人がなぜそれほど多くいるのでしょうか？それは大きな問題です。

たろう　　：本当だね。僕もそのことについてもっと知りたいと思うよ。

あきこ　　：私も。

ジェイミー：けいこ，来週そのことについて，短いスピーチをしてくれない？

けいこ　　：わかりました。ベストを尽くします。

[発表]

世界にはなぜ多くの飢えた人がいるのでしょうか？　廃棄される食品が一つの理由だと私は思います。毎年，世界ではたくさんの食べ物が失われたり，無駄になったりしていることをご存知ですか？　③　人々はなぜとてもたくさんの食べ物を廃棄したり無駄にしたりするのでしょうか？　例えば，先進国では，たくさんの果物や野菜が，大きさや色が売るのに適さないという場合に，農業者はそれらを捨ててしまいます。発展途上国では，たくさんの食べ物が，良い状態で保存することができないという理由で人々は廃棄しています。また，廃棄された食べ物の大部分は腐ってしまい，温室効果ガスを出します。それはもう一つの大きな問題です。

このグラフを見てください。このグラフを見つける前，私は家庭で廃棄される食品よりも，事業所等で廃棄される食品の方がはるかに多いのだと思っていました。でもこのグラフを見たとき，私は驚きました。グラフは，（④　エ　家庭で廃棄される食品は，事業所等で廃棄される食品とほとんど同じ量である）ということを示しています。それは，私たちにできることがあるということを意味します。家庭で廃棄される食品を減らすなら，大きな違いをもたらすことができるのです。世界をより良い場所にしましょう。

問1　空所直前の接続詞，so「だから，それで」がヒント。**soをはさんで前後は，＜原因＋so＋結果＞という関係が成り立つことを踏まえて，**「不衛生な水を飲むと，結果はどうなるか」という話のつながりで判断しよう。

問2　<at home>「家で」 一般に，houseが建物を意味するのに対してhomeは建物に加え家族の暮らしの場としての意味を含む。

問3　A　直後の文を参照。　B　下線部の2文後の文を参照

問4　グラフから読み取れる内容の選択肢を選ぶ。　エ　almost「ほとんど」 **<as ~ as…>**「…と同じくらい～」

問5　ア　たろうは，世界のある人々にはきれいな水を手に入れるための新しい方法が必要だと思っている。(○)　たろうの最初の発言最終文を参照。　イ　あきこは，もっと多くの化石燃料を私たちは使う必要があると考えている。(×)　ウ　ジェイミーは，ソーラーパワーのようなクリーンエネルギーについてスピーチをするようにけいこに頼んだ。(×)　エ　生徒たちは自分たちの将来の仕事について心配し，それらについて話し合った。(×)　オ　けいこは，私たちができる一つのことは家庭で廃棄される食品を減らすことだと考えている。(○)　けいこのスピーチ最終段落最後の3文を参照。

【問題5】 (長文読解問題・伝記：表を用いた問題，日本語で答える問題，語句解釈，条件英作文など)

(全訳)　遠山さんは1906年12月14日に山梨県で生まれた。彼が子どものころ，彼の家族は貧しかった。十分な食べ物がなかったのである。彼はいつも考えていた，「もし僕が野菜をもっと育てたら，家族を助けることができる」。　彼は大学生の時，農業について勉強した。1935年，彼は中国の農業について研究するために中国へ渡った。中国で彼は，砂漠というものを初めて見た。しかし2年後，日本と中国の間で戦争がはじまり，彼は日本に戻らなければならなかった。

1942年，彼は鳥取大学で教え始めた。それは第二次世界大戦中のことで，鳥取の多くの人々には十分な食べ物がなかった。鳥取には大きな砂地の土地があった。そこは野菜を育てるのに適さなかった。それらの土地は数時間でさえ水分を保つことができなかったからである。遠山さんは思った，「もし私が，砂で育つ野菜を見つけることができれば，鳥取の多くの人を助けられる」。彼はそのような野菜を見つけるために一生懸命に努力し，砂地で食物を育てる方法を研究した。ついに彼は，例えば長いものような，砂でよく育つ野菜を見つけた。それらは，鳥取の多くの人々の(①(例)　命)を救ったのである。

1972年，彼は鳥取大学を後にした。そのころ世界では，病気になって死ぬ人が大勢いる場所がいくつもあった。十分な食べ物がなかったからである。彼はそのような人々を助けたいと思った。②　彼は中国の広大な砂漠を思い出した。彼は考えた，「我々が砂漠を緑の畑に変えることができれば，もっと多くの食べ物を手に入れ，世界中の多くの人を救うことができるだろう」

7年後，彼は中国を再び訪れた。彼は地元に人たちに言った，「私たちは砂漠を緑の畑に変えることができます」。しかし，③　彼らは彼を信じなかった。そして言った，「彼は変わった老人だ」。遠山さんは砂漠を何百キロも歩いた。そして農業に適した土地を見つけるために一生懸命に努力した。彼は適する土地を見つけ，たくさんの木を植えた。しかし木々はすぐに枯れてしまった。十分な水がなかったからである。彼はがっかりしたが，決してあきらめなかった。彼はいつもこう言った,「挑戦することをやめたら負けだ。決してあきらめなければ，いつかできるようになるはずだ」。彼は何度も中国を訪れ，木を植え続けた。地元の中国人は彼の努力を見て，彼が自分たちのために一生懸命働いているのだと理解した。それから，④　彼らは彼を手伝い始めた。ついに，砂漠は緑になり，地元の人々は砂漠で農業を始めた。1991年，彼はクブチ砂漠へ移動することを決心した。ついに多くの人の助けを得ながら，彼は300万本の木を植えることができた。

2004年2月27日，遠山さんは鳥取で亡くなった。彼は，砂漠を緑の畑に変えることのできた日本人として中国で尊敬されている。現在，砂地で農業を行う彼のやり方は世界の多くの土地で採用されている。⑤　あなたは彼についてどう思いますか？　なぜですか？

問1　(A)　第1段落最終文を参照。　<～ years later>「～年後」　**<between A (Japan) and B(China)>「AとBの間で」**　<had to ～>「～しなければならなかった」　(B)　第4段落第1文を参照。

問2　第1段落4文目を参照。more「(manyの比較級)もっと多くの」

問3　空所を含む文の動詞に着目しよう。save(d)「救う(救った)」　正答例　**livesは，life「命」の複数形。**

問4　ア　家族と砂漠を旅することが彼の夢だった。(×)　イ　彼は，中国人が彼に戻って来て日本と中国の間の戦争をやめることを願っていると信じた。(×)　ウ　彼は，中国の多くの人を助けるために，鳥取大学での自分の経験を使えると考えた。(○)　第2段落最後の3文を参照。　エ　彼が鳥取でしたことすべては人々を悲しませたので，中国を訪問することは彼にとっていいチャンスになった。(×)

問5　直前の文を参照。　effort(s)「努力」。<understand＋接続詞that＋主語＋動詞…>「…ということを理解した。」

問6　(解答例訳)「私は彼を尊敬します。なぜなら彼は多くの人々のために一生懸命働いたからです」

2020年度英語　リスニングテスト

〔放送台本〕

これから放送による聞き取りの問題を行います。【問題1】を見てください。【問題1】には，問1，問2，問3，問4があります。問1，問2は1回のみ放送します。問3，問4は，2回ずつ放送します。聞きながらメモをとってもかまいません。

では，問1を始めます。これから放送するNo. 1，No. 2，No. 3の英文を聞き，それぞれの英文の内容を最もよく表しているものを，次のア，イ，ウ，エからひとつずつ選び，記号で答えなさい。では，始めます。

No. 1　You can use this for cutting paper.

No. 2　Takahiro usually gets up at seven o'clock. But this morning. he got up at seven thirty. He was very surprised.

No. 3　This graph shows which season is the most popular in Steve's class. Summer is the most popular in the class, and winter is more popular than spring.

〔英文の訳〕

No. 1　紙を切るためにこれを使えます。

No. 2　たかひろはたいてい7時に起きます。でも今朝は，7時30分に起きました。彼はとても驚きました。

No. 3　このグラフは，スティーブのクラスでどの季節が一番人気かを示したものです。夏がクラスで一番人気があり，冬は春よりも人気があります。

〔放送台本〕

続いて，問2を始めます。これから放送するNo. 1 . No. 2の会話を聞き，それぞれの英語の質問に対する答えとして，最も適切なものを，次のア，イ，ウ，エからひとつずつ選び，記号で答えなさい。では，始めます。

No. 1 Mr. Smith : Here are the pens for your group.
A student : One, two... Oh, I only have four. Mr. Smith, we need one more.
Mr. Smith : Oh. OK. Here's another one.
A student : Thank you.

No. 2 Attendant : Would you like Japanese food or Chinese food?
Customer : Japanese food. please.
Attendant : OK. Oh. I'm sorry, but we don't have any Japanese food left.
Customer : No problem. I'll have Chinese food.
Attendant : Thank you. Here you are.

〔英文の訳〕

No. 1 スミス先生：あなたのグループのためのペンがここにあります。
生徒　　　：1，2…。あ，4本しかありません。スミス先生，もう一本必要です。
スミス先生：オー，OK。ここにもう一本あります。
生徒　　　：ありがとうございます。
質問：グループには何人の生徒がいますか？
答え：エ　5人

No. 2 接客係：和食と中華料理とどちらになさいますか？
客　　：和食をお願いします。
接客係：分かりました。あー，すみません。和食はもうなくなってしまいました。
客　　：大丈夫ですよ。中華料理にします。
質問：どんな種類の料理を男性は食べますか？
答え：ア　彼は中華料理を食べます。

〔放送台本〕

続いて，問3を始めます。これから放送する，中学生のゆうすけ(Yusuke)さんとALTのメアリー(Mary)先生との会話を聞き，二人が話した内容の順番にあうように次のア，イ，ウ，エのイラストを並べかえ，記号で答えなさい。では，始めます。

Mary : Hi, Yusuke! You look so happy. Good news?
Yusuke : Yes! I'm going to go to Europe with my family during summer vacation for the first time! I can't wait for the trip!
Mary : Wow, that sounds great! Where are you going to visit?
Yusuke : We are going to visit the U.K. and France.
Mary : How many days will you stay there?
Yusuke : Three days in the U.K., and two days in France. First, we will visit the

British Museum and see a soccer game at the stadium in London. We will also visit some castles in Scotland. And then. we are going to go to France, and we will visit some famous museums and go shopping in Paris.

Mary : It sounds like a very nice trip. How will you go there?

Yusuke : We're going to go to Kansai International Airport by train, and then fly to the U.K. I heard it's going to be a very long trip. It will take about 18 hours.

Mary : You will be tired. but it'll be exciting! Have you got your passport?

Yusuke : No, not yet. I have to get it! How do I get a passport?

Mary : Why don't you check the Passport Office's website?

Yusuke : OK. I will. Thank you.

〔英文の訳〕

メアリー：こんにちは，ゆうすけ！　うれしそうね。いいニュースがあったの？

ゆうすけ：はい！　夏休みに，家族とヨーロッパに初めて行く予定なんです。その旅行が待ち遠しいです！

メアリー：ワオ，いいわね！　どこを訪れる予定なの？

ゆうすけ：イギリスとフランスを訪問する予定です。

メアリー：そこに何日滞在するの。

ゆうすけ：イギリスに3日，フランスに2日です。最初に大英博物館に行って，それからロンドンのスタジアムでサッカーを見ます。スコットランドのお城にも行く予定です。それからフランスに行って，有名な博物館を訪れて，パリで買い物をします。

メアリー：とても素敵な旅行ね。どうやってそこへ行くの？

ゆうすけ：電車で関西国際空港に行って，それからイギリスへ飛行機で向かいます。長旅になると聞きました。18時間くらいかかります。

メアリー：疲れるけど，ワクワクするわね！　あなたは自分のパスポートは手に入れたの？

ゆうすけ：いいえ，まだです。パスポートをもらわないといけないです！　どうやってもらうのですか？

メアリー：パスポートのオフィスのウェブサイトをチェックしてみたらどう？

ゆうすけ：はい，そうします。ありがとうございます。

〔放送台本〕

続いて，問4を始めます。アメリカから来た中学生のリサ(Lisa)さんは，鳥取県に住む中学生のめぐみ(Megumi)さんの家にホームステイをしています。ある日，アメリカにいるリサさんのお母さんが，リサさんの携帯電話に電話をしましたが，つながらなかったので,伝言メッセージを残しました。その伝言メッセージを聞き，次のメッセージの内容の一部の(①)，(②)にあてはまる適切な英語を書きなさい。また，リサさんは，メッセージを聞いたあと，めぐみさんに質問をしました。あとの質問の(③)に入る適切な表現を，英語4語以上の一文で書きなさい。なお，(①)には同じ語が入ります。では，始めます。

Hi, Lisa. How are you? I heard Megumi's birthday is July twelfth. I will arrive in Japan two days before her birthday, and I want to bring her a birthday present. What does she want for her birthday? Please ask Megumi for me. Bye.

〔英文の訳〕

こんにちは，リサ。元気？　めぐみの誕生日は7月12日だそうね。私は，彼女の誕生日の2日前に日本に着いて，彼女に誕生日のプレゼントを持っていきます。彼女は誕生日に何が欲しいのかしら？　めぐみに尋ねてみて。じゃあ，またね。

質問：めぐみ，質問があるの。③　あなたは誕生日に何が欲しい？　母が知りたがっているの。

<理科解答>

【問題1】　問1　①　子房　②　胚珠　問2　(1)　③　二酸化炭素　④　葉緑体　(2)　(例)水にとけやすい　(3)　ア

【問題2】　問1　1.2〔g/cm^3〕　問2　ウ　問3　①　0.90　②　0.95　問4　エ　問5　生分解性プラスチック

【問題3】　問1　活断層　問2　15(時)22(分)45(秒)　問3　ア　問4　(1)　イ　(2)　51〔km〕

【問題4】　問1　(1)　ア　(2)　ウ　問2　(例)コイルAの中の磁界が変化しなくなったから。　問3　(例)(コイルAの左側から)棒磁石のS極を実験2のときよりもすばやく入れる。　問4　エ

【問題5】　問1　ウ　問2　エ　問3　(1)　(例)試験管Iに空気(酸素)が入り，銅が酸化されて酸化銅に戻るのを防ぐため。　(2)　$2CuO + C \rightarrow 2Cu + CO_2$　(3)　3.60

【問題6】　問1　感覚器官　問2　(記号)　d　(名称)　網膜　問3　ウ　問4　ミミズ，ダンゴムシ

【問題7】　問1　(1)　右図1　(2)　ア　＝　イ　＞　問2　右図2　問3　①　イ　②　イ　問4　ウ

【問題8】　問1　地球型惑星　問2　エ　問3　エ　問4　イ　問5　(例)金星は地球よりも太陽の近くを公転しているため。

図1

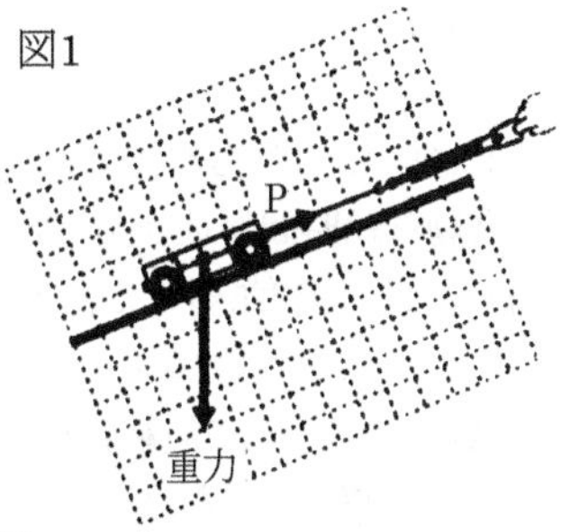

図2

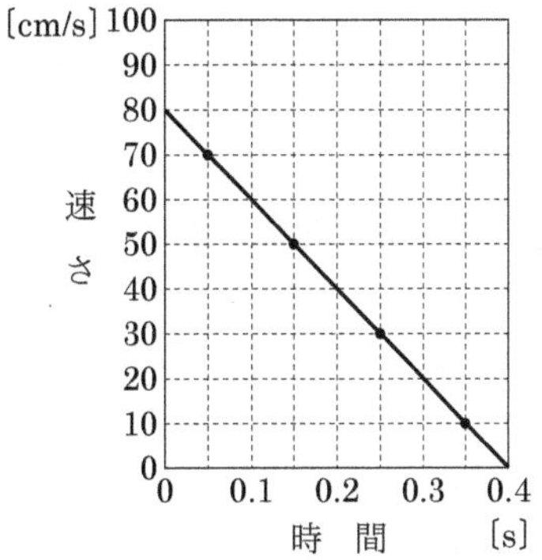

<理科解説>

【問題1】 (植物の体のつくり)

問1　受粉が行われると，花のつくりのうち胚珠が種子になり，子房が果実になる。

問2　(1)　植物は，光が当たると光合成を行う。光合成は葉緑体で行われ，二酸化炭素と水を原料に，デンプンなどの養分と酸素をつくる。　(2)　デンプンは水にとけにくい物質であるため，一度水にとけやすい物質に変えてから水にとかされ，師管を通して全身に運ばれる。　(3)　網状脈の植物の茎の維管束は，輪状に並んでいる。また，茎の中心に近いほうに道管が位置している。

【問題2】 (物質の区別)

問1　**密度〔g/cm^3〕＝質量〔g〕÷体積〔cm^3〕**より，12〔g〕÷10〔cm^3〕＝1.2〔g/cm^3〕

問2　プラスチックAの密度は水(1.0g/cm^3)よりも大きく，飽和食塩水(1.2g/cm^3)よりも小さい。よって，ポリスチレンとわかる。

問3　プラスチックBとDは，密度が1.0g/cm^3よりも小さいポリプロピレンとポリエチレンのいずれかである。これらのプラスチックを区別するために，飽和食塩水のかわりに，密度が0.90g/cm^3より大きく0.95g/cm^3より小さい液体を用いれば，ポリプロピレンは浮き，ポリエチレンは沈むという結果になる。

問4　PETは，ポリエチレンテレフタラートの略号である。

問5　近年，微生物による分解が可能な生分解性プラスチックが開発されている。

【問題3】 (地震)

問1　断層のうち，特に，今後も活動する可能性がある断層を活断層という。

問2　地点Aと地点Bで，初期微動が発生した時刻の差が②－①＝15時23分05秒－15時23分01秒＝4〔秒〕なので，120－96＝24〔km〕を4秒で伝わることがわかる。P波の秒速は，24〔km〕÷4〔s〕＝6〔km/s〕なので，P波が震源から96kmの地点Aまで伝わるのにかかった時間は，96〔km〕÷6〔km/s〕＝16〔s〕　よって，地震発生時刻は，15時23分01秒の16秒前の，15時22分45秒である。

問3　地点Aよりも震源に近いので，**主要動の大きさ**が地点Aの記録よりも大きくなる。また，**初期微動継続時間**が地点Aの記録よりも短くなる。

問4　(1)　震度5弱では，イのような人の体感，ようすのほか，書棚の本が落ちたり，固定していない家具が移動することがある。また，道路に被害が生じることがある。　(2)　震源から12kmの地点でP波を感知するのにかかる時間は，地震発生後(12〔km〕÷6〔km/s〕＝)2秒である。P波の感知から警報発表までに5秒かかっているので，地震発生後，警報発表までにかかった時間は，2＋5＝7〔s〕　この地震で，S波の伝わる速さは，(120－96)〔km〕÷(25－17)〔s〕＝3〔km/s〕よって，警報発表から10秒後にS波が到達している地点の震源からの距離は，3〔km/s〕×(7＋10)〔s〕＝51〔km〕

【問題4】 (電流と磁界)

問1　(1)　電流のまわりにできる磁界は**同心円状**で，**電流の進行方向に対して右回り**である。
(2)　導線に近いほど，磁力線が密になるので磁界は強くなる。また，電流の値を大きくしても，磁界は強くなる。

問2　誘導電流は，コイルのまわりの磁界が変化しているときにだけ生じる。

問3　図4と磁石の極を入れかえるか，磁石の極はそのままで磁石の動かし方を変えるか，いずれかの方法で磁石を大きく動かせばよい。

問4　電源装置のスイッチを入れ，コイルBに電流を流し始めると，コイルBの右端がN極のはたらきをするようになるので，コイルAの左端にN極の磁石が近づいてきたときと同じ変化が起こり，検流計は右に振れる。その後，コイルAの磁界は変化しなくなるので，誘導電流は発生しなくなり，検流計は0に戻る。

【問題5】 (化学変化と質量)

問1　銅に化合した酸素の質量は，4.0－3.2＝0.8〔g〕　よって，銅：酸素の質量の比は，**銅：酸素＝3.2：0.8＝4：1**

問2　アは酸化銀→銀＋酸素の化学変化(分解)，イは過酸化水素→酸素＋水の化学変化(分解)，ウは塩化アンモニウム＋水酸化バリウム→アンモニア＋塩化バリウム＋水の化学変化，エは鉄＋酸素→酸化鉄(酸化)の化学変化が起こる。

問3　(1)　実験で生じた銅に空気(酸素)がふれると，銅が再び酸化銅に戻るおそれがある。

(2)　**酸化銅＋炭素→銅＋二酸化炭素**の化学変化が起こる。化学反応式では，矢印の左右で原子の種類と数を等しくする。　(3)　B班の結果より，酸化銅4.0gを用いた場合に発生する二酸化炭素は1.1gである。A班では，使用した活性炭の質量がB班の半分になっているので，発生する二酸化炭素の質量も半分になる。よって，発生する二酸化炭素の質量は，1.1÷2＝0.55〔g〕　質量保存の法則から，反応前の全体の質量－発生した気体の質量＝反応後に試験管に残った質量となるため，(4＋0.15)－0.55＝3.60〔g〕

【問題6】（動物の体のつくり）

問1　感覚器官は，皮膚や目や耳など，外界の刺激を受けとる器官である。

問2　眼球内に入ってきた光を刺激としてとらえる感覚細胞があるのは，網膜である。

問3　ヒメダカには，川の中での位置を保ちながら泳ぐ性質がある。操作2では流れに逆らって泳ぎ，操作3では景色の変化に合わせて泳ぐ。

問4　分解者は，菌類や細菌類などの微生物以外にも，遺がいを取り入れ細かくするはたらきを担う土の中の小動物が含まれる。

【問題7】（運動とエネルギー）

問1　(1)　糸が力学台車を引く力は，**重力の斜面にそった分力の大きさに等しい**。2つの力は向きが反対で，一直線上にはたらく。　(2)　角度が一定の斜面上にある場合，物体にはたらく重力の斜面にそう分力の大きさは，台車がどこにあっても等しくなる。よって，ばねばかりの示す値はどこも変わらない。また，**斜面の角度が大きくなるほど重力の斜面にそう分力は大きくなる**ので，図1と図2を比べると，図2のほうが大きい。

問2　0.1秒ごとの平均の速さは，右の表のようになる。グラフに打点するとき，AB間の平均の速さ70cm/sは，0～0.1秒の平均にあたる0.05秒の速さとして打点することに注意する。

区間	AB間	BC間	CD間	DE間
平均の速さ〔cm/s〕	70	50	30	10

問3　力学台車が斜面をのぼっていくとき，台車には重力の斜面にそう分力が生じており，この力は運動の向きと逆向きにはたらくので，台車の速さはしだいに減少していく。

問4　実験2で，台車が斜面をのぼるときに各区間で移動した距離は，右の表1のようになる。斜面の角度は変わっていないため，台車がE点から下るときは，表1と逆の変化の割合で，表2のように各区間の移動距離が変化する。よって，動き始めてから0.1秒後までの移動距離は1.0cm，0.2秒後までの移動距離は(1.0＋3.0＝)4.0cm，0.3秒後までの移動距離は，(1.0＋3.0＋5.0＝)9.0cmとなる。

表1

区間	AB間	BC間	CD間	DE間
各区間の移動距離〔cm〕	7.0	5.0	3.0	1.0

表2

時間〔s〕	0～0.1	0.1～0.2	0.2～0.3
区間	ED間	DC間	CB間
各区間の移動距離〔cm〕	1.0	3.0	5.0

【問題8】（月と金星）

問1　太陽系の惑星は，大きさや平均密度などのちがいから，地球型惑星と木星型惑星に分類することができる。

問2　明け方，南東の空に見える月は，下弦の月と新月の間の形となっている。

問3　金星などの惑星は，翌日に観測しても地球から見える方向と位置があまり変化しないが，月は1日で約12°公転するので翌日の**月の出が遅くなる**。よって，翌日の同じ時刻に観測すると，前日よりも低い位置に見える。

問4　360°公転するのに0.62年かかる金星が2か月間で公転する角度x°を求めると，$360 : 0.62 = x : \frac{2〔か月〕}{12〔か月〕}$　$x=96.7\cdots$→約97〔°〕である。地球は2か月で30〔°〕×2＝60〔°〕公転しているので，地球と金星の動く角度のおよその差は，97－60＝37°である。金星は地球からさらに約37°離れていくので，大きさは小さく見えるようになり，形はしだいに満ちていく。

問5　金星はいつも地球から見て太陽と同じ方向にある。地球より内側を公転する惑星は，真夜中に観察できない。

＜社会解答＞

【問題1】 問1 (1) え　(2) キリスト教　(3) ウ　(4) ア　問2 (1) ウ　(2) イ　問3 (1) イ　(2) エ　(3) 三重県　(4) エ　(5) ウ　(6) (例)過去の災害を知ることにより，これからの防災や減災に役立てられるから。　(7) イ

【問題2】 問1 (1) A 8　B 701　(2) 高床倉庫　(3) エ　(4) (記号) ア　(人物) 雪舟　(5) イ　(6) イ→ウ→ア→エ　問2 (1) 伊藤博文　(2) ア　(3) 政党　(4) 農地改革が行われ，(例)政府が地主の農地を買い上げ，小作人に安く売り渡したから。　(5) ア　(6) イ→ア→エ→ウ

【問題3】 問1 (1) 非常任理事国　(2) 国際分業　(3) ウ　(4) Ⅰ ア　Ⅱ イ　(5) Ⅲ 公聴会　Ⅳ 過半数　問2 (1) エ　(2) ウ　(3) ウ　(4) ア　問3 (1) イ　(2) (例)生産だけでなく加工や販売も行うことにより，生産者の利益が増える。

＜社会解説＞

【問題1】 (地理的分野—世界地理－地形・人々のくらし・気候・産業・貿易，—日本地理－気候・地形・人口・工業・農林水産業・交通・地形図の見方)

問1 (1)　地図は**正距方位図**なので，東京からの距離と方角が正しく示されている。地図上で見て，一番距離の遠い，えが東京から最も遠い地点である。

(2)　地図上に○で示されたA国は，フィリピンである。フィリピンの人の信仰している宗教は，大半が**キリスト教**で，残りは**イスラム教**である。東南アジアの国々で，フィリピンほどキリスト教徒が多い国は存在しない。キリスト教の中でも，カトリック信者が多いが，16世紀頃フィリピンを植民地として支配したスペインによって布教されたのが，**ローマ・カトリック**だったからである。

(3)　主にモンゴル高原に住む**遊牧民**が伝統的に使用している，動物の毛で作られた移動式住居のことを，**ゲル**という。写真のウである。

(4)　南西からの**季節風**(**モンスーン**)の影響を強く受ける範囲は，東アジアの太平洋沿岸から東南アジア・中国南部・インドまで大きく広がっている。4月頃から10月頃にかけて海から吹くモンスーンにより，7月は**雨季**となり，降水量が大変多くなる。

問2　(1)　沿岸から**200海里**(約370km)の水域を，**排他的経済水域**という。沿岸国が，水産資源や海底鉱物資源などについて，排他的管轄権を行使できる水域である。領海(約22km)と排他的経済水域面積が多い順に並べると，アメリカ合衆国，オーストラリア，インドネシア，ニュージーランド，カナダ，日本の順になる。ブラジルは，最も排他的経済水域の面積の狭い,ウである。

(2)　ア　**家畜飼育**と**作物栽培**を組み合わせたものが，**混合農業**である。ヨーロッパ中緯度地域の農業の基本形態である。　ウ　夏にあまり雨が降らない気候なので，乾燥に強いオレンジやオリーブやブドウなどの作物を栽培し，温暖湿潤な冬は小麦などを栽培するのが，**地中海式農業**である。　エ　**EU**最大の農業国はドイツではなく，フランスであり，フランスの小麦輸出は世界第2位である。ア・ウ・エのどれも誤りであり，イが正しい。

問3　(1)　アは，冬に大陸にある**シベリア気団**から吹く，冷たい北西の**季節風**の影響で**降雪量**が多い日本海側の都市である，鳥取であるとわかる。ウは，**年降水量**が最も多く，特に梅雨の6月と台風到来期の9月に降水量が多いことから，潮岬であることがわかる。エは，**瀬戸内式気候**(**瀬戸内海式気候**)に分類され，年間を通して天候が安定している大阪府の気候であり，降水量は梅雨時期と台風の来る9月頃に多い。ア・ウ・エのどれも別の都市の説明であり，イが，彦根市の**雨温図**として正しい。

(2)　アは，「中央部には巨大な**カルデラ**があり」の文から，阿蘇のある九州地方の説明であることがわかる。イは，北部になだらかな**中国山地**が，南部にけわしい**四国山地**がある中国・四国地方についての説明であることがわかる。ウは，「太平洋側には**リアス海岸**がみられる」との文から，東北地方の説明であることがわかる。ア・イ・ウのどれも別の地方の説明であり，エが中部地方の説明として適切である。

(3)　4県を**人口**の多い順に並べると，大阪府，京都府，三重県，和歌山県となる。また**人口密度**の高い順に並べても，順位は同じである。表から見ると，アの県が人口・人口密度ともに第3位であり，アが三重県である。

(4)　グラフ2では，A県が公園・遊園地・テーマパーク業務の売上高第1位となっている。これは，東京ディズニーランド・東京ディズニーシーを抱える千葉県であると予想できる。また，日本なしの生産量第1位の県は千葉県で，日本全体の約12%を生産している。温暖で水はけがよい土地のため，なしの栽培に適しているからである。千葉県の地図はエである。

(5)　愛知県が第1位，兵庫県が第2位であるアは，**鉄鋼業**である。鉄鋼業のさかんな都市は，愛知県東海市・兵庫県姫路市・兵庫県加古川市などである。愛知が第1位であるイは，**輸送機械工業**である。愛知・岐阜・三重に広がる工業地帯を，**中京工業地帯**といい，中京工業地帯は，**国内最大の自動車メーカー**の本拠地を含んでいるため，その中心地である愛知県は，出荷額のうち輸送機械工業が突出して多い。なお，製造品出荷額の日本第1位なのは愛知県である。静岡県が第1位であるエは，**製紙業**である。静岡県では，富士山の雪解け水を利用して製紙業が活発に行われている。東京が第1位であるウは，印刷業である。東京は出版社が多いことから**印刷業**の割合が多く，生産額は，日本全体の6分の1程度になる。隣県の埼玉県も同様に印刷業が盛んである。

(6)　過去の災害の程度や状況を知ることにより，これからの防災や減災に役立てられるからであることを指摘すればよい。なお，現在，各自治体で**ハザードマップ**が作成されているのも，同じ目的からである。

(7)　この地形図の縮尺は2万5000分の1なので，計算すれば2.0cm×25000＝50000cm＝500mである。500mは，地図上の2cmになる。同様に，750mは地図上の3cmになる。問題文の指示どおりに進むと，そこにあるのは「🏛」なので，博物館である。

【問題2】　(歴史的分野―日本史時代別－古墳時代から平安時代・鎌倉時代から室町時代・安土桃山時代から江戸時代・明治時代から現代，―日本史テーマ別－社会史・文化史・宗教史・外交史・政治史・経済史，―世界史－政治史)

問1　(1)　A　キリストの生まれた(とされている)年を，1年として数える暦を西暦という。西暦は100年ごとにまとめて，世紀と呼ぶ。759年は8世紀である。　B　1年から100年までが1世紀，701年から800年までが8世紀である。近現代史では，1901年が20世紀となることなどに注意したい。

(2)　弥生時代に，稲などを納めるためにつくられた，床が高くなっている倉庫を，高床倉庫という。床の高い倉庫がつくられたのは，湿気やネズミを防ぐためだと考えられている。

(3)　cは，8世紀のできごとである。　ア　大和絵が生まれ，寝殿造が完成したのは，平安中期の国風文化の時代である。　イ　城の築造形態が山城から平山城・平城へと変化したのは，安土桃山時代のことである。　ウ　古墳にかわり，法隆寺などの寺院が重視されるようになったのは，飛鳥時代のことである。ア・イ・ウのどれも別の時代の説明であり，エが正しい。この当時の社会は疫病が流行り，大きな戦乱が起こるなど混乱していた。聖武天皇は，国家を守るという仏教の鎮護国家の働きに頼ろうとし，都に東大寺と大仏を，諸国に国分寺・国分尼寺を建立させた。

(4)　(記号)　dの時期とは，13世紀中期の鎌倉時代後期から17世紀の初頭の江戸時代初期である。イは奈良時代の人物，ウは平安末期の人物，エは飛鳥時代の人物についての説明である。アが，室町時代に活躍した人物の説明である。　(人物)　1420年に備中国に生まれ，10歳のころには，禅僧としての道を歩み始めたのが，雪舟である。その後絵師となり，山口に移った雪舟は，明に渡って水墨画の研鑽を積み，帰国後は，大胆な山水画やリアルな花鳥画で日本の水墨画を革新した。

(5)　惣とは農民の自治組織のことをいい，寄合を開き，代表者や掟を定めて，自治が行われていた。惣が作られたのは室町時代のことである。江戸時代に開かれた，日本海沿岸の港と大阪を結ぶ幹線航路のことを西回り航路という。17世紀半ばに，河村瑞賢によって開かれ，日本海を西へ航海し，下関から瀬戸内海に入り大阪に達する。したがって，正しい組み合わせは，イである。

(6)　ア　ペリーが浦賀に来航したのは，1853年である。　イ　幕府がポルトガル船を来航禁止としたのは，1639年である。　ウ　幕府が異国船打払令を出したのは，1825年のことである。エ　長州藩が外国船を砲撃したのは，1863年である。したがって，年代の古い順に並べると，イ→ウ→ア→エとなる。

問2　(1)　長州藩出身の伊藤博文は，大久保利通亡き後の明治新政府をけん引し，肥前藩出身の大隈重信が明治十四年の政変で下野した後は，政府のリーダーとなった。自らヨーロッパに憲法調査に出向き，帰国後1885年の内閣制度の創立とともに初代総理大臣となった。伊藤はその後3回総理大臣となった。

(2)　日本の条約改正には，多くの時間を要した。外務大臣の陸奥宗光が1894年に領事裁判権の撤廃に成功し，その17年後の1911年に，外務大臣の小村寿太郎が関税自主権の回復に成功した。条約改正は明治新政府の最優先課題の一つであったが，条約改正は明治44年になってようやく完了したのである。

(3)　**シベリア出兵**を機に，1918年に富山県から起こった，民衆が米の安売りを求めて米穀商等を襲う**米騒動**は，全国に広がった。**寺内正毅内閣**は，その鎮圧に軍隊を利用したことから退陣し，**政友会**の**原敬**による**本格的政党内閣**が成立した。初の政党内閣は1898年の第一次大隈内閣であり，本格的政党内閣は1918年の原内閣であると覚えておくとよい。

(4)　**第二次世界大戦**後，**GHQ**の指令により行われたのが**農地改革**である。農村の民主化のために行うとされ，地主・小作人の関係を大きく改めようとするものだった。具体的には，**地主**が持つ土地を国が買い上げて，**小作人**に安い価格で売り渡すことで，多くの**自作農**が生まれることになった。

(5)　eの時期は1960年から1972年である。　イ　**ラジオ放送**が始まったのは，1920年のことである。　ウ　土地や株式に対する投資が増大し，実際の価値以上に地価や株価が異常に高くなる現象を，**バブル経済**という。バブル経済が崩壊したのは，1991年である。　エ　**日清戦争**後には，特に鉄鋼の需要が増え，生産増大を図るためにつくられたのが，**八幡製鉄所**である。日清戦争の**賠償金**の一部が建設費に用いられ，1901年に操業を開始した。イ・ウ・エのどれも別の時代の説明であり，アが正しい。1950年代後半から1960年代の**高度経済成長**により，日本の**国民総生産**は，1968年に，西ドイツを抜いて資本主義国第2位となった。その当時は，国民総生産(GNP)というのに対し，現在は**国内総生産**(GDP)ということに注意が必要である。

(6)　ア　1989年の**マルタ会談**によって，**アメリカ・ソ連**を中心とした**資本主義陣営**と**社会主義陣営**の**冷戦**が終結し，1989年に**ベルリンの壁**が崩壊して，1990年に**東西ドイツが統一**された。　イ　1973年に，**第4次中東戦争**を機に，**石油輸出国機構**(OPEC)諸国が石油価格を大幅に引き上げたことにより，世界経済全体が大きな混乱に陥ったことを，**石油危機**という。1979年には，**第2次石油危機**があった。　ウ　**イラク戦争**とは，イラクが大量破壊兵器を保有していることを理由として，2003年に，アメリカを中心とした有志連合軍が，イラクへ軍事介入し，当時の**サダム＝フセイン政権**を倒した戦争である。　エ　ヨーロッパ共同体を母体として，1993年に発足した組織が**ヨーロッパ連合**(EU)である。統一の通貨は，**ユーロ**である。したがって，年代の古い順に並べると，イ→ア→エ→ウとなる。

【問題3】 (公民的分野―国際社会との関わり・基本的人権・国の政治の仕組み・憲法の原理・経済一般，地理的分野―公害，―日本地理－エネルギー，時事問題)

問1　(1)　**国際連合**の主要機関の一つで，国際平和と安全の維持に主要な責任を持つ機関が，**安全保障理事会**である。国際連合の安全保障理事会では，5か国ある**常任理事国**が1か国でも反対すると，決議ができないことになっている。常任理事国は**拒否権**を持っていることになる。これに対し，**非常任理事国**は国連の安全保障理事会を構成する理事国15か国のうち，常任理事国の5か国以外の国を指す。加盟国の中から総会で選ばれ，任期は2年である。

(2)　国と国との間の分業を**国際分業**という。各国が自国の生産条件に見合った商品の生産を行い，その一部を輸出し，他の商品は外国から輸入することである。国際分業は，貿易により国際間で行われるものである。

(3)　アは，**新潟水俣病**についての説明である。イは，**四日市ぜんそく**についての説明である。エは，**水俣病**についての説明である。ア・イ・エのどれも別の公害の説明であり，**イタイイタイ病**の説明として正しいのは，ウである。大正から昭和にかけて多くの患者が発生し，1968年に公害病として指定された。上記の3つと並んで**四大公害病**の一つである。

(4) Ⅰ アが適切ではない。逮捕や捜索の**令状**を出すのは，**裁判所**である。日本国憲法第35条では「何人も，その住居，書類及び所持品について，侵入，捜索及び押収を受けることのない権利は，(中略)正当な理由に基いて発せられ，且つ捜索する場所及び押収する物を明示する令状がなければ，侵されない。」と定めている。また，その第2項では「捜索又は押収は，権限を有する司法官憲が発する各別の令状により，これを行う。」と定めている。**司法官憲**とは，裁判所のことである。 Ⅱ ア **プライバシーの権利**とは，人がその私生活や私事をみだりに他人の目にさらされない権利をいう。現在では，名前・住所・電話番号・顔写真などの個人情報を守る権利としても考えられるようになっている。 ウ 日本国憲法第16条では「何人も，損害の救済，公務員の罷免，法律，命令又は規則の制定，廃止又は改正その他の事項に関し，平穏に請願する権利を有し，何人も，かかる請願をしたためにいかなる差別待遇も受けない。」と規定しており，国民のこの権利を，**請願権**という。 エ 憲法第25条は「すべて国民は，健康で文化的な最低限度の生活を営む権利を有する。」と定めており，人間が人間らしく生きるのに必要な諸条件を確保するよう国家に要求する権利を，**生存権**という。ア・ウ・エのどれも別の事柄の説明であり，イが正しい。**インフォームドコンセント**は，患者が医師から，治療法などについて正しい情報を伝えられた上での合意をすることであり，それによって自己の個人的事柄について，自ら決定する権利である。 Ⅲ **国**や**地方公共団体**などの機関が重要な事項を決定する際に，**利害関係者**や**学識経験者**などを呼び，その意見を聞く会を，**公聴会**という。

Ⅳ 日本国憲法第96条に以下のとおり明記されている。「この憲法の改正は，各議院の総議員の**三分の二**以上の賛成で，国会が，これを発議し，国民に提案してその承認を経なければならない。この承認には，特別の国民投票又は国会の定める選挙の際行はれる投票において，その**過半数**の賛成を必要とする。」

問2 (1) 1950年代から1960年代は，エネルギーの主役が石炭から石油に交代した「**エネルギー革命**」の時代であり，1970年代は石油等が最も多かった。2011年に**東日本大震災**が起こり，**福島第一原発**で重大な事故が起こったために，**原子力発電**は前年度の半分以下になった。また，2017年度の**再生可能エネルギー**等は，2011年度と比べると約3倍となったが，電力供給量に占める再生可能エネルギーの割合は，ヨーロッパの主な国に比べて低い。**持続可能な社会**の実現に向けて取り組むことが，日本の課題である。正しい組み合わせは，エである。

(2) 時間・費用・労力の面で無駄を省く考え方が「**効率**」である。手続き・機会や結果において公平を期す考え方が「**公正**」である。ここでは，障害のある避難者も平等に扱うことを話し合おうとしているので，公正が正しい。また，**補助犬同伴可**のマークなので，ウが正しい。なお，もう一つのマークは，エコマークである。

(3) **為替相場**の変動で「1ドル100円」から「1ドル110円」のように，外国の通貨に対して円の価値が下がることを**円安**になるという。円安になると，日本からの輸出品の外国での価格が安くなるので，よく売れるようになり，**輸出するのに有利**になる。

(4) 日本は2011年の東日本大震災まで，輸出が輸入を上回っていた。ところが，東日本大震災を契機に輸出が大きく落ち込んだ。その後の復興で，再び輸出が輸入を上回るようになった。このことを正しくグラフにしているのは，アである。

問3 (1) ア・ウ・エのどれも別の事項を表す語句であり，イが正しい。**技術革新**は，英語で**イノベーション**であり，新たなものを創造し，変革で経済や社会に価値を生み出し，革新をもたらすことである。

(2) **生産**だけでなく**加工**や**販売**も行うことにより，生産者の利益が増える。また，**地産地消**につながるので，消費地まで輸送する手間が省け，輸送の距離が短いため，**エネルギー消費量**と二酸化炭素排出量の削減につながる。

＜国語解答＞

【問題一】 問一　(1)　たずさ(わる)　(2)　よくよう　(3)　全く　(4)　困難
問二　ア　ウ　エ　問三　ア　問四　ウ　問五　(1)　(主語)妹は　(述語)行った　(2)　イ　問六　エ

【問題二】 問一　(1)　イ　(2)　うつむけて　問二　ウ　問三　エ
問四　(例)文学は人生にかけがえのない豊かさを与えるものだということを忘れずに生きること。　問五　エ

【問題三】 問一　ア　問二　イ　問三　ウ　問四　(例)人生の意味や人間の存在を思念的に考察しようとする姿勢の深まりを表しているから。　問五　ア　問六　ウ
問七　イ　問八　(1)　いにしえ　(2)　イ　問九　(例1)時代を経ても変わらない人間の心理に触れることができるのが古典の魅力だ。例えば，私は失敗が許されない大事な試合で，平家物語の与一と同じ緊張を感じることができた。
(例2)和歌を学習した時，声に出して読むと，言葉の持つ響きやリズムを味わうことができました。古典を学習する意義は，日本語の美しさを再発見することだと思います。

【問題四】 問一　(例)本校生徒会は，楽しさの中にも規律ある学校をめざしていますが，それを実現するのは簡単ではありません。しかし，私は必ずやりとげたいと思い立候補しました。　問二　(例)いらっしゃる　問三　エ　問四　ア
問五　(例1)私はAのポスターを選ぶ。Aの特徴は「みんなの笑顔のために」という演説最後の言葉と，大勢の楽しそうな生徒が描かれているところだ。これにより，鳥取さんがめざす学校像が明確に伝わる。星のイラストやポップ体で書かれた文字も，見る人を楽しい気持ちにさせる。一方で，Bはシルエット調でさびしい気持ちになる。また，「道を創る」とあるが，具体的にめざすものが伝わらない。だから，選挙ポスターにはAがふさわしい。　(例2)選挙ポスターというと，華やかなものが多い中，Bのデザインはシンプルだからこそ逆に目を引きます。また，演説に引用した言葉をもとにして作られたキャッチフレーズは，固い決意を表しています。これが行書体で書かれることで，真剣な雰囲気もよく伝わると考えます。これに対し，Aでは大勢の人物が同じように描かれており，立候補者が誰なのかさえわかりません。したがって立候補者の主張がよく表現されているBを選びます。

＜国語解説＞

【問題一】 (知識―漢字の読み書き，筆順・画数・部首，語句の意味，熟語，文と文節，品詞・用法，その他)

問一　(1)　「**携わる**」は，関係するという意味。　(2)　「**抑揚**」は，音楽や文章などで調子を上げたり下げたりすること。　(3)　「**全く**」は，送りがなにも注意する。　(4)　「**困難**」は，解決や実行が難しいこと。

問二　ア　「**宇**」の部首は「宀」(うかんむり)で3画。　イ　「**村**」の部首は「木」(きへん)で4画。

ウ 「防」の部首は「阝」(こざとへん)で3画。　エ 「迫」の部首は「辶」(しんにょう・しんにゅう)で3画。　オ 「熱」の部首は「灬」(れっか・れんが)で4画。

問三　ア **「黒板」**は「黒い板」で上の漢字が下の漢字を修飾している。　イ 「屈伸」は「屈する」(＝曲げる)と「伸ばす」で対になる意味の漢字の組み合わせ，　ウ 「学習」は「学ぶ」と「習う」で似た意味の漢字の組み合わせ，　エ 「帰郷」は「郷」(＝ふるさと)に「帰る」で下の漢字が上の漢字の目的を表している。

問四　ア **「言語道断」**の〈漢字〉と〈意味〉は正しいが，正しい読み方は**「ごんごどうだん」**である。イの〈読み方〉と〈意味〉は正しいが，正しい〈漢字〉は**「無我夢中」**である。　ウ **「以心伝心」**は，〈漢字〉・〈読み方〉・〈意味〉がいずれも正しい。　エ **「温故知新」**の〈漢字〉と〈読み方〉は正しいが，正しい〈意味〉は**「昔のことを学んで，そこから新しい知識や考え方を見つけ出すこと」**である。

問五　(1)「今日はとてもよい天気になったので」は「行った」にかかる修飾部，「私の」は「妹は」にかかる修飾語，**「妹は」は主語**，「近くの公園へ」は「行った」にかかる修飾部，「遊びに」は「行った」にかかる修飾語，**「行った」は述語**である。　(2)　品詞が**異なる**ものを選ぶことに注意する。「とても」は**副詞**である。ア「少し」は副詞，イ「大きな」は**連体詞**，ウ「カアカア」は副詞，エ「にっこりと」は副詞。

問六　元の文は「以五十歩笑百歩則何如」，書き下し文で漢字を読む順序は「五十歩以百歩笑則何如」である。「五十歩」を「以」より先に読むので，一つ目の**「歩」の左下に一点，「以」の左下に二点**をつける。「百歩」を「笑」より先に読むので，二つ目の**「歩」の左下に一点，「笑」の左下に二点**をつける。「則何如」は読む順序が変わらないので，返り点をつけない。したがって，正解はエになる。

【問題二】　**(小説－情景・心情，内容吟味，文脈把握，語句の意味)**

問一　(1)　前の「職業婦人になる者もあれば嫁ぎ先が決まっている者もあり，女でありながら大学を出て，その結果郷里で家業を手伝うしかない者など私ぐらいのものだった。」から，「私」が**自分の進路に引け目を感じていた**ことを読み取る。正解はイ。アの「別れの悲しみ」は，本文に書かれていない。「私」の引け目は進路の比較によるものであり，性別の問題ではないので，ウは不適切。「私」の進路は家業を手伝うことに決まっていたので，エは誤りである。　(2)　先生の言葉が，恥ずかしさから抜け出すきっかけになっている。本文後半から「**うつむけて**いた顔を上げ，思わず先生の姿を正面から見た。」を抜き出し，最初の5字を書く。

問二「白眼視」は「はくがんし」と読み，**冷たい目つきで人を見る**ことを言う。

問三 「私」は「家業を，身につけた学歴を恥じ続ける自分を**恥じ**」て，言葉が「掠れて途切れ」るほどであったが，先生は**「私」の気持ちを知りながら気づかぬふりをして，「私」に寄り添うような発言をしている**。エが正解である。アの「友人からの偏見」は「私の家の職業を聞いて笑う者などいなかった」という本文の説明と合わない。イの「文学を学ぶことにも嫌気がさしていた」は「蒔田さんは～熱心な発表をした」という先生の言葉と矛盾する。「私」が「国の発展」に言及したのは劣等感のためであり，「感心」はこの場面の先生の心情として不自然なので，ウは不適切である。

問四**「心に留める」**は，覚えておくという意味の慣用句。先生は，周りにいる生徒たちに，**「文学」**が「私たち」に「必要という言葉では足らないほどの**豊穣をもたらしてくれる**」ということを忘れないでほしいと言ったのである。この内容をわかりやすい表現にして，制限字数内でまとめる。

問五　本文は，**「私」の視点**から，周囲の人々の姿や**「私」自身がそのころ抱えていた思い**が描かれている。正解はエである。本文は全文が「私」の回想の形であり「現在」は対比されていないので，アは誤り。先生はそれまでの「私」とは違う考え方を示して「私」を励ましたのであり，「人生観の相違を明確にしている」というイの説明は不適切。本文で，心情は地の文に描かれているので，ウは誤りである。

【問題三】（論説文・古文―内容吟味，接続語の問題，脱文・脱語補充，仮名遣い，古文の口語訳）

〈口語訳〉独りでともしびのもとで書物を広げて，遠い昔の人を友とすることが，この上なく心がなごむ，楽しいことだ。書物は『文選』のすぐれた巻々，『白氏文集』，老子のことば，『荘子』の文章。日本の博士たちが書いたものも，昔の物は，すぐれたものが多い。

問一　A　前の「兼好が創作したと考えられている」という内容から予想されることとは逆の「すべてを兼好個人が考えついたものではない」ということを後に述べているので，「**しかし**」「けれども」が入る。　B　前の部分で和泉式部の表現と『徒然草』の序文の表現との共通点について詳しく説明し，その内容を後でまとめて述べているので，「**つまり**」が入る。したがって，両方を満たすアが正解となる。

問二　①　空欄Bの直後に「一個人の独創であるかに見える名文～すべてが新見というわけではない」とあるので，筆者は『徒然草』の序文が**兼好の独創ではない**と考えていることがわかる。
②　和泉式部の歌集は，『徒然草』の序文に**先行する表現**である。　③　和泉式部の表現は，『徒然草』の序文に先行する表現の**例として示されている**。したがって，正解はイである。

問三　前に「ことばの共有」が「**二人の歌人（＝和泉式部と兼好）の単線的な関係**」**にとどまらない**ことが書かれ，後に「つまり，**平安時代にしばしば用いられた常套的な表現を『徒然草』序文は下敷きにしている**」と書かれているので，空欄Cには平安時代の他の作品が示されていると推測できる。正解はウである。アは先行する表現に触れていないので誤り。イは，本文は「『徒然草』以外の兼好法師の作品」に触れていないので不適切。エは，和泉式部と兼好の単線的な関係の説明になっており，誤りである。

問四　『徒然草』の「新しい価値」は「内省的な態度をどこまでも突き詰めていくこと」にある。そして，「**人生の意味，人間の存在を思念的に考察しようとする姿勢の深まり**という，この作品の本質を象徴的に表しているのが『ものぐるほし』なのです。」と説明されている。「ものぐるほしけれ」が「新しい価値」と言えるのは，『徒然草』という作品の本質を表しているからである。「どうしてですか」という設問なので，「**～から。**」「～ので。」という形で答えること。

問五　本文の最後に「**共同性と個性が補完的に紡ぎ出されていく**ことのなかに古典文学の真髄が見え隠れしている」とある。『徒然草』のような優れた古典は「**ことばの共有**」によって「読者の共感」を増幅させ，**独自の見方**を付与して「個性」を際立たせるのである。このことを説明したアが正解。イは「独自の見方」の要素がないので不十分。ウは「古典文学の伝統を保つため」がおかしい。エの「使い古された～新しい意味で用いる」は，本文にない内容である。

問六　「文」には，手紙・書物・学問などの意味があるが，後に『文選』『白氏文集』など**書物**の名が挙げられているので，ウが正解となる。

問七　老子や荘子などは**昔**の中国の人であり，「この国の博士どもの書ける物も，**いにしへのは**～」と日本の昔の人についても言及していることから，イが正解であるとわかる。老子たちは中国から日本に来た人ではないので，ウは誤りである。

問八　(1)　語頭にない「**へ**」を「**え**」に直して「**いにしえ**」とする。　(2)　傍線部3を口語訳すると「日本の博士たちが書いたものも，昔の物は，すぐれたものが多い。」となる。「**いにしへ**

の」は「**古典**」という意味で，この場合は日本の古典を指す。また，「**あはれなる**」は，ここではすぐれているという意味である。したがって，正解はイとなる。他の選択肢は，「いにしへの」を中国の古典に限定している点が不適切。ウとエは「あはれなる」の解釈も文脈と合わない。

問九　**古典の魅力**または**古典を学ぶ意義**を，自分の**経験**や**学習**を踏まえ，**具体例**を挙げて書く。(例1)は，『平家物語』を取り上げて，古典の魅力について経験を踏まえて書いている。また，(例2)は，和歌の学習を踏まえて，古典を学習する意義を書いている。書き終わったら読み返して，必要な内容が書かれているか，誤字・脱字はないか，字数は適切かを確認する。

【問題四】 (会話・議論・発表—短文作成，作文，敬語，その他)

問一　【条件】に従って書くこと。解答例のように「～簡単ではありません」までを一文とした場合，これに続く「が」は逆接を表す接続助詞なので，二文目のはじめに「**しかし**」「でも」など逆接を表す接続詞を用いる。また，「楽しさの中にも規律ある学校」という言葉が繰り返し使われているので，後の言葉を「**それ**」「そのこと」などの指示語に置き換えて書き直す。

問二「来る」の尊敬語の「**いらっしゃる**」「おいでになる」「お見えになる」などに言い換える。

問三　演説では聴衆に漢字を示していないので，「ロジン」「コキョウ」は**小説家や小説の題名であることを示したほうが意味が伝わりやすい**。正解はエ。「魯迅」や『故郷』についてあまり詳しく説明すると候補者が言いたいことがわかりにくくなるので，アは誤り。傍線部3に，イの「文のねじれ」はない。「引用の二文目を省略する」と，かえって伝えたい内容がわかりにくくなるので，ウは不適切である。

問四　**あてはまらないもの**を選ぶことに注意する。**演説者は，聴衆を意識して話す**ことが大切なので，アの「原稿だけをしっかりと見つめながら演説する」は不適切である。イの「声の大きさを調節する」，ウの「目標を実現するための手段も説明する」やエの締めくくりの工夫は，適切なアドバイスである。

問五　**【条件】に従って書く**こと。(例1)はAの**ポスターを選び**，演説の**【原稿】の内容を踏まえて**Aのポスターの**特徴や効果**を挙げ，Bのポスターの**問題点**を指摘している。また，(例2)はBのポスターを選んでその特徴や効果を挙げ，Aのポスターの問題点を指摘している。

制限字数は141～200字。原稿用紙の使い方に従い，書き始めは1マス空けること。書き終わったら**必ず読み返して**，誤字・脱字や表現の不自然なところは書き改める。

解答用紙集

○月×日　△曜日　天気（合格日和）

◆ご利用のみなさまへ

＊解答用紙の公表を行っていない学校につきましては、弊社の責任において、解答用紙を制作いたしました。

＊編集上の理由により一部縮小掲載した解答用紙がございます。

＊編集上の理由により一部実物と異なる形式の解答用紙がございます。

人間の最も偉大な力とは、その一番の弱点を克服したところから生まれてくるものである。　――カール・ヒルティ――

※データのダウンロードは 2024 年 3 月末日まで。

東京学参株式会社

※ 167%に拡大していただくと，解答欄は実物大になります。

数学解答用紙

得　点

問題1

問1				
(1)	(2)	(3)	(4)	(5)

問2	問3	問4
	$x=$	

問5	問6	問7
$\angle x=$　　度		$n=$

問8					
(1)	ア	イ	(2)	ウ	

問9

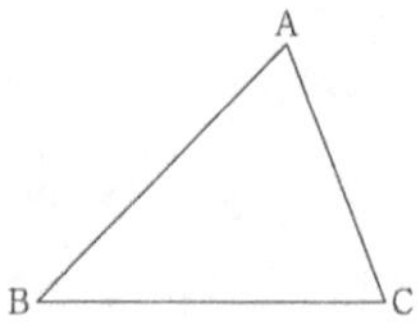

問10				
(1)	a		b	
(2)	c		d	
(3)	e			

【問題1】

問題2

問1		問2	問3					
クラス	四分位範囲		(1)		(2)	組	(3)	冊
組	冊							

【問題2】

問題3

問1	問2					
時　分	(1)		(2)	m	(3)	回
			(4)	分		

【問題3】

問題4

問1	問2	問3			
cm	cm	(1)	cm^2	(2)	cm

【問題4】

問題5

問1						
(1)	$x=2$のとき	$x=6$のとき	(2)		(3)	
	$y=$	$y=$				

問2					
ア		イ		ウ	

問3
$S_1 : S_2 =$　　：

【問題5】

受検番号		総得点	

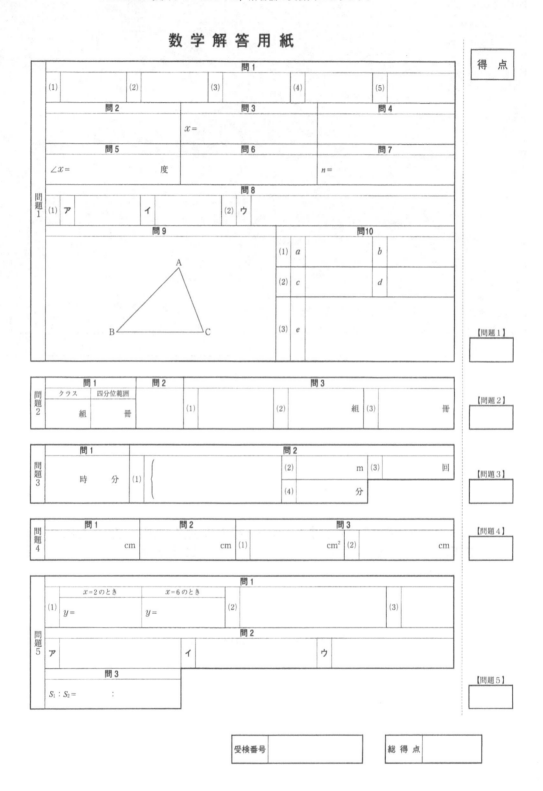

※ 167％に拡大していただくと，解答欄は実物大になります。

英語解答用紙

得　点

問題1						
問1	No.1		No.2		No.3	
問2	No.1		No.2			
問3	(1)	古　→　→　→　新			(2)	
問4	①				②	
	③	(　　　).				

【問題1】

問題2						
問1	No.1		No.2		No.3	
問2	No.1		No.2			
問3						

【問題2】

問題3		
問1	①	(　　　)?
	②	(　　　)?
問2		(10) (20)

【問題3】

問題4						
問1	(1)		(2) ①		②	
問2						
問3	(1)		(2)			

【問題4】

問題5	
問1	
問2	
問3	
問4	
問5	(10)　(20) (30)　(40) (45) から。
問6	(10)

【問題5】

受検番号	

総得点	

※ 167%に拡大していただくと，解答欄は実物大になります。

理科解答用紙

得　点

問題1

問1

問3

問4

問5

問2

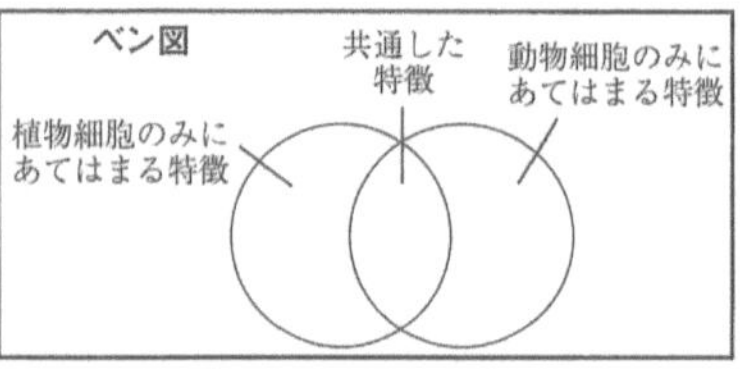

【問題1】

問題2

問1

問2

問3

問5

問4

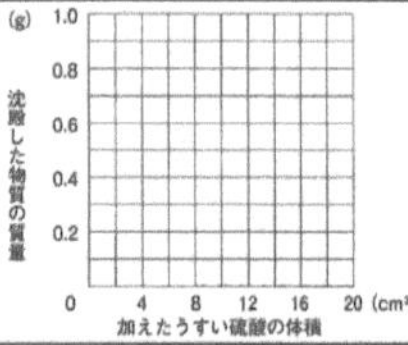

【問題2】

問題3

問1　cm/秒

問2

問3

問5

問4

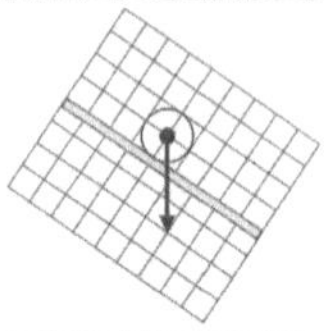

【問題3】

問題4

問1　問2　問3

問4

問5

【問題4】

問題5

問1　問2　問3　問4　約　個

問5　①　②　③　④

【問題5】

問題6

問1　g　問2　問3

問4

問5　実験1　実験2

【問題6】

問題7

問1

問2　Hz

問4

問5

問3

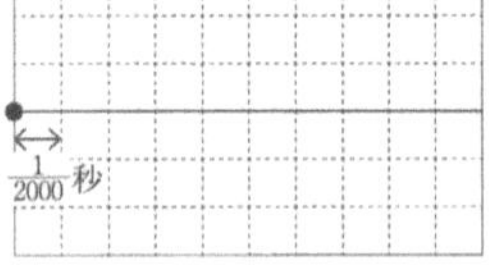

【問題7】

問題8

問1

問2　問3

問4　(1)　(2)

【問題8】

受検番号

総得点

※ 167v%に拡大していただくと，解答欄は実物大になります。

社会解答用紙

得点

問題1							
問1	(1)	月	日	時			
問1	(2)		(3)				
問2	(1)		(2)		(3)		
問3	(1)		(2)	A		B	
問3	(3)		(4)				
問3	(5)	①	m				
問3	(5)	②					

【問題1】

問題2							
問1	(1)	①		②	京	③	
問1	(2)						
問1	(3)	改革		内容			
問1	(4)	→	→	→			
問2	(1)	A					
問2	(1)	B					
問2	(2)	①		②		③	
問2	(3)	①		②			

【問題2】

問題3								
問1	(1)		(2)	議席				
問1	(3)							
問1	(4)							
問1	(5)	A		B		C		(6)
問2	(1)		(2)					
問3	(1)		(2)					
問3	(3)	番号		語句				

【問題3】

受検番号	

総得点	

鳥取県公立高校　２０２３年度

※１６７％に拡大していただくと、解答欄は実物大になります。

国語解答用紙

【問題一】

問一　(1)　える　(2)　(3)　(4)

問二　問三　問四　問五

【問題二】

問一

問二　12

問三　問四　問五

問六　35

問七

【問題三】

問一

問二　Ⅰ　10　Ⅱ　20

問三　問四

問五　10　20

問六　60

問七

【問題四】

問一　問二　問三　問四

【問題五】

問一　問二　問三

問四　八行目　十行目

得点

【問題一】

【問題二】

【問題三】

【問題四】

【問題五】

総得点

受検番号

2023年度入試配点表(鳥取県)

数学	【問題1】	【問題2】	【問題3】	【問題4】	【問題5】	計
	問6,問7,問9 各2点×3 他　各1点×14 (問8(1),問10(1)・(2)各完答)	問3(1)　2点 他　各1点×4 (問1完答)	問2(1)・(4) 各2点×2 他　各1点×3	各2点×4	問3　2点 他　各1点×7	50点

英語	【問題1】	【問題2】	【問題3】	【問題4】	【問題5】	計
	問3,問4③ 各2点×3 他　各1点×7	問3　2点 他　各1点×5	問2　4点 他　各2点×2	各2点×5 (問1(2)完答)	各2点×6	50点

理科	【問題1】	【問題2】	【問題3】	【問題4】	計
	問5　2点 他　各1点×4 (問4完答)	問4　2点 他　各1点×4	問4,問5　各2点×2 他　各1点×3	問4,問5　各2点×2 他　各1点×3	50点
	【問題5】	【問題6】	【問題7】	【問題8】	
	各1点×6 (問5①②・③④各完答)	問4　2点 他　各1点×4 (問5完答)	問5　2点 他　各1点×4	問4(2)　2点 他　各1点×4	

社会	【問題1】	【問題2】	【問題3】	計
	問1(1)・(3), 問3(5)② 各2点×3 他　各1点×10	問1(1)③・(2)・(3)・(4) 各2点×4 他　各1点×9 (問1(1)③・(3)各完答)	問1(2)〜(4)　各2点×3 他　各1点×11	50点

国語	【問題一】	【問題二】	【問題三】	【問題四】	【問題五】	計
	各1点×8	問一,問四 各1点×2 問六　3点 他　各2点×4	問一,問五,問七 各2点×3 問六　3点 他　各1点×4	問一　1点 他　各2点×3	問四　6点 他　各1点×3	50点

※ 167％に拡大していただくと，解答欄は実物大になります。

数学解答用紙

得点

問題1

問1			
(1)	(2)	(3)	(4)

問2	問3	問4
	$x=$ ，$y=$	$x=$

問5	問6

問7	問11
$\angle x=$ 度	
問8	
cm^3	
問9	
問10	

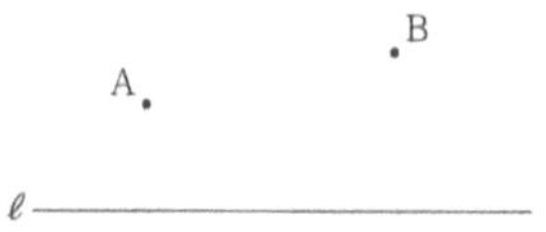

問12		
(1)	(2)	(3)

【問題1】

問題2

問1	
(1)	
(2)	

問2		問3
$b=$	$c=$	

【問題2】

問題3

問1		問2	問3
(1) cm^2	(2)	$a=$	$b=$

【問題3】

問題4

問1	問2	問3
$y=$		

問4	
(1)	(2) $t=$

【問題4】

問題5

問1	問2		
cm^2	(1) ：	(2) cm^2	(3) ： ：

【問題5】

受検番号		総得点	

※ 167％に拡大していただくと，解答欄は実物大になります。

英語解答用紙

得　点

問題1	問1	No.1　No.2　No.3	
	問2	No.1　No.2	
	問3	→　→　→	
	問4	①　②	
		③　(　　)in the English club?	

【問題1】

問題2	問1	No.1　No.2　No.3
	問2	No.1　No.2
	問3	

【問題2】

問題3	問1	①　(　　)?
		②　(　　)?
	問2	(10)　(20)

【問題3】

問題4	問1	
	問2	
	問3	
	問4	スマートフォンを　(30)　こと。
	問5	
	問6	

【問題4】

問題5	問1	
	問2	
	問3	(10)　(20)　(30)　(40)　(45)　から。
	問4	
	問5	
	問6	(10)

【問題5】

受検番号		総得点	

※ 159%に拡大していただくと，解答欄は実物大になります。

理科解答用紙

得　点

問題1						
	問1		問2		問3	
	問4		問5			

問題2						
	問1		問2		問3	%
	問4		問5	g		

問題3				
	問1	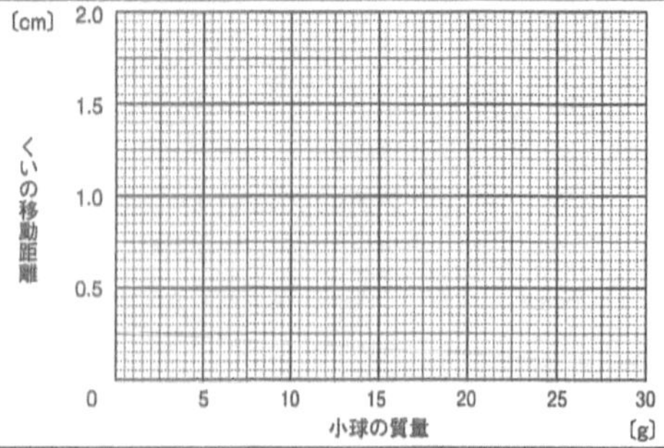	問2	
			問3	
			問4	
			問5	

問題4							
	問1		問2				
	問3	→ → →	問4	①		②	
	問5						

問題5							
	問1	(1)					
		(2)					
	問2		問3		問4		

問題6				
	問1		問2	
	問3	$2Ag^{+}$ ＋ Cu →		
	問4		問5	

問題7				
	問1		問2	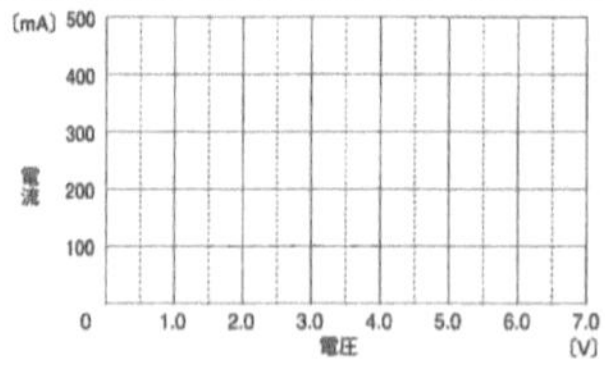
	問3	W		
	問4	ア → → →		
	問5	コイルの中の		

問題8							
	問1			問2		問3	
	問4	惑星B		惑星G		問5	

【問題1】

【問題2】

【問題3】

【問題4】

【問題5】

【問題6】

【問題7】

【問題8】

受検番号		総得点	

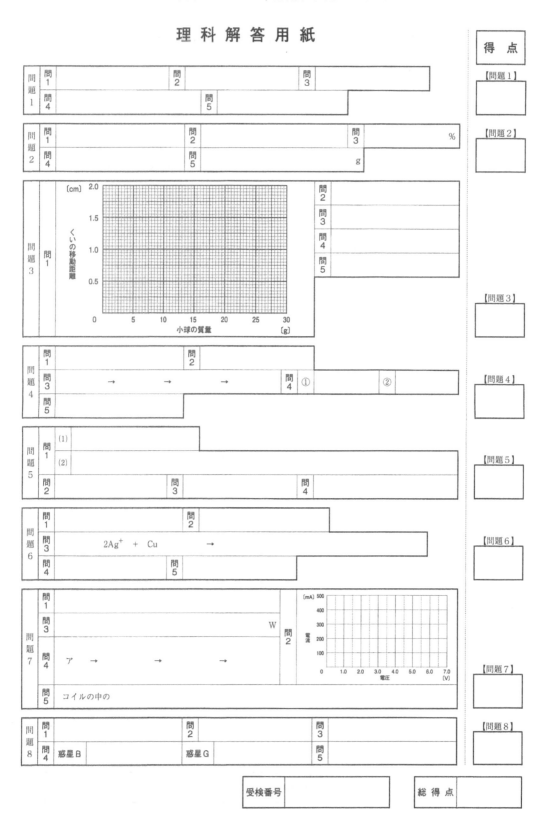

※ 159%に拡大していただくと，解答欄は実物大になります。

社会解答用紙

得　点

問題1	問1	(1)			(2)	地形名	場所
		(3)					
	問2	(1)		(2)		(3)	
	問3	(1)		(2)		(3)	
		(4)					
	問4	(1)		(2)		(3)	

【問題1】

問題2	問1	(1)		(2)				
		(3)	→	→	→	(4)		
		(5)		(6)				
	問2	(1)		(2)				
		(3)	①	A		B	②	
			③					
		(4)	①		②			

【問題2】

問題3	問1	(1)		(2)		(3)		
		(4)	①		②			
	問2	(1)		(2)				
		(3)	①		②	A	B	
	問3	(1)	A		B			
		(2)		(3)				
		(4)						

【問題3】

受検番号		総得点	

鳥取県公立高校　２０２２年度

※１６４％に拡大していただくと，解答欄は実物大になります。

国語解答用紙

【問題一】

問一　(1)　す　(2)　(3)　(4)　(5)

問二

問三

問四　(1)　(2)

問五

【問題二】

問一　A　B

問二　40

問三

問四　40

問五

問六

【問題三】

問一　外国人にとっては、　25

問二

問三　はじめ　終わり

問四

問五　50

問六

【問題四】

問一

問二

問三

問四

【問題五】

問一　20

問二

問三　Bさん　Fさん

問四　八行目　十行目

得点

【問題一】

【問題二】

【問題三】

【問題四】

【問題五】

総得点

受検番号

2022年度入試配点表(鳥取県)

数学	【問題1】	【問題2】	【問題3】	【問題4】	【問題5】	計
	問8,問10,問11 各2点×3 他　各1点×14	問1(2)　2点 他　各1点×5	問1(1)　1点 他　各2点×3	問1,問2 各1点×2 他　各2点×3	各2点×4	50点

英語	【問題1】	【問題2】	【問題3】	【問題4】	【問題5】	計
	問3,問4③ 各2点×2 他　各1点×7	問3　2点 他　各1点×5	問2　4点 他　各2点×2	各2点×6	各2点×6	50点

理科	【問題1】	【問題2】	【問題3】	【問題4】	計
	問2　2点 他　各1点×4 (問4完答)	問5　2点 他　各1点×4 (問2完答)	問5　2点 他　各1点×4	問3　2点 他　各1点×4 (問3･問4各完答)	50点
	【問題5】	【問題6】	【問題7】	【問題8】	
	問3　2点 他　各1点×4	問3, 問5　各2点×2 他　各1点×3	問3　2点 他　各1点×4 (問4完答)	問5　2点 他　各1点×5	

社会	【問題1】	【問題2】	【問題3】	計
	問2(3), 問3(3)･(4) 各2点×3 他　各1点×11(問1(1)完答)	問1(3),問2(3)③･(4)② 各2点×3 他　各1点×11 (問1(5),問2(2)各完答)	問3(4)　2点 他　各1点×14 (問1(4)②完答)	50点

国語	【問題一】	【問題二】	【問題三】	【問題四】	【問題五】	計
	各1点×10	問一　1点(完答) 問四　3点 他　各2点×4	問四　1点 問五　3点 他　各2点×4	問一, 問二 各1点×2 他　各2点×2	問四　6点 他　各1点×4	50点

※164%に拡大していただくと，解答欄は実物大になります。

数学解答用紙

得点

問題1

問1

(1)　(2)　(3)　(4)　(5)

問2	問3	問4	問5
			$x=$

問6	問7
$x=$	cm

問8

(1) $a=$　(2)

問9

記号：

（理由）

問10

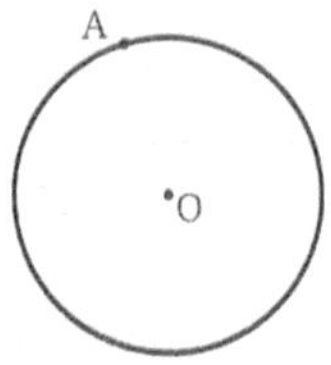

【問題1】

問題2

問1 a	問1 b

問2	問3
℃	

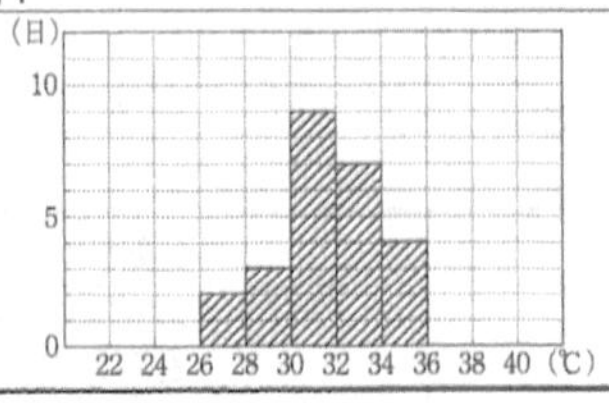

【問題2】

問題3

ア	イ	ウ	エ	オ	カ	キ	ク	ケ

【問題3】

問題4

問1

問2

分

問3

(1)

(2)　分

【問題4】

問題5

問1

cm^2

問2

1　2　3

問3	問4
cm	cm^2

【問題5】

問題6

問1	問2
毎分　cm^3	分後

問3

(1)

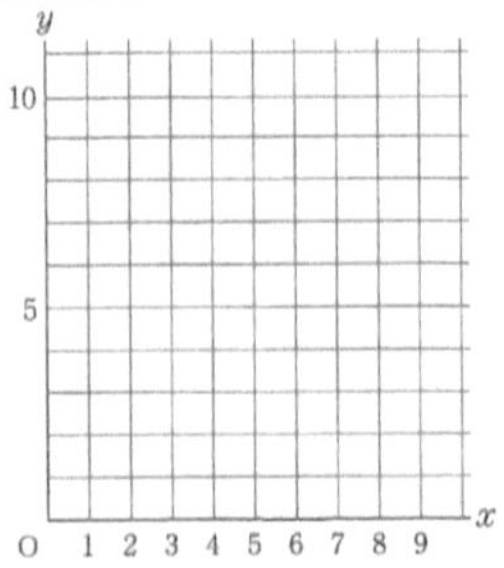

(2)　分後

【問題6】

受検番号

総得点

鳥取県公立高校　2021年度

※ 161％に拡大していただくと，解答欄は実物大になります。

英語解答用紙

得点

問題1	問1	No.1		No.2		No.3
	問2	No.1		No.2		
	問3	→ → →				
	問4	①	( )	②	( )	
		③	( )?			

【問題1】

問題2	問1	No.1		No.2		No.3
	問2	No.1		No.2		
	問3	Oh, it is ( ) three hundred years ago.				

【問題2】

問題3	問1	①	( )?
		②	( )?
	問2	(10) (20)	

【問題3】

問題4	問1	
	問2	
	問3	
	問4	グラフ中の4か国のうち，(15) (30) こと。
	問5	
	問6	

【問題4】

問題5	問1	
	問2	
	問3	
	問4	
	問5	(10) (20) (30) (40) から。
	問6	(10)

【問題5】

受検番号		総得点	

※ 159％に拡大していただくと，解答欄は実物大になります。

理科解答用紙

得点

問題1			
問1		問2	問3
問4	(1)	(2)	

【問題1】

問題2	
問1	
問2	
問3	
問4	(2)　　cm³
問4	(1)

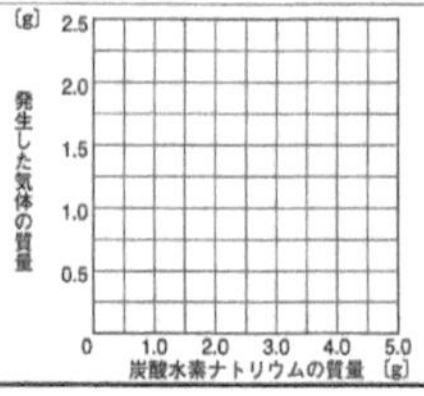

【問題2】

問題3	
問1	の法則
問2	
問3	J
問5	＞　＞　＞
問4	

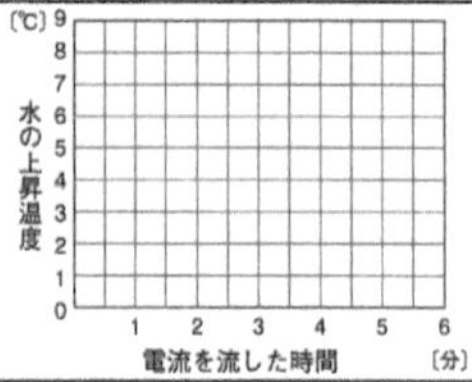

【問題3】

問題4				
問1	太陽の動き		日の出，日の入りの時刻	
問2				
問3		問4	(1)	(2)　午前　時　分

【問題4】

問題5			
問1	(1)	(2)	
問2	記号	名称	問3
問4		問5	

【問題5】

問題6		
問1		
問2	(1)	cm
	(2)	
問3		
問4		

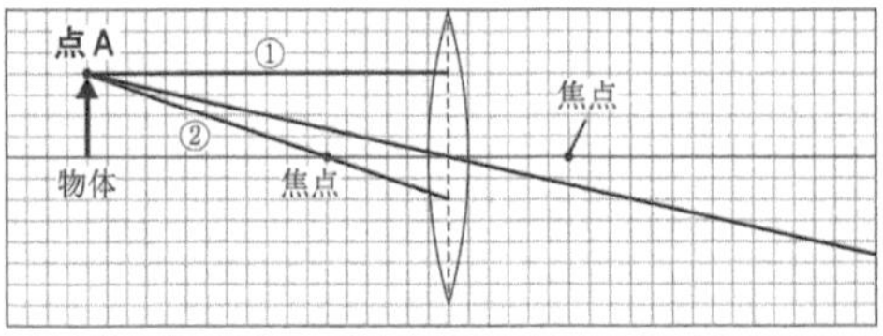

【問題6】

問題7			
問1			
問2		問3	
問4		問5	

【問題7】

問題8					
問1				問2	％
問3		問4		問5	

【問題8】

受検番号		総得点	

※161%に拡大していただくと，解答欄は実物大になります。

社会解答用紙

得　点

問題1	問1	(1)		(2)		(3)		(4)	
	問2	(1)		(2)					
	問3	(1)	①	→ → →					
			②						
		(2)	①	産業	②		③		
		(3)	①						
			②						

【問題1】

問題2	問1	(1)		(2)		(3)				
		(4)		(5)		(6)				
	問2	(1)	語句	戦争	記号		(2)			
		(3)								
		(4)								
		(5)								
		(6)		(7)	①		②	→ → →		

【問題2】

問題3	問1	(1)		(2)		(3)	
		(4)					
	問2	(1)	万円	(2)		(3)	
		(4)					
	問3	(1)		(2)		(3)	
		(4)	E	F			
		(5)					

【問題3】

受検番号	

総得点	

鳥取県公立高校　２０２１年度

※１６７％に拡大していただくと、解答欄は実物大になります。

国語解答用紙

【問題一】

問一 (1) う (2) (3) (4)

問二　問三　問四 (1) (2)

問五 (1) (2)

【問題二】

問一　問二　問三

問四　40

問五　60

問六

【問題三】

問一　問二　問三

問四　はじめ　終わり

問五 (1) A　B　20　25

(2)　40

【問題四】

問一　問二　問三　問四

【問題五】

問一　問二　問三　問四

問五　八行目　十行目

得点

【問題一】

【問題二】

【問題三】

【問題四】

【問題五】

総得点

受検番号

2021年度入試配点表(鳥取県)

数学	【問題1】	【問題2】	【問題3】	【問題4】	【問題5】	【問題6】	計
	問7, 問9, 問10 各2点×3 他　各1点×12	問3　2点(完答) 他　各1点×3	各1点×5 (ア・イ・ウ,エ・オ・カ 各完答)	問3　各2点×2 他　各1点×2	問3, 問4 各2点×2 他　各1点×4	問1　1点 問3(1)　3点 他　各2点×2	50点

英語	【問題1】	【問題2】	【問題3】	【問題4】	【問題5】	計
	問3,問4③ 各2点×2 他　各1点×7	問3　2点 他　各1点×5	問2　4点 他　各2点×2	各2点×6	各2点×6	50点

理科	【問題1】	【問題2】	【問題3】	【問題4】	計
	問4(2)　2点 他　各1点×4 (問2完答)	問4(2)　2点 他　各1点×4	問5　2点 他　各1点×4	問2,問4(2)　各2点×2 他　各1点×3 (問1完答)	50点
	【問題5】	【問題6】	【問題7】	【問題8】	
	各1点×6 (問2,問4各完答)	問3, 問4　各2点×2 他　各1点×3	問3　2点 他　各1点×4	問3　2点 他　各1点×4	

社会	【問題1】	【問題2】	【問題3】	計
	問2(2), 問3(1)①・(3)① 各2点×3 他　各1点×10	問2(3)・(5)・(7)② 各2点×3 他　各1点×11(問2(1)完答)	問2(1)・(3), 問3(5) 各2点×3 他　各1点×11	50点

国語	【問題一】	【問題二】	【問題三】	【問題四】	【問題五】	計
	各1点×10	問三　1点 問五　3点 他　各2点×4	問二, 問三, 問五(1)A 各1点×3 問五(2)　3点 他　各2点×3	問一, 問三 各1点×2 他　各2点×2	問五　6点 他　各1点×4	50点

2020年度　鳥取県

数学解答用紙

得　点

問題1

問1				
(1)	(2)	(3)	(4)	(5)

問2	問3	問4	問5
			式

問6	問7	問8	問5
$x=$	cm^2	およそ　　匹	ア

問9

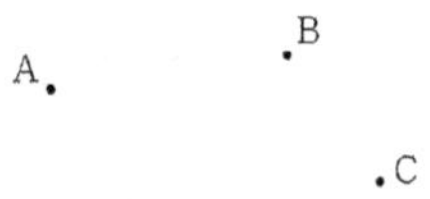

問10

（証明）△AEF と△DEC で，

△AEF ≡ △DEC　（証明終）

問11

【問題1】

問題2

問1		問2
ア	イ	
問3		

【問題2】

問題3

問1	問2 (1)		問2 (2)	
km	①	②	道のり　km	時間

問3	
(1)	(2)　時間後まで

【問題3】

問題4

問1	
プラン1　円	プラン2　円

問3	問4
kWh 未満のとき	

問2

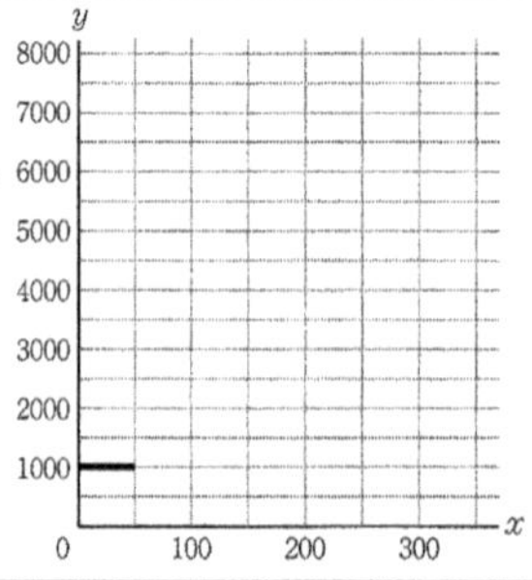

【問題4】

問題5

問1	問2		問3
cm			cm

問4	問5
cm^3	cm

【問題5】

受検番号	

総得点	

※この解答用紙は164％に拡大していただきますと，実物大になります。

2020年度　鳥取県

英語解答用紙

得点

問題1	問1	No.1		No.2		No.3	
	問2	No.1		No.2			
	問3	→ → →					
	問4	①	(　　　)	②	(　　　)		
		③	(　　　)?				

【問題1】

問題2	問1	No.1		No.2		No.3	
	問2	No.1		No.2			
	問3	I watched a TV program about (　　　).					

【問題2】

問題3	問1	①	(　　　).
		②	(　　　)?
	問2	(10) (20)	

【問題3】

問題4	問1	
	問2	
	問3	たくさんの（A　　　）という場合に廃棄されている。
		たくさんの（B　　　）という理由で廃棄されている。
	問4	
	問5	

【問題4】

問題5	問1	(A)	
		(B)	
	問2		
	問3		
	問4		
	問5	(10) (20) (30) (35) から。	
	問6	(10)	

【問題5】

受検番号		総得点	

※この解答用紙は161％に拡大していただきますと，実物大になります。

2020年度　鳥取県

理科解答用紙

得　点

問題1	問1	①		②		
	問2	(1)	③		④	
		(2)		(3)		

【問題1】

問題2	問1	g/cm³	問2	
	問3	①	②	
	問4		問5	

【問題2】

問題3	問1		問2	時　分　秒	
	問3		問4	(1)	(2)　km

【問題3】

問題4	問1	(1)　(2)
	問2	
	問3	コイルAの左側から
	問4	

【問題4】

問題5	問1		問2
	問3	(1)	
		(2)	
		(3)	

【問題5】

問題6	問1		問2	記号	名称
	問3		問4		

【問題6】

問題7	問1	(1)	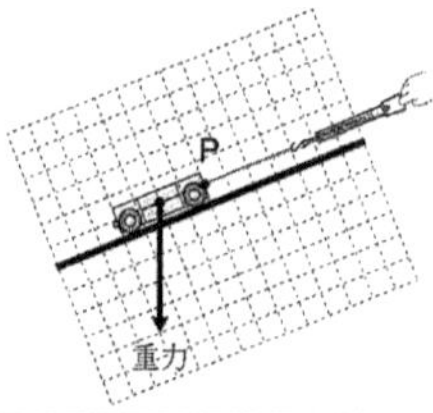	問2 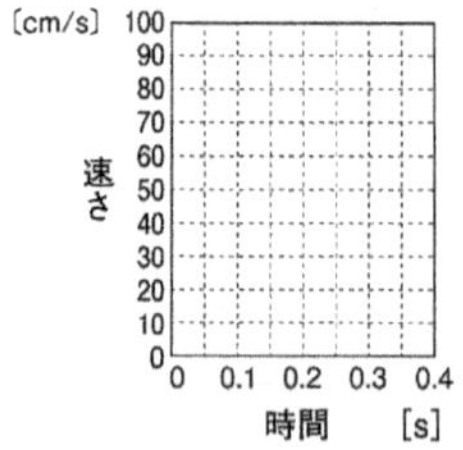
		(2)	ア　イ	
	問3	①　②	問4	

【問題7】

問題8	問1	問2	問3	問4	
	問5				

【問題8】

受検番号		総得点	

※この解答用紙は159%に拡大していただきますと，実物大になります。

2020年度　鳥取県

社会解答用紙

得　点

問題1	問1	(1)		(2)		(3)		(4)	
	問2	(1)		(2)					
	問3	(1)		(2)		(3)			
		(4)		(5)					
		(6)	過去の災害を知ることにより，						
		(7)							

【問題1】

問題2	問1	(1)	A		B		(2)	
		(3)			(4)	記号		人物
		(5)			(6)	→　→　→		
	問2	(1)			(2)		(3)	
		(4)	農地改革が行われ，(10)(20)(30)					
		(5)			(6)	→　→　→		

【問題2】

問題3	問1	(1)		(2)		(3)			
		(4)	Ⅰ		Ⅱ				
		(5)	Ⅲ		Ⅳ				
	問2	(1)		(2)		(3)		(4)	
	問3	(1)							
		(2)							

【問題3】

受検番号		総得点	

※この解答用紙は161%に拡大していただきますと，実物大になります。

2020年度　鳥取県

国語解答用紙

【問題一】

問一 (1) わる (2) (3) (4)

問二　問三　問四

問五 (1) 主語　述語 (2)

問六

【問題二】

問一 (1) (2)　問二　問三

問四 30 40

問五

【問題三】

問一　問二　問三

問四 35 40

問五

問六　問七　問八 (1) (2)

問九 60 80

【問題四】

問一

問二　問三　問四

問五 八行目 十行目

得点

【問題一】

【問題二】

【問題三】

【問題四】

総得点

受検番号

※この解答用紙は167%に拡大していただきますと、実物大になります。

2020年度入試配点表(鳥取県)

数学	【問題1】	【問題2】	【問題3】	【問題4】	【問題5】	計
	問9, 問11 各2点×2 問10　3点 他　各1点×13	各2点×3 (問1完答)	問2(2),問3(2) 各2点×2 (問2(2)完答) 他　各1点×4	問1　各1点×2 他　各2点×3	問1,問2 各1点×2 (問2完答) 他　各2点×3	50点

英語	【問題1】	【問題2】	【問題3】	【問題4】	【問題5】	計
	問3,問4③ 各2点×2 他　各1点×7	問3　2点 他　各1点×5	問2　4点 他　各2点×2	問5　各1点×2 他　各2点×5	問1　各1点×2 他　各2点×5	50点

理科	【問題1】	【問題2】	【問題3】	【問題4】	計
	各1点×6	各1点×5 (問3完答)	問2,問4(2)　各2点×2 他　各1点×3	問4　2点 他　各1点×4	50点
	【問題5】	【問題6】	【問題7】	【問題8】	
	問3(2)・(3)　各2点×2 他　各1点×3	問3　2点 他　各1点×4(問2完答)	問1,問3　各1点×3 他　各2点×2 (問1(2),問3各完答)	問5　2点 他　各1点×4	

社会	【問題1】	【問題2】	【問題3】	計
	問1(4)・問3(3)・(6)・(7) 各2点×4 他　各1点×9	問1(6), 問2(4)・(6) 各2点×3 他　各1点×11	問1(5)Ⅲ, 問2(4),問3(2) 各2点×3 他　各1点×10	50点

国語	【問題一】	【問題二】	【問題三】	【問題四】	計
	各1点×10	問二　1点 問四　3点 他　各2点×4	問二, 問三, 問五 各2点×3 問四・問九　各3点×2 他　各1点×5	問一　2点 問五　6点 他　各1点×3	50点

東京学参の

中学校別入試過去問題シリーズ

＊出版校は一部変更することがあります。一覧にない学校はお問い合わせください。

東京ラインナップ

あ 青山学院中等部(L04)
麻布中学(K01)
桜蔭中学(K02)
お茶の水女子大附属中学(K07)
か 海城中学(K09)
開成中学(M01)
学習院中等科(M03)
慶應義塾中等部(K04)
晃華学園中学(N13)
攻玉社中学(L11)
国学院大久我山中学
（一般・CC）(N22)
（ＳＴ）(N23)
駒場東邦中学(L01)
さ 芝中学(K16)
芝浦工業大附属中学(M06)
城北中学(M05)
女子学院中学(K03)
巣鴨中学(M02)
成蹊中学(N06)
成城中学(K28)
成城学園中学(L05)
青稜中学(K23)
創価中学(N14)★
た 玉川学園中学部(N17)
中央大附属中学(N08)
筑波大附属中学(K06)
筑波大附属駒場中学(L02)
帝京大中学(N16)
東海大菅生高中等部(N27)
東京学芸大附属竹早中学(K08)
東京都市大付属中学(L13)
桐朋中学(N03)
東洋英和女学院中学部(K15)
豊島岡女子学園中学(M12)
な 日本大第一中学(M14)
日本大第三中学(N19)
日本大第二中学(N10)
は 雙葉中学(K05)
法政大学中学(N11)
本郷中学(M08)
ま 武蔵中学(N01)
明治大付属中野中学(N05)
明治大付属中野八王子中学(N07)
明治大付属明治中学(K13)
ら 立教池袋中学(M04)
わ 和光中学(N21)
早稲田中学(K10)
早稲田実業学校中等部(K11)
早稲田大高等学院中等部(N12)

神奈川ラインナップ

あ 浅野中学(O04)
栄光学園中学(O06)
か 神奈川大附属中学(O08)
鎌倉女学院中学(O27)
関東学院六浦中学(O31)
慶應義塾湘南藤沢中等部(O07)
慶應義塾普通部(O01)
さ 相模女子大中学部(O32)
サレジオ学院中学(O17)
逗子開成中学(O22)
聖光学院中学(O11)
清泉女学院中学(O20)
洗足学園中学(O18)
捜真女学校中学部(O29)
た 桐蔭学園中等教育学校(O02)
東海大付属相模高中等部(O24)
桐光学園中学(O16)
な 日本大中学(O09)
は フェリス女学院中学(O03)
法政大第二中学(O19)
や 山手学院中学(O15)
横浜隼人中学(O26)

千・埼・茨・他ラインナップ

あ 市川中学(P01)
浦和明の星女子中学(Q06)
か 海陽中等教育学校
（入試Ⅰ・Ⅱ）(T01)
（特別給費生選抜）(T02)
久留米大附設中学(Y04)
さ 栄東中学（東大・難関大）(Q09)
栄東中学（東大特待）(Q10)
狭山ヶ丘高校付属中学(Q01)
芝浦工業大柏中学(P14)
渋谷教育学園幕張中学(P09)
城北埼玉中学(Q07)
昭和学院秀英中学(P05)
清真学園中学(S01)
西南学院中学(Y02)
西武学園文理中学(Q03)
西武台新座中学(Q02)
専修大松戸中学(P13)
た 筑紫女学園中学(Y03)
千葉日本大第一中学(P07)
千葉明徳中学(P12)
東海大付属浦安高中等部(P06)
東邦大付属東邦中学(P08)
東洋大附属牛久中学(S02)
獨協埼玉中学(Q08)
な 長崎日本大中学(Y01)
成田高校付属中学(P15)
は 函館ラ・サール中学(X01)
日出学園中学(P03)
福岡大附属大濠中学(Y05)
北嶺中学(X03)
細田学園中学(Q04)
や 八千代松陰中学(P10)
ら ラ・サール中学(Y07)
立命館慶祥中学(X02)
立教新座中学(Q05)
わ 早稲田佐賀中学(Y06)

公立中高一貫校ラインナップ

北海道 市立札幌開成中等教育学校(J22)
宮　城 宮城県仙台二華・古川黎明中学校(J17)
市立仙台青陵中等教育学校(J33)
山　形 県立東桜学館中学校(J27)
茨　城 茨城県立中学・中等教育学校(J09)
栃　木 県立宇都宮東・佐野・矢板東高校附属中学校(J11)
群　馬 県立中央・市立四ツ葉学園中等教育学校・
市立太田中学校(J10)
埼　玉 市立浦和中学校(J06)
県立伊奈学園中学校(J31)
さいたま市立大宮国際中等教育学校(J32)
川口市立高等学校附属中学校(J35)
千　葉 県立千葉・東葛飾中学校(J07)
市立稲毛国際中等教育学校(J25)
東　京 区立九段中等教育学校(J21)
都立大泉高等学校附属中学校(J28)
都立両国高等学校附属中学校(J01)
都立白鷗高等学校附属中学校(J02)
都立富士高等学校附属中学校(J03)
都立三鷹中等教育学校(J29)
都立南多摩中等教育学校(J30)
都立武蔵高等学校附属中学校(J04)
都立立川国際中等教育学校(J05)
都立小石川中等教育学校(J23)
都立桜修館中等教育学校(J24)
神奈川 川崎市立川崎高等学校附属中学校(J26)
県立平塚・相模原中等教育学校(J08)
横浜市立南高等学校附属中学校(J20)
横浜サイエンスフロンティア高校附属中学校(J34)
広　島 県立広島中学校(J16)
県立三次中学校(J37)
徳　島 県立城ノ内中等教育学校・富岡東・川島中学校(J18)
愛　媛 県立今治東・松山西・宇和島南中等教育学校(J19)
福　岡 福岡県立中学校・中等教育学校(J12)
佐　賀 県立香楠・致遠館・唐津東・武雄青陵中学校(J13)
宮　崎 県立五ヶ瀬中等教育学校(J15)
県立宮崎西・都城泉ヶ丘高校附属中学校(J36)
長　崎 県立長崎東・佐世保北・諫早高校附属中学校(J14)

公立中高一貫校「適性検査対策」問題集シリーズ

総合編　作文問題編　資料問題編　数と図形編　生活と科学編　実力確認テスト編

私立中・高スクールガイド
THE《ザ》 私立
私立中学＆高校の学校生活がわかる！

〈リスニング問題の音声について〉

本問題集掲載のリスニング問題の音声は、弊社ホームページでデータ配信しております。

現在お聞きいただけるのは「2024年度受験用」に対応した音声で、2024年3月末日までダウンロード可能です。弊社ホームページにアクセスの上、ご利用ください。

※本問題集を中古品として購入された場合など、配信期間の終了によりお聞きいただけない年度がございますのでご了承ください。

鳥取県公立高校　2024年度

ISBN978-4-8141-2873-0

発行所　東京学参株式会社
〒153-0043　東京都目黒区東山2-6-4
URL　https://www.gakusan.co.jp

編集部　E-mail　hensyu@gakusan.co.jp
※本書の編集責任はすべて弊社にあります。内容に関するお問い合わせ等は、編集部まで、メールにてお願い致します。なお、回答にはしばらくお時間をいただく場合がございます。何卒ご了承くださいませ。

営業部　TEL　03 (3794) 3154
FAX　03 (3794) 3164
E-mail　shoten@gakusan.co.jp
※ご注文・出版予定のお問い合わせ等は営業部までお願い致します。

2023年7月5日　初版